高等院校经济管理类规划教材

金融科技导论

赵保国　主编

北京邮电大学出版社
www.buptpress.com

内容简介

本书以现代金融理论为基础，结合现代金融系统中所应用的科技手段与实现工具，对金融科技的概念、业务模式分类、发展历程和现状、相关技术、应用业务形态、风险和监管、未来展望等做了详细的描述，并对数字人民币以及金融科技伦理规范做了大量的介绍。本书将理论与实际相结合，详细地介绍了金融科技这一细分领域，能够使读者对金融科技有更加直观的认识和清晰的了解，具有很强的实用性。

本书适合作为经济和管理类本科生、硕士研究生学习和了解金融科技的教材，也适合作为有志于从事金融科技领域工作的计算机专业等工科类本科生或者研究生的教材。

图书在版编目(CIP)数据

金融科技导论 / 赵保国主编． -- 北京：北京邮电大学出版社，2023.12
ISBN 978-7-5635-7057-7

Ⅰ．①金… Ⅱ．①赵… Ⅲ．①金融—科学技术—教材 Ⅳ．①F830

中国国家版本馆 CIP 数据核字(2023)第 210282 号

策划编辑：彭 楠　　责任编辑：刘春棠　　责任校对：张会良　　封面设计：七星博纳

出版发行：北京邮电大学出版社
社　　址：北京市海淀区西土城路 10 号
邮政编码：100876
发 行 部：电话：010-62282185　传真：010-62283578
E-mail：publish@bupt.edu.cn
经　　销：各地新华书店
印　　刷：保定市中画美凯印刷有限公司
开　　本：787 mm×1 092 mm　1/16
印　　张：18.25
字　　数：464 千字
版　　次：2023 年 12 月第 1 版
印　　次：2023 年 12 月第 1 次印刷

ISBN 978-7-5635-7057-7　　　　　　　　　　　　　　　　　　　　定价：48.00 元

・如有印装质量问题，请与北京邮电大学出版社发行部联系・

前　言

互联网技术是20世纪最伟大的科技发明之一，它的出现改变了原有的商业形态，推动了经济的飞速发展。互联网技术的不断发展及其在金融领域的应用和渗透促使金融科技这一金融领域未来的主流学科形成。

我国金融科技的发展主要分为以下3个阶段。

第一个阶段从20世纪70年代开始持续到21世纪初，是金融电子化阶段。在这一阶段，金融业通过传统的信息技术软硬件来实现办公和业务的电子化，提高业务效率。代表性产品包括ATM、POS机以及银行的核心交易系统、信贷系统、清算系统等。

第二个阶段从21世纪初到2015年，是互联网金融阶段。随着互联网技术的兴起，互联网逐渐深入金融业务。在这一阶段，第三方支付逐渐发展。2011年，中国人民银行开始发放第三方支付牌照，第三方支付机构进入规范发展阶段。同年，我国P2P网络借贷进入快速发展阶段，众多平台踊跃进入。2013年被称为"互联网金融元年"，是互联网金融迅猛发展的一年，众筹平台开始出现，互联网金融业态更加多样化。银行、券商等金融机构纷纷以互联网为依托，对传统业务进行改造，以加速创新。同时互联网金融的飞速发展引起了政府部门的关注，政府部门开始制定相关监管政策，为互联网金融的发展创造健康有序的环境。

第三个阶段自2016年开始，这一年被称为"金融科技元年"。近年来，大数据、云计算、人工智能、区块链等IT技术的发展改变了传统金融的信息采集来源、风险定价模型、投资决策过程、信用中介角色等，大幅提高了传统金融的效率，解决了传统金融的痛点问题。大数据金融、供应链金融、互联网征信等金融科技的新模式应运而生。

2019年之前，我国的金融科技处于起步阶段，经过数年的探索，金融科技多元化参与主体的产业生态格局逐步形成，金融科技业态初具规模，但这一时期我国对金融科技的监管还相对薄弱，监管制度有待建立与完善。随后两年内，我国金融科技基础制度不断完善，金融科技发展的"四梁八柱"逐步建立健全，金融业的科技应用能力进一步增强，实现了金融与科技深度融合、协调发展。2022年1月4日，中国人民银行印发了《金融科技发展规划（2022—2025年）》，提出了新时期金融科技发展指导意见，明确了金融数字化转型的总体思路、发展目标、重点任务和实施保障。

国内学者对于金融科技的理论研究进展基本与金融科技产业发展保持同步，中国知网可查文献显示,与金融科技相关的学术研究最早出现于20世纪80年代,而真正引起学者们广泛关注则始于2016年,随后几年内金融科技相关研究成果的数量逐年上升,2022年以后相关论文数量再创新高。

本书作者是北京邮电大学从事数字经济与金融科技相关领域研究的学者,现任金融科技研究中心主任,研究方向涉及数字经济与金融科技、大数据与企业战略、管理信息系统等,曾主持、参与并完成多项国家级、省部级科研项目,长期从事"金融科技""公司运营与管理""互联网金融"等课程的教学工作以及相关研究工作,并在金融科技应用领域有丰富的一线实战经历。作者在教学过程中充分利用自己的实践经验,理论结合实际,使学生们更直观地了解金融科技的本质和现状。本书在重点章节针对典型金融科技应用业务形态引入了实际案例,可以使读者更为清晰地了解金融科技的应用场景。

本书共分为7章。

第一章首先介绍了金融科技的概念和业务模式分类,金融科技是指通过利用各类科技手段创新传统金融业所提供的产品和服务,其业务模式可以分为支付结算、存贷款与资本筹集、投资管理、市场设施4类;其次介绍了金融科技的发展历程以及金融科技在全球的发展现状。

第二章首先介绍了金融业的发展历程、我国传统金融机构以及科学技术在传统金融业中的应用;其次对金融科技公司进行了系统分类,介绍了典型金融科技公司、传统金融机构的金融科技公司和为金融业提供服务的科技公司。

第三章对金融科技相关技术进行了介绍,包括大数据、云计算、区块链、人工智能和物联网。这些技术是金融业信息化应用和业务模式创新的核心,为跨行业资源融合提供了重要条件。同时,本章阐述了信创背景下,我国金融科技领域的技术创新与应用,汇总了代表性公司及其产品信息。

第四章介绍了典型金融科技应用业务形态的相关内容,包括P2P网络借贷、众筹融资、第三方支付、网络小贷、互联网消费金融、大数据金融、供应链金融、互联网征信、智能投顾、互联网保险、互联网信托、互联网基金销售等。本章从各业务形态的基本概况、运作原理、技术路径、风险和监管政策展开,结合国内现状,从具体金融科技企业和典型案例入手,对各金融科技应用业务形态在我国的具体应用场景进行了分析和对比。

第五章对数字人民币进行了详细描述,阐述了电子货币、虚拟货币、数字货币等常见概念的区别与联系;同时,重点介绍了数字人民币的相关内容,阐明了数字人民币的概念与发展背景,梳理了数字人民币的特点与技术路径;结合我国试点情况,介绍了数字人民币当前的应用场景以及未来的发展方向。

第六章首先介绍了金融科技风险的类型和特征,详细地阐述了金融科技风险的衍生机理以及溢出效应;其次,介绍了我国金融科技监管的发展现状,借鉴美国功能性监管和英国适度监管的经验,分析了我国金融科技监管应采取的各种监管政策;最后介绍了金融科技伦理规范。

第七章主要对金融科技发展过程中面临的挑战以及未来的趋势进行了阐述。金融科技面临着企业垄断、科技人才缺乏、监管体系不健全等问题，未来需要在政策监管方面、产业方面、技术演进方面、赋能社会方面等发展，以促进金融科技的发展。

本书结构清晰，逻辑性强，综合国内外的理论研究与实际发展情况，系统地梳理了金融科技的内涵、演进、技术、业态、风险、监管和发展等内容，以作者大量的科学研究为基础，对金融科技的常见业态进行了深度分析，具有较高的学术价值和理论水平。同时，本书应用大量的金融科技案例进行了实证分析，案例新颖。结合时代背景，与国内其他同类教材相比，本书创新性地加入了金融科技开发相关技术、工具与国内信创领域的相关内容，这些正是学习金融科技专业的学生必须了解的知识点。另外，本书对数字人民币进行了重点介绍，以突出金融科技的具体应用场景；书中专门加入的对金融领域最新科技类伦理规范的介绍更是为金融科技领域的学生或者研发人员提供了底线指导。本书的体例安排适合教学应用，理论讲述结合经典案例，便于学生分析讨论，对学生具有较高的启发性。

本书由北京邮电大学经济管理学院赵保国教授主编，北京邮电大学研究生乔浩杰、郑双月、王耘丰、杨瑞玲、崔书嘉、吴静查阅了大量文献并参与了本书的讨论与编写，对本书的内容均有贡献。

本书的出版得到了北京邮电大学各级领导及工作人员的大力支持，本书在编写过程中借鉴了不少国内外专家学者及机构的研究成果，在此一并致以诚挚的谢意。

由于知识和经验问题，本书的不足之处在所难免，恳请读者批评指正，以便作者在将来的工作中不断改进与提高。

目 录

第一章 金融科技概述 ... 1

第一节 金融科技的概念与业务模式分类 ... 1
一、金融科技的概念 ... 1
二、金融科技的业务模式分类 ... 1

第二节 金融科技的发展历程和发展现状 ... 2
一、金融科技的发展历程 ... 2
二、金融科技的发展现状 ... 7

思考题 ... 10

第二章 传统金融业与金融科技公司 ... 11

第一节 传统金融业 ... 11
一、金融业的发展历程 ... 11
二、我国传统金融机构 ... 12
三、科学技术在传统金融业中的应用 ... 24

第二节 金融科技公司 ... 28
一、典型金融科技公司 ... 28
二、传统金融机构的金融科技公司 ... 30
三、为金融业提供服务的科技公司 ... 34

思考题 ... 37

第三章 金融科技相关技术 ... 38

第一节 大数据 ... 38
一、大数据的概念与特征 ... 38
二、大数据的处理流程 ... 40
三、大数据的发展状况与未来趋势 ... 47

第二节　云计算 ……………………………………………………………… 51
一、云计算的概念与特征 …………………………………………………… 51
二、云计算的分类 …………………………………………………………… 52
三、云计算的发展状况与未来趋势 ………………………………………… 54

第三节　区块链 ……………………………………………………………… 61
一、区块链的概念与特征 …………………………………………………… 61
二、区块链的分类与应用 …………………………………………………… 66
三、区块链的发展状况与未来趋势 ………………………………………… 70

第四节　人工智能 …………………………………………………………… 73
一、人工智能的概念与特征 ………………………………………………… 73
二、人工智能技术体系架构 ………………………………………………… 75
三、人工智能的发展状况与未来趋势 ……………………………………… 82

第五节　物联网 ……………………………………………………………… 87
一、物联网的概念与特征 …………………………………………………… 87
二、物联网的体系架构与关键技术 ………………………………………… 89
三、物联网的发展状况与未来趋势 ………………………………………… 94

第六节　金融科技常用软硬件产品 ………………………………………… 99
一、信创背景下我国金融科技常用软硬件产品 …………………………… 99
二、国际范围内金融科技常用软硬件产品 ………………………………… 106

思考题 ………………………………………………………………………… 111

第四章　典型金融科技应用业务形态 ……………………………………… 112

第一节　P2P 网络借贷 ……………………………………………………… 112
一、P2P 网络借贷概况 ……………………………………………………… 112
二、P2P 网络借贷模式分析 ………………………………………………… 114
三、P2P 网络借贷的风险 …………………………………………………… 115
四、国内外发展比较 ………………………………………………………… 117
五、监管及相关政策 ………………………………………………………… 120
六、典型案例 ………………………………………………………………… 123

第二节　众筹融资 …………………………………………………………… 124
一、众筹融资概况 …………………………………………………………… 124
二、众筹融资的分类 ………………………………………………………… 126
三、风险及其防范 …………………………………………………………… 128

四、监管及相关政策 …………………………………………………………………… 131
　　五、典型案例 ………………………………………………………………………… 133
第三节　第三方支付 ……………………………………………………………………… 134
　　一、第三方支付概况 ………………………………………………………………… 134
　　二、运作模式 ………………………………………………………………………… 136
　　三、发展状况 ………………………………………………………………………… 138
　　四、风险及其防范 …………………………………………………………………… 139
　　五、监管及相关政策 ………………………………………………………………… 142
　　六、典型案例 ………………………………………………………………………… 145
第四节　网络小贷 ………………………………………………………………………… 146
　　一、网络小贷概况 …………………………………………………………………… 146
　　二、发展状况 ………………………………………………………………………… 148
　　三、风险及其防范 …………………………………………………………………… 150
　　四、监管及相关政策 ………………………………………………………………… 152
　　五、典型案例 ………………………………………………………………………… 153
第五节　互联网消费金融 ………………………………………………………………… 154
　　一、互联网消费金融概况 …………………………………………………………… 154
　　二、发展状况 ………………………………………………………………………… 156
　　三、风险及其防范 …………………………………………………………………… 158
　　四、监管及相关政策 ………………………………………………………………… 160
　　五、典型案例 ………………………………………………………………………… 163
第六节　大数据金融 ……………………………………………………………………… 165
　　一、大数据金融概况 ………………………………………………………………… 165
　　二、大数据金融的应用 ……………………………………………………………… 166
　　三、大数据对传统金融的影响 ……………………………………………………… 171
　　四、监管及相关政策 ………………………………………………………………… 171
　　五、典型案例 ………………………………………………………………………… 173
第七节　供应链金融 ……………………………………………………………………… 174
　　一、供应链金融概况 ………………………………………………………………… 174
　　二、基本流程 ………………………………………………………………………… 176
　　三、主要业务模式 …………………………………………………………………… 177
　　四、风险及其防范 …………………………………………………………………… 180
　　五、监管及相关政策 ………………………………………………………………… 182

六、典型案例 183

第八节　互联网征信 184
　　一、互联网征信概况 184
　　二、运作原理 187
　　三、风险 188
　　四、监管及相关政策 189
　　五、典型案例 190

第九节　智能投顾 191
　　一、智能投顾概况 191
　　二、运作原理 193
　　三、风险及其防范 195
　　四、监管及相关政策 196
　　五、典型案例 197

第十节　其他金融科技业务 198
　　一、互联网保险 198
　　二、互联网信托 202
　　三、互联网基金销售 205

思考题 207

第五章　数字人民币 208

第一节　数字货币概述 208
　　一、货币的演进 208
　　二、电子货币 209
　　三、虚拟货币 210
　　四、数字货币 210

第二节　数字人民币概述 216
　　一、数字人民币的概念 216
　　二、数字人民币的发展背景 216
　　三、数字人民币的特点 218
　　四、发展历程与发展愿景 223
　　五、技术路径 224

第三节　数字人民币的应用、监管与未来 227
　　一、应用场景 227

二、对金融业的影响及监管···231

　　三、机遇与挑战···233

　　四、发展现状与未来展望···235

思考题··237

第六章　金融科技风险、监管与伦理规范·······················238

第一节　金融科技风险···238

　　一、金融科技风险的类型和特征·································238

　　二、金融科技风险衍生机理······································240

　　三、金融科技风险溢出··241

第二节　金融科技监管···242

　　一、我国金融科技监管的发展现状·····························242

　　二、金融科技监管的国际借鉴···································243

　　三、金融科技监管的困境···244

　　四、金融科技监管的发展趋势···································246

第三节　金融科技伦理规范·····································248

　　一、落实金融持牌经营要求······································249

　　二、践行服务实体经济使命······································249

　　三、合理收集、使用用户数据···································250

　　四、提倡包容性设计···250

　　五、充分披露产品信息··251

　　六、做好消费者适当性管理······································252

　　七、公平公正地使用智能算法···································252

　　八、自觉履行风险监控责任······································253

　　九、坚持生态优先绿色发展策略································253

思考题··254

第七章　未来展望···255

第一节　金融科技发展面临的挑战····························255

　　一、金融科技企业垄断扩大金融系统性风险·················255

　　二、科技人才缺乏··255

　　三、监管体系不健全···256

第二节　金融科技的未来趋势··································257

一、政策监管方面 ·· 257
　　二、产业方面 ·· 258
　　三、技术演进方面 ·· 259
　　四、赋能社会方面 ·· 260
　思考题 ··· 262

参考文献 ··· 263

附录 ··· 272
　附录 A　金融科技产品认证目录 ······································· 272
　附录 B　境内金融信息服务机构报备清单 ······························· 273
　附录 C　金融科技相关政策/举措汇总 ·································· 275

第一章 金融科技概述

第一节 金融科技的概念与业务模式分类

一、金融科技的概念

金融科技的英文翻译为 Fintech，是 Financial Technology 的缩写，可以简单理解为 Finance(金融)＋Technology(科技)，指通过利用各类科技手段创新传统金融业所提供的产品和服务，提高效率并有效降低运营成本的技术实现。

根据金融稳定理事会(Financial Stability Board,FSB)[①]的定义，金融科技是基于大数据、云计算、人工智能、区块链等一系列技术创新，全面应用于支付清算、借贷融资、财富管理、零售银行、保险、交易结算等六大金融领域，是金融业与技术的融合应用，是新兴的细分交叉应用学科，是金融业未来的主流趋势。

二、金融科技的业务模式分类

巴塞尔银行监管委员会[②]将金融科技分为支付结算、存贷款与资本筹集、投资管理、市场设施 4 类(表 1-1)。这 4 类业务在发展规模、市场成熟度等方面存在差异，对现有金融体系的影响程度也有所不同。

(一) 支付结算类

支付结算类主要包括面向个人客户的小额零售类支付服务(如 PayPal、支付宝等)和针对机构客户的大额批发类支付服务(如跨境支付、外汇兑换等)。目前，互联网第三方支付业务发展迅速并趋于成熟，但由于其对银行支付系统仍有一定程度的依赖，并未从根本上替代银行的支付功能或对银行体系造成重大冲击，二者更多的是实现分工协作，优势互补。金融

---

① 金融稳定理事会是 20 国集团(G20)成员国的金融监管国际合作组织，前身为金融稳定论坛(Financial Stability Forum,FSF)，是 7 个发达国家(G7)为促进金融体系稳定而成立的合作组织。在中国等新兴市场国家对全球经济增长与金融稳定的影响日益显著的背景下，2009 年 4 月 2 日在伦敦举行的 G20 金融峰会决定，将 FSF 成员扩展至包括中国在内的所有 G20 成员，并将其更名为 FSB。

② 巴塞尔银行监管委员会亦称巴塞尔委员会。它是 1974 年成立于国际清算银行下的常设监督机构。其由银行监管机构的高级代表以及比利时、德国、加拿大、日本、法国、意大利、卢森堡、荷兰、瑞典、瑞士、英国和美国的中央银行组成，通常在巴塞尔的国际清算银行(秘书处永久所在地)召开会议。巴塞尔委员会并没有担负一个正式的跨国性的监管责任，因此它做出的决议没有法律效力，但由于巴塞尔委员会代表世界强大的经济集团，其影响力是不容忽视的。

机构的支付服务主要针对客户的大额、低频次,以及对效率和费用不敏感的支付需求;互联网第三方支付则主要满足客户在互联网环境下对小额、高频、实时、非面对面、低费用的非现金支付需求,更多的是发挥对传统金融支付领域的补充作用。

表1-1 金融科技的业务模式分类

支付结算	存贷款与资本筹集	投资管理	市场设施
• 零售类支付 　移动钱包 　点对点汇款 　数字货币 • 批发类支付 　跨境支付 　虚拟价值交换网络	• 借贷平台 　借贷型众筹 　线上贷款平台 　电子商务贷款 　信用评分 　贷款清收 • 股权融资 　投资型众筹	• 智能投顾 　财富管理 • 电子交易 　线上证券交易 　线上货币交易	• 跨行业通用服务 　客户身份认证 　多维数据归集处理 • 技术基础设施 　分布式账户<　大数据 　云计算

(二) 存贷款与资本筹集类

存贷款与资本筹集类主要包括借贷平台和股权融资,即融资方通过互联网平台,以债权或股权的形式向一定范围内的合格投资者募集小额资金。此类业务主要定位于传统金融服务覆盖不足的个人和小微企业等融资需求,虽然发展较快,参与机构数量众多,但与传统融资业务相比,所占比重仍然较低,更多的是对现有金融体系的补充。

(三) 投资管理类

投资管理类主要包括智能投顾和电子交易服务,前者是指运用智能化、自动化系统提供投资理财建议,后者是指提供各类线上证券、货币交易的电子交易服务。目前,智能投顾模式主要出现在少数交易标准化程度较高的发达国家金融市场,应用范围还比较有限,其发展前景也有赖于计算机程序能否提高自我学习分析能力,最终能否提供比人工顾问更优的投资建议,以及市场和投资者能否逐步适应和接受。

(四) 市场设施类

市场设施类既包括客户身份认证、多维数据归集处理等可以跨行业通用的基础技术支持,也包括分布式账户、大数据、云计算等技术基础设施。此类业务的科技属性较为明显,大多属于金融机构的业务外包范畴。因此,监管机构普遍将其纳入金融机构外包风险的监管范畴,在监管上除关注操作风险、信息安全之外,还关注金融机构外包流程是否科学合规、外包服务商道德风险和操作风险的防控等。

第二节 金融科技的发展历程和发展现状

一、金融科技的发展历程

从信息技术对金融业的推动和变革角度来看,迄今为止金融科技经历了三大发展阶段,如图 1-1 所示。

图 1-1　金融科技的三大发展阶段

（一）金融电子化阶段

在金融电子化阶段，金融业通过传统的信息技术软硬件来实现办公和业务的电子化，提高业务效率。信息技术公司并不参与金融公司的业务环节，信息技术系统在金融公司体系内属于成本部门。代表性产品包括 ATM、POS 机、银行的核心交易系统、信贷系统、清算系统等。

金融电子化阶段是指 20 世纪 70 年代到 21 世纪初期，这个阶段又可分为两个历程："替代手工"和"数据大集中"。

第一个历程"替代手工"是指 20 世纪 70 年代到 20 世纪 90 年代初期，部分银行的业务开始以计算机处理的方式代替手工操作。20 世纪 70 年代，中国银行引进第一套理光-8 型（RICOH-8）主机系统，对银行的部分手工业务用计算机来进行处理，主要软件以 COBOL 语言编写，实现了对公业务、储蓄业务、联行对账业务、编制会计报表等日常业务的自动化处理，揭开了我国金融电子化发展的序幕。20 世纪 80 年代，我国银行业相继引进了日本的 M-150、美国 IBM 公司的 4361 型和 4381 型主机系统，进一步在大中城市推广应用各类柜面业务处理系统。20 世纪 90 年代，各大专业银行信息系统主机纷纷升级，例如，引进美国 IBM 公司的大型机 ES9000 系列主机，扩大了业务处理范围，增强了业务处理能力。

1991 年 4 月 1 日，人民银行卫星通信系统上电子联行的正式运行标志着我国银行信息系统进入了全面网络化阶段。各大银行除了先后加入人民银行的电子联行系统之外，在一些大、中城市还建立了各种形式的自动化同城票据交换系统，如同城磁盘介质清算系统、同城网络清算系统等。

同时，继中国银行之后，其他各大银行也纷纷加入国际资金清算系统（Society for Worldwide Interbank Financial Telecommunications，SWIFT），这使得国际结算业务的水平有了很大的提升。在人民银行卫星通信系统上，除了银行业务的应用外，还开发了全国证券报价交易系统，使全国的证券交易形成了一个统一、公平、合理的市场，IT 技术在金融业的广泛应用翻开了崭新的一页。1993 年，《国务院关于金融体制改革的决定》明确指出要加快金融电子化建设。在国务院的统一部署下，中国人民银行和银行业金融机构共同深入探索行业电子化建设之路，通过持续运用现代通信技术、计算机技术等开展金融业务和管理，提升服务的工作效率，提高业务的自动化水平。

第二个历程"数据大集中"是指 20 世纪 90 年代中后期到 21 世纪初。这个阶段的标志是数据集中，即实现全国范围的银行计算机处理联网、互联互通、交付清算、业务管理及办公逐步实现计算机处理等。

1999 年 9 月 1 日，中国工商银行启动了"9991"数据大集中工程。2001 年，几乎所有的大型金融机构都无一例外地走上了数据大集中之路。2002 年下半年，以中国工商银行完成数据大集中建设工程、深圳发展银行实行业务外包等为标志,中国银行业数据大集中取得了初步的建设成果。

(二)互联网金融阶段

在互联网金融阶段,金融业搭建在线业务平台,通过互联网或者移动终端渠道汇集海量用户,实现金融业务中资产端、交易端、支付端、资金端等任意组合的互联互通,达到信息共享和业务撮合的目的,本质上是对传统金融渠道的变革。代表性业务包括互联网基金销售、P2P网络借贷、互联网保险、移动支付等。

随着电子商务的发展,信息时代对金融企业提出了新的要求,要求把金融企业的支付系统接口接在企业的网上、政府的网上以及消费者家中的网上。国内的金融企业纷纷触网,推出网上支付系统。中国银行率先推出了网上银行的系列产品,中国银行的客户只要拥有一张长城借记卡,再从网上下载中国银行提供的电子钱包软件就可以在网上进行各种操作,包括在网上开展查询、转账、支付和结算等业务。而随后中国建设银行总行正式推出了网上银行业务,接着又开通了网上个人外汇买卖、证券保证金自动转账等服务。招商银行推出了"一卡通"及"一网通"网上业务。招商银行的网上业务还包括网上企业银行、网上个人银行、网上证券、网上实时支付等功能。

2001年,中国银行建立独立的CA认证中心,成为国内第一家对海外提供数字电子认证服务的机构,中国银行借此可以为境外网银和境外基础现金管理提供先进、高效的服务。2002年9月,中国建设银行总行成立电子银行部,全国37家一级分行开通了网上银行业务,业务呈现成倍发展态势。中国建设银行统一网上银行"e路通"品牌后,推出了全国龙卡支付、柜台签约、查得快、网上双币种贷记卡业务等功能。2003年年底,上海浦东发展银行实现综合业务系统平台改造后,以产品、理财、投资、服务作为重点全力打造网上银行服务平台,建立了个人网上银行和公司网上银行。2004年以前,互联网及数字技术出现,传统金融机构受到提高工作效率等需求推动,开始通过传统IT软硬件实现办公自动化、电子化,以实现业务升级。

2004年前后,第一批第三方支付企业出现。2007年,拍拍贷成立,成为中国金融科技发展史上的标志性事件。拍拍贷采用纯线上模式运作,平台本身不参与借款,而是通过信息匹配、工具支持和服务等功能实现借贷,是中国第一家真正意义上的P2P网络借贷平台。至此,金融科技真正渗入金融最核心的业务中,并且根据互联网的特点,衍生出一系列风险评估新方式。

同时,2007年中国网上银行市场发展十分迅速,交易额规模实现爆发式增长,个人网银和企业网银交易额规模达245.8万亿元,环比增幅高达163.1%。其中,个人网银交易额的增长态势非常突出,2007年交易额规模增长近3倍,达15.8万亿元。

个人投资理财市场火热,带动个人网银飞速发展,2007年随着中国股市市值的不断看涨,个人理财市场异常火爆,股票、基金等的交易量增长迅猛。电子商务交易额规模的爆发式增长拉动了网上支付的增长,亦推动了金融IT进入新的发展阶段。

2007年是中国网络购物市场快速发展的一年。中国互联网络信息中心历年调查数据显示,2007年市场规模达561亿元,同比增长117.4%,其中C2C和B2C电子商务交易额分别实现了125.2%和923%的高速增长,网络购物的爆发式增长,特别是以淘宝为代表的

C2C交易额的大幅增加,对于网上支付的拉动作用是巨大的。

2008年,中国银行整合了分散在各地的网银系统,并将原先分离的企业网银和个人网银整合到新版网银上,建成了业务齐全、初具规模的网上银行系统,客户数量和交易量得到了迅速增长。

2011年5月18日,中国人民银行向27家第三方支付公司发放支付牌照,支付宝、财付通、快钱等民营第三方支付获牌,标志着互联网与金融结合的开始,也标志着将第三方支付纳入监管,为国内第三方支付企业参与国际竞争带来政策支撑。

2012年5月,银监会印发《中国银监会关于鼓励和引导民间资本进入银行业的实施意见》,明确支持民营企业参与商业银行增资扩股,允许民营企业参与城市商业银行风险处置的持股比例超过20%,民营银行开闸;同年7月,扫码支付试水,之后迅速在线下推广,科技对金融业的渗透从线上互联网金融扩展至线下零售支付。

2004—2012年是金融科技发展的"市场启动期",第三方支付、P2P网络借贷、虚拟货币等纷纷萌芽,监管鼓励民营银行开闸及第三方支付发展,科技在金融业的应用由此前辅助性的"IT工具"开始向支付、借贷等核心金融业务渗透,金融科技发展正式启动。

2013年6月,支付宝推出增值服务平台余额宝,其上线不到6天用户数量即突破100万,互联网金融概念大火,活期宝、现金宝等类似的"理财宝"纷纷现身。余额宝的横空出世给传统金融带来极大震撼,因此各基金、保险公司纷纷展开大规模互联网化的战略布局。互联网企业因为经验和技术能力的优势,地位得到空前提高。

2013年9月,北京银行首次建立直销银行,计划以线上和线下融合的方式提供服务。传统银行重构互联网金融,电子银行部纷纷"升级"为互联网金融部。

2014年10月16日,蚂蚁金融服务集团正式宣告成立。

2014年,全国首家民营银行深圳前海微众银行正式获准开业,其也是中国首家互联网银行。P2P网络借贷也迎来爆发式增长,2014年全年新成立P2P网络借贷平台1 600多家。

2014年,互联网金融写入政府工作报告,政府工作报告提出"促进互联网金融发展"。

2015年3月,中国工商银行推出"e-ICBC"互联网金融品牌,高调发力互联网金融,标志着互联网金融进入"大象"起舞时代。

2015年7月18日,中国人民银行等十部门正式发布了《关于促进互联网金融健康发展的指导意见》。

2013年至2015年上半年,互联网金融高速发展,传统银行纷纷开始直销银行探索和互联网转型,理财平台和P2P网络借贷平台数量大幅增长,资本市场也对互联网金融保持热情,金融科技处于高速发展期。但监管发展的脚步未能跟上行业发展的速度,导致这一时期行业处于"野蛮生长"状态,行业乱象频生,急需监管落地。

(三)重新认识阶段

在重新认识阶段,金融业通过大数据、云计算、人工智能、区块链等最新IT技术,改变传统金融的信息采集来源、风险定价模型、投资决策过程、信用中介角色等,大幅提升传统金融的效率,解决传统金融的痛点。代表技术如大数据征信、智能投顾、供应链金融等。

2015年年末,e租宝事件爆发,引发公众对P2P理财安全的质疑。2016年,金融稳定理事会对金融科技给出明确定义:"金融科技是技术驱动的金融创新",旨在运用现代科技成果改造或创新金融产品、经营模式、业务流程等,推动金融发展提质增效。目前该定义已成为全球共识。

2016年4月,国务院组织十四部委召开电视会议,将在全国范围内启动有关互联网金融领域的专项整治,为期一年,推动对民间融资借贷活动的规范和监管。

2016年8月,《网络借贷信息中介机构业务活动管理暂行办法》正式发布,要求银行金融机构对网络借贷客户资金实行第三方存管,禁止网络借贷机构发售金融理财产品,禁止P2P网络借贷机构开设线下门店、线下宣传及推介融资,标志着P2P网络借贷正式进入监管时代。

2016年8月8日,国务院发布《"十三五"国家科技创新规划》,明确提出促进科技金融产品和服务创新,建设国家科技金融创新中心等,使得金融科技产品正式成为国家政策引导方向。同年,《中国银行业信息科技"十三五"发展规划监管指导意见》明确指出,大中型银行要把数据治理作为重要的制度性建设与基础性工作,统一数据标准,提高数据质量,深化数据应用,有效支撑银行业务发展,有效提升银行管理水平。

2016—2018年,由于互联网金融暴露的问题太多,人们对金融科技的概念又有了新的认识。互联网金融受到监管、行业和用户的普遍关注,适逢互联网金融业乱象频生,监管收紧,很多互联网金融公司开始标榜金融科技公司,但事实上多数企业的科技属性还非常弱,金融科技仅浮于概念层面。

2017年5月,人民银行成立了金融科技委员会,旨在切实做好我国金融科技发展战略规划与政策指引,引导新技术在金融领域的正确使用,这就是金融科技正本清源的标志性事件。

同年,央行牵头开展非银行支付机构风险专项整治工作,2017年发布《中国人民银行支付结算司关于将非银行支付机构网络支付业务由直连模式迁移至网联平台处理的通知》,取缔支付机构与银行的直连模式,互联网支付公司正式告别直连时代。

经历了前几年的野蛮生长后,2015年下半年至2018年,互联网金融业进入市场调整期,监管趋严,行业发展趋缓,伴随金融科技领域数条监管政策落地,网络借贷、网络支付等细分领域的监管框架逐步完善,行业规范度进一步提升。

一系列监管政策落地使行业乱象得到有效整治,行业清理洗牌后,不合规平台已淘汰出局,留下的合规与风控严格的金融科技公司迎来增长红利,监管压力逐渐减小。

2018年以后,大数据、云计算、人工智能等技术快速发展,行业对技术的理解愈加深入,技术输出型金融科技企业价值快速上升,新进入者也不断增加。互联网金融业科技属性增强,不仅将金融科技深度应用于获客、风控、贷后管理、客户服务等环节,部分公司还开始探索纯技术输出。

商业银行的转型需求与成本压力也让监管部门认识到金融上云的必要性,因此提出未来银行业面向互联网场景的信息系统必须全部迁移至云计算平台,其他核心系统分批上云。金融上云的刚需催生了云服务提供商业态。

2019年5月,中国工商银行通过附属机构设立的工银科技有限公司在河北雄安新区正式挂牌开业,注册资本为人民币6亿元,这是银行业内首家在雄安新区设立的金融科技公司。至此,我国已至少有8家银行系金融科技子公司。

2019年8月,中国人民银行印发《金融科技(FinTech)发展规划(2019—2021年)》,明确提出到2021年建立健全我国金融科技发展的"四梁八柱",进一步增强金融业的科技应用能力。业内认为,《金融科技(FinTech)发展规划(2019—2021年)》的出台起到了"定海神针"的作用,是行业重大利好,作为首份规范金融科技发展的顶层文件,意义重大。从整体来看,《金融科技(FinTech)发展规划(2019—2021年)》给予金融科技的定位具有相当的政策高度,对金融科技创新赋能金融发展给予高度认可。在《金融科技(FinTech)发展规划(2019—2021年)》的指导下,金融科技发展将进入健康有序、稳步增长的新时期。

二、金融科技的发展现状

(一) 金融科技在全球的发展现状

金融科技领域的发展可用投资规模进行量化。根据毕马威调查,2017—2021年,金融科技领域全球总投资规模(包括股权投资、风险投资、并购)稳步增加,成交额从2017年的592亿美元增长到2021年的2 101亿美元,累计增长255%;成交量从2017年的2 986笔增长到2021年的5 684笔,累计增长90%(图1-2)。虽然受到新冠肺炎疫情影响,成交额由2019年的2 138亿美元下降至2020年的1 249亿美元,但是投资规模在2021年迅速恢复至新冠肺炎疫情前水平。从总体上看,全球金融科技领域市场前景广阔,具有较高的投资潜力与价值。

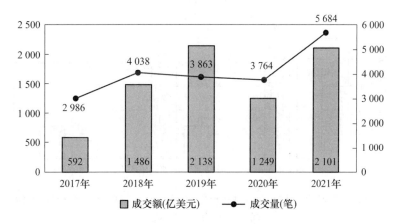

图1-2 2017—2021年金融科技领域全球投资活动(包括股权投资、风险投资、并购)情况
(截至2021年12月31日)

〔数据来源:Pulse of Fintech H2'21 and Pulse of Fintech H2'20, Global Analysis of Investment in Fintech, KPMG International (data provided by PitchBook)〕

2020—2021年,在不同业务领域,金融科技的发展情况不尽相同(图1-3)。毕马威将金融科技的业务领域划分为6个模块,涵盖支付、保险科技、监管科技、网络安全、财富科技和区块链/加密货币,比巴塞尔银行监管委员会的分类更细致。随着数字化趋势的加速,2021年非接触支付模式在全球广泛普及,先买后付等新支付模式出现。2021年,相较于其他业务细分,支付业务的总投资规模最高,达到517亿美元的成交额,同比增长78%。另外,区块链与加密货币领域的总投资规模创下同期历史新高,达到302亿美元,相比于2020年55亿美元的成交额,增长了近6倍,相比于其他业务涨幅最大。这表示,在以中印为首的亚洲各国对加密货币加强监管后,资金继续流向了其他监管宽松的地区。

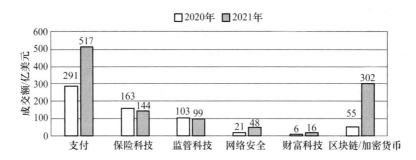

图 1-3　2020—2021 年金融科技各业务细分全球投资活动(包括股权投资、风险投资、并购)情况

(截至 2021 年 12 月 31 日)

〔数据来源：Pulse of Fintech H2'21,Global Analysis of Investment in Fintech,
KPMG International (data provided by PitchBook)〕

2020—2021 年，在全球各个地区，金融科技的发展同样具有差异(图 1-4)。2021 年，美洲地区的金融科技总投资规模居世界首位，成交额高达 1 053 亿美元，同比增长 26%。欧洲、中东和非洲地区成交额同比增幅最高，达到 190%，2021 年总投资规模达到 774 亿美元。亚太地区投资规模增长同样明显，成交额同比增长 87%。

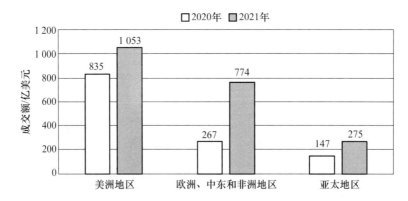

图 1-4　2020—2021 年金融科技各地区投资活动(包括股权投资、风险投资、并购)情况

(截至 2021 年 12 月 31 日)

〔数据来源：Pulse of Fintech H2'21,Global Analysis of Investment in Fintech,
KPMG International (data provided by PitchBook)〕

(二) 金融科技在我国的发展现状

迄今为止，我国金融科技的发展现状如图 1-5 所示。

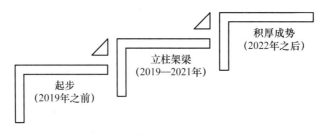

图 1-5　我国金融科技的发展现状

第一阶段(2019年之前)为我国金融科技的起步阶段。在这个阶段,经过数年的探索,金融科技多元化参与主体的产业生态格局逐步形成,金融科技业态初具规模,但这段时期对金融科技的监管还相对薄弱,监管制度有待建立与完善。

2017年,中国人民银行成立金融科技委员会,旨在加强金融科技工作的研究规划和统筹协调。金融科技是技术驱动的金融创新,为金融发展注入了新的活力,也给金融安全带来了新的挑战。中国人民银行将强化监管科技应用于实践,积极利用大数据、人工智能、云计算等技术丰富金融监管手段,提升跨行业、跨市场交叉性金融风险的甄别、防范和化解能力。

第二阶段(2019—2021年)为我国金融科技的"立柱架梁"阶段。在此期间,金融科技基础制度不断完善,逐步建立健全了我国金融科技发展的"四梁八柱",金融业科技应用能力进一步增强,实现了金融与科技深度融合、协调发展,我国金融科技发展居国际领先水平。

2019年8月22日中国人民银行宣布,已印发《金融科技(FinTech)发展规划(2019—2021年)》,并提出到2021年,建立健全我国金融科技发展的"四梁八柱"。《金融科技(FinTech)发展规划(2019—2021年)》明确了未来三年金融科技工作的指导思想、基本原则、发展目标、重点任务和保障措施。《金融科技(FinTech)发展规划(2019—2021年)》提出到2021年,推动我国金融科技发展居于国际领先水平,实现金融科技应用先进可控、金融服务能力稳步增强、金融风控水平明显提高、金融监管效能持续提升、金融科技支撑不断完善、金融科技产业繁荣发展。

第三阶段(2022年之后)为我国金融科技从"立柱架梁"迈向"积厚成势"的新阶段。在这个阶段,我国将力争到2025年实现金融科技整体水平与核心竞争力跨越式提升,发展主线是加快金融机构数字化转型和强化金融科技审慎监管并重。

2022年1月4日,中国人民银行印发《金融科技发展规划(2022—2025年)》。《金融科技发展规划(2022—2025年)》依据《中华人民共和国国民经济和社会发展第十四个五年规划和2035年远景目标纲要》制定,提出新时期金融科技发展指导意见,明确金融数字化转型的总体思路、发展目标、重点任务和实施保障。

《金融科技发展规划(2022—2025年)》强调,要以习近平新时代中国特色社会主义思想为指导,全面贯彻党的十九大和十九届历次全会精神,坚持创新驱动发展,坚守为民初心,切实履行服务实体经济使命,高质量推进金融数字化转型,健全适应数字经济发展的现代金融体系,为构建新发展格局、实现共同富裕贡献金融力量。

《金融科技发展规划(2022—2025年)》指出,要坚持"数字驱动、智慧为民、绿色低碳、公平普惠"的发展原则,以加强金融数据要素应用为基础,以深化金融供给侧结构性改革为目标,以加快金融机构数字化转型、强化金融科技审慎监管为主线,将数字元素注入金融服务全流程,将数字思维贯穿业务运营全链条,注重金融创新的科技驱动和数据赋能。

《金融科技发展规划(2022—2025年)》提出8个方面的重点任务。一是强化金融科技治理,全面塑造数字化能力,健全多方参与、协同共治的金融科技伦理规范体系,构建互促共进的数字生态。二是全面加强数据能力建设,在保障安全和隐私的前提下推动数据有序共享与综合应用,充分激活数据要素潜能,有力提升金融服务质效。三是建设绿色高可用数据中心,架设安全泛在的金融网络,布局先进高效的算力体系,进一步夯实金融创新发展的"数字底座"。四是深化数字技术金融应用,健全安全与效率并重的科技成果应用体制机制,不断壮大开放创新、合作共赢的产业生态,打通科技成果转化"最后一公里"。五是健全安全高效的金融科技创新体系,搭建业务、技术、数据融合联动的一体化运营平台,建立智能化风控机制,全面激活数字化经营新动能。六是深化金融服务智慧再造,搭建多元融通的服务渠道,着力打造无障碍服务体系,为人民群众提供更加普惠、绿色、人性化的数字金融服务。七是加快监管科技的全方位应用,强化数字化监管能力建设,对金融科技创新实施穿透式监管,筑牢金融与科技的风险防火墙。八是扎实做好金融科技人才培养,持续推动标准规则体系建设,强化法律法规制度执行,护航金融科技行稳致远。

思 考 题

1. 简述金融科技的概念。
2. 金融科技有哪些特征?
3. 金融科技与互联网金融有何不同之处?
4. 金融科技的发展经历了哪些阶段?
5. 简要分析我国金融科技的发展现状。

第二章 传统金融业与金融科技公司

第一节 传统金融业

一、金融业的发展历程

金融业起源于公元前 2000 年巴比伦寺庙和公元前 6 世纪希腊寺庙的货币保管和收取利息的放款业务。公元前 5—前 3 世纪在雅典和罗马银钱商和类似银行的商业机构先后出现了。在欧洲，从货币兑换业和金匠业中发展出现代银行。最早出现的银行是意大利威尼斯的银行(1580 年)。1694 年英国成立了第一家股份制银行——英格兰银行，这为现代金融业的发展确立了最基本的组织形式。此后，各资本主义国家的金融业迅速发展，并对加速资本的积聚和生产的集中起到巨大的推动作用。19 世纪末 20 世纪初，主要资本主义国家进入垄断资本主义阶段。以信用活动为中心的银行垄断资本与工业垄断资本相互渗透，形成了金融资本，控制了资本主义经济的命脉。

中国金融业的起源可追溯到公元前 256 年以前周代出现的办理赊贷业务的机构，《周礼》称之为"泉府"。南齐时(479—502 年)以收取实物作为抵押进行放款的机构——质库出现了，即后来的当铺，当时由寺院经营，至唐代改由贵族垄断，宋代时民营质库出现了。明朝末期钱庄(北方称银号)是金融业的主体，后来票号、官银钱号等其他金融机构又陆续出现了。由于长期的封建统治，现代银行在中国出现得较晚。鸦片战争以后，外国银行开始进入中国，最早的是英国丽如银行(1845 年)。随后英国的麦加利银行(渣打银行)和汇丰银行、德国的德华银行、日本的横滨正金银行、法国的东方汇理银行、俄国的华俄道胜银行等相继进入中国。中国银行业的发展基本上是与民族资本主义工商业的发展互为推进的。中国人自己创办的第一家银行是 1897 年成立的中国通商银行。辛亥革命以后，特别是第一次世界大战开始以后，中国的银行业开始有了较快的发展，银行逐步成为金融业的主体，钱庄、票号等退居次要地位，并逐步衰落。

金融业经过长时间的历史演变，从古代社会比较单一的形式，逐步发展成多种门类的金融机构体系。在现代金融业中，各类银行占有主导地位。商业银行是现代银行最早和最典型的形式，城市银行、存款银行、实业银行、抵押银行、信托银行、储蓄银行等虽然都经营金融业务，但业务性质常有较大差异，而且金融当局往往对它们的业务范围有所限制。现代商业银行一般都综合经营各种金融业务。大商业银行除在本国设有大量分支机构外，往往在国外也设有分支机构,从而成为世界性的跨国银行。现代大商业银行通常是大垄断财团的金融中心。持股公司已成为当代发达资本主义国家金融业的重要组织形式。与商业银行性质有所不同的是专业银行。专业银行一般由国家(政府)出资或监督经营。其业务特别是信贷业务,大都侧重于某一个或几个行业,并以重点支持某些行业的发展为经营宗旨。

中央银行的建立是金融业发展史上的一个里程碑。在现代金融业中,中央银行处于主导地位。它是货币发行银行、政府的银行和银行的银行,负责制定和执行国家的金融政策,调节货币流通和信用活动,一般也是金融活动的管理与监督机关。

除银行外,现代金融业还包括各种互助合作性金融组织(如合作银行、互助银行、信用合作社等)、财务公司(或称商人银行)、贴现公司、保险公司、证券公司、金融咨询公司、专门的储蓄汇兑机构(如储金局、邮政储汇局等)、典当业、金银业、金融交易所(如证券交易所、黄金交易所、外汇调剂市场等)和资信评估公司等。

中国的现代金融业始创于革命根据地。最早的金融机构是第一次国内革命战争时期在广东、湖南、江西、湖北等地出现的农村信用合作社,以及1926年12月在湖南衡山柴山洲特区由农民协会创办的柴山洲特区第一农民银行。随着革命战争的发展,各革命根据地纷纷建立起农村信用合作社和银行。1948年12月1日,中国人民银行在河北省石家庄市成立。中华人民共和国成立后,革命根据地和解放区的银行逐步并入中国人民银行。政府没收了国民党的官僚资本银行,并对私营金融业进行了社会主义改造,在此基础上建立了高度集中统一的国家银行体系。同时,政府在广大农村地区发动并组织农民建立了大批集体性质的农村信用合作社,并使它们发挥了国家银行在农村基层机构的作用。高度集中的"大一统"国家银行体系与众多的农村信用合作社相结合是20世纪50—70年代中国金融业的最显著特点。从1979年起,中国开始对金融业进行体制改革。中国人民银行摆脱了具体的工商信贷业务,开始行使中央银行的职能;国家专业银行逐一成立;保险公司重新成立并大力发展国内外业务;股份制综合性银行和地区性银行开始建立;信托投资机构大量发展;租赁公司、财务公司、城市信用合作社、合作银行、证券公司、证券交易所、资信评估公司、中外合资银行、外资银行等都得到一定程度的发展,形成一个以专业银行为主体、中央银行为核心,各种银行和非银行金融机构并存的现代金融体系。

人类已经进入金融时代、金融社会,金融无处不在,并已形成一个庞大的体系,金融学涉及的范畴、分支和内容非常广,如货币、证券、银行、保险、资本市场、衍生证券、投资理财、基金(私募、公募)、国际收支、财政管理、贸易金融、地产金融、外汇管理、风险管理等。

二、我国传统金融机构

(一) 金融监管机构

1. 定义

金融监管是政府通过特定的机构,如中央银行、证券交易委员会等对金融交易行为主体作的某种限制或规定,本质上是一种具有特定内涵和特征的政府规制行为。金融监管可以分为金融监督与金融管理。

- 金融监督指金融主管当局对金融机构实施的全面性、经常性的检查和督促,并以此促进金融机构依法稳健地经营和发展。
- 金融管理指金融主管当局依法对金融机构及其经营活动实施的领导、组织、协调和控制等一系列的活动。

金融监管机构是根据法律规定对一国的金融体系进行监督管理的机构。其职责包括:按照规定监督管理金融市场;发布有关金融监督管理和业务的命令和规章;监督管理金融机构的合法合规运作等。

2. 概况

2023年前,我国的金融监管机构包括"一行两会",即中国人民银行、中国证券监督管理委员会和中国银行保险监督管理委员会。2023年3月,中共中央、国务院印发了《党和国家机构改革方案》,对我国金融监管机构进行了调整,由此前的"一行两会"变成了"一行,一局,一会",即中国人民银行、国家金融监督管理总局、中国证券监督管理委员会。国家金融监督管理总局及中国证券监督管理委员会由原来的事业单位提升为国务院直属组成部门。

中国人民银行简称央行,是中华人民共和国的中央银行,是国务院正部级组成部门。其主要职责是在国务院的领导下,制定和执行货币政策,防范和化解金融风险,维护金融稳定。2023年金融监管机构改革对央行分支机构进行了调整。具体来说,撤销中国人民银行大区分行及分行营业管理部、总行直属营业管理部和省会城市中心支行,在31个省(自治区、直辖市)设立省级分行,在深圳、大连、宁波、青岛、厦门设立计划单列市分行。中国人民银行北京分行保留中国人民银行营业管理部牌子,中国人民银行上海分行与中国人民银行上海总部合署办公。不再保留中国人民银行县(市)支行,相关职能上收至中国人民银行地(市)中心支行。

中国证券监督管理委员会简称中国证监会或者证监会,是国务院直属正部级事业单位。其主要职责是依照法律、法规和国务院授权,统一监督管理全国证券期货市场,维护证券期货市场秩序,保障其合法运行。

中国银行保险监督管理委员会简称中国银保监会或者银保监会,成立于2018年,是国务院直属正部级事业单位。其主要职责是依照法律法规统一监督管理银行业和保险业,维护银行业和保险业合法、稳健运行,防范和化解金融风险,保护金融消费者合法权益,维护金融稳定。随着我国金融监管机构的改革,银保监会不再保留。

国家金融监督管理总局简称金融监管总局,是在中国银行保险监督管理委员会的基础上组建的国务院直属机构,统一负责除证券业之外的金融业监管。此前央行对金融控股公司等金融集团的日常监管职责、有关金融消费者保护职责、证监会的投资者保护职责,如今被划入国家金融监督管理总局。

在2023年中共中央、国务院印发的《党和国家机构改革方案》中,我国还组建了中央金融委员会,目的在于加强党中央对金融工作的集中统一领导。中央金融委员会将负责金融稳定和发展的顶层设计、统筹协调、整体推进、督促落实,研究审议金融领域重大政策、重大问题等,是党中央决策议事协调机构。此次改革还组建了中央金融工作委员会,统一领导金融系统党的工作;设立了中央金融委员会办公室,作为中央金融委员会的办事机构,列入党中央机构序列。

(二) 政策性银行

1. 定义

政策性银行是指由政府创立,以贯彻政府的经济政策为目标,在特定领域开展金融业务的不以营利为目的的专业性金融机构。

政策性银行不以营利为目的,专门贯彻、配合政府社会经济政策或意图,在特定的业务领域内,直接或间接地从事政策性融资活动,充当政府发展经济、促进社会进步、进行宏观经济管理的工具。

2. 概况

新中国成立后,政府对民国时期的银行进行了全面整顿,中国人民银行吸收合并了国内绝大部分银行,集中央银行、商业银行于一身,成为大陆地区的银行。当时的政策性业务主要由中国人民银行负责。

1978—1994年,国家的政策性业务主要由中国工商银行、中国农业银行、中国银行和中国建设银行承担。

1993年12月25日,国务院发布了《国务院关于金融体制改革的决定》及其他文件,提出深化金融改革,将工、农、中、建四大行建设成国有大型商业银行,为此,从四大行中剥离出政策性业务,组建了专门承担政策性业务的专业银行,即政策性银行。该文件成为政策性银行筹建的主要法律文件,从此,工、农、中、建四大行由专业银行转型为国有商业银行,不再承担政策性金融业务。

1994年3月17日,国家开发银行在北京成立,注册资本为500亿元人民币,主要承担国内开发型政策性金融业务。1994年7月1日,中国进出口银行在北京成立,注册资本为33亿元人民币,主要承担大型机电设备进出口融资业务。1994年11月8日,中国农业发展银行在北京成立,注册资本为200亿元人民币,主要承担农业政策性扶植业务。国家开发银行、中国进出口银行、中国农业发展银行均直属国务院领导。

2015年3月,国务院明确国家开发银行定位为开发性金融机构,从政策性银行序列中剥离。

(三) 商业银行

1. 定义

商业银行是银行的一种主要类型,是通过存款、贷款、汇兑、储蓄等业务,承担信用中介的金融机构。其主要的业务范围是吸收公众存款、发放贷款以及办理票据承兑与贴现等。中国的商业银行是指依照《中华人民共和国商业银行法》和《中华人民共和国公司法》设立的吸收公众存款、发放贷款、办理结算等业务的企业法人。

根据《中华人民共和国商业银行法》的规定,中国商业银行可以经营下列业务:吸收公众存款,发放贷款;办理国内外结算、票据承兑与贴现,发行金融债券;代理发行、兑付,承销政府债券,买卖政府债券、金融债券;从事同业拆借;买卖、代理买卖外汇;从事银行卡业务;提供信用证服务及担保;代理收付款项及代理保险业务;等等。按照规定,商业银行不得从事政府债券以外的证券业务和非银行金融业务。

2．概况

我国的商业银行目前主要包括两类。

① 6家大型国有商业银行,是指由国家(财政部、中央汇金投资有限责任公司)直接管控的大型商业银行,具体包括中国工商银行、中国农业银行、中国银行、中国建设银行、交通银行、中国邮政储蓄银行。

② 12家全国性股份制商业银行,包括招商银行、浦发银行、中信银行、中国光大银行、华夏银行、中国民生银行、广发银行、兴业银行、平安银行、浙商银行、恒丰银行、渤海银行。

此外,商业银行还包括：城市商业银行,如北京银行、上海银行、江苏银行、宁波银行；外资银行,如花旗银行、汇丰银行、渣打银行；以及农村商业银行等。截止到2021年12月末,全国城市商业银行共有128家,外资法人银行共有41家。

(四) 村镇银行

1．定义

村镇银行是指经中国银行保险监督管理委员会依据有关法律、法规批准,由境内外金融机构、境内非金融机构企业法人、境内自然人出资,在农村地区设立的主要为当地农民、农业和农村经济发展提供金融服务的银行业金融机构。

村镇银行可以经营下列业务：吸收公众存款,发放短期、中期和长期贷款,办理国内结算,办理票据承兑与贴现,从事同业拆借,从事银行卡业务,代理发行、兑付、承销政府债券,代理收付款项及代理保险业务,以及经银行业监督管理机构批准的其他业务。

按照国家有关规定,村镇银行还可代理政策性银行、商业银行、保险公司、证券公司等金融机构的业务。

2．概况

2006年12月20日,中国银行业监督管理委员会(以下简称"中国银监会"或"银监会")出台了《中国银行业监督管理委员会关于调整放宽农村地区银行业金融机构准入政策更好支持社会主义新农村建设的若干意见》,提出在湖北、四川、吉林等6个省(区)的农村地区设立村镇银行试点,全国的村镇银行试点工作从此启动。

首家村镇银行——四川仪陇惠民村镇银行成立于2007年3月,由地方城市商业银行与民营资本共同组建,注册资本为200万元。3年试点之后,村镇银行驶入了发展的快车道。2009年7月,中国银监会发布了《新型农村金融机构2009年—2011年总体工作安排》,计划3年内将在全国设立1 293家新型农村金融机构。其中,村镇银行占1 027家。

目前村镇银行已成为机构数量最多、单体规模最小、服务客户最基层、支农支小特色最突出的"微小银行"。银保监会数据显示,截至2021年年末,全国村镇银行数量为1 651家,占全国银行业金融机构总数的36%左右。

(五) 直销银行

1．定义

直销银行是银行开的银行。直销银行是指不依赖线下网点,通过电话、短信、网页、邮件、移动App等方式来提供银行服务的银行。直销银行最初的模式是电话银行,20世纪90年代随着互联网的普及银行有了跨越式的发展,互联网银行成为主流,2015年以后,银行服务进入移动互联网时代。与个人网上银行相比,直销银行突破了本行账户局限,可向他行用户开放。

直销银行以零售业务为主。直销银行提供的金融服务主要面向个人用户,业务类型基本实现全覆盖,包括账户管理、支付结算、存款、投资理财、贷款、保险等;在满足客户各类金融服务需求的同时,控制产品数量,提供简洁的交互界面及业务流程。基于线上模式和标准化产品的成本优势,直销银行为客户提供更好的价格,包括更高的存款利率和更低的手续费。目前直销银行的服务客户群体范围正逐步向中小微企业拓展。

2. 概况

直销银行在欧美已有约30年的发展历史,产生的原因为传统商业银行探索线上服务模式。全球第一家直销银行诞生于英国,名为First Direct,由英国当时的四大银行集团之一米特兰银行于1989年设立,提供电话银行服务。米特兰银行在1992年被汇丰集团收购,之后First Direct一直是汇丰集团旗下的子公司,持续运营至今。20世纪90年代以后,欧美不少商业银行设立了直销银行,一般采用设立子公司的形式,设立的目的包括拓展海外市场和服务本地市场的特定客户群体,线上模式能有效降低运营成本,提升服务效率。

随着国内互联网金融的兴起,2014年2月,国内第一家直销银行——中国民生银行直销银行正式上线,之后上百家银行开设了直销银行。根据《2019中国电子银行调查报告》的数据,截止到2019年10月,全国共有直销银行116家,其中参与主体最多的是城市商业银行,其次是农商银行/农村信用合作社。

(六) 农村信用合作社

1. 定义

农村信用合作社(简称农村信用社、农信社)指经中国人民银行批准设立、由社员入股组成、实行民主管理、主要为社员提供金融服务的农村合作金融机构。

农村信用合作社是银行类金融机构,以吸收存款为主要负债,以发放贷款为主要资产,以办理转账结算为主要中间业务,直接参与存款货币的创造过程。其主要任务是筹集农村闲散资金,为农业、农民和农村经济发展提供金融服务,依照国家法律和金融政策的规定,组织和调节农村基金,支持农业生产和农村综合发展,支持各种形式的合作经济和社员家庭经济,限制和打击高利贷。

2. 概况

早在20世纪50年代,中国人民银行在农村的网点就已改为农村信用合作社。农村信用合作社的宗旨是"农民在资金上互帮互助",即农民组成信用合作社,社员出钱组成资本金,社员用钱可以贷款。

2003年中国人民银行退出农村信用社的管理,交由省政府管理,省政府成立了省级信用合作社,直接管理县级农村信用合作社。截止到2021年12月末,全国农村信用合作社共有577家。

（七）保险公司

1. 定义

保险公司是依照《中华人民共和国保险法》和《中华人民共和国公司法》设立的经营保险业务的企业法人。保险公司收取保费，将保费所得资本投资于债券、股票、贷款等资产，运用这些资产所得收入支付保单所确定的保险赔偿。保险公司通过上述业务，能够在投资中获得高额回报，并以较低的保费向客户提供适当的保险服务，从而营利。

根据《中华人民共和国保险法》的规定，保险公司的业务主要分为两类。

① 人身保险业务，包括人寿保险、健康保险、意外伤害保险等保险业务。

② 财产保险业务，包括财产损失保险、责任保险、信用保险、保证保险等保险业务。

我国的保险公司一般不得兼营人身保险业务和财产保险业务。

2. 概况

截至 2021 年 12 月 31 日，根据保险业协会数据，全国共有 350 家保险公司。

① 保险集团（控股）公司 13 家，包括中国人民保险集团股份有限公司、中国人寿保险（集团）公司、中国太平保险集团有限责任公司、中国再保险（集团）股份有限公司等。

② 财产保险公司 85 家，包括中国人民财产保险股份有限公司、中国太平洋财产保险股份有限公司、天安财产保险股份有限公司、中国人寿财产保险股份有限公司、中国平安财产保险股份有限公司、中国大地财产保险股份有限公司、中华联合财产保险股份有限公司、华安财产保险股份有限公司、太平财产保险有限公司、阳光财产保险股份有限公司、华泰财产保险有限公司等。

③ 人身保险公司 92 家，包括中国人寿保险股份有限公司、中国平安人寿保险股份有限公司、中国太平洋人寿保险股份有限公司、新华人寿保险股份有限公司、太平人寿保险有限公司、中国人民人寿保险股份有限公司、合众人寿保险股份有限公司、百年人寿保险股份有限公司、中邮人寿保险股份有限公司、友邦人寿保险有限公司、阳光人寿保险股份有限公司等。

④ 再保险公司 14 家，包括中国财产再保险有限责任公司、中国人寿再保险有限责任公司、慕尼黑再保险公司北京分公司、法国再保险公司北京分公司、太平再保险（中国）有限公司、RGA 美国再保险公司上海分公司、前海再保险股份有限公司、人保再保险股份有限公司等。

⑤ 资产管理公司 15 家，包括中国人寿资产管理有限公司、中国人保资产管理有限公司、中再资产管理股份有限公司、阳光资产管理股份有限公司、太平资产管理有限公司、新华资产管理股份有限公司、泰康资产管理有限责任公司、太平洋资产管理有限责任公司等。

⑥ 保险中介机构 73 家，包括江泰保险经纪股份有限公司、华泰保险经纪有限公司、北京联合保险经纪有限公司、中汇国际保险经纪股份有限公司、华信保险经纪有限公司、安润国际保险经纪（北京）有限公司等。

⑦ 地方保险协会（含中介协会）44 家，包括天津市保险行业协会、北京保险行业协会、河北省保险行业协会、山西省保险行业协会、内蒙古自治区保险行业协会、辽宁省保险行业协会等。

⑧ 保险相关机构 14 家,包括上海保险交易所股份有限公司、中国保险保障基金有限责任公司、上海陆金所信息科技股份有限公司、中国银行保险信息技术管理有限公司、中国汽车工程研究院股份有限公司、国寿投资保险资产管理有限公司等。

(八) 证券公司

1. 定义

证券公司是指依照《中华人民共和国证券法》和《中华人民共和国公司法》的规定设立并经国务院证券监督管理机构审查批准而成立的专门经营证券业务的企业法人。证券公司分为证券经营公司和证券登记公司。狭义的证券公司是指证券经营公司,证券经营公司是经主管机关批准并到有关工商行政管理局领取营业执照后专门经营证券业务的企业法人。它具有证券交易所的会员资格,可以承销发行、自营买卖或自营兼代理买卖证券。普通投资人的证券投资都要通过证券商来进行。

根据《中华人民共和国证券法》的规定,证券公司的主要业务包括:

① 证券经纪;
② 证券投资咨询;
③ 与证券交易、证券投资活动有关的财务顾问;
④ 证券承销与保荐;
⑤ 证券融资融券;
⑥ 证券做市交易;
⑦ 证券自营;
⑧ 其他证券业务。

证券公司经营上述第①项至第③项业务的,注册资本最低限额为人民币 5 000 万元;经营第④项至第⑧项业务之一的,注册资本最低限额为人民币 1 亿元;经营第④项至第⑧项业务中两项以上的,注册资本最低限额为人民币 5 亿元。证券公司的注册资本必须是实缴资本。

2. 概况

证券公司的分类结果不是对证券公司资信状况及等级的评价,而是证券监管部门根据审慎监管的需要,以证券公司风险管理能力、持续合规状况为基础,结合公司业务发展状况,对证券公司进行的综合性评价,主要体现的是证券公司治理结构、内部控制、合规管理、风险管理以及风险控制指标等与其业务活动相适应的整体状况。

根据《证券公司分类监管规定》,证券公司分为 A(AAA、AA、A)、B(BBB、BB、B)、C(CCC、CC、C)、D、E 等 5 类 11 个级别。A、B、C 3 类中各级别公司均为正常经营公司,其类别、级别的划分仅反映公司在行业内的业务活动与其风险管理能力及合规管理水平相适应的相对水平。D 类、E 类公司分别为潜在风险可能超过公司可承受范围及因发生重大风险被依法采取风险处置措施的公司。

2021 年 AA 级证券公司共有 15 家,分别是安信证券、东方证券、中金公司、华泰证券、平安证券、银河证券、招商证券、中信建投、中信证券、光大证券、广发证券、国泰君安、国信证券、申万宏源和兴业证券(排名不分先后)。

(九) 证券交易所

1. 定义

证券交易所是为证券集中交易提供场所和设施,组织和监督证券交易,实行自律管理的法人。从世界各国的情况来看,证券交易所分为公司制和会员制两种类型。

(1) 公司制证券交易所

公司制证券交易所是以营利为目的,提供交易场所和服务人员,以便利证券商的交易与交割的证券交易所。从股票交易实践可以看出,这种证券交易所要收取发行公司的上市费与证券成交的佣金,其主要收入来自买卖成交额的一定比例。而且经营这种交易所的人员不能参与证券买卖,从而在一定程度上可以保证交易的公平。

(2) 会员制证券交易所

会员制证券交易所是不以营利为目的,由会员自治自律、互相约束,参与经营的会员可以参加股票交易中的股票买卖与交割的交易所。这种证券交易所的佣金和上市费用较低,从而在一定程度上可以防止上市股票的场外交易。但是,由于经营证券交易所的会员本身就是股票交易的参与者,因而在股票交易中难免会出现交易的不公正现象。同时,因为参与交易的买卖方只限于证券交易所的会员,新会员的加入一般要经过原会员的一致同意,这就形成了一种事实上的垄断,不利于提高服务质量和降低收费标准。

2. 概况

中国有 3 家证券交易所,即 1990 年 11 月 26 日成立的上海证券交易所、1990 年 12 月 1 日成立的深圳证券交易所,以及 2021 年 11 月 15 日成立的北京证券交易所。

(十) 基金公司

1. 定义

证券投资基金管理公司(简称基金公司)是指经中国证券监督管理委员会批准,在中国境内设立,从事证券投资基金管理业务的企业法人。基金公司分为公募基金公司和私募基金公司。

证券投资基金(一般称为基金)是基金公司发行的产品。在与基金相关的发行、管理、托管、注册登记、销售等环节中,基金的发行和管理、登记注册、部分销售业务(直销)与基金管理人(基金公司)相关。

公募基金是指以公开方式向社会公众投资者募集资金并以证券为主要投资对象的证券投资基金。私募基金是指以非公开方式向特定投资者募集资金并以特定目标为投资对象的证券投资基金。私募基金以大众传播以外的手段招募,发起人筹集非公众性多元主体的资金并设立投资基金,进行证券投资。

基金公司发起人是从事证券经营、证券投资咨询、信托资产管理或者其他金融资产管理的机构。

2. 概况

根据中国证券投资基金业协会披露的数据,截至 2022 年 4 月底,公募基金管理人有 152 家,公募基金产品有 9 761 只,公募基金规模为 25.52 万亿元,公募基金月均规模排名前十的公司依次为易方达、华夏基金、广发基金、富国基金、南方基金、招商基金、汇添富基金、博时基金、鹏华基金、工银瑞信;私募基金管理人有 24 611 家,私募基金产品有 129 955 只,私募基金规模为 20.38 万亿元。

(十一) 信托

1. 定义

信托公司在中国是指依照《中华人民共和国公司法》和根据《信托公司管理办法》的规定设立的主要经营信托业务的金融机构。

信托业务主要包括委托和代理两个方面的内容。前者是指财产的所有者为自己或其指定人的利益,将其财产委托给他人,要求按照一定的目的,代为妥善地管理和有利地经营;后者是指一方授权另一方代为办理的一定经济事项。

信托业务的关系人有委托人、受托人和受益人。转移财产权的人,即原财产的所有者是委托人;接受委托代为管理和经营财产的人是受托人;享受财产所带来的利益的人是受益人。信托的种类有很多,主要包括个人信托、法人信托、任意信托、特约信托、公益信托、私益信托、自益信托、他益信托、资金信托、动产信托、不动产信托、营业信托、非营业信托、民事信托和商事信托等。

2. 概况

截至 2021 年 12 月末,中国共有 68 家信托公司,其中有 29 家为地方国企控股,16 家为央企控股,4 家为银行控股,5 家为资产管理公司控股,4 家为金融机构控股,10 家为民企控股。根据中国信托业协会披露的数据,2021 年年末信托资产规模余额为 20.55 万亿元,2021 年全行业收入为 1 207.98 亿元,各信托公司年报披露,营业收入排名前十的信托公司依次为中信信托、光大信托、华能信托、中融信托、五矿信托、华润信托、建信信托、中航信托、外贸信托、平安信托。

(十二) 期货公司

1. 定义

期货公司是指依法设立的、接受客户委托、按照客户的指令、以自己的名义为客户进行期货交易并收取交易手续费的中介组织,其交易结果由客户承担。

期货公司根据客户指令代理买卖期货合约、办理结算和交割手续;对客户账户进行管理,控制客户交易风险;为客户提供期货市场信息,进行期货交易咨询,充当客户的交易顾问等。

2. 概况

根据《期货公司分类监管规定》,期货公司分为 A(AAA、AA、A)、B(BBB、BB、B)、C(CCC、CC、C)、D、E 等 5 类 11 个级别,分类级别是以期货公司风险管理能力为基础,结合公司服务实体经济能力、市场竞争力、持续合规状况,对期货公司进行的综合评价。

根据 2022 年期货公司分类评价结果,150 家期货公司参与分类评价,18 家公司获评 AA 级,18 家获评 AA 级的期货公司分别为国泰君安期货、银河期货、永安期货、中信期货、东证期货、华泰期货、南华期货、中粮期货、中信建投期货、申银万国期货、中泰期货、浙商期货、海通期货、广发期货、新湖期货、光大期货、招商期货、国投安信期货。

(十三) 期货交易所

1. 定义

期货交易所是买卖期货合约的场所,是期货市场的核心。期货交易所是一个财务独立的营利组织,它在为交易者提供一个公开、公平、公正的交易场所和有效监督服务的基础上实现合理的经济利益,包括会员会费收入、交易手续费收入、信息服务费收入及其他收入。它所制定的一套制度规则为整个期货市场提供了一种自我管理机制,使得期货交易的"公开、公平、公正"原则得以实现。

2. 概况

国内共有 6 家期货交易所。

① 郑州商品交易所成立于 1990 年 10 月 12 日,是我国第一家期货交易所,也是中国中西部地区唯一一家期货交易所,上市交易的有强筋小麦、普通小麦、精对苯二甲酸(PTA)、一号棉花、白糖、菜籽油、早籼稻、玻璃、菜籽、菜粕、甲醇等 16 个期货品种,上市合约数量在全国 6 家期货交易所中居首。

② 上海期货交易所成立于 1990 年 11 月 26 日,上市交易的有黄金、白银、铜、铝、锌、铅、螺纹钢、线材、燃料油、天然橡胶沥青等 11 个期货品种。

③ 大连商品交易所成立于 1993 年 2 月 28 日,是中国东北地区唯一一家期货交易所,上市交易的有玉米、黄大豆 1 号、黄大豆 2 号、豆粕、豆油、棕榈油、聚丙烯、聚氯乙烯、塑料、焦炭、焦煤、铁矿石、胶合板、纤维板、鸡蛋等 15 个期货品种。

④ 中国金融期货交易所于 2006 年 9 月 8 日在上海成立,是中国第四家期货交易所。交易品种有股指期货、国债期货。

⑤ 上海国际能源交易中心于 2013 年 11 月 22 日在中国(上海)自由贸易试验区成立,经营范围包括组织安排原油、天然气、石化产品等能源类衍生品上市交易、结算和交割,制定业务管理规则,实施自律管理,发布市场信息,提供技术、场所和设施服务。

⑥ 广州期货交易所成立于 2021 年 1 月 22 日,主要立足服务实体经济、服务绿色发展,秉持创新型、市场化、国际化的发展定位,对完善我国资本市场体系,助力粤港澳大湾区和国家"一带一路"建设,服务经济高质量发展具有重要意义。

(十四) 消费金融公司

1. 定义

消费金融公司是指经金融监管机构批准,在中华人民共和国境内设立的,不吸收公众存款,以小额、分散为原则,为中国境内居民个人提供以消费为目的的贷款的非银行金融机构。消费金融公司名称中应有"消费金融"字样。

根据银监会公布的《消费金融公司试点管理办法》,消费贷款是指消费金融公司向借款人发放的以消费(不包括购买房屋和汽车)为目的的贷款。消费金融公司向个人发放消费贷款不应超过客户风险承受能力且借款人贷款余额最高不得超过人民币 20 万元。

2. 概况

2010 年,国内首批 3 家消费金融公司于 1 月 6 日获得中国银监会同意筹建的批复,首批获批的消费金融公司发起人分别为中国银行、北京银行和成都银行,这 3 家消费金融公司分别在上海、北京和成都三地率先试点。

从注册资本来看,截至 2021 年 2 月,全国 27 家已成立的消费金融公司注册资本合计金额为 443.4 亿元,平均值为 16.42 亿元。其中,注册资本超过 30 亿元的消费金融公司有 5 家,包括捷信消金、平安消金、马上消金、招联消金、中邮消金,捷信消金注册资本为 70 亿元。第二梯队注册资本在 10 亿至 30 亿元之间的消费金融公司有 10 家,包括中原消金、兴业消金、中银消金等。可以看出,注册资本为 10 亿元以上的消费金融公司超过一半,达到 15 家。注册资本 10 亿元以下的消费金融公司有 12 家,其中盛银消费金融有限公司注册资本最低,仅有 3 亿元,达到最低监管要求。

(十五) 金融租赁公司

1. 定义

金融租赁公司是指经中国银行业监督管理委员会批准,以经营融资租赁业务为主的非银行金融机构。根据金融监管机构公布的《金融租赁公司管理办法》,金融租赁公司名称中应有"金融租赁"字样。未经金融监管机构批准,任何单位不得在其名称中使用"金融租赁"字样。

融资租赁(Financial Lease)是国际上最普遍、最基本的非银行金融形式。它是指出租人根据承租人(用户)的请求,与第三方(供货商)订立供货合同,根据此合同,出租人出资向供货商购买承租人选定的设备。同时,出租人与承租人订立一项租赁合同,将设备出租给承租人,并向承租人收取一定的租金。

经金融监管机构批准,金融租赁公司可以经营下列部分或全部本外币业务:

① 融资租赁业务;
② 转让和受让融资租赁资产;
③ 固定收益类证券投资业务;
④ 接收承租人的租赁保证金;
⑤ 吸收非银行股东 3 个月(含)以上定期存款;
⑥ 同业拆借;
⑦ 向金融机构借款;
⑧ 境外借款;
⑨ 租赁物变卖及处理业务;
⑩ 经济咨询。

经金融监管机构批准,经营状况良好、符合条件的金融租赁公司可以开办下列部分或全部本外币业务:

① 发行债券;
② 在境内保税地区设立项目公司,开展融资租赁业务;
③ 资产证券化;
④ 为控股子公司、项目公司对外融资提供担保;
⑤ 金融监管机构批准的其他业务。

2. 概况

我国的融资租赁业起源于 1981 年 4 月,最早的租赁公司以中外合资企业的形式出现,其原始动机是引进外资。1981年7月成立了首家由中资组成的非银行金融机构"中国租赁有限公司",截止到1997年,经中国人民银行批准的金融租赁公司共16家。1997年后,海南国际租赁有限公司、广东国际租赁有限公司、武汉国际租赁公司和中国华阳金融租赁有限公司(2000年关闭)先后退出市场。

截至2021年年末,国内金融租赁公司合计71家,含3家金融租赁专业子公司。其中,资产规模千亿级金融租赁公司共11家,具体包括国银租赁、交银租赁、工银租赁、招银租赁、民生金融租赁、华融金融租赁、建信租赁、兴业金融租赁、华夏金融租赁、光大金融租赁、浦银租赁。其中,除华融金融租赁外,其余均由银行控股。

(十六)金融资产管理公司

1. 定义

金融资产管理公司(Asset Management Corporation,AMC)在国际金融市场上共有两类:从事"优良"资产管理业务的AMC和从事"不良"资产管理业务的AMC。前者外延较广,涵盖诸如商业银行、投资银行以及证券公司等设立的资产管理部或资产管理方面的子公司,主要面向个人、企业和机构等,提供的服务主要有账户分立、合伙投资、单位信托等;后者是专门处置银行剥离的不良资产的金融资产管理公司。

由于银行自行清理不良资产会遇到法规限制、专业技术知识不足、管理能力不够和信息来源不充分等困难,所以需要成立由有关方面人员组成的、拥有一定行政权力的金融资产管理公司来专门清理不良资产。金融资产管理公司通常是在银行出现危机时由政府设立的,并且不以营利为目的,通过审慎地收购资产、有效地管理资产和处置不良资产、向银行系统注入资金等以挽救金融业,重建公众对银行体系的信心;通过运用有效的资产管理及资产变现战略,尽可能从破产倒闭银行的不良资产中多收回价值;在尽量少动用政府资金的前提下,使金融业能够实现资本重整,减轻银行重组对社会整体的震荡以及负面影响。

2. 概况

20世纪90年代以来,特别是亚洲金融危机后,各国政府普遍对金融机构不良资产问题给予了极大关注。我国国有商业银行是金融体系的重要组成部分,是筹措、融通和配置社会资金的主渠道之一,长期以来为经济发展提供了有力支持。然而,在1995年《中华人民共和国中国人民银行法》出台之前,国有银行是以专业银行模式运作的,信贷业务具有浓厚的政策性色彩,加之受到20世纪90年代初期经济过热的影响,以及处于经济转轨过程中,在控制贷款质量方面缺乏有效的内部机制和良好的外部环境,从而产生了一定规模的不良贷款。此外,在1993年之前,银行从未提取过呆账准备金,没有核销过呆坏账损失。这样,不良贷款不断累积,金融风险逐渐孕育,成为经济运行中的一个重大隐患,如果久拖不决,有可能危及金融秩序和社会安定,影响我国下一步的发展和改革进程。鉴于上述情况,在认真分析国内金融问题和汲取国外经验教训的基础上,我国政府审时度势,决定成立金融资产管理公司,集中管理和处置从商业银行收购的不良贷款,并由中国信达资产管理公司先行试点。组建金融资产管理公司是中国金融体制改革的一项重要举措,对于依法处置国有商业银行的不良资产,防范和化解金融风险,推动国有银行轻装上阵,促进国有企业扭亏脱困和改制发展,以及实现国有经济的战略重组都具有重要意义。

2020年12月以前,我国有4家全国性资产管理公司,包括中国华融资产管理公司、中国长城资产管理公司、中国东方资产管理公司、中国信达资产管理公司，分别接收从中国工商银行、中国农业银行、中国银行、中国建设银行剥离出来的不良资产。中国信达资产管理公司于1999年4月成立，其他3家公司于1999年10月分别成立。2020年12月，中国银保监会作出批复，批准中国银河资产管理有限责任公司开业。根据批复，中国银河资产管理有限责任公司注册资本为100亿元人民币，注册地为北京，主要从事不良资产及其他相关业务。

三、科学技术在传统金融业中的应用

(一) 概念

金融是在不确定的环境中进行资源流通的最优配置决策行为，其本质是价值流通。在目前阶段，科技的介入可以加速解决传统金融的信息采集、风险定价模型、投资决策、信用中介等痛点，人工智能、区块链、生物识别、大数据等都是金融科技重要的技术层面驱动力，它们在金融业的深度应用改变了传统金融业务模式，极大地提升了金融服务质量和效率。

(二) 典型应用

1. 人工智能技术

人工智能是通过计算机分析人的行为举止及思维过程而形成的一门新型综合学科。该领域按照技术可分为深度学习算法和机器学习算法；按照场景可分为运算智能、感知智能与认知智能。近年来，人工智能技术发展迅猛，已逐步进入商业应用阶段。上至顶层设计，下至百姓生活，都可以看到人工智能的影子。金融业是较早引入人工智能辅助的行业，例如，银行、保险等金融机构在业务运营、风险控制等领域通过机器人流程自动化（Robotic Process Automation，RPA）技术来"替代人"高效执行重复性、无须人工决策的流程化操作；再如，运用智能投顾给予客户资产配置建议。

2. 区块链技术

作为多种技术的融合体，区块链技术利用密码学和分布式共识协议保证网络传输与访问的安全性，实现数据多方维护、全网一致、不易被篡改，解决了信任与价值的可靠传递难题。目前，区块链还处于早期发展阶段，理论上区块链可应用于资产证券化、记录存证、跨境支付、物联网、供应链金融、智能合约等多个场景。当前，区块链技术在银行业的应用主要集中在贸易融资、跨境金融、电子存证等场景，例如，在供应链金融业务中，可利用区块链技术有效整合物流、仓储、进销存管理等信息，将全链条数据沉淀转化为对授信业务的高效支撑。

3. 生物识别技术

生物识别技术通过计算机与光学、声学、生物传感器及生物统计学等手段的密切结合，利用指纹、虹膜、声音、签名等人体固有的生理特性和行为特征，以更好地识别客户。在金融业，生物识别技术已经在移动支付、远程开户等领域得到广泛应用。例如：通过人脸识别，将活体照片信息与权威高清人像数据源进行比对，可有效防止伪造、冒用他人身份进行欺诈的行为，增强交易的安全性；同时，依据身份识别及数据模型运算结果，可在银行为到访客户提供精准的服务。

4. 大数据技术

大数据技术较为复杂且其核心技术数量庞大,其核心技术主要有数据采集、数据预处理、分布式存储、非关系型(Not Only SQL,NoSQL)数据库、数据仓库、并行计算、可视化等,目前正在朝着实时化、智能化、融合化的方向发展。金融业是大数据应用的先行者,例如,商业银行通过分析客户交易动机、行为等数据,可以持续完善客户画像,精准满足客户需求,进而推动实现金融产品创新、精准营销及智能风险防控。

5. 金融安全防护技术

金融安全防护技术涵盖多重技术与策略,它以底层的金融信息基础设施安全保障为基石,代表性解决方案包括大数据安全、区块链安全、物联网安全、风控反欺诈、用户隐私保护等。利用金融安全防护技术可以完善金融安全生态,促进金融业安全健康大环境的形成。

6. 场景应用技术

虚拟现实/增强现实技术是20世纪发展起来的全新的场景应用技术,其利用计算机生成一种模拟环境,营造出多源信息融合的、交互式的三维动态视景,能够使用户沉浸其中。该技术为金融业务模式创新提供了更多可能,例如,借助于虚拟现实技术,打造虚拟营业厅,给用户提供身临其境的"逛实体营业厅"的体验。

(三) 金融科技在传统金融业中应用的目的

近年来,伴随着金融科技的迅猛发展,金融业实现大范围和深层次的创新,并持续延伸服务边界、开拓全新领域。目前,金融科技在金融业中的应用已经全面渗透到触客、获客、活客、黏客的客户全生命周期管理过程中,为业务发展提供了动力支撑。结合具体实践,金融科技在传统金融业中应用的目的主要体现在以下几个方面。

1. 实现客户远程识别

线上化、互联网化、移动化必然产生如何识别客户的问题。生物识别、光学字符识别(Optical Character Recognition,OCR)、自然语言处理(Natural Language Processing,NLP)等技术可为客户身份验证、信息收集等提供技术保障。定位识别、大数据、人工智能等技术可实现对客户行为、社交、关联网络等海量数据的收集分析,并可通过数据建模,对客户进行深度画像,形成基于数据的客户洞见,提高银行了解客户的能力,有助于银行远程识别客户和服务客户。

2. 判断客户的真实性与客户意愿

一是实现反欺诈判断。综合利用生物识别、KYC(Know Your Customer)认证、相关数据和机器学习、深度学习、联邦学习、关系图谱等技术,建设并不断优化反欺诈策略模型,对客户是否存在欺诈行为进行研判,可以发现潜在欺诈风险,挑出"坏客户"。

二是进行综合业务判断。例如,借助于大数据、机器学习、灰度发布等技术,选用合适的建模技术,对贷款客户适用的授信额度进行综合判断和最终核定。

3. 确保信息的真实性、完整性

建设基于区块链安全及隐私保护机制的数据共享服务平台,实现数据授权、发布、分享完全线上化,通过数据上链,实现数据访问的可追溯、可审计,确保信息的真实性。在符合监管及数据安全要求的情况下,还可以实现不同机构间数据层面的互联互通和撮合交易,搭建各行各业数据共享的生态联盟,确保信息的完整性。

4. 促成优质高效的销售触达与交付

一是利用大数据精准进行实名认证。例如,建设企业级客户画像平台,以企业级标签引擎为基础,上线标签工厂、标签集市、一键画像等功能,可以精准触达客户,实现高效交互,形成聚焦客户需求的洞见,促成交易。

二是建设线上服务场景。通过虚拟现实/增强现实技术布置场景,辅助配置视频营销的设计,再结合边缘计算的即时快速反馈,可以让客户在身临其境的情景体验中,完成线上业务咨询,获取合适的金融产品与服务。

5. 提高操作的效率与准确性

一是建设机器人流程自动化(Robotic Process Automation,RPA)平台,以拖拽式操作实现智能流程的快速自主开发,可以应用在对公账户年检、账户日常自检、拨备金对账、客服质检等业务流程中,节约人工成本。

二是深度优化RPA,实现实际场景的灵活编排和快速调用,大幅减少人工审核时间,提高工作效率,缩短客户等待时间,提升客户体验。

6. 助力员工协同高效工作

进入数字经济时代,员工远程协同方面的需求快速增长,企业内部远程协同工具应运而生。例如,开发建设内部员工协同平台,引入即时通信、微服务、小程序等技术,在确保内部信息安全的同时,可实现信息触达、事项审批、内容集合等功能,丰富工作内容,提高内部工作效率,助力管理效率的提升。

7. 提高管理可视性

应用边缘计算技术,实现资源和服务向边缘位置的下沉,从而降低交互时延、减轻网络负担、丰富业务类型、优化服务处理,最终提升服务质量和用户体验。例如,依托数据可视化服务平台,搭建覆盖交互式大屏、PC端及移动端的数据可视化平台,可以实现管理信息的实时传递,使管理更加透明高效。

8. 保障金融安全

安全的核心价值是信任。金融机构高度依赖信任,而信息安全对金融机构维持公众信任具有重大影响,因此"零信任"机制是应对快速变化时代的必然策略。零信任技术通过多因子身份认证、身份与访问管理、编排、分析、加密、进行安全评级和设置文件系统权限等措施,可以尽可能地保障业务、应用、数据、网络等的安全,并满足监管合规要求。

(四) 金融科技在商业银行中的应用实践

商业银行围绕自身业务需求,通过金融科技的深度应用,逐步探索打造"服务更可得""运营更聪慧""风险更可控""组织更高效"的数据化、智能化银行。

一是基于实名认证反欺诈建设方面。商业银行通过生物识别、联邦学习、深度学习等技术应用,积极推出风险模型体系和大数据辅助决策模型,并结合实践反馈,持续提升模型的精准度。

二是基于大数据的应用方面。商业银行借助于机器学习、深度学习等技术,实现了大数据智能用例、光学字符识别服务、语音语义识别标准服务的全面推广,为智能营销、风控、客服、运营等场景建设提供了有力支撑;同时,随着大数据技术的深度应用,商业银行逐步打造出"以客户为中心"的数字产品矩阵,数据驱动营销能力进一步提升。

三是基于场景的建设方面。商业银行借助于区块链技术,推进了数据共享场景区块链应用落地,有效地解决了数据资产无法确权、难以追溯等痛点。例如,通过构建数据湖与数据仓库服务(Data Warehouse Service,DWS)融合的全新计算平台,解决了数据存储成本与数据访问性能平衡的问题,既能够降低数据仓库的存储空间,又能够有效地提升数据访问效率。

四是基于提高效率和自动化程度的 RPA 建设方面。商业银行通过建设 RPA 平台,开发智能业务流程,以此替代员工手工操作,化解流程断点,使相关业务流程真正实现自动化、智能化。

五是基于组合创新方面。商业银行通过云计算、低代码等技术应用,打造云计算平台、统一云管平台以及容器云平台,实现对 IT 基础资源的集约化管理,从而提升 IT 基础资源的交付能力,缩短业务系统建设周期,并确保业务产品的快速交付。

六是基于安全管理方面。商业银行通过建设安全运营及数据安全智能化、自动化平台,实现应用安全的全生命周期管理,同时通过红蓝对抗、夺旗(Capture The Flag,CTF)竞赛等措施,积极打造实战型、创新型安全团队,推进信息安全体系向纵深防御演进。

(五)金融机构应用金融科技应遵循的原则

金融科技是当前金融发展的一个普遍且重要的趋势,一方面,金融科技可以提高金融服务效率、降低金融服务成本,对金融业态产生深远影响;另一方面,金融科技发展迅速,可能会带来一些不确定性因素,导致金融稳定性受到挑战。金融机构在应用金融科技的过程中,要把握好金融与科技之间的平衡,使科技服从于金融业务需求。具体来讲,有以下 5 个方面的原则。

1. 坚持业务导向

每一次的科技创新都是对原有世界的革命和突破,前沿技术诞生之后,只有不断地尝试与各领域事物的匹配组合,才能找到适合发展的土壤。金融机构在应用金融科技时,首先要考虑的问题是技术与自身特点及业务需求的适配性,立足于解决最急迫的问题和支持业务发展的角度,去探索应用,再结合实际落地情况决定是否推广使用。可以说,没有最好的技术,只有适合的技术。

2. 主动拥抱新技术

在当今这样一个知识爆炸、信息发达的时代,新理论、新技术和新工具不断涌现,而新技术一旦找到适用的场景,就可以极大地促进该领域的发展。金融机构需要高度重视科技发展,持续关注基础科学发展的趋势和方向,积极对接领先技术,确保自身找准新技术应用的良好时机,同时可以加深对科技创新型企业的了解,抓住介入服务的机会。

3. 积极学习并应用先进经验

银行业的经营原则是稳健持续发展,所以对新技术的应用首先要考虑的是技术是否成熟、是否有衍生风险,总体上,银行业金融机构是技术的跟随者。当前,科学技术发展处于爆发增长的拐点,许多行业,譬如电商行业、互联网行业利用技术创新加速行业重塑,许多新的技术被加速应用并取得较好的效果。金融机构,特别是商业银行,要主动向其他行业学习,将金融科技在同业或者异业中的应用经验推广融入金融业务场景,促进业务创新发展。

4. 聚焦满足客户需求

金融科技之所以得到突飞猛进的发展,是因为它更好地满足了金融消费者的需求,让客户感受到了前所未有的金融服务体验。金融机构在使用金融科技推进自身发展的同时,也要以创造客户满意的服务作为根本出发点,在身份管理、服务效率、产品供给和隐私保护等方面为客户提供价值,使金融与科技实现完美融合。

5. 践行科技向善

科技是人类智慧形成的能力,本身是中性的,善意应用能够创造正向价值,恶意使用则会放大恶果,因此科技向善应该成为数字社会的共同准则。金融机构在应用金融科技的过程中,要坚持守正创新,尤其要注重保障客户隐私安全,防止过度收集客户信息,加强客户信息和数据使用管理,切实保护金融消费者的权益。金融科技方兴未艾,会不断地丰富我们对货币、支付、信息、风险、资源配置和公平竞争等金融基本概念的认知,也为金融业实现高质量发展提供了无限可能,更是金融机构创新发展的核心支撑。

第二节 金融科技公司

一、典型金融科技公司

1. 数字银行

数字银行指的是银行通过在线方式提供金融服务,并通过大数据分析等先进技术,不断提升用户体验。数字银行不依赖实体分行网点,以数字化网络作为银行的核心。数字银行一般以零售客户、中小企业为服务对象,所能提供的服务和实体零售银行类似,仍以存款、贷款、汇款和代销理财产品为主。

数字银行之所以能够得到发展,是因为互联网在很大程度上降低了触达和服务用户的成本。借助于互联网,银行能够以更低的成本渗透未被金融服务覆盖的人群,并为之提供匹配的金融服务。

微众银行(图标如图2-1所示)于2014年正式开业,总部位于广东深圳,是国内首家互联网银行。微众银行专注于为小微企业和普罗大众提供更优质、便捷的金融服务。微众银行已陆续推出了微粒贷、微业贷、微车贷、微众银行App、微众企业爱普App、小鹅花钱、We2000等产品。截至2021年年末,微众银行服务的个人客户已突破2.5亿人,企业法人客户超过170万家。

图2-1 微众银行的图标

2. 数字支付公司

数字支付指的是通过数字或者在线的方式进行交易，其中包括消费者通过在线的方式为商品和服务付费。交易通过移动支付 App 进行，如支付宝（图标如图 2-2 所示）、微信支付、Apple Pay、Samsung Pay 等。

图 2-2　支付宝的图标

2020 年，新冠肺炎疫情加快了数字支付的渗透。根据麦肯锡发布的报告，2020 年，中国的现金交易量只占整体交易量的 41％，这一数字在 2010 年为 99％。在主要的发达国家成熟市场，这一比例在 2020 年都低于 54％。

支付宝（中国）网络技术有限公司成立于 2004 年，是国内的第三方支付平台，致力于为企业和个人提供"简单、安全、快速、便捷"的支付解决方案。自 2014 年第二季度开始，支付宝成为全球最大的移动支付厂商。

3. 数字投资平台公司

传统的金融投资主要面向专业投资者，门槛较高。数字投资平台则通过友好的交互界面、相对较低的手续费等，面向大众提供投资服务。

根据 App Annie 的数据统计，2020 年，很多国家的用户在投资和交易应用上的使用时长同比都有显著的增加，其中美国、韩国、加拿大、墨西哥四国同比使用时长增长率超过 100％。

深圳市富途网络科技有限公司成立于 2007 年，是腾讯战略投资的纳斯达克上市公司富途控股有限公司旗下的子公司，主要从事互联网科技类产品的研发工作，富途牛牛（图标如图 2-3 所示）是深圳市富途网络科技有限公司旗下的一站式数字化金融服务平台，为用户提供美股、港股、A 股投资服务。该公司还提供大数据分析工具，辅助用户进行投资抉择。此外，富途牛牛还为用户提供财经资讯和实盘交易社区。

图 2-3　富途牛牛的图标

4. 消费金融公司

消费金融是以消费为目的的信用贷款，包括消费贷与现金贷。在通常情况下，消费金融具有单笔授信额度小、审批速度快、服务方式灵活、贷款期限短等特点。

乐信（图标如图 2-4 所示）成立于 2013 年 8 月，是中国领先的新消费数字科技服务商，以科技创新不断创造新消费方式，打造了以分期消费品牌分期乐、数字化全场景分期消费产品乐花卡、先享后付产品买吖为核心的新消费服务生态。2017 年 12 月 21 日，乐信在美国纳斯达克上市。截至2021年年底,乐信用户数达1.65亿,年交易额超2100亿元。

LEX)N 乐信

图 2-4　乐信的图标

5. 平台金融科技公司

平台金融科技最早的商业起源并不是在金融领域,而是在社交、电商或者移动设备的制造等领域。平台金融科技通过第三方支付业务发展壮大,进而嵌入每一个人的生活场景,主要满足这些人支付、信贷、理财的需求。在金融服务的流程上,平台金融科技公司和传统金融机构形成了一种不断细化和深化的分工合作关系,平台金融科技公司通过与传统金融机构合作来提供某种产品和服务。平台金融科技的发展正是数字科技驱动社会化分工不断深化的具体表现。此外,平台金融科技公司还通过获取金融牌照,形成实质上的金融控股架构。

蚂蚁科技集团股份有限公司(简称"蚂蚁集团",图标如图2-5所示)起步于2004年成立的支付宝。2013年3月支付宝的母公司宣布将以其为主体筹建小微金融服务集团,小微金融成为蚂蚁金服的前身。2020年7月蚂蚁金服正式更名为蚂蚁集团。蚂蚁集团旗下的品牌包括支付宝、蚂蚁财富、余额宝、芝麻信贷和网商银行。

图 2-5　蚂蚁集团的图标

京东金融(图标如图2-6所示)是京东数字科技集团旗下的个人金融业务品牌。京东金融以平台化、智能化、内容化为核心能力,与银行、保险公司、基金公司等近千家金融机构,共同为用户提供专业、安全的个人金融服务。京东金融已推出白条、基金、银行理财、小金库、金条、联名小白卡、小金卡等在内的近万只金融产品,涵盖理财、借贷、保险、分期四大业务板块。

图 2-6　京东金融的图标

二、传统金融机构的金融科技公司

在后疫情时代,世界经济数字化转型是大势所趋,在"金融+科技"浪潮的冲击下,金融科技已成为推动金融转型升级的新引擎,大部分金融机构都已将发展金融科技业务提升到战略高度,尝试开发新的管理模式、业务形态与协作平台,以满足客户的差异化需求,并持续为其金融主业赋能,提升业务能力、降本增效。

具体来看,金融机构大多通过成立或拓展自有科技团队、设立科技子公司对内外赋能、与第三方科技服务商合作等方式来推动数字化转型。

截至2021年4月9日,央行及持牌金融机构共成立金融科技子公司45家,其中央行金融科技子公司为4家,商业银行金融科技子公司为12家,证券业金融科技子公司为2家,保险业金融科技子公司为27家。如图2-7所示,从区域分布来看,广东注册的公司最多,有14家,其次是北京,有9家,然后是上海,有8家,3个区域合计占比约为68.89%。

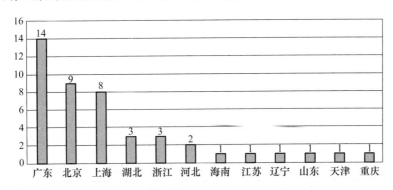

图2-7 央行及持牌金融机构已成立金融科技子公司区域分布情况(截至2021年4月9日)

(数据来源:零壹智库、公开信息、企查查)

1. 央行金融科技子公司

为实现金融与科技深度融合、协调发展,近年来,央行不断整合自身科技机构相关资源,通过成立金融科技子公司、推进金融市场交易报告库数据交换管理平台建设等具体措施,从规范引领、应用试点、创新监管、研究交流等方面支持金融科技应用发展。如表2-1所示,截至2021年4月9日,央行已成立金融科技子公司4家,筹备中的金融科技子公司有1家,已成立金融科技测评中心、认证中心各1家,待开业的金融科技认证中心有1家,央行的金融科技版图已覆盖北京、深圳、重庆、苏州等地。

表2-1 8家央行金融科技子公司/测评中心/认证中心(截至2021年4月9日)

公司全称	成立时间	注册资本	注册地	开业状态
中汇金融科技(深圳)有限公司	2020年10月29日	1亿元	广东	已开业
成方金融科技有限公司	2020年7月30日	20.08亿元	北京	已开业
长三角金融科技有限公司	2019年3月1日	6820万元	江苏	已开业
深圳金融科技有限公司	2018年6月15日	200万元	广东	已开业
上海金融科技公司	—	—	上海	筹备中
深圳国家金融科技测评中心有限公司	2020年12月9日	1亿元	广东	已开业
重庆国家金融科技认证中心有限责任公司	2020年10月16日	1亿元	重庆	已开业
北京国家金融科技认证中心有限公司	—	1亿元	北京	待开业

注:数据来源于零壹智库、公开信息、企查查。

2018年8月28日,南京市人民政府、南京大学、江苏银行、中国人民银行南京分行、中国人民银行数字货币研究所五方合作共建的"南京金融科技研究创新中心"正式揭牌成立,该研究中心重点研发数字货币加密算法和区块链底层核心技术,完成央行数字货币研究所布置的数字货币关键技术研究任务,广泛开展金融科技课题研究、人员培训、场景应用试点,争取成为国内乃至全球金融科技研发及应用推广平台。

2020年央行新成立金融科技子公司2家,其中成方金融科技有限公司注册资本高达25.238亿元,经营范围涉及软件开发、技术开发、数据处理等,定位更具综合性,未来可能在金融电子化、征信、清算等方面发挥更多作用。此外,央行在重庆和广东先后成立了国家金融科技认证中心与测评中心,致力于提供专业、权威的金融科技检测认证及标准化综合服务,以为金融科技健康发展提供重要支撑。

2. 商业银行金融科技子公司

为推动银行数字化转型进程,各大银行在金融科技领域的布局不断加码,股份制银行已成为设立金融科技子公司的银行主力。商业银行的金融科技子公司短期大多以服务母公司银行业务为主,旨在推动母行集团科技发展与数字化转型,而长期大多以输出同业IT解决方案为主要营收来源,同时补齐母行集团综合经营中的科技板块。如表2-2所示,截至2021年4月初,商业银行已成立金融科技子公司12家,筹备中的金融科技子公司有2家。

表2-2 14家商业银行金融科技子公司(截至2021年4月9日)

公司名称	子公司名称	成立时间	注册资本	注册地	开业状态
廊坊银行	廊坊易达科技有限公司	2020年11月18日	200万元	河北	已开业
交通银行	交银金融科技有限公司	2020年8月25日	6亿元	上海	已开业
中国农业银行	农银金融科技有限责任公司	2020年7月28日	6亿元	北京	已开业
中国银行	中银金融科技有限公司	2019年6月11日	6亿元	上海	已开业
北京银行	北银金融科技有限责任公司	2019年5月16日	5 000万元	北京	已开业
中国工商银行	工银科技有限公司	2019年3月25日	9亿元	河北	已开业
华夏银行	龙盈智达(北京)科技有限公司	2018年5月23日	2 100万元	北京	已开业
中国民生银行	民生科技有限责任公司	2018年4月26日	2亿元	北京	已开业
中国建设银行	建信金融科技有限责任公司	2018年4月12日	约17.2亿元	上海	已开业
光大银行	光大科技有限公司	2016年12月20日	2亿元	北京	已开业
招商银行	招银云创信息技术有限公司	2016年2月23日	1.5亿元	广东	已开业
兴业银行	兴业数字金融服务(上海)股份有限公司	2015年11月10日	3.5亿元	上海	已开业
浦发银行	浦发银行科技子公司	—	—	—	筹备中
中原银行	中原银行科技子公司	—	—	—	筹备中

注:数据来源于零壹智库、公开信息、企查查。

2015年兴业银行成立首家商业银行金融科技子公司——兴业数字金融服务(上海)股份有限公司(简称"兴业数金"),对内全面负责兴业银行科技研发和数字化创新工作,对外为商业银行数字化转型提供解决方案、输出科技产品与服务。

从注册资本来看,最高的是中国建设银行旗下的建信金融科技有限责任公司,其注册资本约为17.2亿元,最低的是2020年11月廊坊银行成立的廊坊易达科技有限公司,其注册资本仅为 200 万元,远低于其余 11 家商业银行金融科技子公司。

3. 证券业金融科技子公司

2020 年 8 月 21 日,中国证券业协会发布了《关于推进证券行业数字化转型发展的研究报告》,提出要鼓励行业加强信息技术领域的外部合作,支持不同类型的证券公司通过独立研发、合作开发、与第三方科研机构或科技公司协议开发等多种模式,来提升行业数字化适应水平和自主可控能力,支持符合条件的证券公司成立或收购金融科技子公司,以推动行业自主创新。

随着互联网金融的高速发展,金融科技逐渐成为证券公司的核心竞争力之一,多家证券公司在智能化、数字化方面均有实践,加大 IT 投入、积极布局以提升金融科技能力。截至 2021 年 4 月 9 日,我国共有证券业金融科技子公司 2 家,注册地均在广东。

(1) 山证科技(深圳)有限公司

2020 年 3 月 13 日,山西证券成立全资金融科技子公司山证科技(深圳)有限公司(以下简称"山证科技"),注册资本为 2 亿元,注册地位于广东深圳。山证科技是国内首家由监管机构批准的、国内证券公司独资的金融科技子公司,公司经营范围包括计算机软件、信息系统软件开发、信息技术咨询、数据管理等,以服务山西证券母公司为主。

山证科技基于近年来山西证券在金融科技方面的突破进展,将证券行业领先的大数据、云计算和人工智能等技术与金融业务深度融合,依托母公司的投资优势和业务发展需求,充分发挥本地证券公司的优势,壮大金融科技队伍,以为公司打造核心竞争力提供强有力的支撑,为母公司提供全方位的信息技术服务,为证券行业的金融科技发展贡献力量。

(2) 金腾科技信息(深圳)有限公司

2020 年 6 月 24 日,中金公司与腾讯数码合资成立金融科技子公司金腾科技信息(深圳)有限公司(以下简称"金腾科技"),注册资本为 5 亿元,其中中金公司持股 51%,腾讯数码持股 49%,注册地位于广东深圳。金腾科技是证券业首家合资金融科技子公司,重点合作方向包括精准营销、大数据分析等,公司经营范围包括软件开发、信息系统集成服务、互联网数据服务等,金腾科技的成立也标志着互联网巨头和证券公司的联手进入新阶段。

金腾科技通过提供技术平台开发及数字化运营支持,助力中金公司财富管理、零售经纪等业务,以提供更加便利化、智能化、差异化的财富管理解决方案,提升投资顾问业务服务效率,优化精准营销,强化合规风控,以数字化金融科技能力推动中金财富管理业务加快转型、实现规模化发展,未来在可行情况下,金腾科技可向其他金融机构开放技术服务。

4. 保险业金融科技子公司

2021 年 2 月 1 日起,中国银保监会发布的《互联网保险业务监管办法》正式实施。《互联网保险业务监管办法》在规范经营、防范风险、划清红线的基础上,鼓励保险与互联网、大数据、区块链等新技术相融合,支持互联网保险在更高水平上服务实体经济和社会民生,数字化战略转型、科技赋能保险已成为行业发展趋势。

如表 2-3 所示,截至 2021 年 4 月 9 日,保险业已成立金融科技子公司 27 家,筹备中金融科技子公司 2 家。在已成立的 27 家公司中,在广东注册的公司最多,有 9 家,其次是上海,有 4 家,2 个区域合计占比 48.15%;已上市公司有 2 家,分别是中国平安旗下的上海陆家嘴国际金融资产交易市场股份有限公司、中国人寿战略投资入主的万达信息股份有限公司。

表 2-3　29 家保险业金融科技子公司(截至 2021 年 4 月 9 日)

公司名称	子公司名称	成立时间	注册资本	注册地	开业状态
中国平安	平安医疗科技有限公司	2017 年 9 月 28 日	10 亿元	广东	已开业
	深圳壹账通智能科技有限公司	2017 年 9 月 15 日	12 亿元	广东	已开业
	上海陆家嘴国际金融资产交易市场股份有限公司	2011 年 9 月 29 日	8.37 亿元	上海	已开业
	平安科技(深圳)有限公司	2008 年 5 月 30 日	29.25 亿元	广东	已开业
	深圳平安综合金融服务有限公司	2008 年 5 月 27 日	5.99 亿元	广东	已开业
	深圳平安金融科技咨询有限公司	2008 年 4 月 16 日	30.41 亿元	广东	已开业
	平安付科技服务有限公司	2006 年 5 月 30 日	6.8 亿元	广东	已开业
	平安壹钱包电子商务有限公司	2005 年 3 月 21 日	10 亿元	广东	已开业
	平安付电子支付有限公司	2002 年 7 月 2 日	4.9 亿元	上海	已开业
太平集团	太平科技保险股份有限公司	2018 年 1 月 8 日	5 亿元	浙江	已开业
	太平金融服务有限公司	2012 年 7 月 25 日	12.71 亿元	海南	已开业
	太平金融科技服务(上海)有限公司	2009 年 1 月 12 日	8 580 万元	上海	已开业
中国人保	人保金融服务有限公司	2016 年 9 月 8 日	10 亿元	天津	已开业
中国太保	杭州大鱼网络科技有限公司	2015 年 9 月 6 日	1 333 万元	浙江	已开业
	太平洋保险在线服务科技有限公司	2012 年 1 月 5 日	2 亿元	山东	已开业
	爱保科技有限公司	2017 年 12 月 28 日	2.18 亿元	广东	已开业
合众人寿	武汉合众金融科技服务有限公司	2017 年 3 月 29 日	300 万元	湖北	已开业
	合众科技服务有限公司	2010 年 11 月 2 日	1.35 亿元	湖北	已开业
百年人寿	网金控股(大连)有限公司	2015 年 7 月 13 日	1 亿元	辽宁	已开业
	北京网金金融信息服务有限公司	2014 年 9 月 24 日	1 000 万元	北京	已开业
大地保险	重庆大地金融科技有限公司	2017 年 12 月 6 日	10 亿元	重庆	已开业
中华保险	农联中鑫科技股份有限公司	2017 年 3 月 13 日	5 000 万元	浙江	已开业
众安在线	众安信息技术服务有限公司	2016 年 7 月 7 日	30 亿元	广东	已开业
泰康保险	泰康在线财产保险股份有限公司	2015 年 11 月 12 日	40 亿元	湖北	已开业
阳光保险	北京中关村融汇金融信息服务有限公司	2015 年 4 月 2 日	2.5 亿元	北京	已开业
安邦保险	邦付宝支付科技有限公司	2010 年 11 月 16 日	2 亿元	北京	已开业
中国人寿	万达信息股份有限公司	1995 年 11 月 9 日	11.88 亿元	上海	已开业
中国太保	太保金融科技有限公司	—	7 亿元	上海	筹备中
新华保险	新华保险科技子公司	—	—	—	筹备中

注:数据来源于零壹智库、公开信息、企查查。

三、为金融业提供服务的科技公司

1. 综合技术赋能

宇信科技(图标如图 2-8 所示)成立于 1999 年,公司总部位于北京,致力于为金融机构提供 IT 咨询规划、软件、运维与测试、系统集成、业务运营等形态丰富的金融科技服务和产品。宇信科技的客户包括央行、政策性银行、国有及股份制商业银行以及100多家区域性商业银行和农村信用社，宇信科技在银行业的渗透率连续保持在龙头地位，同时也为400余家非银机构（包含消费金融公司、财务公司、信托公司、租赁公司等）提供服务，覆盖13类牌照的金融机构，在行业内拥有较高的品牌声誉。

图2-8 宇信科技的图标

金融壹账通（图标如图2-9所示）是面向金融机构的商业科技云服务平台，于2019年在美国纽交所上市，属国家高新技术企业。金融壹账通运用人工智能、大数据分析、区块链等技术，为银行、保险、投资等行业的金融机构提供"技术＋业务"的解决方案，助力金融机构数字化转型，覆盖从营销获客、风险管理到客户服务的全流程服务，以及从数据管理、智慧经营到云平台的底层技术服务。

图2-9 金融壹账通的图标

2. AI与大数据

百融云创（图标如图2-10所示）成立于2014年3月，是中国领先的独立AI技术平台，2021年3月在中国香港主板成功上市。百融云创基于云架构和人工智能技术，为金融机构提供全业务流程的决策支持和智能营销与运营解决方案，助力金融机构数字化转型。该公司依托云原生SaaS平台提供的产品及服务可嵌入金融机构从获客、贷款发起、保险承保、存量客户运营到贷后管理的业务流程，为金融机构更智能地决策提供支持。百融云创与六大国有银行、12家全国性股份制银行、上千家城市商业银行和农村商业银行，以及金融科技公司、消费金融公司、汽车金融公司、保险公司等5 900余家金融机构达成合作并提供专业服务。

图2-10 百融云创的图标

同盾科技(图标如图2-11所示)创办于2013年,总部设在杭州,业务覆盖全球数十个国家,是中国领先的第三方大数据智能风控服务提供商,提供的服务包括业务反欺诈、信贷风控和信息核验。同盾科技基于大数据,提供跨行业、跨应用的联防联控反欺诈服务,包括信贷反欺诈和业务反欺诈,其核心技术包括设备指纹、人机识别、黑产工具识别、代理检测、AI风控模型等。

图2-11 同盾科技的图标

3. 区块链与隐私计算

上海万向区块链股份公司(以下简称"万向区块链",图标如图2-12所示)在万向区块链实验室的基础上整合资源、深化平台建设,于2017年正式成立。2015年,万向集团金融板块中国万向控股有限公司在区块链技术领域开始了战略性布局,成立了国内较早的区块链技术研究机构——万向区块链实验室,以太坊创始人Vitalik Buterin担任首席科学家。万向区块链专注于区块链技术研发,针对企业级客户和开发者在数字化转型过程中的实际需求,推出的自主可控的高性能联盟链——万纳链,通过分布式认知技术创新,构建数字经济可信底座。万向区块链聚焦分布式认知工业互联网、智慧城市基础设施、资产数字化等重点行业,利用技术和生态优势为各行业客户提供成功的区块链解决方案和产品,以技术支持实体经济发展。

图2-12 万向区块链的图标

洞见科技(图标如图2-13所示)是由中国最大的信用产业集团"中诚信"孵化,网信事业国家队"中电科"投资的领先的隐私计算技术服务商,致力于以隐私计算技术赋能数据价值的安全释放和数据智能的合规应用。该公司的创始团队是中国大数据征信和智能风控行业的推动者和领军人物,核心成员来自中诚信、大型银行、保险公司以及人工智能企业,具备丰富的行业知识和服务经验。该公司独立自研的洞见数智联邦平台首创面向计算场景的融合引擎架构,聚焦于为政务、金融等客户提供基于隐私计算生态底座建设及面向场景的数据智能服务。

图 2-13 洞见科技的图标

4. 云计算与硬件加速

金山云（图标如图 2-14 所示）创立于 2012 年，目前稳居中国公有云互联网云服务商前三（市场排名数据来源：IDC《中国公有云服务市场（2020Q3）跟踪》报告），2020 年 5 月在美国纳斯达克上市，业务范围遍及全球多个国家和地区。依托金山集团 30 多年企业级服务经验，金山云坚持技术立业，逐步构建了完备的云计算基础架构和运营体系，并通过与物联网、区块链、边缘计算、大数据、AR/VR 等先进技术有机结合，深耕行业，提供超过 150 种适用于视频、游戏、数字健康、金融、公共服务、社区、园区、教育、工业、电商零售等行业的解决方案，并服务多家头部客户。

图 2-14 金山云的图标

中科驭数（图标如图 2-15 所示）成立于 2018 年，是专注于智能计算领域的芯片和解决方案的公司，自主研发了内核处理单元（Kernel Processing Unit，KPU）芯片架构，围绕网络协议处理、数据库和大数据处理加速、存储运算、安全加密运算等核心功能，推出了数据处理单元（Data Processing Unit，DPU）芯片。中科驭数多位创始成员来自中国科学院计算所计算机体系结构国家重点实验室，在芯片架构领域有 15 年的技术积累。基于团队自主研发的芯片架构，其 2019 年设计的业界首颗数据库与时序数据处理融合加速芯片已经成功流片。中科驭数的相关产品和解决方案已经应用在金融极速交易、金融风控、极低时延数据库异构加速等场景，还将逐步拓展到混合云、数据中心、电信通信等领域。

图 2-15 中科驭数的图标

思 考 题

1. 列举一些传统金融机构并简述其提供的产品或服务。
2. 金融科技将给传统金融业带来哪些影响？
3. 阐述金融科技公司的分类。
4. 不同种类的金融科技企业各有哪些特征？
5. 列举一些金融科技公司并描述其金融科技产品或服务。

第三章 金融科技相关技术

第一节 大 数 据

一、大数据的概念与特征

(一) 大数据的概念

最早提到"大数据"一词可以追溯到 Apache.org 的一个开源项目 nutch。当时,大数据是用来描述为更新网络搜索索引需同时进行批量处理或分析的大量数据集。随着 MapReduce(MapReduce 是一个分布式运算程序的编程框架,是用户开发"基于 Hadoop 的数据分析应用"的核心框架)和 Google 文件系统(Google File System)的发布,大数据不再只是用来描述大量数据,而是涵盖了数据处理的速度。但这并不能简单代表大数据时代的来临,作为新时代信息科技发展的产物,大数据的概念也不止一种。

早在 20 世纪 80 年代,著名未来学家阿尔文·托夫勒(Alvin Toffler)就在其著作《第三次浪潮》中热情赞扬大数据是"第三次浪潮的华彩乐章"。美国互联网数据中心指出,互联网上的数据将以每年 50% 的速度增加,每两年翻一番。目前,世界上 90% 以上的数据都是近几年才产生的。此外,数据不仅仅指人们在互联网上发布的信息。世界各地的工业设备、汽车和电表上都有数不清的数字传感器,可以随时测量和传输位置、运动、振动、温度、湿度甚至空气中化学物质的变化,并产生大量的数据和信息。

20 世纪 90 年代,科学家们在气象图分析、大型物理模拟计算和基因图分析等基础科学研究中提出了"大数据"的概念。这一阶段是大数据概念的萌芽阶段,意味着大数据概念的诞生,但没有较为准确和权威的描述,只是对大数据的模糊概括。随着大数据产业的发展,人们对大数据的研究逐渐深入,大数据正式进入公众视野,大数据的正式定义也相继出现。

进入 21 世纪,随着信息技术和移动互联网的蓬勃发展,大数据分析技术应运而生,人类由此进入全新的信息时代。而在计算机技术广泛应用的今天,大数据更是成为人类工作和生活中不可或缺的重要部分,并在经济社会中产生了巨大的商业价值,受到世界各国政府和企业的高度重视。

2011 年,麦肯锡全球研究所将大数据定义为:一种规模大到在获取、存储、管理、分析方面大大超出了传统数据库软件工具能力范围的数据集合,具有海量的数据规模、快速的数据流转、多样的数据类型和价值密度低四大特征。

2012年，英国数据科学家维克托·迈尔-舍恩伯格（Viktor Mayer-Schönberger）编写的《大数据时代》指出，大数据不采用随机分析法（抽样调查）这样的"捷径"，而采用"样本＝总体"进行分析处理。大数据或称巨量资料，指的是所涉及的信息太多，无法通过当前主流软件工具检索、管理、处理和分类，以帮助企业在合理的时间内做出正确的业务决策。

维基百科指出，大数据指的是使用通用软件工具捕获、管理和处理数据所花费的时间超过可容忍时间限制的数据集。

研究机构 Gartner 将大数据归纳为无法在一定时间范围内用常规软件工具进行捕捉、管理和处理的数据集合，是需要新处理模式才能具有更强的决策力、洞察发现力和流程优化能力的海量、高增长率和多样化的信息资产。

（二）大数据的特征

以上所有关于大数据的定义都是建立在大数据的特征之上的，国际商用机器公司（IBM）从大数据的"5V"特征出发，对大数据做出了相对完整准确的阐释，是目前业界较为广泛认可的定义。"5V"的含义分别如下。

① Volume：大量。大量指数据容量大，数据的获取、存储和分析计算的总量都非常大，其计量单位至少是 PB（Petabyte，千万亿字节，又称拍字节，1 PB＝1 024 TB）、EB（Exabyte，百亿亿字节，又称艾字节，1 EB＝1 024 PB）或 ZB（Zettabyte，十万亿亿字节，又称泽字节，1 ZB＝1 024 EB）。目前，全球数据量仍在快速增长。据国际权威机构 Statista 统计，2020 年全球数据生成量达到 47 ZB，而这一趋势本身也呈现出上升态势。根据预测，2035 年全球数据量将达到 2 142 ZB，迎来更大规模的爆发。在大容量的同时，数据类别也呈现出非结构化的特点。非结构化数据的增长速度将比结构化数据快 10～50 倍。

② Velocity：快速。速度特性反映在大数据创建、复制、移动和删除时的性能响应中。面对海量、多结构的数据，大数据本身必须以速度为保证，减少数据管理，改善用户操作体验，以高速高效的方式进行深入的数据挖掘。简单来说，就是数据实时分析而非批量式分析。数据的输入、处理与丢弃"立竿见影"而非"事后见效"。例如，在事件发生后能实时获取该事件的相关信息，或者在一首歌结束之后即刻完成个性化推荐。

③ Variety：多样。多样性体现在新型多结构数据方面。大数据在表现形式上，既有传统的结构化数据，也有半结构化数据和非结构化数据。数据类型也不仅仅是文字形式，更多的是音频、视频、图片、地理信息、手机通话信息以及各种传感装置采集的多类型数据。大数据的多样性也给数据的存储和分析提出了新的挑战。

④ Veracity：真实，即对数据的容错率高。在大数据时代，我们处理的数据总量大、增长速度快，因此不可能保证百分之百准确。大数据的内容与现实世界各种活动的发生密切相关。大数据研究就是从海量的网络数据中提取能够解释和预测现实事件的信息的过程，大的数据量带来的利益远超精准性，所以大数据分析对于数据的容错率较高。

⑤ Value：价值密度低。价值决定了海量多结构数据的意义。从大量不相关数据中检索有价值的信息是大数据管理的目的。可以理解为有价值信息的存在是海量数据集聚的目的，价值决定了大数据作为信息预测的可能性。密度与数据总量成反比。以视频为例，对于长度为 1 小时的视频，在连续监控中，有用的数据信息可能只有 1 秒或 2 秒。如何通过强大的机器算法更快地提取数据的价值，已成为大数据背景下急待解决的问题。因此，人们开始

研究机器学习等数据挖掘算法,从价值密度低的数据中挖掘有效信息。

二、大数据的处理流程

大数据的处理流程主要包含以下几个方面:①从多种渠道采集海量数据;②对不同来源的数据进行过滤与集成;③数据集生成后整理到大型数据库中进行存储和管理;④根据用户自身的需求,运用合适的数据分析处理技术来提取有用的信息;⑤将数据成果以形象直观的方式展现给终端用户。简单来说,大数据的处理流程包括数据采集、数据预处理、数据存储、数据挖掘与分析、数据诠释这5个步骤。

(一) 数据采集

数据采集指的是使用多种数据库来收集来自不同数据源(如传感器、网站网页、移动应用等)的数据。数据采集的来源有很多,将这些海量的数据收集起来是大数据处理流程的第一步,也是数据处理流程的基础。

1. 大数据的来源

大数据的来源包括但不限于以下4种情景。

(1) 交易数据

交易数据包括电子商务数据、信用卡交易数据、POS机数据、人们在金融支付平台之间转账的交易记录、企业资源规划(Enterprise Resource Planning,ERP)系统数据、客户关系管理(Customer Relationship Management,CRM)系统数据、公司的生产各环节和销售各环节数据等。

(2) 移动通信数据

智能手机和其他可以接入互联网的移动设备正变得越来越普遍。移动通信设备记录的数据量较大,数据的完整性相对较好。移动智能设备软件可以跟踪和报告许多事件,如软件存储的交易数据(如购买的产品)、个人信息或状态报告事件(如位置更改,即报告一个新地理代码)等。

(3) 人为数据

人为数据包括电子邮件、文档、图像、音频、视频和通过微信、博客、Twitter、Wiki、Facebook、LinkedIn等社交网络生成的数据流。这些数据大部分不是结构化数据,需要使用文本分析功能进行分析。

(4) 机器和传感器数据

如来自传感器、仪表和其他装置的数据,GPS系统的定位数据等都是机器和传感器数据。这包括由功能设备创建或生成的数据,如智能温度控制器、智能仪表、连接到互联网的工厂机械和设备。来自新兴的物联网的数据是机器和传感器所产生的数据的例子之一。物联网技术已经渗透到我们的生活中。随处可见的可穿戴设备、智能家居和智能制造给我们的生活带来了极大的便利。可穿戴设备可以随时随地收集用户使用数据和身体状态信息等。嵌入车内的传感器还可以随时收集车速、车辆状况和其他信息,这些信息都是大数据的来源。

2. 数据集的格式

随着数据来源的增加,数据集的格式也变得不尽相同,这表现了数据集的异构性。数据集格式主要可以分为以下几种。

(1) 结构化数据

在"大数据时代"来临之前,传统企业使用的数据库中的数据大多为结构化数据。结构化数据是指可以使用关系型数据库表示和存储的数据,它可以用数据库二维逻辑表来表达和实现。结构化数据的一般特征是:数据以行为单位表示,一行数据表示一个实体的信息,每个数据行的属性相同并存储在数据库中;可以用数据或统一结构表示,如数字和符号能够用二维表结构来表达和实现,包含属性和元组。如图 3-1 所示,name、age 等所对应的列就是属性,表中的每一行是其对应的元组。对于结构化数据来说,通常是先有结构再有数据,它的存储和排列是很有规律的,但其拓展性不好。

id	name	age	gender
1	lyh	12	male
2	liangyh	13	female
3	liang	18	male

图 3-1 结构化数据示例

(2) 非结构化数据

非结构化数据与结构化数据相反。它没有固定的结构和完整的规则。所有格式的文档、图片、文本、HTML、各类视频、报表、音频和图像信息等都属于非结构化数据。这类数据不方便用数据库二维逻辑表来表达,通常直接作为一个整体存储,并且通常以二进制数据格式存储。

(3) 半结构化数据

半结构化数据就是介于结构化数据和非结构化数据之间的数据,它并不符合关系型数据库或其他数据表的形式关联起来的数据模型结构,但包含相关标记,用来分隔语义元素以及对记录和字段进行分层,数据的结构和内容混在一起,没有明显的区分,因此,它也被称为自描述的结构。对于半结构化数据来说,通常是先有数据再有结构。例如,XML、JSON 和一些 NoSQL 数据库等就属于半结构化数据。

3. 数据采集的种类

从数据采集的内容来看,数据采集主要有以下几种。

(1) 网站日志的采集

网站日志通常存储在多台网站日志服务器上,很多大型互联网公司都建立了自己的数据采集工具,用于采集网站日志,如 Scribe、Flume、Chukwa 等。典型的日志系统通常需要具备 3 个基本组件,分别为 agent(采集端,采集日志数据,封装数据源,将数据源中的数据发送给 collector)、collector(聚合端,按一定规则进行数据处理,接收多个 agent 的数据,进行汇总后导入后端的 store 中)、store〔存储端,中央存储系统,具有可扩展性和可靠性,应该支持当前非常流行的 Hadoop 分布式文件系统(Hadoop Distributed File System,HDFS)〕。

Scribe 是 Facebook 的开源日志采集系统,已在 Facebook 内广泛使用。它可以从各种日志源采集日志,并将其存储在中央存储系统(网络文件系统、分布式文件系统等)上,用于集中的统计分析和处理。它为日志的"分布式采集和统一处理"提供了一个可扩展的、高容错的方案。其最重要的特点是良好的容错性。当后端存储系统崩溃时,Scribe 会将数据写入本地磁盘。存储系统恢复正常后,Scribe 会将日志重新加载到存储系统中。

Flume 是 Cloudera 在 2009 年 7 月推出的一个开源日志系统,是 Apache 旗下的一款开源、高可靠、高扩展、容易管理、支持客户扩展的数据采集系统。它的内置组件非常完整,用户几乎无须任何额外的开发就可以使用。Flume 可以有效地收集、汇总和移动大量实时日志数据,采用分布式架构,能够满足每秒数百兆比特的日志数据采集和传输需求。

Chukwa 是 Apache 旗下的另一个开源的数据收集平台,它基于 Hadoop 的 HDFS 和 MapReduce 来构建,其中用 HDFS 存储数据,用 MapReduce 处理数据,表现了扩展性和可靠性。Chukwa 同时提供对数据的展示、分析和监视功能。

(2)非结构化数据的采集

非结构化数据的采集主要包括企业内部数据和网络数据的采集等。

企业内部数据的采集是指对企业内部涉及的各种文档、视频、音频、邮件、图片等具有互不兼容的数据格式的数据的采集。

网络数据的采集是指利用互联网搜索引擎技术,实现对特定行业精准的数据抓取,并按照一定的筛选规则和标准对数据进行分类,形成数据库文件的过程。目前,网络数据的采集主要通过垂直搜索引擎的网络爬虫技术(网络爬虫指的是按照一定的规则自动抓取万维网信息的程序或者脚本,是一个自动提取网页的程序)进行,如网站的公共应用程序接口(Application Program Interface,API)、数据采集机器人、分词系统、任务系统和索引系统等。通过上述方式从网页中提取非结构化数据后,对其内容和格式进行处理和转换,以满足用户的需求,最后以结构化方式将其存储为本地数据文件。目前,网络数据采集的关键技术是链接过滤。其实质是评估一个链接(当前链接)是不是在一个链接集合(已经抓取过的链接)中。在日常生活中,包括在设计计算机软件时,我们经常要判断一个元素是否在一个集合中。例如,在网络爬虫里,判断一个网址是否被访问过。其最直接的方法就是将集合中全部的元素存在计算机中,遇到一个新元素时,将它和集合中的元素直接比较即可。

在从网页采集大数据时,布隆过滤器(Bloom Filter)可用于过滤链接。布隆过滤器是由伯顿·霍华德·布隆(Burton Howard Bloom)在 1970 年提出的。它实际上是由一个很长的二进制向量和一系列随机映射函数组成的。布隆过滤器可以用于检索一个元素是否在一个集合中。如果想判断一个元素是不是在一个集合中,一般想到的是先将所有元素保存起来,然后通过比较确定。链表、树等数据结构都是这种思路。但是随着集合中元素的增加,我们需要的存储空间越来越大,检索速度也越来越慢。不过还有一种叫作散列表(又叫哈希表,Hash Table)的数据结构。它可以通过一个 Hash 函数将一个元素映射成一个位阵列(Bit Array)中的一个点。这样一来,我们只要验证这个点是不是 1 就可以知道集合中是否包含该元素了,这就是布隆过滤器的基本思想。

(3)其他数据的采集

企业在生产经营过程中,也有一些较为保密的数据,如科学数据。这些数据可以通过与研究公司或机构合作并利用特定的系统结构获得。

(二)数据预处理

数据收集阶段收集的数据是原始数据,它们往往是不完整、不一致的,不能直接用于分析和研究。因此,为了进一步分析、挖掘和存储,必须先对原始数据进行预处理,再将处理后的数据导入一个集中的大型数据库或分布式存储集群。数据预处理过程主要包括数据清洗、数据集成、数据规约等。

1. 数据清洗

数据清理的主要思想是通过填补缺失值、光滑噪声数据、平滑波删除离群点,并解决数据的不一致性来"清理"数据。数据清洗技术包括数据不一致检测、噪声数据的识别、数据过滤和调整、填补缺失值等,这些技术有利于提高数据的一致性、准确性、可靠性和可用性等方面的特性。

2. 数据集成

原始数据来源于不同的渠道,所谓数据集成,就是要将分散在若干数据源中的数据,通过一定的思维逻辑或物理逻辑集成到一个统一的数据集合中。实现数据集成的系统称作数据集成系统(如图3-2所示),它解决了数据异构性的问题,为用户提供统一的数据源访问接口,并执行用户对数据源的访问请求。

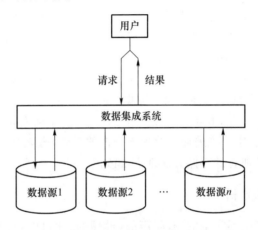

图 3-2 数据集成系统

数据集成的核心任务是将互相关联的分布式异构数据源集成到一起,使用户能够以透明的方式(指用户无须关心如何实现对异构数据源数据的访问,只关心以何种方式访问何种数据)访问这些数据源,令数据对于访问它的人来说更具可操作性和价值。

3. 数据归约

数据归约是指在理解了数据本身内容并不损害分析结果准确性的前提下,归纳数据的有用特征,以降低数据集规模,从而尽可能在不损害数据原貌的前提下,最大限度地简化数据量。归约后的数据集可以更有效地进行数据挖掘,且能产生相同或者几乎相同的分析结果。数据归约的类型主要有特征归约、样本归约和特征值归约等。

特征规约是指从原始特征中删除不重要或不相关的特征,或通过重新组织特征来减少特征数量。其原理是在保持或提高原始识别能力的前提下,降低特征向量的维度。

样本规约是指从数据集中选择具有代表性的样本子集。该子集的大小需要考虑计算成本、存储要求、估计量的精度以及与算法和数据特征相关的其他因素。

特征值归约是特征值离散化技术,指将连续型特征的值离散化,使之成为少量的区间,每个区间映射到一个离散符号。这种技术可以简化数据描述,并有助于对数据最终分析结果的理解。

(三) 数据存储

大数据时代以非结构化数据为主,这些数据是多种多样的,因此传统数据库存储系统已经不能满足数据存储的需要。单台服务器上的数据库无法承受巨大的数据体量和高速的访问需求,因此应该使用分布式服务集群的方式。分布式存储形式要求大数据存储平台能够容忍硬件故障导致的可用性问题,例如,由于网络原因,服务节点延迟使得服务器失去链接。而由多台服务器组成的服务集群则要求大数据存储平台具有高度的灵活性和弹性。

对于大数据,传统的存储方法是:HDFS,适用于存储非结构化的海量数据,不适用于需要低延迟访问的应用程序,并且无法处理大量小文件;分布式 Key/Value 存储引擎 Hbase (Hadoop Database 的简称,是一种开源的、可伸缩的、具有严格一致性但并非具有最终一致性的分布式存储系统),适用于存储海量无模式的半结构化数据,目前,Hbase 只支持单用户写入,不支持并发多用户写入;Greenplum 分布式并行数据库系统(Greenplum 是基于 PostgreSQL 开发的一款 MPP 架构的、无共享的分布式并行数据库系统),适用于存储结构化数据。Greenplum 集群主要包括 Master 节点和 Segment 节点,Master 节点为主节点,Segment 节点为数据节点。Greenplum 不支持触发器,单个节点上的数据库没有并行和大内存使用能力,必须通过部署多个 Segment 实例(Greenplum 数据库的 Segment 实例是独立的 PostgreSQL 数据库,每一个都存储了数据的一部分并且执行查询处理的主要部分,当一个用户通过 Greenplum 的 Master 节点连接到数据库并且发出一个查询时,在每一个 Segment 数据库上都会创建一些进程来处理该查询的工作)来充分利用系统资源,导致使用和部署相对复杂。因此,现有的存储方法都需要改进。

(四) 数据挖掘与分析

数据挖掘是从大量的、不完全的、有噪声的、模糊的、随机的数据中提取隐含在其中的、人们事先不知道但又有潜在作用的信息和知识的过程。根据信息存储格式,可以把数据挖掘的对象分为关系数据库、面向对象数据库、数据仓库、文本数据源、多媒体数据库、空间数据库、时态数据库以及异质数据库等。数据挖掘的特点有:①基于海量数据;②非平凡性,即挖掘的知识不应简单;③隐蔽性,即数据挖掘是发现隐藏在数据深处的知识,这些知识并不出现在数据的表面;④价值性,即挖掘出的知识能够为企业带来直接或间接的利益。数据挖掘常用的工具软件有 Intelligent Miner、SPSS、SAS、WEKA、Matlab 等。数据挖掘的技术方法主要涉及统计学、机器学习等领域内的研究成果,如统计分析、聚类分析、决策树、神经网络等。

1. 常见的数据挖掘方法

(1) 神经网络算法

思维学普遍认为,人类大脑的思维分为抽象(逻辑)思维、形象(直观)思维和灵感(顿悟)思维 3 种基本方式。神经网络就是模拟人的思维的第二种方式。它是一个非线性动力学系统,其特色在于信息的分布式存储和并行协同处理。虽然单个神经元的结构极其简单,功能有限,但大量神经元构成的网络系统所能实现的行为却是极其丰富多彩的。神经网络的研究内容相当广泛,反映了多学科交叉技术领域的特点。近年来,神经网络越来越受到人们的关注,其具有良好的自组织自适应性,具有并行处理、分布存储和高度容错等特性,极其适用于解决数据挖掘问题。

(2) 遗传算法

遗传算法(Genetic Algorithm,GA)最早是由美国的约翰·亨利·霍兰德(John Henry Holland)于20世纪70年代提出的。该算法根据大自然中生物体的进化规律而设计提出,是模拟达尔文生物进化论的自然选择和遗传学机理的生物进化过程的计算模型,也是一种基于生物自然选择、遗传机制的随机搜索算法和一种仿生全局优化方法。该算法通过数学的方式,利用计算机仿真运算,将问题的求解过程转换成类似生物进化中的染色体基因的交叉、变异等过程。在求解较为复杂的组合优化问题时,相对一些常规的优化算法,通常能够较快地获得较好的优化结果。遗传算法已被人们广泛地应用于组合优化、机器学习、信号处理、自适应控制和人工生命等领域。遗传算法的隐含并行性、易与其他模型相结合等特性使其在数据挖掘中得以使用。

(3) 决策树

决策树是一种从无次序、无规则的样本数据集中,推理出决策树表示形式的分类规则方法。它采用自上而下的递归方式,在决策树的内部节点进行属性值的比较并根据不同的属性值判断从该节点向下的分支,在决策树的叶节点得到结论。因此,从根节点到叶节点的一条路径就对应着一条规则。整棵决策树就对应着一组表达式规则。决策树是一种常用于预测模型的算法,它通过将大量数据进行有目的分类,从中找到一些有价值的、潜在的信息。其主要优点是描述简单,分类速度快,特别适合大规模的数据处理。

(4) 粗糙集方法

粗糙集理论是继概率论、模糊集、证据理论之后的又一个处理不确定性的数学工具。作为一种较新的软计算方法,粗糙集近年来越来越受到重视,其有效性已在许多科学与工程领域的成功应用中得到证实,是当前国际上人工智能理论及其应用领域中的研究热点之一。粗糙集理论是一种研究不精确、不确定知识的数学工具。粗糙集方法有几个优点:不需要提供额外的信息;简化输入信息的表达字段;算法简单。粗糙集处理的对象是类似二维关系表的信息表。

(5) 统计分析方法

在数据库字段项之间存在两种关系:函数关系和相关关系,对它们的分析可采用统计学方法,即利用统计学原理对数据库中的信息进行分析。利用统计分析方法可进行常用统计、回归分析、相关分析、差异分析等。

(6) 模糊集合论

1965年美国学者拉特飞·扎德(Lotfi Zadeh)在数学上创立了一种描述模糊现象的方法——模糊集合论。这种方法把待考察的对象及反映它的模糊概念作为一定的模糊集合,建立适当的隶属函数,通过模糊集合的有关运算和变换,利用模糊集理论对实际问题进行模糊判断、模糊决策、模糊模式识别和模糊聚类分析。一般来说,系统复杂度越高,模糊度越大。模糊集合论以模糊数学为基础,研究有关非精确的现象。

2. 数据挖掘的任务

(1) 关联分析

两个或两个以上变量的取值之间存在一定的规律性,这就是所谓的关联性。关联分析分为简单关联、时序关联和因果关联。关联分析的目的是找到数据库中隐藏的网络。一般来说,使用两个阈值来评估关联规则的相关性:支持度和可靠性,并不断引入兴趣度、相关性等参数,使得数据挖掘的规则更符合需求。

(2) 聚类分析

聚类是把数据按照相似性归纳成多个类别,同一类别中的数据彼此相似,不同类别中的数据相异。聚类分析可以创建宏观的概念,识别数据分布模型以及数据属性之间可能存在的相互关系。

(3) 分类

分类就是找出一个类别的内涵描述(代表了这类数据的整体信息),并用这种描述来构造模型,一般用规则或决策树模式表示。分类是指通过训练数据集和使用一定的算法来获得分类规则,可以用来规则描述和预测。规则描述是指提炼应用规则,以决策树为例:决策树分类节点表示局部最优化的显著特征值,每个节点下的特征变量以及对应的值的组合构成规则。预测可用来推测未来的结果,但分类是用于预测数据对象的离散类别的,需要预测的属性值是离散的、无序的,例如,在银行业务中,根据贷款申请者的信息来判断贷款者是属于"安全"类还是"风险"类。

(4) 预测

预测是指通过历史数据找出变化规律,进行建模,从而预测未来数据的类型和特征。预测关注精度和不确定性,通常由预测方差来衡量。预测是用于预测数据对象的连续取值的,需要预测的属性值是连续的、有序的。例如,在银行业务中,根据贷款申请者的信息来分析给贷款人的贷款量。

(5) 时序模式

时序模式是指利用时间序列找出的数据重复发生概率较高的模式。与回归相似,它也是用已知的数据预测未来的值,但不同的是这些数据的区别是变量处于不同的时间段。时序模式包含时间序列分析和序列发现。时间序列分析是指用已有的数据序列预测未来。在时间序列分析中,数据的属性值是随着时间不断变化的。回归不强调数据间的先后顺序,而时间序列要考虑时间特性,尤其要考虑时间周期的层次,如天、周、月、年等,有时还要考虑日历的影响,如节假日等。序列发现用于确定数据之间与时间相关的序列模式。这些模式与在数据(或者事件)中发现的相关的关联规则很相似,只是这些序列是与时间相关的。例如,购物篮数据常常包含关于商品何时被顾客购买的时间信息,利用这种信息可以将顾客在一段时间内购买的物品拼成事物序列。这种数据代表的时间之间存在某种序列关系。

(6) 偏差分析

在数据挖掘中,偏差分析是指探测数据现状、历史记录或标准之间的显著变化和偏离,如观测结果与期望的偏离、分类中的反常实例、模式的例外等。在许多情况下,偏差中包括很多有用的知识,数据库中的数据存在许多异常情况,发现数据存在异常是非常重要的。偏差检验的主要方法是寻找观测结果与参照之间的差异。

(五) 数据诠释

数据诠释是指在显示终端上以友好、形象、易懂的形式向用户展示大数据挖掘和分析的结果。这是一个面向用户的过程。传统的数据诠释方法是将结果以文本形式输出或直接在计算机终端上显示。大数据分析的结果通常是数据量巨大且关系复杂的结果。传统的分析结果显示方法已不能满足要求。目前,主要采用可视化技术、人机交互等新方法将结果显示给用户,帮助用户更清楚地理解数据处理后的结果,为用户提供决策信息支持。大多数企业都引进了数据可视化技术和人机交互技术。

1. 数据可视化技术

数据可视化技术主要通过图形化的方式实现清晰有效的数据传输。其基本思想是用单个图元表示数据库中的每个数据项,大量的数据集形成一个数据图像,并以多维数据的形式表示数据的每个属性值。利用可视化技术,可以将数据结果转换为静态或动态图形并显示给用户。可视化通过交互方式提取或整合数据,并在屏幕上动态显示更改后的结果。这样,用户可以从不同维度对数据进行更深入的观察和分析。可视化技术可分为五大类,包括几何技术、图标技术、图形技术、分层技术和混合技术。根据不同的需求,可以采用不同的可视化技术,也可以通过多种技术手段显示数据处理结果。例如,为了直观地反映每个城市的GDP增长值,可以基于图标技术,对图中每个城市的GDP增长值进行不同颜色的标注。

2. 人机交互技术

人机交互技术是指通过系统的输入输出设备,有效地实现人与系统之间信息交换的技术。其中,系统可以是各种机器、软件或计算机。用户界面或人机界面是人机交互所依赖的媒介和对话接口,一般包括硬件和软件系统。人机交互技术是一种双向的信息传递过程,它不仅可以将用户的信息输入系统中,还可以将系统中的信息反馈给用户。通过人机交互技术,用户只需通过输入设备向系统输入相关信息、指令等,系统就会通过显示设备输出或提供相关信息。人机交互技术可以使用户更好地理解大数据分析的数据结果。同时交互式的数据分析过程可以引导用户一步一步地进行分析,便于用户更好地了解数据分析结果的缘由。类似的还有数据起源技术,它可以帮助用户跟踪数据分析的整个过程,从而帮助用户了解结果。

三、大数据的发展状况与未来趋势

(一) 大数据的发展历史

1. 萌芽阶段(20世纪90年代至21世纪初)

"大数据"的概念从计算机领域开始,逐渐扩展到科学和商业领域。大多数学者认为,"大数据"的概念最早是在1998年公开出现的,当时美国高性能计算公司SGI的首席科学家约翰·马西(John Mashey)在一个国际会议报告中指出:随着数据量的快速增长,不可避免地会出现难理解、难获取、难处理和难组织4个难题,并使用"Big Data(大数据)"描述这一挑战,引起了计算机领域学者的思考。同年,Science杂志发表了一篇题为《大数据科学的可视化》的文章,大数据作为一个专用名词正式出现在公共期刊上。在这一阶段,大数据只是作为一个概念或假设,少数学者对其进行了研究和讨论,其意义仅限于数据量的巨大,对数据的收集、处理和存储没有进一步的探索。

2. 发展阶段(21世纪初至2010年)

21世纪前10年,互联网行业迎来了一个快速发展的时期。2001年,美国Gartner公司率先开发了大型数据模型。同年,道格·莱尼(Doug Laney)提出了大数据的3V特性。

2005年,Hadoop技术应运而生,成为数据分析的主要技术。2007年,数据密集型科学的出现不仅为科学界提供了一种新的研究范式,而且为大数据的发展提供了科学依据。2008年,*Science*杂志推出了一系列大数据专刊,详细讨论了一系列大数据的问题。2010年,美国信息技术顾问委员会发布了一份题为《规划数字化未来》的报告,详细描述了政府工作中大数据的收集和使用。在这一阶段,大数据作为一个新名词,开始受到理论界的关注,其概念和特点得到进一步丰富,相关的数据处理技术层出不穷,大数据开始显现出活力。

3. 兴盛阶段(2011年至今)

2011年,美国国际商业机器公司开发了沃森超级计算机,通过每秒扫描和分析4 TB数据打破了世界纪录,大数据计算达到了一个新的高度。随后,MGI发布了《大数据前沿报告》,详细介绍了大数据在各个领域的应用以及大数据的技术框架。大数据在2012年和2013年达到宣传顶峰,2012年在瑞士举行的世界经济论坛讨论了一系列与大数据有关的问题,发表了题为《大数据,大影响》的报告,并正式宣布了大数据时代的到来。2014年以后,概念体系逐渐形成,对其的认识也更加理性。大数据技术、产品、应用和标准不断发展完善,包括信息资源和API、开源平台和工具、数据基础设施、数据分析、数据应用等方面的大数据生态系统逐渐形成,并不断发展与完善。其发展热点也从技术向应用再向治理逐渐迁移。

(二)大数据的发展现状

1. 全球大数据储量爆发式增长

大数据发展浪潮席卷全球。国际数据公司(IDC)的监测数据显示,近几年全球大数据储量大、增速快,2016年大数据增长甚至达到了87.21%的增长率。2016年和2017年全球大数据储量分别为16.1 ZB和21.6 ZB,2018年全球大数据储量为33 ZB,2019年全球大数据储量达到41 ZB,如图3-3所示。

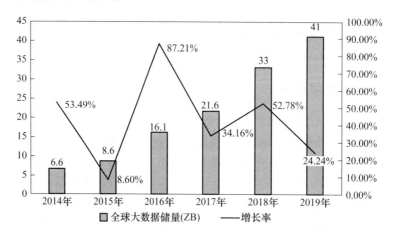

图3-3 2014—2019年全球大数据规模及增长情况

(数据来源:IDC 前瞻产业研究院整理)

2. 大数据战略持续拓展

与几年前相比,2019年国外大数据发展在政策方面略显平淡,只有美国在2019年5月发布的《联邦数据战略第一年度行动计划》草案受到比较多的关注。这个草案包含了每个机构开展工作的可交付具体成果,以及由多个机构协作推动的政府行动,旨在指导联邦机构如何利用计划、统计和任务支持数据作为战略资产来发展经济、提高联邦政府的效率、促进监督和提高透明度。与3年前发布的《联邦大数据研发战略计划》相比,美国对于数据的关注持续加深,重点从"技术"转向"资产",尤其看重金融数据和地理信息数据的标准统一问题。欧洲议会在早些时候通过了一项决议,旨在促进欧盟及其成员国创造一个数据驱动经济的环境。在该决议中推测,到2020年,欧盟GDP将因数据被更好地利用而增加1.9%。继续探索和深入大数据技术的应用是各国大数据战略的共通之处。英国政府统计部门也正在探索利用交通数据通过大数据分析跟踪英国经济趋势,并提供预警服务,帮助政府做出准确决策。

3. 大数据产业规模平稳增长

根据市场调研公司Wikibon发布的大数据市场报告,就市场规模而言,2014年以来,全球大数据硬件、软件和服务的整体市场规模稳步增长。2019年,全球大数据硬件、软件和服务的总体市场规模达到500亿美元,较2018年增长19%,如图3-4所示。

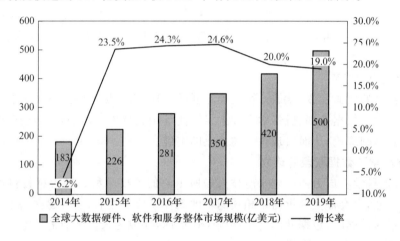

图3-4　2013年—2019年全球大数据硬、软件和服务整体市场情况

(数据来源:IDC前瞻产业研究院整理)

尽管全球经济预计将下滑,但企业和政府对大数据的需求依然强劲。根据Wikibon的预测,从2020年到2025年,大数据的增长率将略微放缓,保持在10%～15%。因此,预计2025年全球大数据硬件、软件和服务的总体市场规模将达到920亿美元。

4. 大数据底层技术逐步成熟

近年来,大数据基础技术的发展呈现出逐渐成熟的趋势。在大数据发展初期,技术解决方案主要集中在解决数据"大"的问题上,Apache Hadoop定义了最基本的分布式批处理架构,打破了传统的数据库集成模式,将计算与存储分离开来,重点关注海量数据的低成本存储和大规模处理。Hadoop曾凭借其友好的技术生态和可扩展性对传统的大规模并行处理(Massively Parallel Processing,MPP)数据库市场产生了影响。但当前MPP在扩展性方面不断突破(在2019年中国信通院大数据产品能力评测中,MPP大规模测试集群规模已超过512节点),使MPP在海量数据处理领域重新站稳了脚跟。

MapReduce暴露出的处理效率问题以及Hadoop系统庞大而复杂的运维操作,推动了计算框架的不断升级和演进。随后，Apache Spark 逐渐成为事实上的计算框架标准。在解决了数据"大"的问题后，对数据分析时效性的要求越来越突出，近年来备受关注的 Apache Flink、Kafka Streams、Spark Structured Streaming 等产品，为分布式流处理的基本框架奠定了基础。在此基础上，大数据技术产品不断分层细化，在开源社区形成了丰富的技术栈，涵盖存储、计算、分析、集成、管理、运维等方面。截至 2022 年，已有数百个与大数据相关的开源项目。

（三）大数据的未来发展趋势

1. 数据的资源化

数据的资源化意味着大数据已经成为企业和社会关注的重要战略资源，成为新的竞争焦点。因此，企业必须提前制订大数据营销战略计划，抓住市场机遇。

2. 与云计算的深度结合

大数据离不开云处理，云处理为数据库扩展提供了更大的灵活性，是获取大数据的平台之一。自 2013 年开始，数据处理技术和云计算技术紧密融合，预计未来这些联系将更加紧密。此外，物联网、移动互联网等新兴计算形态也将推动一场大规模的信息革命，让大数据发挥出更大的影响力。

3. 科学理论的突破

随着大数据的快速发展，就像计算机和互联网一样，大数据的快速发展很有可能带来新一轮的技术革命。数据挖掘、机器学习和人工智能等相关技术的出现，可能会改变数据世界的多种算法和基础理论，从而实现科学技术上的突破。

4. 数据科学和数据联盟的成立

未来，数据科学将成为一门越来越被人们所了解的重要学科。各大高校将设立专门的数据科学类专业，也会催生一批与之相关的新的就业岗位。之后，也将建立基于数据的跨部门数据共享平台。同时，数据共享将扩展到企业层面，并成为未来产业的关键一环。

5. 更加重视数据安全问题

在未来几年中，数据泄露事件的增长率可能会达到 100%，除非数据能够在其来源处得到安全保证。可以说，在未来每一家企业都可能会面临数据攻击，无论其是否已经做好了安全措施。因此，所有企业，无论规模大小，都需要重新审视当今的安全定义。超过 50% 的财富 500 强公司都将设立首席信息安全官职位，企业需要从新的角度确保自身和客户的数据安全。所有数据在创建之初就需要得到安全保障，而不是在数据保存的最后阶段。事实证明，仅仅加强后者的安全措施已不能满足需要。

6. 数据管理成为核心竞争力

数据管理已成为企业的核心竞争力，直接影响企业的财务业绩。当"数据资产是企业的核心资产"的概念深入人心时，企业对数据管理便有了更清晰的定义。以数据管理为企业核心竞争力，数据资产的可持续发展、战略规划和应用已成为企业数据管理的核心。数据资产管理效率与主营业务收入、销售收入增长率显著正相关，其将直接影响企业的财务绩效。

7. 数据生态系统复合化程度加强

大数据世界不是一个单一的、巨大的计算机网络，而是一个由大量活动构件与多元参与者元素所构成的生态系统，例如，参与者有终端设备供应商、基础设施供应商、网络服务提供商、互联网接入服务提供商、数据服务提供商等。如今,这样一套数据生态系统的基本雏形已然形成。今后的发展将侧重于系统内部角色的细分(也就是市场的细分)、系统机制的调整、商业模式的创新、系统结构的调整、竞争环境的调整等,从而使得数据生态系统复合化程度逐渐增强。

第二节 云 计 算

一、云计算的概念与特征

(一) 云计算的概念

2009年发布的《伯克利云计算白皮书》认为,云计算即在互联网上以服务形式提供的应用,也指在数据中心中提供这些服务的硬件和软件,而这些数据中真正的硬件和软件则被称为云。

Gartner公司将云计算定义为:一种计算方式,能够通过互联网技术将可扩展的和具有弹性的IT能力作为服务交付给外部用户。

Forrester Research公司则将云计算定义为:一种标准化的IT性能(服务、软件或者基础设施),按使用付费和自助服务方式,通过网络技术进行交付。

2012年工业和信息化部电信研究院发布的《云计算白皮书(2012年)》中,将云计算定义为:云计算是通过网络统一组织、灵活调用各种ICT资源,实现大规模计算的信息处理方式。云计算利用分布式计算、虚拟资源管理等技术,通过网络集中分散的ICT资源(包括计算与存储、应用运行平台、软件等),形成共享资源池,以动态、按需、可测量的方式为用户提供服务。用户可以使用各种形式的终端(如PC、平板电脑、智能手机甚至智能电视)通过网络获取ICT资源服务。

被业内广为认可的定义为美国国家标准和技术研究院(National Institute of Standards and Technology,NIST)给出的云计算定义:云计算是一种模型,可以随时随地、便捷、按需从可配置计算资源共享池中获取所需的资源(如网络、服务器、存储、应用程序及服务),资源可以快速供给和释放,使管理的工作量和服务提供者的介入降低至最少。

综合来看,云计算这个看似复杂的概念本质上代表了一个网络。从狭义上讲,云计算是一个按使用量付费并提供资源的网络,用户可以随时访问"云"上的资源,这一资源可以被视为无限扩展的。从广义上讲,云计算是一种与软件、互联网和信息技术相关的服务,计算资源的共享池称为"云"。云计算聚集各种计算资源,通过软件实现自动化管理,减少人力参与,从而提高资源利用率。

(二) 云计算的特征

1. 资源池化

资源池是统一配置各种资源(如存储资源、网络资源)的配置机制。从用户的角度来看,计算和存储资源集中在云端,然后分配给用户,通过多租户模式服务多个消费者。用户不需要关心设备模型、内部复杂结构、实现方法和地理位置等,只需要关心需要什么样的服务。从资源管理者的角度来看,最大的优势是资源池几乎可以无限地增加、减少和更换设备,并且非常方便地管理和调度资源。

2. 按需计费

"云"是一个庞大的资源池,可以像自来水、电、天然气那样计费。在使用云计算服务时,云计算系统能够检测、计量甚至控制资源的使用情况,用户获得的计算机资源会根据用户的个性化需求增减,在此基础上用户为所使用的服务付费。

3. 成本可控

一个云计算系统虽然提供了丰富的计算服务,但实际上并不需要投入巨大的成本。由于"云"的特殊容错措施,可以使用极其廉价的节点来形成云。"云"的自动化集中管理使得大量企业不需要承担日益高昂的数据中心管理成本。与传统系统相比,"云"的普遍性大大提高了资源的利用率。因此,用户可以充分享受"云"的低成本优势。

4. 弹性伸缩

云计算确保用户可以随时随地访问所需的服务。云计算不是特定于某一个应用程序的。在"云"的支持下,可以构建千变万化的应用。同一"云"可以同时支持不同的应用程序,体现出云计算的通用性。当用户的系统规模发生变化时,"云"也可以通过对系统如硬件配置、网络带宽、存储容量等进行调整实现规模的动态伸缩,满足应用和用户规模增长的需要。这体现了云计算的动态可扩展性。

5. 多终端接入

"云"拥有众多服务器,具有相当大的规模。在云计算中,硬件和软件都是资源。网络接入无处不在,"云"通过网络以服务的形式提供给用户。也就是说,用户可以通过包括手机、计算机等在内的多种云终端设备接入网络并使用云端设备,无论何时何地,只要有网络,就不需要复杂的软硬件设施,而是通过可接入设备,如手机和显示器,就可以连接到云,并使用现有资源或购买所需的服务。

二、云计算的分类

(一) 云计算的部署类型

云计算的部署类型主要分为3种:公有云、私有云和混合云。每种云都能够聚集和共享整个网络中的可扩展计算资源。每种云也都支持云计算,即在系统中运行工作负载。每个云都使用一系列独特的技术构建,基本上包括操作系统、某种类型的管理平台和应用程序接口。虚拟化和自动化软件也可以添加到这些云中,以丰富功能或提高效率。

1. 公有云

公有云通常指第三方提供商提供给用户使用的云,一般可通过互联网使用。公有云的核心属性是共享资源服务,云资源向公众开放。云的所有权、日常管理和运营主体可能是商业组织、政府部门、学术机构,也可能是多种主体的组合。云可以部署在本地或其他地方,例如,杭州公有云的云可在杭州或上海建造。公有云的优势很明显,如按需付费,避免了资源的浪费,成本较低,且能够对突发的流量需求做出快速反应,但其私密性相对较差。

2. 私有云

私有云是为一个客户单独使用而构建的云，因而可以有效控制数据的安全性和服务质量。使用私有云的用户拥有基础设施，并可以控制在此基础设施上部署应用程序的方式。私有云的优点在于用户拥有专有资源，私密性好。私有云可以在本地部署，也可以托管在云服务提供商的数据中心。无论哪种情况，私有云的最终用户都只部署在单个租户环境中，不会与其他用户混合使用。但私有云牺牲了按需计费、快速弹性等优势，成本也相对较高。

3. 混合云

混合云是公有云和私有云这两种部署方式的结合。它们是各自独立的，但用标准的或专有的技术组合起来，可以实现数据和应用程序在云之间的平滑流动。出于对安全的考虑，企业可能更愿意将数据存放于私有云中，但又想在利用快速弹性和资源池这些优势方面尽可能多使用公有云，在这种情况下，两种部署方式相结合的混合云被越来越多地采用，以获得最佳效果。

（二）云计算的服务模式

云计算服务主要有三大类（如图3-5所示）：基础设施即服务（Infrastructure as a Service，IaaS）、平台即服务（Platform as a Service，PaaS）和软件即服务（Software as a Service，SaaS）。

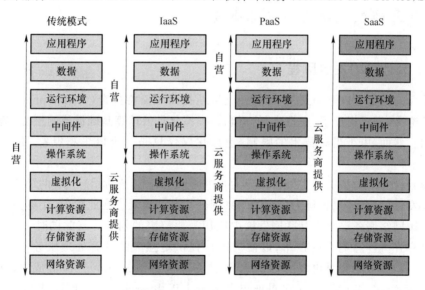

图3-5 云计算的服务模式

1. 基础设施即服务

IaaS指把IT基础设施作为一种服务，由云服务提供商通过互联网连接提供服务器、网络、虚拟化和数据存储等基础设施服务。用户基本上可以租用基础设施，并通过API或控制面板访问基础设施。操作系统、应用软件、数据库和数据信息等内容由用户管理，而提供商负责硬件服务器、网络设施、虚拟主机和数据存储等，并负责处理中断、维护和硬件问题。在这种模式下，用户从云服务提供商那里租用所需的服务器和存储，无须从数据中心购买和安装这些资源，使用该云基础架构来构建其应用程序。该种服务类型位于云服务的底层，类似于开发商建好楼盘后出售，业主再根据自己的需求偏好装修使用。

2. 平台即服务

PaaS 是把软件研发平台作为一种资源提供给用户,即云服务提供商先把基础设施层和平台软件层都搭建好,然后将服务器平台出租出去。该服务主要面向软件开发人员,用户使用平台支持的一些编程模型来开发自己的应用程序,并将其部署到云计算基础设施中,可以在此平台上托管自己的应用程序。在 PaaS 模式下,应用程序所需的底层资源可以根据用户的需要进行分配和管理,用户只需少量设置即可完成部署。该服务位于云计算的中间层,就像房屋租赁,对房屋用途、屋内装修等有所限制。

3. 软件即服务

SaaS 是指通过网络提供软件服务。软件服务提供商以租赁而非销售的形式提供客户服务。在这种模式下,服务商将软件部署在云端,用户只需使用云端设备接入网络,用户通过接口使用应用程序,但不控制操作系统、硬件或网络基础设施。SaaS 提供商构建企业信息化所需的所有网络基础设施、软硬件运营平台,并负责早期实施和后期维护等一系列服务。客户可以通过互联网获得所需的软件和服务,而无须购买软件和硬件、建造机房、其他投资。SaaS 就像酒店一样可直接拎包入住,不用为房屋维修与管理费心,而且还有不同价位和风格,用户可根据需求随意选择。

三、云计算的发展状况与未来趋势

(一) 云计算的发展历程

云计算的历史可以追溯到 1965 年。克里斯托弗·斯特拉奇(Christopher Strachey)发表了一篇论文,正式提出了"虚拟化"的概念。虚拟化是云计算基础设施的核心,是云计算发展的基础。然而,由于当时技术的限制,虚拟化仅仅只是一个概念和想象,更不用说云计算了。

全球云计算的发展历程主要可以分为 4 个阶段(如图 3-6 所示)。20 世纪 90 年代,计算机有了爆发性的增长,以思科为代表的一系列公司蓬勃发展。在此阶段,让更多的用户方便快捷地使用网络服务已成为互联网发展中迫切需要解决的问题。与此同时,一些公司也开始开发具有强大计算能力的技术,以便为用户提供更强大的计算处理服务。1999 年 3 月 Salesforce 成立,成为最早出现的 SaaS 服务提供商;同年 9 月,LoudCloud 成立,成为最早的 IaaS 服务商;2005 年,Amazon 宣布推出 Amazon WebServices"云计算"平台。在此阶段,SaaS、IaaS 云服务初现,并被市场所接受。

图 3-6 全球云计算的发展历程

(资料来源:行行查研究中心)

2006年8月9日,谷歌首席执行官埃里克·施密特(Eric Schmidt)在搜索引擎大会上首次提出了"云计算"的概念,同年,亚马逊推出了IaaS服务平台AWS;2007年,Salesforce发布Force.com,即PaaS服务;2008年4月,Google App Engine发布,同年Gartner发布报告,认为"云计算"代表了计算的方向。2008年10月,微软发布其公共云计算平台——Windows Azure Platform,由此拉开了微软的云计算大幕。在发展阶段,云服务的3种形式全部出现,IT企业、电信运营商、互联网企业等纷纷推出云服务,云服务形成。

2009年年初,金融危机最严重时,美国Salesforce公司发布了2008年的年度财务报告。数据显示,该公司的云服务收入超过10亿美元。此后,云计算正式成为计算机领域的热点话题之一,也成为互联网企业发展研究的重要方向。2010年左右,微软正式加入公有云竞争者行业,2011年谷歌宣布转型并推出GCP,它们开始在公有云市场中同台竞技。同时,亚马逊已经初步形成了包含IaaS、PaaS的产品体系,并在IaaS和云服务方面建立了全球领先地位。在完善阶段,云服务功能日趋完善,种类日趋多样;传统企业开始通过自身能力扩展、收购等模式纷纷加入云服务之中。

2015年之后,云市场规模大幅增长,金融机构、政府等公共服务纷纷上云,世界级供应商无一例外地参与了云市场的竞争,出现了第二梯队公司,如IBM、VMware和AT&T。在此阶段,云计算发展逐渐成熟,通过深度竞争,逐渐形成主流平台产品和标准;产品功能比较健全,市场格局相对稳定;多云策略成为主流,混合云备受关注。

在中国市场方面,阿里巴巴从2008年开始准备云计算业务,腾讯从2010年开始跟进云计算。2013年,阿里云宣布突破5K测试,腾讯云宣布正式向全社会开放。从那时起,许多云服务创业公司获得融资,中国的云计算市场开始繁荣。

(二)云计算的发展现状

1. 国际云计算的发展现状

全球云计算市场呈现长期稳定增长的趋势,发展潜力巨大。国际权威IT研究咨询机构Gartner整理的数据显示,2019年全球公有云市场规模为1 841亿美元,2020年全球公有云市场规模为2 083亿美元,较2019年增长13.1%。IaaS市场保持快速增长,2018年全球IaaS市场规模达340亿美元,2019年为445亿美元,2020年达到了592亿美元。PaaS市场增长稳定,2018年全球PaaS市场规模达276亿美元,增长22.79%,2020年达到了463亿美元。2018—2020年,SaaS增长则相对缓慢(如图3-7所示)。另外,根据云计算市场规模占全球比重来看,美国、欧洲、中国、日本云计算发展较为成熟,其中2020年,美国云计算市场规模占比为44%,欧洲占比为19%,中国占比为16%,日本占比为4%(如图3-8所示)。

从政策方面来看,近年来,各国越来越重视云计算行业,云计算发展进入快车道。欧盟、美国、俄罗斯、日本、新加坡等政府纷纷制订了相关发展战略和行动计划。2011年,欧盟将云计算技术的研发和推广作为"欧洲数字化议程"的重要组成部分,并将其列入"欧洲2020战略"。美国是云计算发展的起源地,早在2005年就已提出云计算的概念,并提出了云计算优先的口号,其技术、产品、市场规模均处于世界领先地位。2011年,美国发布了"联邦云计算战略",将其作为降低政府信息化开支、建设开放型政府、带动计算服务业的主要手段。2016年,日本政府将所有的电子政务集中到统一的云计算基础设施之上,政务云、医疗云、教育云、社区云和农业云均获得了长足的发展。俄罗斯的云计算应用较早,电信运营商也十分活跃,俄罗斯电信公司承担实施了"构建国家数据处理平台"的项目。新加坡将云计算发展列为国家战略发展的重点之一,推动了高度信息化社会的建设。

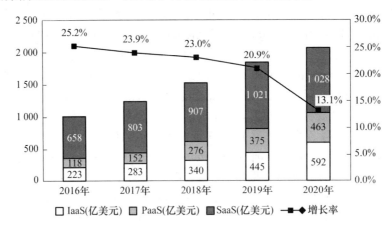

图 3-7　全球云计算市场规模

(资料来源:Gartner)

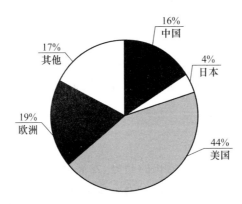

图 3-8　2020 年全球公有云市场占比

(资料来源:Gartner)

同时,国际云计算政策已经从提倡云优先转向关注云效率。随着云计算的发展,云计算服务正日益演变为新的信息基础设施。近年来,世界各国政府制订了国家战略和行动计划,鼓励政府部门在 IT 基础设施建设中优先考虑云服务,旨在通过政府的主导和示范作用培育和刺激国内市场。

2018 年,加拿大政府发布了更新后的"云优先采用"政策,其中提到政府部门应优先考虑公有云服务,在公有云不能满足特定需求时,可选择私有云模式部署。同年 2 月,智利政府发布了"云优先"政策,明确了政府机构合理利用云服务的优势,如降低成本和提高效率、灵活和易于扩展,并要求所有州政府在确保技术中立、安全和合法原则的前提下优先使用云服务。同年 8 月,中国发布了《推动企业上云实施指南(2018—2020 年)》,引导和推动企业利用云计算加快数字化、网络化、智能化转型升级。

此外,巴西、阿根廷、新西兰等国已出台相关政策,要求政府机构在进行 ICT 基础设施采购预算时,优先评估使用云服务的可能性。2018 年 10 月,美国政府重新制定了"云敏捷"

战略。"云敏捷"是一项新战略,其重点是为联邦政府机构提供必要的工具,使其能够根据个性化需求做出更好的决策,能够采用具有更先进技术的云解决方案,并降低从传统 IT 基础设施向云转移的难度。

可见,随着云计算软件和服务的发展,各国不仅注重云资源的使用,而且更加注重上云的效率、云计算的远程使用能否满足更好的 IT 信息决策的需要以及能否赋予传统 IT 更好的功能。因此,"云效能"是未来国际关注的焦点之一。

2. 国内云计算的发展现状

在中国,云计算的市场规模已经从初步发展的十几亿元增长到目前的上千亿元,行业发展飞速。中国信息通信研究院的研究数据显示,2016—2020 年,中国公有云市场规模增长速度均在 55% 以上,呈现稳步快速增长趋势(如图 3-9 所示)。2019 年中国公有云市场规模为 689 亿元,2020 年中国公有云市场规模达到 1 277 亿元,较上一年同比增长 85.2%。2020 年,中国私有云市场规模达到 814 亿元,较 2019 年增长 26.1%(如图 3-10 所示)。云计算产业正迎来发展的黄金时期。

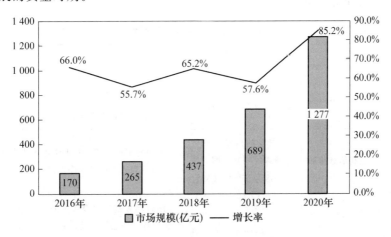

图 3-9　中国公有云市场规模及其增速

(资料来源:中国信息通信研究院,2021 年 5 月)

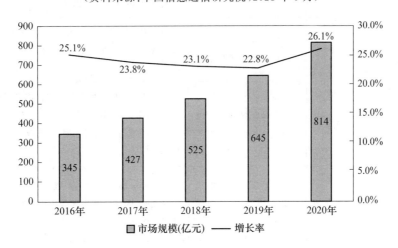

图 3-10　中国私有云市场规模及其增速

(资料来源:中国信息通信研究院,2021 年 5 月)

中国云计算相对于一些发达国家起步较晚,2007年,云计算的概念初步被引入中国;2009年,云计算相关支持政策陆续出台,越来越多的厂商开始尝试布局中国云市场;2010年,云计算相关技术标准被广泛推广和运用,IT和互联网行业开始关注和使用云计算技术。"十三五"期间,国务院、工业和信息化部、国家发展改革委提出了《云计算发展三年行动计划(2017—2019年)》,强调推动云计算服务能力达到国际先进水平,显著提升云计算在工业制造、政府政务等领域的应用水平。央行在2017年6月发布《中国金融业信息技术"十三五"发展规划》,提出金融信息技术工作的基本原则、系统架构等,强调稳步推动云计算的应用研究。2019年9月,央行提出《金融科技(FinTech)发展规划(2019—2021年)》,引导金融机构规范引用云计算技术,在保证金融信息安全的前提下充分发挥云计算的优势。2020年4月,国家发展改革委、中央网信办提出《关于推进"上云用数赋智"行动 培育新经济发展实施方案》,鼓励发展和运用云计算、人工智能、5G、大数据、区块链等技术,推动其在应急管理、疫情防控、市场配置、资源整合、社会管理等方面发挥更大作用。表3-1展示了近几年国家层面有关云计算行业的重点政策。

表3-1 截止到2021年国家层面有关云计算行业的政策重点内容解读

发布时间	发布部门	政策名称	内容解读	政策性质
2016年11月	国务院	《十三五国家战略性新兴产业发展规划》	着力研发云计算、大数据、移动互联网、物联网等新兴领域关键软件产品和解决方案,加快培育新业态和新模式	支持类
2017年1月	工业和信息化部	《工业和信息化部关于清理规范互联网网络接入服务市场的通知》	提出对IDC、ISP、CDN等业务的市场监管规划,为完善市场秩序提供指导	规范类
2017年4月	工业和信息化部	《云计算发展三年行动计划(2017—2019年)》	结合现有基础以及面临的问题和挑战,《云计算发展三年行动计划2017—2019年》从提升技术水平、增强产业能力、推动行业应用、保障网络安全、营造产业环境等多个方面,推动云计算健康快速发展	支持类
2017年6月	中国人民银行	《中国金融业信息技术"十三五"发展规划》	提出金融信息技术工作的基本原则、系统架构等,强调稳步推动云计算的应用研究	规范类
2018年8月	国务院	《推动企业上云实施指南(2018—2020年)》	企业基于自身业务发展和信息技术应用需求,使用计算、存储、网络、平台、软件等云服务,优化生产经营管理,提高业务能力和发展水平	支持类
2018年10月	工业和信息化部	《基于云计算的电子政务公共平台安全规范》	从服务分类、应用部署、数据迁移、应用开发设计、运行保障管理等方面为政务云制定了标准	规范类

续表

发布时间	发布部门	政策名称	内容解读	政策性质
2019年7月	国家网信办、国家发展改革委、工业和信息化部、财政部	《云计算服务安全评估办法》	审议云计算服务安全评估政策文件,批准云计算服务安全评估结果,协调处理云计算服务安全评估有关重要事项	规范类
2019年9月	中国人民银行	《金融科技(FinTech)发展规划(2019—2021年)》	明确提出未来三年金融科技工作的指导思想、基本原则、发展目标、重点任务和保障措施	规范类
2019年10月	国家发展改革委、市场监管总局	《关于新时代服务业高质量发展的指导意见》	加强技术创新和应用,打造一批面向服务领域的关键共性技术平台,推动人工智能、云计算、大数据等新一代信息技术在服务领域深度应用	支持类
2020年3月	工业和信息化部	《中小企业数字化赋能专项行动方案》	鼓励以云计算、人工智能、大数据、边缘计算、5G等新一代信息技术与应用为支撑,引导数字化服务商针对中小企业数字化转型需求建设云服务平台	支持类
2020年4月	国家发展改革委	《关于推进"上云用数赋智"行动培育新经济发展实施方案》	加快数字化转型共性技术、关键技术研发应用,支持在具备条件的行业领域和企业范围探索大数据、人工智能、云计算、数字孪生、5G、物联网和区块链等新一代数字技术应用和集成创新	支持类
2021年5月27日	工业和信息化部、中央网信办	《关于加快推动区块链技术应用和产业发展的指导意见》	提出将区块链技术应用于工业互联网的标识解析、边缘计算、协同制造等环节,培育新模式、新业态;建设基于区块链的大数据服务平台,促进数据合规有序的共享和流通;利用云计算构建区块链应用开发	支持类
2021年7月	工业和信息化部	《新型数据中心发展三年行动计划(2021—2023年)》	加速传统数据中心与网络、云计算融合发展,加快向新型数据中心演进。为统筹推进新兴数据中心发展,构建以新型数据中心为核心的智能算力生态体系,发挥对数字经济的赋能和驱动作用	支持类

注:资料来源于前瞻经济学。

(三)云计算的未来发展趋势

1. 云计算产业进入普惠发展期

云计算发展是当前时代的需要,其市场规模会进一步扩大,云计算将进入惠普的发展期。云计算的覆盖范围将向深度扩展,充分发挥市场效能的作用。例如,中国很多云提供商都在不断转型升级,有效推进了"云计算+"和"互联网+"的发展,相关技术也在不断发展和升级。在当前的时代背景下,新型基础设施建设的研发和推进、全球对数据化的关注与发展、远程办公和在线教育等行业需求的增加,都成为云计算发展的重要推动力。

2. 云原生技术融合化,边缘云技术快速发展

随着云原生技术的快速变化,业务需求得到了进一步挖掘,基于云原生的融合信息技术已经成为一种刚性需求。未来,云原生细分生态将不断完善,技术边界将从云延伸到边缘,边缘云是指分布在网络边缘侧,为分析决策提供实时数据的小规模云数据中心。构建在边缘基础设施之上的云计算平台可以与中心云和物联网终端形成"云边端三体协同"的端到端的技术架构,以提高响应时长、降低云端压力和宽带成本,这种形式更加适应了万物互联的发展需求。

目前,边缘计算在计算方面、互联网方面、存储方面和数据安全方面逐步发展与完善。新零售、健康医疗、智慧城市、工业园区等领域的边云协同应用成为研究热点。在特殊应用场景下,边云协同可以有效搭建实时高效的平台,降低系统成本,优化设备端海量的数据,实现灵活连接等。边缘云计算的发展趋势包括两个方面:一方面,多领域的厂商会不断推动边缘云解决方案的实施,在边缘云的推动下将涌现更多新平台和新案例,不同行业用户构建微型数据中心,这种边缘云中心的部署将为用户提供更为完善和成熟的服务;另一方面,集中式云数据中心形成主流。多台物联网设备与海量信息数据将通过云端交互和连接。边云协作带来的数据价值将会进一步凸显。

3. 虚拟化技术成为发展重点之一

实时虚拟化是未来发展的重点之一,它是一种部署云计算资源的方法。其利用虚拟技术为计算、存储和网络设备创建资源池。整个计算机系统可以通过虚拟化计算资源实现集中管控与灵活调用,以较少的信息成本保证系统的弹性伸缩能力,实现云上的快速扩展,以满足大量复杂的计算需求。我国云计算企业持续推进虚拟化技术创新,不断增强虚拟技术自主研发能力。有证据表明,超过80%经认证的主机服务使用了开源和自动虚拟化程序。当前在虚拟化技术中,服务器虚拟化和桌面虚拟化是应用最为广泛的两个方面,在未来的发展中,容器技术或将成为主流的云计算虚拟化技术,并在相关行业深度应用。诸如Unikernel等新型技术也会逐步成为虚拟化领域的热点。

4. 云安全信任体系化,云软件工程标准化

传统的安全系统部署了各种安全产品来处理网络安全、数据安全等问题。每个安全产品的功能定位都很明确,但它们相对孤立和分散,且效率低下,因此难以应对数字时代日益复杂的安全风险。未来,随着零信任概念和原生安全概念的融合,云安全架构中的模块高效协同工作,可以最大限度地提高数字基础设施中资源和动态行为的可信度。

在企业数字化转型的浪潮中,业务类型的快速发展和业务量的增长对应用软件的开发提出了更高的要求。未来,围绕云计算开展的应用软件工程系统将逐步走向标准化,从3个维度构建云上软件工程的事实标准:用云原生技术构建软件产业架构;通过先进的云测试技术保证软件质量;通过混沌工程和可观测性提高软件系统的稳定性。

5. 云管理服务工具化,云平台赋能业务化

目前,云管理工具的标准化程度仍然较低,需要大量的定制开发和咨询设计,同时迁移工具的功能相对单一。未来,云管理工具将进一步完善和标准化。结合大数据、人工智能等新一代数字技术,将智能决策融合到产品中,为企业提供标准化的决策支持工具,帮助企业提高云管理服务的效率。

随着数字化技术的不断发展,企业数字基础设施将整合云计算、大数据、人工智能等新一代数字技术,构建一体化云平台基地,整合企业上层业务数字化转型的有效资源,提供高效率、低成本的综合保障。未来,企业将在云平台转型的基础上,推进上层业务应用的数字化转型,重点推进人力资源、财务管理、供应链等综合管理服务的核心业务应用,从而实现企业整体数字化转型和发展,为企业持续发展提供新的动力。

第三节 区 块 链

一、区块链的概念与特征

(一)区块链的概念

区块链(Block Chain)的概念早在2008年年底就出现了,一位自称中本聪的神秘人士在论坛中发表了一篇论文《比特币:一种点对点的电子现金系统》,并在该论文中首次提出了区块链的概念。该论文提到,为了解决电子货币的安全问题,可以把数据以时间戳服务器组成一组,并把以区块(Block)形式存在的数据实施哈希(Hash)后加上时间戳,同时在全网广播该哈希,每个时间戳将前一个时间戳纳入哈希中,随后的时间戳会对以前的时间戳进行加强,由此就形成了一个"区块链"(如图3-11所示)。

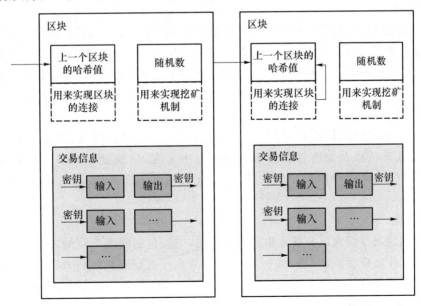

图3-11 区块链示意图

区块链是现代密码学、分布式数据存储、点对点网络通信技术、共识机制、加密算法等一系列成熟技术的新型应用模式。从本质上来说,是基于以上技术形成的一个去中心化的公共账本。区块链是比特币的一个重要概念,同时也是加密电子货币——比特币的底层技术。一般在区块链系统中,数据的产生和存储以区块为单位,每一个区块中存储了一批次比特币网络交易信息,并按照时间顺序连成链数据结构(如图3-12所示)。在每个节点所有人都可以参与验证区块链系统数据的有效性,新区块的创建通常需得到全网多数节点的确认,并在全网实时更新信息,最后形成一个公开透明、历史可查、不可删除更改的账本。

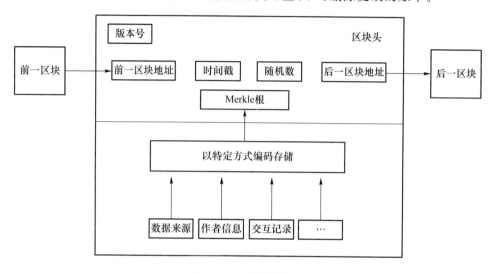

图3-12 区块链体系

一般说来,区块链基础架构由数据层、网络层、共识层、激励层、合约层和应用层组成,如图3-13所示。该系统各个分层的具体作用如下。

1. 数据层

数据层相当于区块链四大核心技术中的数据结构,即"区块+链"的结构。从还没有记录交易信息的创世区块到现在仍一直在新添加的区块,构成了链式结构。数据层包括底层数据区块,相关的数据加密、时间戳等基础数据和基本算法,是整个区块链技术中最底层的数据结构。

2. 网络层

网络层类似于四大核心技术中的分布式存储,包括P2P网络、传播机制和验证机制等。分布式算法以及加密签名等都在网络层中实现,区块链上的各个节点通过这种方式来保持联系,共同维护整个区块链账本,比较熟知的有闪电网络、雷电网络等第二层支付协议。

3. 共识层

共识层则相当于四大核心技术中的共识机制,主要包括网络节点的各类共识算法。到目前为止有工作量证明机制(Proof of Work,PoW)、权益证明机制(Proof of Stake,PoS)、股份授权证明机制(Delegated Proof of Stake,DPoS)、PoW和PoS结合、燃烧证明、重要性证明等十几种共识机制。

4. 激励层

激励层将经济因素集成到区块链技术体系中来,主要包括经济激励的发行机制和分配机制等。在区块链中激励一般指挖矿奖励,通过奖励一部分数字资产激励矿工验证交易信息,从而维持挖矿活动以及区块链账本更新的持续进行。另外,还会制定一些相关制度,奖惩分明,激励记账节点,惩罚恶意节点。

5. 合约层

合约层主要封装各类脚本代码、算法机制和智能合约,把代码写到合约里,就可以自定义约束条件,不需要第三方信任背书,到时间立即实时操作。除了智能合约是区块链作为信任机器的重要层级,还有一些别的脚本代码、侧链应用等。合约层的各种技术给区块链可编程特性提供了基础。

6. 应用层

应用层主要封装了区块链的各种应用案例和场景,类似于手机上的各种 App,即区块链的各种应用场景。例如,比特币、以太坊等就是区块链的应用项目,这个层面包括未来区块链应用落地的各个方面。

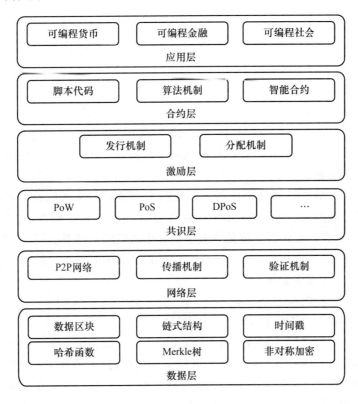

图 3-13 区块链架构图

(二) 区块链的相关概念

1. 区块链的共识机制

共识机制是指通过特殊节点的投票快速完成对交易的验证和确认。而区块链通俗地说就是一个去中心化的账本,人人都可以参与记账,但是记账需要一个大家认可的规则,以实现有效记账,而这个大家认可的规则就是区块链的共识机制。工作量证明机制、权益证明机制、股份授权证明机制是区块链技术中 3 种主流的共识机制。

(1) 工作量证明机制

工作量证明,就是一份用来确认某人做了一定量工作的证明。工作量证明机制以工作量结果来衡量贡献大小,根据贡献大小确定记账权和所获得的奖励。简单来说,就是干得越多,获得越多,类似于"按劳分配"的性质。比特币、莱特币等都采用了工作量证明机制。在中本聪的设计中,区块链系统发放的奖励包括两部分:一部分是区块中包含的交易手续费,这些不属于比特币发行流程;另一部分是新的货币奖励,每四年减半一次,这是比特币的发行流程。目前获得的奖励主要是新货币奖励。在该系统中,为了获得系统发行的比特币,节点不断计算和竞争,并不断生成新的块。这一过程与现实生活中的挖掘过程非常相似,因此获得比特币的过程被形象地称为"挖矿"。我们可以看到,在这个系统中,每个节点只需要根据自己的利益行事,为"自身利益"而竞争。赢得比特币的"工作量证明"的过程可以简单理解为:矿工通过耗费算力来竞争,谁先算出来,谁就获得打包信息的权利,从而获得以比特币为代表的区块奖励。

工作量证明机制的优势是完全去中心化,节点之间公平竞争,无须中心化的管理机构,其主要缺点是造成了大量的资源浪费。大家都要耗费算力,而最终有效的只有一个人的算力。

(2) 权益证明机制

权益证明机制是以加密货币的所有权作为分配权益的基准,根据参与者所持有数字货币的数量和持有的时长发放相应的奖励,也就是类似于将钱存到银行后所获得的利息。其原理就像现实世界中的公司股份制,谁拥有的股份越多,谁就拥有越大的话语权。简单概括就是,持有越多,获得越多。

权益证明机制的核心是网络中的货币。根据节点持有的货币数量和时间选择记账权利。这些货币可以在交易所或OTC市场大量购买,而无须挖矿。因此,与工作量证明机制相比,权益证明机制在一定程度上降低了数学运算带来的资源耗费。同时,矿工不需要浪费太多的计算时间拼算力,这在一定程度上缩短了共识所需的时间,提高了共识效率。其缺点是竞争不充分,容易导致中心化。

(3) 股份授权证明机制

股份授权证明机制是在权益证明机制的基础上进行优化的一种保障网络安全的共识机制。股份授权证明机制类似于董事会投票,由所有节点投票选出一定数量的节点代表,代理全体节点进行验证和记账。其与权益证明机制原理相同,只是选择了一些"代表"进行区块链网络维护。在该模式下,每30秒就可以产生一个新区块,并且如果在正常的网络条件下,区块链分叉的可能性极小,即使发生也可以在短时间内得到解决。可以看出,股份授权证明机制不仅保留了权益证明机制的优势,而且比权益证明机制拥有更优的性能。

但是由于性能原因,股份授权证明机制并没有做到真正意义上的去中心化,仅代理节点具有确认区块、维持系统的权利,所以此时的区块链网络从某种程度上说变成了"弱中心"或者说"部分去中心化"。同时记账的权利被少数人掌握,会导致攻击者的目标更加明确,使恶意攻击更容易。

2. 分布式账本

分布式账本是一个可以在多个网络节点和成员之间共享、同步和复制数据的数据库。其记账过程由多个节点完成,无须中央管理员或集中数据存储。账簿按照网络中达成共识的规则进行更新,通常由多个记账人共同进行,以避免单个记账人记录虚假账目的可能性,确保数据的可靠性和安全性。区块链的分布式存储技术可以将识别的信息快速记录到区块中,有效提高效率。同时区块链的分布式存储确保了每个节点按照区块链结构获取所有交易数据,并且节点之间相互连通。当某个节点发生故障时,其他节点仍可以继续工作,从而确保数据的一致性、不可篡改性和安全性。

3. 非对称加密技术

与加密和解密为同一密钥的对称加密算法不同,非对称加密算法分别使用公钥和私钥进行加密和解密。数据拥有者可以使用公钥加密数据。数据使用者需要使用用户相应的私钥进行解密,并且无法根据公钥推测出私钥。区块链节点上的交易信息都可以公开验证,但账户对应的私钥是不能被破解的,因此可以确保交易的安全性和信息的透明性。

4. 智能合约

智能合约是一种以信息化方式传播、验证或执行合同的计算机协议。智能合约的概念最早由密码学家尼克·萨博(Nick Szabo)于1994首次提出。简单来说,智能合约是以数字形式定义的一系列承诺,一旦合约成立,在区块链系统上即使没有第三方的参与也会自动履行。智能合约允许在没有第三方的情况下进行可信交易,这些交易可追踪且不可逆转。区块链存储信息的不可篡改性与可靠性使得智能合约更加完善,从而减少与合约相关的其他交易成本。

(三) 区块链的六大基本特征

1. 去中心化

去中心化是区块链最基本的特征,意味着区块链实现了分布式核算,不再依赖中央处理节点,而是将不同的数据分散存储于各区块的节点,实现了数据的分布式记录、存储和更新。去中心化意味着没有集中的硬件或管理组织,整个网络节点的权利和义务是平等的,系统中数据的本质由整个网络节点共同维护。由于每个区块链节点必须遵循相同的规则,而该规则基于加密算法而非信用,并且每次数据更新都需要网络中其他用户的批准,因此不需要第三方中介机构或信用机构背书。在传统的中心化网络中,集中攻击一个中心节点就可以摧毁整个系统,而在一个去中心化的区块链网络中,攻击单个节点无法控制或摧毁整个网络。

2. 透明、可信

在传统的中心化网络中,由于中心节点通常能比非中心节点接收到更多的信息且中心节点具有绝对控制权,使得系统的不同节点会存在信息不对称的问题,要保障信息的可信度就只能借助于系统之外的机制。而在区块链系统中,各个节点是均等节点,各个节点的权利和义务是对等的,所以区块链系统的数据记录对网络的所有节点都是透明的,更新的数据对网络的所有节点也都是透明可见的,这是区块链系统值得信赖的基础。由于区块链系统采用开源的程序、开放的规则和极高的参与度,区块链数据记录和运行规则具有高度的透明度,可以被全网节点审查和追溯。另外,区块链的统一共识机制能够保证决策过程中所有节点的一致性,这使得区块链具有很高的数据可信度。

3. 开放性

区块链系统是开放的,除与数据直接相关的各方的私有信息被加密外,区块链的数据对所有人开放(具有特殊权限要求的区块链系统除外)。任何系统参与者都可以通过公共接口查询区块链数据记录或者开发相关应用,因此整个系统的信息高度开放。

4. 自治性

区块链系统是建立在协商一致的规范和协议基础上的,这些规范和协议允许在去信任的环境自由安全地交换数据、记录数据、达成共识,在这个过程中数据由全网所有节点共同维护,任何人为的干预都不会有效,实现了把对个人或机构的信任转化为对体系和机器的信任。

5. 不可篡改

一旦区块链系统的信息被验证并添加到区块链中,它将被永久存储且不能更改(具有特殊更改需求的私有区块链等系统除外)。除非能够同时控制系统中超过51%的节点以夺取系统的控制权,否则在单个节点上修改数据库是无效的,因此区块链的数据稳定性和可靠性非常高。

6. 匿名性

区块链系统中的各个节点都包含完整的区块校验逻辑,解决了节点之间的信任问题,因此数据交换甚至交易都可以匿名进行。由于节点之间的数据交换遵循固定且可预测的算法,因此其数据交互是无须信任的,双方不需要通过披露其身份来获得彼此的信任,由此可以基于地址而不是个人身份进行交易。

二、区块链的分类与应用

(一) 区块链的分类

根据网络范围及参与节点的特性,目前已知的区块链可被划分为公有链(Public Blockchain)、私有链(Private Blockchain)和联盟链(Consortium Blockchain)3类(如表3-2所示),其中公有链是非许可链,私有链和联盟链统称为许可链,由多种链融合而成的多链结构被称为混合链(Combination Blockchain)。另外,根据网络的独立程度,我们还可以将区块链划分成主链和侧链两类。

表3-2 区块链3种类型的对比

	公有链	私有链	联盟链
介绍	任何人皆可参与,全球范围内可访问,不依赖单个公司或辖区	写入权限由某个组织或机构控制	由联盟内预选节点控制
中心化程度	去中心化	中心化	多中心化
参与者	任何人自由进出	中心控制者规定可以参与的成员	联盟成员
共识机制	PoW/PoS/DPoS	分布式一致性算法	分布式一致性算法
记账者	所有参与者	自定义	联盟成员协商确定
激励机制	需要	不需要	可选
突出特点	信用的建立	透明和可追溯	效率和成本的优化
承载能力	3~20笔/秒	1 000~10万笔/秒	1 000~1万笔/秒
典型场景	比特币、以太坊	政府和公司内部审计测试等	政务、结算、物联网

1. 公有链

所谓公有链,即公共区块链。去中心化公共链是全球任何节点的任何用户都可以进入系统,在任何地理位置读取数据、发送交易数据且交易能够获得有效确认的共识区块链。它就像一个大家共同记账的公开账本,用户不用受到程序开发者的影响,账本对任何人开放。每个人都可以自由加入或离开区块链网络,从中获得完整的账本数据,参与区块链的数据维护与计算竞争。数据由大家共同记录,没有任何组织或个人可以篡改数据。公有链的去中心化性质最强。

公有链通常会通过代币机制激励系统参与者竞争记账,共同参与社区自治,从而确保数据的安全性。广为人知的比特币、以太坊都是公有链的代表。

2. 私有链

私有链是完全私有的区块链。与公有链不同,私有链是写入权限完全在一个组织手里的区块链,参与区块链的所有节点都将受到严格控制,只对满足特定条件的个人开放。

在某些应用场景中,开发人员不希望任何人参与系统,因此他们建立了一个私有区块链,该区块链不向公众开放,只有获得许可的节点才能参与和查看所有数据。私有链中的节点数量有限且易于控制,因此其具有最高的处理效率。去中心化程度最弱的私有链的价值体现在数据安全、隐私保护、更低的交易成本和更快的交易速度上。它可以同时防止来自内部和外部对数据的安全攻击或篡改,因此很难受到恶意攻击,这在传统的计算机系统中是很难做到的。私有链一般应用于政府或企业内部,如公司内部审计测试、子公司库存管理、各地区数据汇总统计等,也可用于政府预算、政策执行等公众监督的领域。大型金融机构也更倾向于使用私有链技术。在某些情况下,私有链上的某些规则,允许被机构修改,如恢复交易流程等。

3. 联盟链

联盟链即区块链的联盟,指有多个组织或机构共同参与和管理的区块链,每个组织或机构运行一个或多个节点,共同记录交易数据,并且只有这些组织和机构能够对联盟链中的数据进行读写、发送交易。联盟链与私有链一样具有准入条件,通常需要预先设置一些节点担任记账人,其共识的达成需要所有预选节点的共同决策,其他的节点虽然可以交易,但是并没有写入权限,区块链中的数据可以通过其开放的 API 被其他人(可以是外界任何人,也可以有身份限制)进行限定查询。例如,一个联盟链有 30 个公司作为联盟成员,他们内部用了一个公共账本。数据只对组织内部的自己人开放,由联盟内部的成员共同读写、交易、维护,每一家公司都运行着一个节点,它们都具有记账权,并且在挖到新区块后要使新区块生效需要超过 50%(其中 15 家)公司的确认。根据不同公司的需求,其他得到许可的第三方可以通过 API 读取区块链的数据和信息状态。

联盟链的去中心化程度适中,可以说是多中心化的。在交易成本、交易速度、隐私保护强度、规则灵活程度方面,联盟链比公有链强,比私有链弱。根据其技术特性,联盟链往往被用于优化传统信息化系统的业务流程,在商品溯源、电子政务、支付结算、公益慈善、物联网等场景得到了广泛的应用。其典型的代表应用超级账本(Hyperledger)主要包括英特尔、埃森哲等联盟成员。

4. 混合链

当结合公有链与私有链的各自优势时,就自然而然地出现了混合链。GMPC 混合链的创始人布莱恩·崔(Brain CHOI)在2019年首次对混合链的概念进行了扩展,提出混合链架构,使其可支持跨链之间以及对联盟链的融合。

混合链的开发难度较大,但其具有广阔的应用前景。混合链结构对区块链生态具有重要意义。在混合链出现之前,经过多年的发展,区块链数量开始爆发式增长,许多问题逐渐显现。其中,链与链之间的互联极大地限制了区块链的发展。各种形式的连通困难导致了链之间业务连接和价值转移的失败。区块链生态中仿佛产生了一个个孤立的岛屿,也就是价值孤岛。

跨链技术与混合链机制解决了价值孤岛的难题。跨链是一种能够跨越不同区块链的技术。跨链与混合链不同,跨链技术会重新创建一个新的跨链系统,在新系统中创建原生链的新链,不一样的跨链项目也可能会采用互不兼容的底层协议,这有可能产生比原先更大的跨链生态之间的价值孤岛。混合链机制与跨链相比的优势在于对现有区块链更加友善,在不破坏原生链架构的基础上,建立标准的混合链协议和数据交互协议,直接对接所有公有链、私有链、跨链、联盟链,完成原生链之间的连通,从而打破价值孤岛,使万物互联不再是一个梦想。

5. 主链与侧链

区块链,特别是公有链,拥有主网和测试网。主网是区块链社区认可的可信区块链网络,其交易信息被所有成员认可。经区块链网络公认后,有效区块将会被添加到主网的区块账本中。根据区块链网络的独立程度,可把区块链分为主链和侧链两种类型。

主链也可称为主网、母链,指正式上线的、可以独立运行的区块链网络,简而言之就是万链之母,可以生成链的链称为母链。侧链本质上是一种协议,而并不是特指某一个全新的区块链,遵守这个协议的所有区块链和锚定主链上的某一个节点的区块链都可以被称为侧链。

侧链旨在实现双向锚定(Two-way Peg),以便某些加密货币可以在主链和侧链之间"转移"。以比特币为例,比特币可以通过侧链技术从主链"转移"到其他区块链,并在"转移"的区块链上使用。侧链还可以安全地"返回"主链,比特币在整个过程中保持相同的价值。因此,侧链的概念是相对于主链的概念来讲的,只要满足侧链协议,所有的现有区块链,如以太坊、Zcash、莱特币等,都可以成为侧链。

如图3-14所示,主链和侧链之间存在彼此协作的关系。主链就像自行车上较大的齿轮。它是一个独立的区块链网络,其可以在没有其他齿轮动力的情况下自行旋转。在主链上部署侧链技术则意味着用户可以利用现有资产访问新的加密货币系统,从而实现在主链上无法实现的操作目的。例如,使用RootStock技术,比特币能够通过智能合约技术进行更复杂的交易操作,如微支付。同时,加密货币还可以通过主链和侧链的双向流通扩大其应用范围。

图3-14 主链和侧链的关系示意图

另外,由于侧链也是一个独立的区块链,有自己的节点网络,代码和数据也相对独立,因此在运行过程中不会增加主链的负担,出现数据过度膨胀的情况。但是,侧链技术更为复杂,它需要可被后期重组证明失败交易的支持脚本以及足够多的运行节点,以确保其安全性。

(二) 区块链的应用

区块链实际上是一个公共账簿,可以以数字方式安全、自动地验证和记录大量交易。目前,区块链有 3 个典型的应用领域:一是在金融领域,如超级账本、区块链技术联盟 R3 等,高盛、汇丰、IBM、中国平安等机构都致力于区块链技术在金融领域的跨境支付、金融票据管理等应用场景中的运用;二是货币领域,如比特币、以太币等;三是非金融领域,如能源、电信、奢侈品、物联网等领域。

1. 金融领域

在探索区块链的创新和使用时,金融是主要领域之一。传统的金融交易通常通过金融中介促成,由此会出现信息不对称、交易成本高、交易风险高等问题。区块链技术可以实现数据溯源,共识机制可保证数据的可信件,从而降低金融交易中的风险。用户也可通过节点直接获取信息,简化了信息传输过程,降低了交易成本。以淘宝为例,对链接的需求是通过支付宝完成的,但信用基础是由阿里巴巴自己操纵的,因为淘宝和支付宝属于同一种关系。如果支付宝担保渠道被可信任的超级系统取代,使交易变得更加直观和安全,就无须第三方担保了。

目前区块链在金融领域的应用主要是为了促进反洗钱和客户身份审查。同时区块链技术在数字货币、电子支付、智能合约、资产证券化、清算征信、物联网金融等方面都有着广阔的应用前景。

2. 货币领域

区块链技术在货币领域的应用主要体现在数字货币上。区块链是数字货币最底层的技术,也是最重要的技术。基于区块链技术,数字货币可以实现去中介化发行。数字货币在发行和流通环节中,取消了货币创造的环节。同时基于区块链的发行,可以避免伪钞、残钞,且效率更高,成本更低。数字货币的使用技术还包括移动支付、可信可控云计算、密码算法等,而比特币、以太币的风靡让人们更了解了区块链的技术框架及广阔的应用前景。

3. 非金融领域

在非金融领域中,区块链也被应用于物联网领域的各种场景,包括传感器、身份管理、数据存储、时间戳服务、供应链管理、可穿戴设备等多种技术。它在农业、工业、医疗、交通和家居生活等各个领域发挥了非常重要的作用。区块链技术可以减少物流成本,跟踪实物的生产和转移过程,实现数据信息的动态追踪和有效共享,促进商品状态管理和交易流程效率的提高,从而提高经济效益。区块链的兴起拓展了物联网的应用场景,也为物联网发展中暴露出的运维成本高、安全性能差等固有问题提供了可行的解决方案,促进了人类构建万物互联的理想世界的实现。物联网领域被认为是区块链技术一个有前景、有价值的应用领域。

供应链管理是区块链技术在非金融领域的又一个应用,它支持更加安全和透明的监管交易。供应链本质上是指一系列交易节点连接起来,将产品从一个生产点移动到一个销售点或最终部署点。在区块链的帮助下,随着产品在整个供应链(从生产到销售)中的流动,各流程的交易过程也都被记录和保存,从而减少了时间延迟和人工错误,降低了生产成本。该领域已经出现了几家区块链初创公司,例如:Provenance正为材料和产品建立可追溯系统;Fluent为全球提供了一个非传统的供应链贷款平台;SKUchain为企业贸易和供应链金融市场创造了基于区块链的产品。

三、区块链的发展状况与未来趋势

(一) 区块链的发展历程

1. 区块链1.0时代

区块链1.0时代的来临与以比特币、莱特币为代表的加密货币的诞生密不可分,这些货币具有支付、流通等货币职能。随着中本聪的第一批比特币被矿工们挖出来,区块链1.0时代也随之到来了。

在区块链1.0时代,主要的创新表现为创建了一套去中心化、不可篡改、公开透明的交易记录总账。账本里的数据库由全体网络节点共享,由矿工进行打包和更新,由全体参与者进行维护,任何人都不可以控制这个总账。

区块链1.0时代最显著的应用是虚拟货币的支付和流通,在这个时期出现了以比特币为代表的一系列虚拟货币,如莱特币、狗狗币、点点币等,这些货币作为互联网上的现金进行流通,开辟了金融在互联网领域的新天地。在转账汇款和数字化支付相关领域,区块链技术转账汇款和数字化支付相关领域备受关注,根据传统的方式,转账汇款和支付等流程要通过银行开户行、清算组织、境外银行(代理行或境外分支机构)等多个机构,耗费时间长,交易成本高。应用区块链技术后,支付可以实现端对端的直接交易,去掉了烦琐的中间机构处理流程,不仅提高了交易效率,而且交易成本非常低廉。尤其在跨境支付领域,基于区块链去中心化技术的支付系统可以使用户在全球范围内分配和交易资源,并可以用任意币种进行支付清算服务,使得跨境支付过程以低廉快捷的方式完成。

在区块链1.0时代,人们更多关注的是伴随区块链技术诞生的那些虚拟货币,关注它们的价值以及获取途径和买卖方式。随着时间的推移,更多的人关注了区块链技术本身,随后就迎来了区块链2.0时代。

2. 区块链2.0时代

区块链2.0时代到来最典型的标志是具有智能合约功能的公共区块链平台以太坊的出现,也可以说是以太坊掀起了区块链2.0革命的浪潮。以太坊是为了解决比特币的扩展性不足的问题而生的。与区块链1.0解决的是货币和支付去中心化问题不同,区块链2.0关注的是市场的去中心化问题,这个时期区域链的发展与合约技术的发展息息相关。

区块链1.0向2.0的转变从某种程度上体现了中本聪关于区块链原有设计理念向前推进一步的过程。关于区块链的发展路径,中本聪曾在2010年的公开邮件中提道:"我很多年前就已经在思考,是否可以让比特币支持多种交易类型,包括托管交易、债权合同、第三方仲裁、多重签名等。如果比特币未来能够大规模发展,那么这些交易种类都将是我们未来想探索的,因此在一开始设计时就应该考虑到这些交易,这样将来才有可能实现。"

中本聪愿景有3个核心理念:去中心化的公共交易、端到端直接价值转移系统、可以运行任何协议或货币的强大脚本系统。比特币实现了前两种技术,以太坊体现了第三种技术的实现。可以说,以太坊的出现代表了区块链 2.0 时代的来临。关于以太坊,可以将其理解为一个开源的区块底层系统,在这个系统中可以运行所有区块链和协议。与比特币类似,以太坊也是去中心化的,由全球范围内的全体参与者共同控制。智能合约是以太坊最为显著的特点之一,随着以太坊的盛行,智能合约也被广泛应用,其为可编程货币和可编程金融提供了技术基础。由此,区块链技术在社会经济领域得到了全方位的应用,尤其在股票、贷款、期货、债券、智能资产等金融领域的应用。但区块链 2.0 的技术能达到的交易次数有限,这也成为其快速发展的限制因素之一。于是,我们迎来了区块链 3.0 时代。

3. 区块链 3.0 时代

区块链的应用演变可以说是从去中心化应用(Decentralized Application, Dapp)到去中心化自治公司(Decentralized Autonomous Corporation, DAC)及去中心化自治组织(Decentralized Autonomous Organization, DAO)再到去中心化自治社会(Decentralized Autonomous Society, DAS)一步步推进的发展史,当区块链技术被应用于社会治理时,我们也就迈进了区块链 3.0 时代。

区块链 3.0 时代是区块链技术在社会领域的全面应用实现,这使得社会变成一个大规模协作的社会。在区块链 1.0 时代和区块链 2.0 时代,因其局限于经济、金融业中,区块链只是在很小范围内影响了一部分人。而区块链 3.0 赋予了我们一个更广阔的世界。未来的区块链 3.0 不是局限于一个"币"或者"链",而是用整个生态和多链构成的网络。因此,在区块链 3.0 时代,区块链发挥的价值将远远超越在支付、货币等经济金融领域所发挥的价值。

(二) 区块链的发展现状

1. 国内区块链产业的发展现状

区块链在中国的应用主要集中在金融业、政府服务和产品可追溯性方面。仅从金融业来看,区块链的应用场景主要包括跨境支付、证券交易、保险理赔、票据等;从服务企业的发展地域来看,近一半的企业集中在北京、上海、广州、江苏和浙江。企业服务应用主要关注底层区块链和基础设施建设,为互联网和传统企业提供数据链服务,包括数据服务、区块链即服务(Block Chain as a Service, BaaS)平台、电子证书存储云服务等。从政策出台的角度来看,《2021 年中国区块链产业全景报告》显示,2021 年,中央、各部委及各省市地方政府发布区块链相关政策达 1 101 部,约有 29 个省市将发展区块链技术写入"十四五规划"。

区块链技术创新和应用研发也在加速发展。国内区块链企业已初具规模,互联网巨头提前准备区块链布局。中国已经拥有建立区块链基础平台的核心技术。区块链技术的发展已经走在世界前列。在应用方面,区块链技术已经在供应链、保险、银行、电子票据、司法存证等领域得到广泛验证。各大高校和研发机构为区块链的研究和服务奠定了坚实的基础。2019 年,中国 15 个城市共有 62 家区块链研究机构。中国的十余所大学已经推出了区块链课程。截至 2019 年年底,中国 23 个城市或地区成立了 30 余家区块链产业园区。区块链应用呈现多样化,并逐渐从金融领域延伸到实体领域。区块链技术开始与实体经济产业深度融合,形成了一批"产业区块链"项目,迎来了实体经济产业区块链"百花齐放"的时代。

2. 国外区块链产业的发展现状

近年来,政府对区块链的政策支持和金融支持逐渐增加。俄罗斯发行国内债券的国家清算存管机构利用区块链技术来确保股东大会投票系统的安全。与此同时,俄罗斯央行成立了一个专门研究前沿技术和金融市场创新技术的工作组,并探索分布式账本、区块链技术和各种金融技术领域的新成果。

英国大力推动了区块链技术在银行系统中的应用,以降低银行的日常结算成本。英国首席科学家在2016年1月将区块链列为英国的国家战略。2016年5月,英国监管机构启动了金融科技"沙盒"项目(Fintech sandbox,FCA),以鼓励金融科技公司进行实地试验,从而缩短从"创新想法"到"产品发布"所耗费的时间。2019年2月,FCA发布了数字代币市场和区块链的监管原则。在英国推出"沙盒"后的同年,新加坡也成立了金融科技"沙盒"来促进金融科技初创企业的发展。2019年9月,德国发布"德国国家区块链发展战略";2019年11月,欧盟委员会宣布针对欧洲人工智能和以区块链为重点的初创公司的新投资计划;2020年3月,韩国科学与ICT部宣布发起"2020年区块链技术验证支持";2020年2月,澳大利亚发布国家区块链发展路线图,澳大利亚储备银行行长发言并呼吁全球监管机构支持区块链发展。此外,几乎所有澳大利亚银行都加入了由全球金融创新公司R3运营的区块链项目。

目前,全球最大的区块链联盟就是R3联盟,它由9家银行机构于2015年共同建立,旨在研究和开发区块链在金融领域内的应用。截至2020年,已有60多家国际机构加入R3联盟。平安银行、招商银行、民生银行和中国外汇交易中心等都是R3联盟的成员。另外,还有Hyperledger联盟,它以科技公司为主要联盟成员,也包括不同相关领域的参与者,如荷兰银行、埃森哲、IBM、华为、三星和富士通。以太坊企业联盟(Enterprise Ethereum Alliance,EEA)于2017年由摩根大通、英特尔、微软等30多家企业组成建立,致力于开发相关的标准和技术,让企业更便捷地使用新崛起的以太坊区块链技术,EEA的成立也代表着行业巨头们对以太坊技术的信任。

(三)区块链的未来发展趋势

1. 有望助力实现价值互联

区块链技术有望成为价值互联的新信息化基础设施。随着区块链技术在各个领域的应用,区块链将成为个人和企业信息、资产、交易和各种服务上链的重要技术支撑,进而发展成为重要的社会信息化基础设施。在连接到链上的各种代币的基础上,实现基于区块链技术的价值互联和流通。此外,区块链技术已经成为打破"信息孤岛"和提高效率的重要信息技术。在大数据时代,数据已经成为重要的资产。然而,"信息孤岛"问题限制了数据价值的发挥。区块链技术与多方安全计算、隐私保护等加密手段相结合,已成为在保护用户隐私的前提下打破"信息孤岛"、实现数据融合计算的重要支持工具。"信息孤岛"问题的解决将极大地发挥数据的价值,提高社会效率。

2. 有利于重构信任格局

区块链技术将有助于重建信任模式,重塑行业形象,提高政府部门的服务管理能力。一方面,一些领域的企业和行业缺乏公信力,制约了行业的发展。区块链技术易于追踪,难以篡改,结合其他辅助手段,可以重构未来某些领域的社会信任关系模式,将公众对企业的信任转化为对有政府监管、公众参与的区块链技术的信任,重塑行业形象,为行业发展创造新机遇。另一方面,区块链除了商业应用之外,在政府部门的流程优化中也有很大的应用空间。对于政府部门来说,安全是一切技术手段、政务实施和各项工作正常运行的基本条件,包括通信安全、数据安全、信息安全等。区块链技术可以为链上的信息提供可溯源性依据,以确保网络上数据和信息的可信度和可靠性。区块链有望成为推动国家治理体系和治理能力现代化的有力助手。

3. 会推动新业态诞生

区块链技术将给中介产业带来变革性影响,促进各种新业态的诞生。一些中介行业存在的主要原因是社会对中心化平台的需要,其利用信息不对称获取利润。随着区块链技术的发展和人们对技术的理解、接受,基于去中心化特征并结合人工智能等技术的区块链技术将首先取代一些低价值的中介行业,进而实现中介行业的转型。在此背景下,基于区块链平台,新的业务场景和服务模型将诞生。

从监管角度看,区块链技术将推动法律产业变革,更新监管模式。实际上,区块链的分布式、防篡改和可追溯性等特性已成功应用于司法存证。随着区块链技术的发展和产业应用的推广,未来法律行业将面临一种新的证据形式。基于区块链数据的法律服务将成为法律行业不可或缺的一部分。而随着链上数据的积累,基于区块链数据的各种监管和证据收集将成为未来国家监管的重要组成部分。现有监管体系与区块链技术相结合,将催生新的监管模式,推动社会进步。丰富现有区块链技术的监管手段,创新监管模式将成为一个重要的研究课题。

4. 有可能催生超主权货币

区块链技术有可能催生超主权货币,并对现有法定货币体系造成一定程度的冲击。就金融属性而言,当前市场上的大多数加密货币(如比特币)更像是一种投资(或收藏)品,而非货币,因此它们对法定货币体系的冲击是有限的。然而,超级主权货币(如 Libra 等)有影响法定货币的风险:首先,跳过外汇管制等监管政策,外部资金可以通过加密货币直接流进国内市场,国内资金也可以通过加密货币流向国外;第二,由于加密货币的去中心化性和隐私性,如遗失重要的交易数据和货币流通数据,监管者将失去监督资金流动的能力;第三,加密货币作为独立的主权货币进入国际金融体系,可能会破坏各国当前的博弈平衡,对国际金融体系产生深远的影响。

第四节 人工智能

一、人工智能的概念与特征

(一) 人工智能的概念

人工智能作为一门前沿交叉学科,其定义一直存有不同的观点(如表 3-3 所示)。百度百科定义人工智能是"研究、开发用于模拟、延伸和扩展人的智能的理论、方法、技术及应用系统的一门新的技术科学",是计算机科学的一个分支,研究包括机器人、语音识别、图像识别、自然语言处理和专家系统等。大英百科全书则限定人工智能是数字计算机或者数字计算机控制的机器人在执行智能生物体才有的一些任务上的能力。艾瑞咨询认为：广义的人工智能是指通过计算机实现人的头脑思维所产生的效果，是对能够从环境中获取感知并执行行动的智能体的描述和构建，其构建过程中综合了计算机科学、数学、生理学、哲学等内容；狭义的人工智能包括人工智能产业（包括技术、算法、应用等多方面的价值体系）、人工智能技术（包括凡是使用机器帮助代替甚至部分超越人类实现认知、识别、分析、决策等功能的技术）。

表 3-3 人工智能的定义

来源	定义
百度百科	人工智能是"研究、开发用于模拟、延伸和扩展人的智能的理论、方法、技术及应用系统的一门新的技术科学"，是计算机科学的一个分支，研究包括机器人、语音识别、图像识别、自然语言处理和专家系统等
大英百科全书	限定人工智能是数字计算机或数字计算机控制的机器人在执行智能生物体才有的一些任务上的能力
艾瑞咨询	广义的人工智能是指通过计算机实现人的头脑思维所产生的效果，是对能够从环境中获取感知并执行行动的智能体的描述和构建，其构建过程中综合了计算机科学、数学、生理学、哲学等内容。狭义的人工智能包括人工智能产业（包括技术、算法、应用等多方面的价值体系）、人工智能技术（包括凡是使用机器帮助代替甚至部分超越人类实现认知、识别、分析、决策等功能的技术）
科大讯飞	人工智能是指能够像人一样进行感知、认知、决策和执行的人工程序或系统。人工智能主要分为计算智能、感知智能、认知智能。计算智能即机器"能存会算"的能力；感知智能即机器具有"能听会说、能看会认"的能力；认知智能即机器具有"能理解会思考"的能力
中国青年报	人工智能是研究、开发用于模拟、延伸和扩展人的智能的理论、方法、技术及应用系统的一门新的技术科学
清华大学出版社《人工智能》(第2版)（作者于世飞）	人工智能是研究理解和模拟人类智能、智能行为及其规律的一门学科。其主要任务是建立智能信息处理理论，进而设计可以展现某些近似于人类智能行为的计算系统
德勤	人工智能是对人的意识和思维过程的模拟，利用机器学习和数据分析方法赋予机器类人的能力

注：资料来源于深圳市人工智能行业协会《2021人工智能发展白皮书》。

（二）人工智能的特征

1. 以人为本

人工智能系统是人类设计的机器，利用硬件载体运行工作。其本质是计算，基础是数据，通过对数据的收集、分析和处理，形成了一个有价值的信息流，从而为人类提供扩展人类能力的服务。在理想情况下，人工智能必须体现服务人类的特点，而不应该伤害人类或者不应该有目的地做出伤害人类的行为。

2. 感知性

人工智能不仅能感知环境，还能与人交互，能与人互补。人工智能系统应能借助于传感器等器件产生对外界环境进行感知的能力,就像人能通过听觉、视觉、嗅觉、触觉等接收来自环境的各种信息,对外界输入产生一定的反应,借助于按钮、键盘、鼠标、屏幕、手势、姿势、表情、力反馈、虚拟现实/增强现实等,人与机器间可以产生交互与互动。这样人工智能系统就能够帮助人类做人类不擅长、不喜欢但机器能够完成的工作,而人类则适合于去做更需要创造性、洞察力、想象力、灵活性、多变性乃至用心领悟或需要感情的一些工作。

3. 具有适应性,可以进化和迭代

在理想情况下,人工智能系统应该具有一定的自适应特性和学习能力,即它应该具有随着环境、数据或任务的变化自适应调整参数或更新优化模型的能力。在此基础上,通过与云、人和事物越来越广泛、深入的联系和拓展,可以实现机器对象乃至人类主体的进化迭代,使系统具有应对不断变化的现实环境的适应性、灵活性和扩展性,从而使人工智能系统在各行各业都有广泛的应用。

二、人工智能技术体系架构

根据人工智能的研究领域、周边技术和涉及的产业,可以将人工智能技术体系分为3个层次,如图 3-15 所示,具体包括应用层、技术层和基础层。

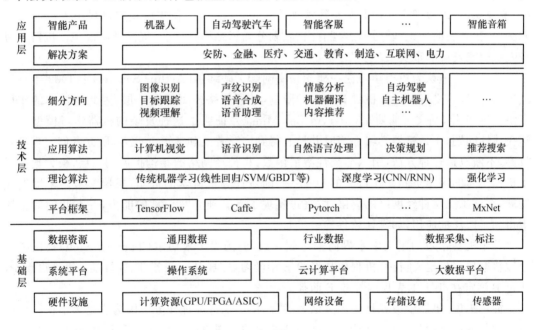

图 3-15 人工智能技术体系架构

(资料来源:新华三集团《新华三人工智能发展报告白皮书》)

(一) 应用层

人工智能技术已经与各行各业深度结合,可以实现特定场景的智能解决方案。目前主要应用行业包括安防、金融、医疗、交通、教育、制造、互联网、电力等领域,未来将扩展到更多领域。当前人工智能产品种类繁多,例如,机器人包括具有清扫、陪伴、教育等用途的家用机器人,具有辅助生产等功能的工业机器人等。在交通领域中的应用有自动驾驶汽车和利用计算机视觉技术识别车道线、交通标志和信号灯等。人们可以利用人工智能算法进行决策分析和做出正确的行动指令。未来,更多的人工智能产品将进入社会的方方面面。

(二) 技术层

这是工业界和学术界较为关注的层面,底层包括各种机器学习或者深度学习的平台框架。学术界加强了对人工智能底层理论算法的研究,包括近年来流行的传统机器学习、深度学习及强化学习等,这些基础理论的发展与完善为人工智能技术在产业化中的迅速发展奠定了基础。应用算法层的主要研究领域包括计算机视觉、语音识别、自然语言处理、决策规划等,其中涉及感知、认知和决策的多个智能方向。每个不同的研究领域都有许多细分的技术研究领域,例如,计算机视觉包括图像识别、目标跟踪、视频理解、行为分析、多维特征识别等技术。技术层是人工智能中最受关注、最具挑战性的一层,其发展程度直接影响人工智能行业的应用实现。下面简要介绍人工智能的几个基本技术。

1. 机器学习

机器学习是利用计算机模拟人的学习能力,把从样本数据中学习得到的知识和经验,应用于实际推理和决策。机器学习是一门跨学科的交叉技术,以计算机为工具,运用概率论知识、统计知识、近似理论知识和复杂算法理论知识,实时模拟和实现现实世界中人类的学习方法,并获取新的知识,随后整合现有内容、划分知识结构,以此来提高学习效率。机器学习是人工智能发展的重要一环。

学术界普遍认为机器学习这一概念是由阿瑟·萨缪尔(Arthur Samuel)于1959年首次提出的。然而,受当时计算机计算能力的限制,神经网络模型只有一层,因此能发挥的作用有限。1969年,马文·明斯基(Marvin Lee Minsky)证明了这种复杂的机器学习模型仅能解决线性问题,于是机器学习在当时并没有得到广泛普及和认可。此后,研究者们一直没有放弃,不断改进这种方法,引入非线性激活函数,将神经网络的结构扩展到三层,极大地拓展了机器学习的应用空间。在过去的10年中,随着计算机科学的进步,机器学习迎来爆发式发展,突破了三层神经网络的局限性,真正实现了具有独立"思考"的能力,并在我们的生活中得到了广泛的应用,如翻译软件等。

关于机器学习的定义学术界尚未达成一致,但汤姆·米切尔(Tom Mitchell)提出了一个被普遍接受的定义:计算机程序从经验 E 中学习,完成某一任务 T,进行某一性能度量 P,通过 P 测定在 T 上的表现因经验 E 而提高。

简单来说,机器学习就是一个算法,该算法用于执行某种任务。因为它是为了执行一项特定的任务,所以目标自然是让它在这项任务中的表现更好。从这个层面上理解,其与普通算法没有什么不同。但机器学习的方法具有自发性,此特性使机器学习与一般算法有了根本区别。也就是说,一般的算法是人类利用现有的数据进行总结和归纳,写出合理的解决方案,并由计算机执行,其目的是直接解决这个问题。机器学习算法是利用已知的数据对自身进行优化,从而直接实现特定的目标。

机器学习的分类方法有很多,例如:按函数的不同,机器学习可以分为线性模型和非线性模型;按照学习准则的不同,机器学习可以划分为统计方法和非统计方法。这里我们主要介绍一个被广泛接受的分类方案,即按照训练样本提供的信息以及反馈方式的不同,机器学习可被分为监督学习、半监督学习、无监督学习和强化学习4类。

(1) 监督学习

监督学习是一种机器学习方法,存在明确的输入和输出以及相应的数据支持。根据输出的类型,我们可以进一步将监督学习分为分类问题和回归问题两大类。前者是预测事物的类别(离散的),如给出一个人的身高、体重、年龄等信息,判断这个人所属性别、是否健康等;后者是预测与样本相对应的实数输出(连续的),如预测某一地区的经济增长情况。

举一个分类问题的例子来展现监督学习的特征。如图3-16所示,用30个训练样本阐述二元分类任务的概念,其中15个标签为负类(一),另外15个标签为正类(+)。该数据集为二维,这意味着每个样本都与x_1和x_2的值相关。现在,可以通过监督学习算法来学习一个规则,用一条虚线来表示决策边界(区分两类数据),并根据x_1和x_2的值为新数据分类。

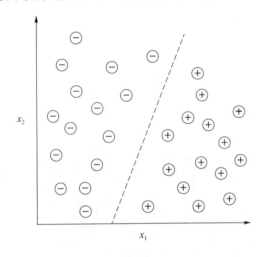

图 3-16 监督学习特征示例

大多数模型都属于监督学习,包括线性分类器、支持向量机(Support Vector Machine, SVM)等。常用的监督学习算法包括支持向量机、k最近邻算法(k-Nearest Neighbors, kNN)、随机森林(Random Forest)、决策树(Decision Tree)、朴素贝叶斯(Naive Bayesian)等。

① 支持向量机。它属于20世纪90年代中期发展起来的监督学习算法,是一种基于统计学习理论的机器学习方法,可以用来解决分类问题和回归问题。目前,它被广泛应用于分类问题中。其基本思想是求解能正确划分训练数据集,且几何间隔最大的分离超平面;学习策略是使区间最大化,并最终将其转化为凸二次规划问题。支持向量机可分为线性可分支持向量机、线性支持向量机和非线性支持向量机。

② k最近邻算法。k最近邻算法的核心思想是,如果在特征空间中,一个样本的k个最近邻样本的大部分属于一个类别,那么该样本也属于该类别,并且具有该类别样本的特征。在进行分类决策时,k最近邻算法只与极少量的相邻样本相关。由于k最近邻算法主要依赖周围有限的相邻样本来确定所属类别,而不是依靠判断类域的方法,因此与其他方法相比,k最近邻算法更适合类域的交叉或重叠较多的待分样本集。

③ 随机森林。随机森林是指使用多个决策树来训练和预测样本的一种分类器。它包含多个决策树分类器,其输出类别由单个树输出类别的众数决定。随机森林是一种灵活且

易于使用的机器学习算法。即使没有超参数(超参数为机器学习算法中的调优参数,需要人为设定,如正则化系数λ、决策树模型中树的深度等)调整,它也可以在大多数情况下获得良好的结果。随机森林是最常用的算法之一,可用于分类和回归。

(2) 无监督学习

与有监督学习不同,无监督学习是一种只有明确输入而没有明确输出的机器学习方法。无监督学习中的数据集是完全没有标签的,依据相似样本在数据空间中一般距离较近这一假设将样本分类。这种方法类似于考试中的作文题,没有标准答案,但作文的质量总是可以被评估的。虽然这种方法不能直接提供目标答案,但它可以提供多种方案供我们参考。非监督学习的过程是没有监督者干预的。图 3-17 解释了如何应用聚类把无标签数据根据 x_1 和 x_2 的相似性分成 3 组。

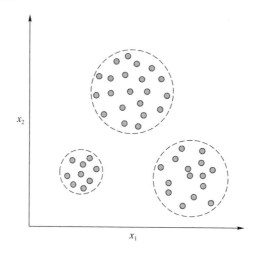

图 3-17 无监督学习特征示例图

无监督学习可以解决的问题可分为关联分析、聚类问题和维度约减。

① 关联分析是指探索不同事物同一时间出现的概率,其广泛地应用于购物分析。例如,如果商家发现购买面包的顾客有 90% 的概率购买牛奶,商家就会将面包和牛奶放在相邻的货架上。

② 聚类问题是指将相似的样本划分成一个簇(Cluster)。与分类问题不同,聚类问题事先不知道类别,自然训练数据也没有类别的标签。

③ 维度约减是指在不丢失有意义信息的情况下缩减数据维度。利用特征提取方法和特征选择方法,可以实现维度约减的效果。特征选择是指选择原始变量的子集。特征提取就是将数据从高维度转换到低维度。著名的主成分分析算法就是一种特征提取方法。

常见的无监督学习算法包括稀疏自编码(Sparse Auto-Encoder)、主成分分析(Principal Component Analysis,PCA)、K-Means 算法、DBSCAN 算法(Density-based Spatial Clustering of Applications with Noise)、最大期望算法(Expectation-Maximization Algorithm,EM)等。

(3) 半监督学习

半监督学习是将监督学习与无监督学习相结合的一种学习方法,其中一部分数据兼有输入和输出,而其余一部分数据只有输入,在这种情况下,半监督学习就是要为只有输入的数据补全输出。半监督学习一般针对的问题是数据量大但有标签的数据少,或者标签数据很难获取的情况,训练的时候有一部分是有标签的,而有一部分是没有的。与使用所有标签数据的模型相比,使用训练集的训练模型在训练时可以更为准确,而且训练成本更低。常见的两种半监督学习方式是直推学习(Transductive Learning)和归纳学习(Inductive Learning)。

近年来,在半监督学习方面,以自训练(Self-training)、协同训练(Co-training)、基于图的标签传播(Graph-based Label Propagation)为代表的经典半监督学习思想与深度学习模型紧密结合,形成了很多非常有代表性的深度半监督学习方法或模型。对于归纳学习,学者给出了伪标签(Pseudo-Label)方法[①]对深度神经网络进行自训练,设计了经典的端到端半监督深度模型LadderNet,提出了自集成(Self-Ensembling)和平均教师(Mean Teacher)半监督深度模型来进一步提高伪标签的质量。对于直推学习,图卷积网络[②](Graph Convolutional Network,GCN)的提出将传统的基于图的半监督学习研究往前大大推进了一步,而图学习卷积网络和图过滤卷积网络则对GCN进行了优化,进一步提升了半监督学习的性能。

(4)强化学习

强化学习(Reinforcement Learning,RL)是目前机器学习中最受关注的方法之一,该方法不需要一个明确的数据集作为输入,只需要为机器学习算法提供一个虚拟环境,并在其中进行自由的探索。

强化学习又称再励学习、评价学习或增强学习,是机器学习的范式和方法论之一,用于描述和解决智能体(Agent)在与环境的交互过程中通过学习策略以达成回报最大化或实现特定目标的问题。强化学习包含4个要素:状态(State)、动作(Action)、策略(Policy)、奖励(Reward)。强化学习基于动物学习、参数扰动自适应控制等理论基础。其基本原理是:如果Agent的某个行为策略导致了环境的正的奖励(强化信号),那么Agent后来的行为策略的趋势将得到加强。Agent的目标是在每个离散状态下寻找最优策略,使期望的报酬最大化。强化学习在机器人领域有着广泛的应用。与障碍物碰撞后,机器人通过传感器接收负面的反馈,从而学会避免冲突。著名的运用实例如由波士顿动力公司研发的"波士顿机械狗"、围棋机器人AlphaGo。

2. 自然语言处理

自然语言处理(Natural Language Processing,NLP)是一门通过建立形式化计算模型来分析、理解和处理自然语言的学科。它也是一门涵盖了语言学、计算机科学、数学、人工智能等领域的交叉学科。自然语言处理是指用计算机对自然语言的形、音、义等信息进行处理,即对字、词、句、篇章的输入、输出、识别、分析、理解、生成等的操作和加工。自然语言处理的具体形式包括机器翻译、文本摘要、文本分类、文本校对、信息提取、语音合成、语音识别等。

---

① 此方法的主旨思想是在标签数据上训练模型,然后使用经过训练的模型来预测无标签数据的标签,从而创建伪标签。此外,将标签数据和新生成的伪标签数据结合起来作为新的训练数据。

② 图卷积网络是一种针对图结构的聚类方法,它跟其他聚类算法的区别在于,其将每个点都看作一个图结构上的点,所以判断两个点是否属于同一类的依据就是,两个点在图结构上是否有边相连,可以是直接相连,也可以是间接相连。举个例子,一个紧凑的子图(如完全图)一定比一个松散的子图更容易聚成一类。

可以说,自然语言处理就是让计算机理解自然语言。自然语言处理机制包括自然语言理解和自然语言生成两个流程。自然语言理解就是让计算机把输入的语言变成有意义的符号和关系,再根据目的进行处理;自然语言生成就是将计算机数据转换成自然语言。实现人与机器之间的信息交互是人工智能、计算机科学和语言学领域共同关注的重要话题。

自然语言的理解和分析是一个层次化的过程,许多语言学家把这一过程分为5个层次,可以更好地体现语言本身的构成,这5个层次分别是语音分析、词法分析、句法分析、语义分析和语用分析,如图3-18所示。

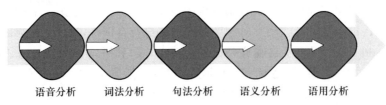

图3-18 自然语言处理的技术层次

2008年至今,受图像识别和语音识别领域成就的启发,人们逐渐开始引入深度学习来进行自然语言处理研究,由最初的词向量到2013年的Word2Vec(Word2Vec是Google在2013年推出的一个NLP工具,它的特点是能够将单词转化为向量来表示,这样就可以定量地去度量词与词之间的关系,挖掘词与词之间的联系),越来越多的研究把深度学习与自然语言处理相结合,并在机器翻译、问答系统、阅读理解等领域取得了一定的成果。深度学习是一个多层的神经网络,具体可分为输入层、隐藏层和输出层,每一层都有对应的神经网络与下一层连接。输入层主要用于获取输入的信息,如黑白照片的像素是黑色的还是白色的,大小主要取决于输入信息的规模;隐藏层主要进行特征提取,调整权重使隐藏层的神经单元对某种模式形成反应;输出层用于对接隐藏层并输出模型结果,调整权重以对不同的隐藏层神经元刺激形成正确的反应,输出的兴奋度即为结果。循环神经网络(Recurrent Neural Networks,RNN)是自然语言处理最常用的方法之一,门控循环单元(Gate Recurrent Unit,GRU)、长短期记忆(Long-Short Term Memory,LSTM)等模型相继引发了新一轮热潮。

自然语言处理的研究可以分为两个部分:基础研究和应用研究。语音和文本是这两类研究的重点。基础研究主要涉及数学、语言学、计算机科学等领域,相应的技术包括歧义消除、语法形式化等。应用研究主要集中在自然语言处理应用的一些领域,如信息检索、机器翻译、文本分类等。此外,随着互联网技术的发展,近年来对智能检索的研究逐渐升温。

3. 计算机视觉

计算机视觉技术利用摄像机和计算机代替人眼对目标进行识别、跟踪、测量、判断和决策,并进一步进行图形处理,使计算机处理的信息图像更适合人眼观察或传输到仪器进行检测。计算机视觉技术是一门综合性的科学和技术,包括计算机科学与工程、神经生理学、物理学、统计学、认知科学、应用数学和信号处理等。它是人工智能的一个重要技术组成,目前在智能安全、自动驾驶、医疗健康、生产制造等领域都发挥了巨大作用。

20世纪60年代初计算机视觉研究兴起。1982年大卫·马尔(David Marr)的《视觉》一书的出版标志着计算机视觉成为一门独立的学科。计算机视觉在40多年的发展过程中主要经历了3个过程:马尔计算视觉、多视几何和分层三维重建、基于学习基础上的视觉。近

10年来,海量数据的不断涌现和计算能力的迅速提高给以非结构化视觉数据为研究对象的计算机视觉带来了巨大的发展机遇,计算机视觉的一些研究成果已经应用于实践,如人脸识别、目标识别与分类、智能视频监控等。

计算机视觉的研究目标是使计算机具有人类视觉能力,理解图像内容和动态场景,使计算机能自动提取图像、视频等视觉数据中所包含的层次语义概念,以及多语义概念之间的时空关联等。计算机视觉的研究内容可分为两部分:物体视觉(Object Vision)和空间视觉(Spatial Vision)。物体视觉在于对物体的精细分类和识别,而空间视觉则在于确定物体的位置和形状,为"动作"服务。正如认知心理学家J. J. 吉布森(J. J. Gibson)所说,视觉的主要功能是"适应外部环境,控制自己的运动"。适应外部环境和控制自己的运动是生物生存的需要。这些功能的实现需要物体视觉和空间视觉相互协调。

计算机视觉又包括很多不同的研究方向,比较基础和热门的方向有目标检测(Object Detection)、语义分割(Semantic Segmentation)、运动和跟踪(Motion & Tracking)、视觉问答(Visual Question & Answering)等。这些技术的发展对我们的社会发展具有重要价值。

4. 智适应学习技术

目前,人工智能教育已经跨过了信息智能阶段,进入感性智能阶段。与此同时,其正在努力进入认知智能阶段。其中,智适应学习技术的发展是人工智能教育领域最具突破性的重要技术之一。智适应学习技术模拟了教师对学生的一对一教学过程,赋予学习系统针对个性化需求进行教学的能力。与传统的教学方式相比,智适应学习系统给学生带来了个性化的学习体验,提高了学生学习的效率。使用智适应学习技术的学习系统可以针对学生的实际学习问题提供个性化的学习解决方案,包括发现学生的知识漏洞,不断评估学生的学习能力水平和知识状态,提供实时动态的学习内容。

智适应学习技术包括知识状态诊断、能力水平评估和学习内容推荐等技术。知识状态诊断技术是指通过少量的试题,在短时间内准确定位学生的知识漏洞。这种技术常用的算法是知识空间理论。能力水平评估技术是指评估学生的知识掌握情况,分析出学生提高学习能力的学习思维和学习方法。该技术常用的算法有项目反应理论和贝叶斯知识跟踪。学习内容推荐技术是指根据学生的学习情况推荐合适的学习内容。该技术常用的算法是机器学习算法,它将所有学生的信息作为输入信息,输出学生下一步需要学习的内容,从而最大限度地提高学习效率。

2010年以后,智适应学习技术发展迅速,强大的计算能力和海量数据为其提供了强大的驱动力,更重要的还有贝叶斯网络算法的应用。学生知识状态的建立是一项高成本的工作,在传统模式下判断学生的知识状态需要对每个知识点提出问题并进行考察分析。机器具有强大的计算能力之后,可以快速模拟学生的知识状态空间,发现学生的知识状态;海量数据也有助于机器学习算法发挥更大的价值。在使用贝叶斯算法后,智适应学习技术能够实时地评估学生当前的学习能力,并及时地调整学习内容,这是一个突破性应用。

(三) 基础层

基础层作为人工智能产业的基础支撑,包括硬件设施、系统平台和数据资源技术支持。硬件设施主要为人工智能应用提供强大的计算支持,包括计算资源,如 GPU、FPGA、ASIC 等加速芯片,网络设备,存储设备,各种传感器设备等;系统平台包括操作系统、云计算平台、大数据平台等;数据资源包括各种各样的数据记录,是人工智能技术(特别是深度学习)快速发展不可或缺的一部分。

三、人工智能的发展状况与未来趋势

(一) 人工智能的发展历史

人工智能的历史最早可以追溯到20世纪40年代。艾伦·图灵(Alan Turing)被称为"计算机科学之父",他在《计算机与智能》一文中提出了一个非常著名的图灵测试,即被测机器是否能够显示与人类相当或无法区分的智能。

人工智能的概念于1956年在美国达特茅斯学院举办的夏季学术研讨会上正式提出。约翰·麦卡锡(John McCarthy)、阿瑟·萨缪尔(Arthur Samuel)和其他学者参加了关于"让机器像人一样认知、思考和学习"的讨论,"人工智能"一词在本次会议上首次使用,因此业界普遍认为1956年是人工智能的元年。在过去的60多年里,人工智能的发展可分为3个阶段(如图3-19所示)。

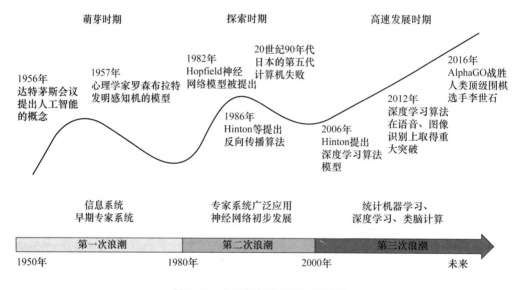

图3-19 人工智能发展的三次浪潮

(资料来源:新华三集团《新华三人工智能发展报告白皮书》)

1. 萌芽时期:基于符号逻辑的推理证明阶段(20世纪50—80年代)

20世纪50—80年代是人工智能的起步阶段,在此期间提出了人工智能的概念,取得了一些突破性的研究成果,如机器定理证明、跳棋程序、LISP编程语言、首个聊天机器人等。在这个阶段,科学家们相信机器可以具备推理功能,并且已经利用机器证明了《数学原理》中的所有(350个)定理。然而在该阶段,机器只能应用于少数领域,解决的问题比较少,不能解决如何将实际问题抽象成符号逻辑的问题,只适用于在少数确定的规则上进行逻辑推理。在人工智能理论和计算机性能尚不完备的早期阶段,人工智能的应用推广显然是不现实的。由于没有达到预期,人们对人工智能的热情急剧下降,但人工智能技术仍在向前推进。

2. 探索时期：基于人工规则的专家系统阶段（20 世纪 80—90 年代）

1977 年左右，人工智能的发展进入了第二阶段——人工规则专家系统阶段。这一阶段主要以专家系统和日本的第五代计算机为代表。专家系统促进了人工智能从理论研究到实际应用，并在医学、气象、地质等领域取得了成功。在这个阶段，专家可以通过手动设置规则或选择特征来解决一些特定的小规模问题，同时会提前创建规则来避免机器无法设置规则的问题。即使这样，人工智能仍然存在一些问题，因为专家无法估计所有规则或构建所需的所有特征和数据。直到 20 世纪末，人工智能的发展一直处于停滞状态。神经网络算法也出现在这一阶段，但由于当时计算机性能的限制，最终也没有得到很好的应用效果。

3. 高速发展时期：大数据驱动的深度神经网络阶段（2000 年至今）

21 世纪至今，人工智能进入了一个新阶段——大数据驱动的深度神经网络阶段。信息技术飞速发展为人工智能的发展提供了技术基础。在这个阶段，人工智能的理论算法也在发展和完善。以机器学习为代表的算法在互联网、工业等领域都取得了良好的应用效果。2006 年，多伦多大学的杰弗里·埃弗里斯特·辛顿（Geoffrey Everest Hinton）教授提出了深度学习的概念，并针对多层神经网络模型的一些问题提出了解决方案。具有代表性的事件发生在 2012 年，Hinton 课题组在参加 Imagenet 图像识别比赛时，以显著领先于竞争对手的成绩获得冠军，使得深度学习的概念在学术界和工业界引起广泛关注。算法、计算能力和大数据的发展共同推动了人工智能在语音识别、图像识别、语言处理等感知智能领域的蓬勃发展。其原理是，它不需要像第二阶段那样手动构建许多规则和特征，深度学习能从标注的大量数据里学习到一些规则和特征。人工智能迎来繁荣期。

在人工智能的 3 个发展阶段中，前两次发展是由科学家推动的，主要是用机器模拟人类智能，虽然在理论上取得了进展，但由于目标不明确、与实际结合不充分，人工智能的发展跌宕起伏。人工智能第三阶段的成功基于实际理论、信息技术以及计算能力的进步，加上企业的大规模投资，这些因素对人工智能的应用起到了催化作用。虽然强人工智能技术的发展方向还存在一些不确定性，尚需要新的理论支撑和技术突破，但是基于大数据的弱人工智能已被广泛应用并赋予各行各业发展动力。

（二）人工智能的发展现状

1. 我国人工智能的发展状况

对于我国来说，人工智能的发展是一个巨大的机遇，对于未来减轻人口老龄化带来的负担，实现可持续发展具有重要意义。1978 年"智能模拟"成为国家计划的一部分，1979 年中国自动化学会模式识别与机器智能专业委员会成立，1982 年中国人工智能学会等学术机构成立。虽然我国人工智能的发展相对较晚，但进入 21 世纪以来，我国不断加大对人工智能相关领域研发项目的支持力度。

2017 年，我国发布了《新一代人工智能发展规划》。其中明确提出，到 2020 年，我国人工智能技术应与国际先进水平接轨；到 2025 年，人工智能将成为推动国内产业创新和经济升级的重要动力；到 2030 年，我国将成为全球人工智能创新中心，实现人工智能产业规模超过 1 万亿元，推动相关产业规模超过 10 万亿元。我国已将人工智能的建设和发展作为国家发展战略之一。在我国，人工智能的研究主要集中在应用技术领域。人工智能是一个学科体系，与其他学科相结合将发挥更大的作用。《中国人工智能指数报告 2020》显示，2020 年，我国有700多家初创公司涉足人工智能领域。当前人工智能的探索主要集中在医疗、图像识别、金融等诸多方面。

2017年后,我国先后出台了《新一代人工智能产业创新重点任务揭榜工作方案》《关于促进人工智能和实体经济深度融合的指导意见》《国家新一代人工智能创新发展试验区建设工作指引》《关于"双一流"建设高校促进学科融合 加快人工智能领域研究生培养的若干意见》等相关政策。表3-4整理了近几年关于人工智能的相关政策。

表3-4 截止到2020年1月关于人工智能的相关政策

时间	政策	内容
2017年7月	《新一代人工智能发展规划》	提出了面向2030年我国新一代人工智能发展的指导思想、战略目标、重点任务和保障措施,部署构筑我国人工智能发展的先发优势,加快建设创新型国家和世界科技强国
2017年12月	《促进新一代人工智能产业发展三年行动计划(2018—2020年)》	提出以信息技术与制造技术深度融合为主线,以新一代人工智能技术的产业化和集成应用为重点,推动人工智能和实体经济深度融合,加快制造强国和网络强国建设
2018年4月	《高等学校人工智能创新行动计划》	提出加强新一代人工智能基础理论研究,支持高校在计算机科学与技术学科设置人工智能学科方向,深入论证并确定人工智能学科内涵,完善人工智能的学科体系,推动人工智能领域一级学科建设
2018年11月	《新一代人工智能产业创新重点任务揭榜工作方案》	开展人工智能揭榜工作,征集并遴选一批掌握关键核心技术、具备较强创新能力的单位集中攻关,重点突破一批技术先进、性能优秀、应用效果好的人工智能标志性产品、平台和服务
2019年3月	《关于促进人工智能和实体经济深度融合的指导意见》	促进人工智能和实体经济深度融合,坚持以市场需求为导向、以产业应用为目标,结合不同行业、不同区域特点,探索创新成果应用转化的路径和方法,构建数据驱动、人机协同、跨界融合、共创分享的智能经济形态
2019年6月	《新一代人工智能治理原则——发展负责任的人工智能》	提出了人工智能治理的框架和行动指南,强调了和谐友好、公平公正、包容共享、尊重隐私、安全可控、共担责任、开放协作、敏捷治理等8条原则
2019年8月	《国家新一代人工智能开放创新平台建设工作指引》	明确新一代人工智能开放创新平台重点由人工智能行业技术领军企业牵头建设,鼓励科研院所、高校参与建设并提供智力和技术支撑
2019年9月	《国家新一代人工智能创新发展试验区建设工作指引》	到2023年,布局建设20个左右试验区,创新一批切实有效的政策工具,形成一批人工智能与经济社会发展深度融合的典型模式,积累一批可复制、可推广的经验做法,打造一批具有重大引领带动作用的人工智能创新高地
2019年11月	《关于促进林业和草原人工智能发展的指导意见》	将人工智能技术与经济林产业深度融合,通过科技创新、优化品种,调整产业结构,建设一流的经济林产业原料基地,形成生产、加工、销售、市场完善的产业体系,推动特色经济林产品高质量发展
2020年1月	《关于"双一流"建设高校促进学科融合 加快人工智能领域研究生培养的若干意见》	依托"双一流"建设,深化人工智能内涵,构建基础理论人才与"人工智能+X"复合型人才并重的培养体系,探索深度融合的学科建设和人才培养新模式,着力提升人工智能领域研究生培养水平

在应用方面,中国科学技术大学智能机器人"佳佳"和阿里的智能客户服务机器人小蜜是人工智能的典型代表。人工智能在国内的市场非常广阔,随着人工智能与不同行业的进一步融合,许多类型的产品还将在后期衍生出来,以开发更多样化的应用。我国弱人工智能应用广泛,但其关键技术和基础理论相对薄弱。人工智能与产业紧密结合,这不仅需要人工智能应用与市场的结合,还需要基础数据和平台技术的突破。人工智能为我国创造了更多的发展机遇,同时也带来了一些挑战,如伦理和信任问题,这些挑战将演变为人工智能发展的研究热点。

2. 国外人工智能的发展现状

经济发展水平较高的西方国家为了提升竞争力,都开始对人工智能进行战略布局。与此同时,各国政府也在积极加快人工智能相关产业的发展进程,许多国家相继进入人工智能研究领域,并不断加大对该领域的投入。根据相关研究,美国和欧盟对人工智能的研究对其他国家产生了较大的影响。在人工智能生态系统建设方面,美国发展得比较成熟,目前有谷歌和微软等人工智能企业。2013年以来,美国制订了许多有利于人工智能发展的计划,并在2016年进一步加大了这方面的研发力度,以加快人工智能的发展进程。同年,美国政府还先后发布了《时刻准备着:为了人工智能的未来》等多份报告,以促进人工智能产业的健康发展。其中,美国政府是以公共投资的形式为人工智能提供一个明确的发展方向。2013年,美国在先进制造业投资22亿美元,国家机器人计划是其中关键的一方面。在整个行业的部署方面,美国人工智能行业在各个级别的部署中都处于领先地位,尤其是在算法和数据等关键领域,并且在技术上具有强大的创新优势。各层级的公司数量也居世界领先地位。欧盟于2020年2月发布《人工智能白皮书》,力促人工智能产业发展。在过去3年里,欧盟用于人工智能研究和创新的资金增至15亿欧元,同比增长70%。欧盟近期还提出了一项重大的专项拨款,用于支持在"数字欧洲"计划下的人工智能研究项目。欧盟希望未来10年每年吸引超过200亿欧元的投资用于人工智能领域。

法国2018年5月出台"法国人工智能战略",从政策层面力促研究机构将人工智能研发成果商业化。法国政府计划在2022年年底前投入15亿欧元用于人工智能产业的发展。仅2019年,法国新注册的人工智能企业就达102家。

2019年12月,韩国政府发布"人工智能国家战略",提出9个领域100个课题,计划2030年时将韩国在人工智能领域的竞争力提升至世界前列。韩国政府力争到2021年成功打造人工智能开发平台、全面开放公共数据,到2024年建立光州人工智能园区,到2029年为新一代存算一体人工智能芯片研发投入约1万亿韩元。

2019年6月,日本政府出台"人工智能战略2019",旨在从全球范围内吸引人才,增强本国人工智能产业竞争力。同年12月,东京大学和软银公司签署协议,宣布将共同打造世界顶尖的人工智能研究所,致力于开展人工智能的基础研究和应用研究。软银将在今后10年投资200亿日元用于相关研究,促进日本人工智能研究及相关产业发展。

(三) 人工智能的未来发展趋势

1. 自动机器学习的自动化程度与可解释性得到进一步提升

目前,自动机器学习已初步实现了许多领域机器学习方法的自动设计过程,但仍存在自动化程度不够、可解释性差的问题。例如,在某些应用领域,神经网络结构搜索已达到与人类机器学习专家相当的水平,然而现有的神经网络结构搜索方法实际上需要在人工设计的神经网络基础结构之上进行。此外,自动学习机器的自动化过程通常被视为一个"黑箱",缺乏可解释性。

在未来,自动机器学习的自动化程度和可解释性仍然是研究热点。通过提高自动机器学习中超参数选择、特征表示、机器学习算法的确定性,以及神经网络结构搜索的自动化程度和可解释性,自动机器学习将实现机器学习中各个环节的真正自动化设计过程。自动机器学习整体架构的逐步完善将推动新一代通用自动机器学习平台的创立,从而促进机器学习的普及。

2. 多模态融合加速 AI 认知升维

深度学习在人工智能的许多细分领域(如计算机视觉、自然语言处理等)变得越来越成熟。然而,为了真正实现通用人工智能,必须整合和利用这些细分领域各自所针对的信息模态,即多模态融合。多模态融合的目的是在图像、文本和语音的多模态信息识别的基础上,实现不同模态信息的统一表示框架,从而发挥更大的价值和作用。其中一个典型场景是图形融合通过图文语音联合识别,实现对晦涩暗示性、非法广告、儿童不良表情包等内容的判断,为审核业务提供支持,打击不良内容。除了图形融合等跨域模态融合外,还可以融合同领域中的不同维度信息。例如,随着深度生成技术的进步,当前的人脸识别需要在传统 RGB 地图的基础上融合深度图、红外图等信息,以便更好地抵御越来越多样化的人脸伪造攻击,增强人脸防御能力。

随着人工智能认知能力的提升,多模态融合也将会从图文等实质性模态逐渐拓展到如物理关系、逻辑推断、因果分析等知识性模态,从感知智能转变为认知智能。目前,人工智能以芯片和深度学习算法框架为基础,依靠大数据驱动。虽然在感知智能方面取得了成就,但也存在一些问题,如深度学习算法严重依赖海量数据,泛化能力弱,过程无法解释等。与此同时,随着摩尔定律的失效,支持人工智能发展的硬件性能的指数增长将无法持续。因此,依靠深度学习的人工智能发展将遇到瓶颈。以迁移学习和类脑学习为代表的认知智能研究正变得越来越重要。追求人工智能的普遍性,提高人工智能的泛化能力已成为未来人工智能的发展目标之一。

未来,人工智能核心芯片的结构将更接近人脑的神经结构,并获得神经计算能力。在不断融合最新的人工智能技术后,定制的人工智能核心芯片将逐步变为通用的人工智能核心芯片。这不仅提高了其自学习能力,还可以实现不同 AI 技术在不同任务上的加速计算,从而促进 AI 核心芯片的真正运用。

3. 人工智能推动数字内容生成向新范式演进

随着数字文化产业的快速发展,尤其是二次元文化的渗透,数字内容产业迎来新一轮的需求升级。随着 5G 商业化的深入,多样化、高质量的数字内容将面临更快的消费节奏。与此同时,在供给侧仍存在生产产能不足的问题,数字内容产业正处于从劳动密集型向科技密集型转型的阶段。

人工智能与数字内容产业的深度融合有望为该产业释放出更大的科技潜力。以 GPT-3 和 DALL-E 为代表的人工智能技术在生成文本、语音、图像、视频和其他内容方面都取得了丰硕的成果。然而,其在准确性、通用性和合理性方面仍然面临挑战。一方面,当前的前沿研究希望从模型结构(自动搜索等)和训练形式(无监督比较学习等)上提高准确性效果;另一方面,引入知识图谱的领域知识,将常识和其他指定领域的知识引入机器,从而提高常识推理的效果。随着技术的不断升级和演进,人工智能将逐步发挥其在数字内容生成领域的巨大影响力,在内容、平台和技术的共同引导下构建数字内容生成的新范式。

4. 边缘计算与人工智能加速融合

近年来,随着深度学习算法的快速发展,计算机视觉、自然语言处理、搜索推荐广告等各个领域的任务性能都在不断更新。同时,随着边缘智能设备的普遍应用和硬件的发展进步,基于深度学习基础上的人工智能技术在边缘端实现成为可能。

然而,在边缘部署深度学习模型非常困难。主要的挑战是,像边缘端这样的智能设备在计算、存储和功耗方面都有很大的局限性。因此,边缘端模型必须满足低计算复杂度、小模型尺寸和低模型功耗的要求。根据边缘硬件的 CPU 类型设计特定的网络稀疏模式以及适合不同硬件的模型压缩和优化加速技术是未来的研究热点。另外,基于自动化的量化方法在理论性能上有数百倍的提高空间,因此也是未来的研究热点。

5. 人工智能的社会属性日益凸显,面临安全风险与社会治理新挑战

随着人工智能技术在各行各业的广泛应用,目前面临的最大挑战是国家安全和个人隐私安全问题。根据美国兰德公司发布的报告,人工智能可能成为新的战略威胁力量以及颠覆核威慑战略的基础。自动驾驶汽车、智能机器人等也可能被黑客入侵,从为人类服务的工具变成威胁人类社会安全的杀人机器。智能金融系统中高频交易与量化交易的偏差可能会影响金融和经济安全。黑客对智能系统的攻击可能危及个人隐私安全、生命财产安全和社会稳定。

人工智能带来的最直接的影响是对就业结构的冲击。大多数简单、重复和危险的工作将被人工智能取代,新的就业形态将陆续出现。根据世界经济论坛的研究,未来 5 年将有 7 500 万个工作岗位被人工智能取代,同时将催生出 1.33 亿个新工作岗位,净增加 5 800 万个工作岗位。但这也对劳动者的素质和能力提出了更高的要求,可能进一步导致新的社会分化。

另外,人工智能带来的挑战还体现在社会道德方面。智能手机和智能娱乐的不断发展,虚拟现实和增强现实技术的普及和广泛应用,人工智能助理、情感陪伴机器人和人机混合体的出现,可能会对传统的人际关系、家庭观念与道德观念造成深远的影响。

第五节 物 联 网

一、物联网的概念与特征

(一)物联网的概念

物联网(Internet of Things,IoT)是在现有各种网络基础上,通过各种传感设备传输业务信息的网络。

目前,物联网没有统一的定义。2008 年 5 月,欧洲智能系统集成技术平台将物联网定义为：由具有标识、虚拟个体的物体或对象所组成的网络，这些标识和个体运行在智能空间，使用智慧的接口与用户、社会和环境的上下文进行连接和通信。

2009年9月，欧盟第七框架RFID和互联网项目组报告提出物联网是未来互联网的整合部分，它是以标准、互通的通信协议为基础，具有自我能力的全球性动态网络设施，在这个网络中，所有实质和虚拟的物品都有特定的编码和特性，通过智能界面无缝连接，实现信息共享。

2010年3月，我国政府工作报告所附注释中物联网的定义为：物联网是通过信息传感设备，按照约定的协议，把任何物品与互联网连接起来，进行信息交换和通信，以实现智能化识别、定位、跟踪、监控和管理的一种网络。其是在互联网基础上延伸和扩展的网络。

2014年，SWG5等物联网特别工作组认为物联网是一个将物体、人、系统和信息资源与智能服务相互连接的基础设施，可以利用其来处理物理世界和虚拟世界的信息并做出反应。

目前广泛采用的物联网定义是：物联网是通过各种各样的信息传感技术和设备，如二维码、无线射频识别（Radio Frequency Identification，RFID）、红外感应器、全球定位系统（Global Position System，GPS）、激光扫描器等，根据商定的协议，将任何物体与互联网连接起来进行信息交换和通信，以实现智能识别、定位、跟踪、监控和管理的网络。

从以上定义中不难看出，物联网的最终目的就是将自然空间中的所有物体通过网络连接起来，构建一个虚拟的、数字化的现实物理空间。

（二）物联网的特征

物联网的基本特征是网络化、综合感知、可传递性、智能处理和决策。

1. 网络化

网络化是物联网的基础，要感知物体，必须形成网络状态。不管是何种形态的网络，最终都必须与互联网连接，这样才能形成真正意义上的物联网（泛在物联网）。目前的所谓物联网，从网络形态来看，多数是专网、局域网，只能算是物联网的雏形。

2. 综合感知

物联网使用各种信息传感技术和设备，如二维码、射频识别和红外传感器，随时随地获取信息。物联网离不开这些设备，就像人们离不开视觉、听觉和嗅觉一样。从感知的角度来看，它不仅体现在对单个现象或目标的数据采集和协同处理上，还体现在对现实世界中各种物理现象的一般感知上，从而达到控制和指挥的目的。

3. 可传递性

物联网是多种网络以及多种接入和应用技术的集成，包括互联网、电信网等公共网络，还包括电网和交通网等专用网络，这些网络建立起物联网内实体间的广泛互联，准确传递物体信息。

4. 智能处理和决策

"智能"是指个体对客观事物进行合理分析、判断以及有目的地行动和有效地处理周围环境事宜的综合能力。物联网中从感知到传输到决策应用的信息流广泛体现出物联网中大量的物体和物体之间的关联和互动，并最终为控制提供支持，形成感知、传输、决策、控制的开放式循环。而相比于互联网，物联网最突出的特征是实现了非计算设备间的点点互联、物物互联。

二、物联网的体系架构与关键技术

如图 3-20 所示,物联网的体系架构分为 4 层,从下至上依次为感知识别层、网络传输层、平台服务层、综合应用层。

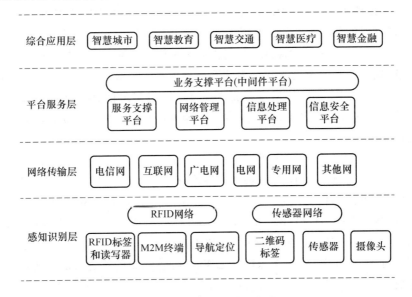

图 3-20 物联网的体系架构

(一) 感知识别层

感知识别层位于物联网四层架构中的最底层,是实现物联网全面感知的基础,也是信息采集的关键部分。作为物联网的核心技术,其功能是"感知",它解决的是从人类世界和物理世界(包括各种物理量、标签、音视频等)获取数据的问题。感知识别层的主要工作是识别物体,收集数据和控制设备,通过各种类型的传感器对实际或虚拟物体的物质属性、环境状态、物理相关信息进行大规模、分布式的信息采集、状态辨别,然后根据具体感知任务,建立数据库实时计算和评估数据的有效性和可靠性,并进行资源共享,与网络中其他单位的信息进行交互和传输,有的设备还可通过执行器对感知结果做出反馈,以便对整个过程进行智能控制,实现有效的信息感知。

感知识别层的基础技术设备经过多年的不断发展,应用相对成熟,除了通信、信息处理、传感器、网络、安全、标示、服务技术、定位等传统领域应用,还涉及协同处理等新技术。感知识别层包含的技术范围较广,覆盖的行业范围较宽。该层的主要技术包括传感器技术、射频识别技术、二维码技术、网络传输技术等。

1. 传感器技术

传感器是获取信息的关键设备。传感器是一种能够将特定物理量(如声、温度、压力、湿度、光、速度、气体的存在、灰尘颗粒的存在等)采集并转换为计算机系统能识别的信息形式以检测、测量或指示它们的装置。当传感器感测并发送信息时,执行器被激活并开始工作。执行器接收信号并设置其所需动作,以便在环境中采取行动。

智能传感器是一种能够独立感知、采集、判断、分析和处理外部环境信息的智能化装置。智能传感器具有信息采集、处理、传输和存储的多元集成电路,具备自学习、自诊断和自补偿的能力,以及感知融合和灵活交流的能力。典型的智能传感器有光传感器、湿度传感器、温度传感器、压力传感器等。

2. 射频识别技术

作为一种自动识别技术,RFID 在 20 世纪 90 年代兴起。RFID 不仅可以被看作一种设备识别技术,还可以被归类为短距离传输技术。它是物联网中一项非常重要的技术,可以让物体"开口说话"。在"物联网"的构想中,每件东西都配有一张 RFID 标签。RFID 标签存储"事物"的信息,这些信息通过无线数据通信网络被采集到超级计算机系统中,从而使物联网实现对物品的识别。然后物联网通过开放式计算机网络实现信息交互和共享,从而对物品进行管理和控制。这为物联网提供了一个特性,即可追溯性。换句话说,人们可以随时掌握物体的准确位置。

自动识别技术是一个简单的无线系统,它由一个阅读器和许多标签(应答器)组成。每个 RFID 芯片都有一个唯一的代码;RFID 标签连接到物品后,需要在系统服务器中建立与 RFID 代码相对应物品的相关信息。用户可以使用阅读器向标签发送电磁信号,实现与标签的通信,而后标签中的 RFID 代码被传输回阅读器。阅读器与系统服务器对话,根据代码查询物品相关信息。RFID 标签可分为有源和无源两种。当有源标签工作时,标签与阅读器之间的距离可达 10 m 以上;当无源标签工作时,标签和阅读器之间的距离约为 1 m,成本比有源标签更低。

3. 二维码技术

二维码技术使用构成计算机内部逻辑基础的"0"和"1"比特流的概念,并使用与二进制对应的多个相应几何体来表示数字信息。二维码相当于物联网中物的身份证。它在二维空间中水平方向和垂直方向存储信息。其优点是信息容量大,解码可靠性高,纠错能力强,生产成本低,保密效果好,防伪性能强。即使某个部件被损坏到一定程度,被损坏的信息也可以通过其他位置的纠错码恢复。

4. 网络传输技术

传感器的网络传输技术可为物联网数据提供传送通道,而如何在现有网络上进行增强,适应物联网业务需求(低数据率、低移动性等),是物联网研究的重点。传感器网络的通信技术分为近距离通信技术和广域网通信技术两类。ZigBee 和蓝牙是感知识别层应用较为广泛的无线传输技术。

蓝牙采用高速跳频和时分多址等先进技术,支持点对点及点对多点通信。其传输频段为全球公共通用的 2.4 GHz 频段,能提供 1 Mbit/s 的传输速率和 10 m 的传输距离。它除了具有全球通用、功耗低、成本低、抗干扰能力强等特点外,可实时传输语音和数据、建立临时局域网等。我们日常生活中所使用的手机、笔记本计算机已普遍具备了蓝牙技术。

ZigBee 具有距离短、功耗低的显著优势。同时,它是介于无线标签技术和蓝牙技术之间的一种技术。ZigBee 采用分组交换和跳频技术,可使用 3 个频段,即 2.4 GHz 公共通用频段、欧洲 868 MHz 频段和美国 915 MHz 频段。其主要用于距离短、数据传输速率低的各种电子设备。与蓝牙相比,它更简单,具有更低的功耗和更低的成本。因此,ZigBee 适合承载低速率、小通信范围和小数据量的业务。

（二）网络传输层

物联网作为一种网络，其发展是以其他网络的发展为基础的，特别是三网融合（广电网、电信网、互联网），以及通信网、卫星网、产业专网。网络传输层通过基本承载网络将各种信息从感知识别层传输到综合应用层。它是感知识别层与上层之间的纽带，与人类的神经系统一样，可以确保感知识别层获得的信息无障碍、可靠和安全地处理和传输。同时它还为上层提供了信息存储、查询和网络管理等附加的服务。

这一层融合了目前已完成和正在建立的各种信息通信网络、物联渠道网络、有线无线网络等承载网络，以及融合了 4G、5G 通信技术和终端技术等演进技术。物联网网络传输层的主要技术包括无线传感器网络技术、互联网技术、移动通信网技术等。经过 10 余年的快速发展，这些技术已基本满足物联网数据传输的需要。

互联网技术也就是我们常见的 Internet 技术，它是一种将世界各地不同结构的计算机网络用各种传输介质连接成网络的技术。移动通信是指至少一个通信方在移动状态下交换信息。其包括移动用户之间的通信和固定用户与移动用户之间的通信。

无线传感器网络主要由节点、网关和软件 3 部分组成。空间分布的测量节点通过与传感器连接来监测周围环境。监控数据通过无线方式发送至网关，网关可与有线系统连接，以便使用软件采集、处理、分析和显示数据。路由器是一种特殊的测量节点，人们可以使用它来扩展无线传感器网络中的距离并提高可靠性。

（三）平台服务层

平台服务层为上层行业的应用提供了智能的支持平台。在各种海量存储和智能处理技术的支持下，平台服务层负责高效可靠地整合大规模数据，根据不同的业务需求对网络传输层传输的数据进行计算、分析、处理和挖掘，并反馈处理后的信息以实现实时更新，使物联网的各个环节更加连续和智能化。此外，平台服务层还需要解决信息安全和隐私保护问题。随着各种终端智能设备深刻影响着人们的生产和生活，如何保证数据不被破坏、不被泄露地使用已成为物联网面临的重大挑战。平台服务层的功能由各种可重复使用、实时更新的信息数据库和应用服务资源实现。其核心技术为大数据处理技术，具体包括云计算、物联网中间件、物联网安全技术等。

1. 云计算

云计算（Cloud Computing）通过共享基础资源（硬件、平台、软件）的方法，将巨大的系统池连接在一起以提供各种 IT 服务，这样企业与个人用户无须再投入昂贵的硬件购置成本，只需要通过互联网来租赁计算力等资源。云计算意味着计算能力也可以作为一种商品进行流通，就像煤气、水、电一样，取用方便，费用低廉。用户可以在多种场合，利用各类终端，通过互联网接入云计算平台来共享资源。

2. 物联网中间件

物联网中间件是物联网应用中的关键软件组件。它是连接相关硬件设备和业务应用的桥梁。其主要功能包括屏蔽异构性、实现互操作和数据预处理。

（1）屏蔽异构性

异构性表现为计算机软硬件之间的异构性，包括不同的 CPU、指令集、硬件结构、驱动程序,不同操作系统的 API 和开发环境,不同的存储和访问格式的数据库等。异构性产生的原因主要来自市场竞争、技术升级和投资保护的需要。物联网的异构性主要体现在两个方面:一方面,在物联网的底层有很多种信息采集设备,如传感器、RFID、二维码等,这些信息采集设备及其网关具有不同的硬件结构、操作系统和驱动程序;另一方面,不同设备采集的数据格式也不同。这就要求中间件要将所有这些数据格式进行转换,以便应用系统能够直接处理这些数据。

(2) 实现互操作

在物联网中,同一个信息采集设备采集的信息可以提供给多个应用系统,不同应用系统之间的数据也需要共享和互联。然而,由于异构性,不同应用系统生成的数据结果十分依靠计算环境,这使得在不同软件或不同平台之间进行转移变得非常困难。此外,由于不同的网络协议和通信机制,这些系统不能有效地相互集成。但是,可以通过中间件建立一个通用的平台,实现应用系统与各应用平台之间的互操作。

(3) 数据预处理

物联网的感知识别层收集大量信息。如果这些信息直接传输到应用系统,应用系统将面临沉重的负担,甚至有崩溃的风险。此外,应用系统需要的不是这些原始数据,而是有意义的综合信息。这就需要中间件平台过滤这些海量信息,选取有意义的信息,并将它们传输到应用系统。

3. 物联网安全技术

互联网技术的革命将人类带入了虚拟世界。物联网的革命将虚拟世界载入现实世界。虚拟和现实之间的界限变得更加模糊,人们与物理世界的互动方式也完全改变了。万物互联应用场景给医疗、交通、制造等传统领域带来了巨大的利益,同时也产生了许多安全问题。无论是信息泄露、系统损坏还是外部侵入,都会产生严重的后果。近年来,物联网攻击的频率和范围大幅增加,反映出物联网领域存在严重的安全风险,产品缺乏安全机制和防护措施。物联网属于一个新兴的技术产业,几乎没有同步配置保护能力,这影响了物联网的整体安全性和可靠性。同时,物联网终端设备和应用的多样化给物联网服务带来了更多的安全不确定性。

在万物互联的环境中,大量物联网终端对数据的高并发访问、生成和处理是对网络和平台安全的巨大挑战。运营商网络为海量数据提供了高度安全的通信保障,云端和物联网平台为丰富的物联网应用提供了支撑平台。但这些受支持的系统和应用程序可能成为潜在的恶意攻击目标。同时,物联网与云计算的结合也给端到端的安全运维提出了更大的挑战。

因此,基于物联网受到的安全威胁和具体安全需求,有必要建立一个全局视角和系统的安全架构,涵盖云端、平台、数据安全、隐私保护、安全控制和运维等多方面,构筑多条物联网安全防线,实现垂直纵深防御。

"3T+1M"是以物联网终端防御技术族(T)、物联网网络保障技术族(T)、物联网平台保护技术族(T)、物联网安全运维和管理(1M)为组成部分的安全架构,它注重云端、管道、平台等安全功能的组合与协调,借助于运营商通信网络的安全保障能力优势,提供感知和分析物联网整体安全态势的能力,以此满足国家法律法规以及行业标准等合规要求。

(四) 综合应用层

综合应用层是物联网的顶层,包括各种应用子集成,通过各种人机交互界面为终端用户提供服务,从而实现对物理世界的实时控制、精确管理和科学决策,完成了从传统互联网时代的人围绕计算机工作到物联网时代的计算机为人类服务的模式转变。随着科技的发展,物联网在交通、医疗、能源、建筑等领域的应用取得了丰厚的成果。未来的物联网将把现有的各种产业应用融合起来,成为新兴的跨领域产业。同时,物联网在金融领域的应用前景也十分广阔。物联网在金融领域提供了多样化的实际应用场景,为金融业的高度自动化提供了应用方案。下面对一些经典的物联网应用场景进行介绍。

1. 智慧城市

智慧城市主要是把人工智能、大数据、物联网等新兴技术应用于城市建设的各个领域,改善城市风貌,提升城市质量,推动更便捷、更智能的城市管理,并进一步提高城市管理水平和管理效率,提高城市居民的满意度和幸福感。例如,通过城市各个角落的人脸识别系统和电子政务系统,警方在追踪罪犯时,可以根据罪犯的外貌、姓名、身高、体重等个人特征,快速定位到罪犯最近一段时间的位置,为抓捕行动提供快速准确的信息支持。

2. 智慧教育

物联网技术在教育领域的应用可以为各级教师提供高效、优质的网络教学工具和教案管理系统,实现云端备课、实时互动、智能评估和个性化教学等丰富的教学功能,有助于提高教学质量和学习效率。尤其是在疫情防控期间,在线学习不仅满足了学生的学习进度要求,而且对保护师生身体健康安全起到了一定的作用。同时,智能教育系统配合先进的设计理念,可以自动收集和统计学生在不同阶段的学习成绩,系统性、针对性地分析和统计学生的学习状况和老师的教学效果,教师可从中不断总结经验教训,提高教学效率。物联网技术还可以为智能安全校园提供强大的技术支持,如在校园各个角落增加高清晰的远红外设备,实现对整个校园全方位、无死角的管控。

3. 智慧交通

物联网技术在交通领域的应用可大大缓解和改善大中城市中交通拥堵的问题,进一步提高运输效率,提高交通安全性,也有助于减少车辆污染,改善大气环境,提高居民出行舒适度。例如,利用物联网技术,我们可以实时获取周边路况和停车位等信息,并对车辆进行定位,从而实时引导车辆优化行程,为出行、停车提供帮助。交通管理部门可以通过物联网技术实时获得车辆违法信息,从而进一步提高交通违法行为认定的准确性。

4. 智慧医疗

在大数据、区块链、物联网等先进技术的帮助下,我们可以更加清晰、更加直观、更加准确和更加智能地检查疾病、分析病例、生成和分享报告。同时,还可以实现对患者健康的实时监控和医疗资源的实时追踪,从而进一步提升医院的服务效率与服务质量。医院信息化综合管理水平的提升也有助于降低公共医疗成本。例如,在医院新生儿管理方面,防拆卸的物联网婴儿脚环可实现高清监控、实时定位、准确用药、防盗预警等功能。同时,母亲也可以通过 App 实现母婴配对功能。如果母婴距离超过设定的安全距离,手机会自动报警。

5. 智慧金融

未来,物联网将与金融业深度融合,一方面推动金融业客观感知实体经济的全过程,助力金融脱实向虚,回归本源,服务于实体经济发展;另一方面利用构建起来的客观信用体系,应对信息不对称问题,提高金融风险防控能力,切实解决实体经济融资难的问题。此外,还能借助于物联网的智能识别技术和大数据分析技术,开启智能感知支付,有效提高金融支付业务的效率和安全性,打造智慧型金融。物联网金融将推动金融服务行业转型,实现物流、资金流和信息流的三流合一,构建起更加客观、可信、柔性、安全的金融体系。

三、物联网的发展状况与未来趋势

(一) 物联网的发展历程

物联网的发展经过了萌芽期、初步发展期和高速发展期3个阶段。

1. 萌芽期(1982—2004年)

物联网的出现最早可以追溯到1982年,卡内基·梅隆大学的程序员发明了一台可以在线销售可口可乐的自动售货机。这位程序员通过操作将自动售货机连接到互联网上。这种联网技术使人们在前往自动售货机购买饮料时,能够提前检查自动售货机中是否有饮料。这台自动售货机通常被认为是最早的物联网设备。最早的物联网概念是美国麻省理工学院的凯文·阿什顿(Kevin Ashton)教授在1991年提出的。比尔·盖茨(Bill Gates)于1995年在《未来之路》一书中曾提出物物互联共享的概念,但当时未能引起广泛关注。而人们对物联网的广泛关注源于1999年美国麻省理工学院提出的物联网的定义。它对物联网的定义为把所有物品通过RFID和条码等信息传感设备与互联网连接起来,实现了智能化识别和网络管理。2003年,网络传感技术被美国的《技术评论》列为改变未来生活的十大技术之首。2004年,物联网这个词语开始广泛地出现在各种书中或媒体上。

2. 初步发展期(2005—2008年)

第二个发展阶段称为初步发展期,是2005—2008年。国际电信联盟(International Telecommunications Union,ITU)在2005年的11月17日发布了《ITU互联网报告2005:物联网》。其指出无所不在的物联网通信时代即将到来,世界上所有的物体都可以通过因特网进行交换。其中,射频识别技术、纳米技术、智能嵌入技术和传感器技术都得到了更加广泛的应用。这就是物联网进入初步发展阶段的标志,物联网的概念也日益深入人心。2007年,第一部iPhone手机问世,为消费者提供了与世界联网设备互动的全新方式。2008年,第一届国际物联网大会在瑞士的苏黎世成功举办。

3. 高速发展期(2009年至今)

2009年1月28日,奥巴马就任美国总统后,与美国商界领袖举行了"圆桌会议"。作为代表之一,IBM首席执行官彭明盛(Sam Palmisano)首先提出了"智慧地球"的概念,并建议新政府投资新一代智能基础设施。那一年,美国将新能源和物联网列为振兴经济的国家发展战略。2009年6月,欧盟执行委员会发布了《欧洲物联网行动计划》,建议加强物联网管理,促进物联网行业发展。

2009年8月,时任国务院总理温家宝在视察中国科学院无锡物联网产业研究所时,也对物联网的应用提出了看法和要求。自"感知中国"被提出以来,物联网被正式列为国家五大新兴战略产业之一,并写入政府工作报告。物联网在中国引起了全社会的高度关注。中国科学院、运营商和许多高校也都在无锡成立了物联网研究所。中国正式对物联网产业开始进行战略部署。美国、欧盟和中国在物联网产业的部署计划标志着物联网进入了快速发展时期。2010年,中国把物联网技术列为长期发展的一部分,并把物联网列为关键技术。

2013年,谷歌发明了谷歌眼镜,这是物联网和可穿戴相结合领域的巨大进步。2015年,欧盟成立了物联网创新联盟。2016年6月,3GPP RAN第72次全体会议在韩国釜山成功举行。会议上通过了3GPP协议的相关内容,标志着窄带物联网(Narrow Band Internet of Things,NB-IoT)标准核心协议的研究已经完成,NB-IoT即将大规模投入商用领域。NB-IoT是IoT领域的一个新兴技术,支持低功耗设备在广域网的蜂窝数据连接,也被叫作低功耗广域网。NB-IoT支持待机时间长、对网络连接要求较高的设备的高效连接,同时还能提供非常全面的室内蜂窝数据连接覆盖。2018年6月,3GPP全体会议通过了冻结第五代移动通信技术标准(5G NR)的独立组网功能,5G已完成第一阶段全功能标准化,进入产业全面发展的新阶段。

现阶段物联网的主要特点如下。

① 平台服务。利用物联网平台,可以打破垂直产业的"应用孤岛",推动大规模开环应用发展,创造新的业务形态,实现服务增值。同时,通过平台的数据聚合,挖掘平台上物联网的数据价值,可以开发出新的应用类型和应用模式。

② 无处不在的连接。广域网和短程通信技术的持续应用,促使更多的传感器设备接入网络,为物联网提供大规模的连接,实现了物联网的实时数据传输和动态处理。

③ 智能终端。一方面,传感器等底层设备正朝着智能化方向发展;另一方面,引入物联网操作系统等软件,降低了底层异构硬件开发的难度,支持不同设备间的本地化协作,实现了多种应用场景的灵活配置。

(二)物联网的发展现状

1. 国际物联网的发展现状

目前全球物联网仍保持高速增长态势。IDC统计数据显示,2015—2017年,全球物联网市场规模从0.61万亿美元增长到0.9万亿美元,2019年达到1.26万亿美元。中国信息通信研究院发布的《物联网白皮书》报告数据显示,2019年,全球物联网连接总数达到了120亿。预计到2025年,全球物联网连接总数将达到246亿,如表3-5所示。2019年,全球物联网收入为3430亿美元,预计到2025年将增至1.1万亿美元,年复合增长率达到21.4%。

表3-5 主流咨询公司对物联网连接数的预测

	2019年连接数	2025年连接数
爱立信	107亿	246亿
全球移动通信系统协会	120亿	246亿
IoT Analytics	83亿	215亿
Machina Research	107亿	251亿

注:资料来源于中国信息通信研究院。

在政府政策层面,世界各国高度重视物联网发展带来的产业机遇。其中,美国发布的以物联网应用为核心的"智能地球"计划、欧盟发布的"十四点行动计划"、韩国的"IT839战略"

和"u-Korea"战略、新加坡的"下一代 i-Hub"计划、日本的"u-Japan 计划"均将物联网作为国家发展战略。资本市场也十分看好物联网的发展前景，对物联网相关公司的投资持续增加。自 2012 年以来，物联网领域的初创企业融资已达到 1 260 亿美元。现如今，物联网行业相关投资快速增长，成为最热门的投资领域之一。

在产业层面，产业巨头纷纷制定物联网发展战略，通过兼并、收购、合作等方式，迅速对产业链的关键产业和关键环节进行布局，把握住物联网未来发展的战略机遇。2015 年 5 月，华为发布物联网"1＋2＋1"发展战略；同年 10 月，微软正式发布物联网套件 Azure IoT Suite，帮助企业简化云上物联网应用的安装和管理；2016 年 3 月，思科以 14 亿美元收购了购物平台提供商 Jasper，并成立了物联网部门；2016 年 7 月，软银以 322 亿美元收购了 ARM 公司，这表明其对在物联网时代发展的 ARM 前景感到乐观。2016 年 12 月，谷歌公布了物联网操作系统 Android Things 的开发者预览版。截至 2021 年 3 月 31 日，涂鸦智能的物联网开发平台累计有超过 32.4 万注册开发者，每日语音智能交互超 1.22 亿次，设备请求次数为 840 亿次，Powered by Tuya 赋能超 31 万设备最小存货单位（Stock Keeping Unit，SKU），产品和服务覆盖超过 220 个国家和地区，辐射全球超 10 万个线上和线下销售渠道。此外，亚马逊、苹果、英特尔、高通、IBM、腾讯、阿里、AT&T、百度、SAP、GE 等全球知名公司都从不同的板块中使用了物联网技术。大规模产业发展的条件正在迅速形成。未来两年将成为物联网产业生态发展的关键时期。

2. 国内物联网的发展现状

中国信息通信研究院发布的《物联网白皮书》显示，中国占全球物联网连接数的 30%。2019 年，我国拥有 36.3 亿个互联网连接数，其中移动物联网连接数从 2018 年的 6.71 亿增加到 2019 年年底的 10.3 亿，预计到 2025 年，我国物联网连接数将达到 81 亿，年复合增长率为 14.1%。2020 年，我国物联网产业规模超过 17 亿元，物联网整体产业规模在"十三五"期间保持年均 20% 的增长速度。

从表 3-6 所列政策可以看出，自 2009 年被列为五大新兴战略产业之一以来，物联网相关行业标准不断发展。2017 年 1 月，工业和信息化部发布《物联网发展规划（2016—2020 年）》，提出到 2020 年，具有国际竞争力的物联网体系将基本形成，包括感知生产、网络传输、智能信息服务等在内的产业总体规模将超过 1.5 万亿元，智能信息服务比重将大幅提升。随着物联网研发水平和创新能力的明显提高，与产业发展相适应的标准体系更加完善，泛在安全的物联网体系基本成型。2019 年以来，我国加快物联网环境优化，推进 IPv6、5G 等网络建设，推动物联网进入实质性的快速发展阶段。2019 年 4 月，工业和信息化部发布《工业和信息化部关于开展 2019 年 IPv6 网络就绪专项行动的通知》，推动 IPv6 在所有网络链路上的部署和应用，为物联网等业务预留空间，提升数据容量。

表 3-6　2017—2019 年 10 月国家层面物联网政策汇总

时间	发布单位	政策名称	政策内容
2017 年 11 月	国务院	《国务院关于深化"互联网＋先进制造业"发展工业互联网的指导意见》	到 2025 年，基本形成具备国际竞争力的基础设施和产业体系，覆盖各地区、各行业的工业互联网网络基础设施基本建成，工业互联网标识解析体系不断健全并规模化推广，形成 3～5 个达到国际水准的工业互联网平台等

续表

时间	发布单位	政策名称	政策内容
2018年6月	工业和信息化部	《工业互联网发展行动计划(2018—2020年)》	到2020年年底,初步建成工业互联网基础设施和产业体系。到2020年年底,初步建成适用于工业互联网高可靠、广覆盖、大带宽、可定制的企业外网络基础设施,企业外网络基本具备互联网协议第6版(IPv6)支持能力等
2018年12月	工业和信息化部	《车联网(智能网联汽车)产业发展行动计划》	到2020年,实现车联网(智能网联汽车)产业跨行业融合取得突破,具备高级别自动驾驶功能的智能网联汽车实现特定场景规模应用,车联网综合应用体系基本构建,用户渗透率大幅提高,智能道路基础设施水平明显提升,适应产业发展的政策法规、标准规范和安全保障体系初步建立,开放融合、创新发展的产业生态基本形成,满足人民群众多样化、个性化、不断升级的消费需求
2018年	中国信息通信研究院	《物联网安全白皮书(2018年)》	从物联网安全发展态势出发,从物联网服务端系统、终端系统以及通信网络3个方面,分析物联网面临的安全风险,构建物联网安全防护策略框架,并提出物联网安全技术未来发展的方向及建议
2019年4月	工业和信息化部	《关于开展2019年IPv6网络就绪专项行动的通知》	推进IPv6在网络各环节的部署和应用,为物联网等业务预留位址空间,提升数据容纳量
2019年4月	工业和信息化部、国务院国资委	《关于开展深入推进宽带网络提速降费支撑经济高质量发展2019专项行动的通知》	进一步提升NB-IoT网络能力,持续完善NB-IoT网络覆盖,建立移动物联网发展监测体系,促进各地WB-IoT应用和产业发展
2019年6月	工业和信息化部	《电信和互联网行业提升网络数据安全保护能力专项行动方案》	加强网络数据保护,要求对全部基础电信企业(含专业公司)、重点互联网企业以及主流App数据进行安全检查,并制定行业网络数据安全标准规范

注:资料来源于前瞻产业研究院。

从行业应用领域来看,目前物联网广泛应用于交通、电力、环保、医疗、工业、物流、安防、能源等领域,已经形成了较为完善的包括芯片及元器件、软件系统、电信运营和物联网服务的产业链体系,为许多行业的精细化管理提供了技术支撑,极大地提高了管理能力和水平,改变了行业运营方式。在这些领域,出现了一批实力雄厚的物联网龙头企业,并搭建了一批公共服务平台,包括共性技术研发、投融资、检验检测、身份识别分析、人才培养、成果转化和信息服务。

(三) 物联网的未来发展趋势

1. 物联网核心从企业侧利益向用户价值转变

随着国内几大巨头加入物联网,推出物联网发展战略,物联网供应端产业力量得到加强。电信运营商、设备制造商、互联网解决方案提供商和垂直行业巨头都努力发展自有连接协议或连接平台,把各自生态圈内不同类型的终端整合起来并统一接入,如中国移动 And-

Link、联通 Wolink、华为 Hilink、海尔 U＋等,因为以企业自身生态体系下的跨品类整合为推进对象,在市场利益的驱动下,企业能够快速实现互利共赢,并在短时间内形成许多相互关联的"小生态系统"。目前用户价值已成为互联互通的核心,围绕用户需求的互联互通模式开始出现,如全屋智能化、用户服务推送等。例如,日本物联网初创企业的主要特点在于关注使用者的第一手使用反馈情况,并及时根据反馈进行产品持续更新。其解决方案多以细分产业为核心,是基于行业特定问题与矛盾点提出的。产品集中于物联网平台服务层、综合应用层。在疫情防控期间,苹果和谷歌根据用户需求,进行部分互通合作,利用蓝牙追踪新冠肺炎疫情轨迹,推出了一套全面的解决方案来协助接触史的追踪,发挥了互联网的价值。

2. 群体智能生态融合出现

鉴于物联网固有的碎片化问题,近年来,大型企业通过建立自己的生态体系来探索解决方案。然而,由于自身产品和合作企业的局限性,很难建立起具有竞争力的物联网生态。鉴于这种情况,行业内出现了多企业生态群和群体智能扩张的发展趋势,其中较为显著的如智能家居应用。消费者价值需求的变化推动智能家居从单一品牌向跨品牌、跨行业的全家居智能演进。其中,以华为、小米为代表的终端企业依托终端入口,凭借大流量、软硬件集成等优势,不断与其他互联网企业、电信运营商、传统家电厂商对接,成为扩展群体智能的典型代表。例如:华为已与京东建立云对云连接,使华为手机、可穿戴设备等终端产品与京东全系列智能硬件互联互通;同时华为与垂直行业家电厂商、净水行业、家用机器人制造商、房地产企业等合作,提出满足用户需求的全屋智能解决方案。

3. 联合开源、开放模型方式增强

中国信息通信研究院发表于 2020 年的《物联网白皮书(2020 年)》显示,开源在物联网中普遍存在。目前,该行业内有两种发展方式。一是在市场驱动下促进联合开源生态建设。2019 年年底,亚马逊、苹果、谷歌等公司合作推出基于 IP 的互联网家居(Connected Home over IP,CHIP,2021 年 5 月正式更名为 Matter)项目,由 ZigBee Alliance(2021 年 5 月正式更名为 CSA 连接标准联盟)牵头,以开源的方式建立和制定了一套新的智能家居连接标准,允许各种硬件直接连接到互联网,提高兼容性,方便产品开发,并获得苹果 Siri、亚马逊 Alexa 等对主流智能助手和平台的支持。二是"模型"工作已经开展。随着人们对终端开发和信息交换需求的不断提高,模型研究已成为一个新的热点。信息模型将提供一种解决方案,以便打破不同设备、操作系统、软硬件平台和网络环境之间的信息孤岛,以统一的建模架构和标准化的语义字典为基础,实现信息的标准化流动和表述,为异构实体对象之间的信息交流提供技术支持。物模型是一种信息模型,基于此,可以实现平台上不同厂商终端的无障碍接入。目前主流物联网开放平台已经开始支持物模型功能。国际标准化组织 Bluetooth、ZigBee Alliance、开放互联基金(Open Connectivity Foundation,OCF)、ODM(One Data Model)等都在打造组织内部的物模型。为尽快打造融合物模型,形成统一模型描述,ODM 联合一众国际巨头企业正在推进相关工作,目前已发布第 1 版标准。

4. 物联网安全推进力度加强

物联网市场的快速增长也带来了一些安全问题,这些问题通常涉及互联网监管的缺失和物联网缺乏通用标准。关于物联网安全的立法仍不完善。随着物联网的发展,政府越来越重视这个问题,新的治理措施也随之出现。2020 年 5 月,美国国家标准与技术研究院通过了互联网设备制造商网络安全活动指南。同样,欧洲电信标准化协会发布了物联网消费者领域网络安全技术指南。2020年12月签署的美国物联网网络安全改进法案是另一项重要的政府举措之一。在物联网安全标准达成国际统一之前,物联网生态系统将继续面临安全风险。

除了网络的安全风险外,物联网生态系统也带来消费者对数据安全的担忧。一个典型的例子是2019年Ring的数据泄露问题。黑客们侵入了Ring的安全摄像头,对该家庭进行了数字化袭击,并骚扰儿童,甚至索要赎金。全球经济论坛在2020年进行的一项调查发现,安全、隐私和信任是使用物联网设备的消费者面临的最大问题。该调查还强调了消费者对物联网设备缺乏安全意识,这是物联网价值链中一个长期存在的问题。除了制定统一的物联网安全标准外,监管机构还应解决消费者存在的数据安全问题。

第六节 金融科技常用软硬件产品

一、信创背景下我国金融科技常用软硬件产品

信创是信息技术应用创新的简称,其产业链包括IT基础设施、基础软件、应用软件和信息安全。其中,芯片领域我国起步较晚,与发达国家相比存在较大差距。基础软件主要包括操作系统和数据库,在操作系统方面,PC端主要被微软的Windows垄断,移动端主要被谷歌的安卓系统和苹果的iOS系统垄断;数据库则主要被甲骨文的Oracle和MySQL、微软的SQL Server、IBM的DB2垄断。IBM、Oracle长期占据着全球中间件市场份额的前两位。应用软件国产化程序相对较高,在下游应用细分领域具有一定的市场份额,如办公软件、行业专业应用软件等。

与传统信息化建设不同,信创是一个全新的课题,在建设思路方面应遵循一些原则。首先,金融信创的全面完成是一个长期的过程,会涉及诸多方面,包括办公系统、业务系统等,因此应当遵循分场景规划、逐步替换的原则。其次,在开展信创工作时,应以应用场景为核心,按不同应用场景,制定国产化替代的分阶段规划,分批逐次、有序推进,并且通过各应用场景的适配、验证、试点、推广,多轮次迭代进行,由简单到复杂,从边缘到核心,层层推进。最后,通过自建或与信创厂商合作,建立信创适配中心或信创实验室,以在保障国产化替代的工作过程中,建立稳定的工作团队,搭建标准的测试适配的技术支持环境,在测评体系、技术标准与规范、认证管理、对外合作等方面保持连续性和一致性。

由于过去美国在科技领域的领先地位,我国的IT产业生态基本是建立在美国科技企业的硬软件之上的,包括CPU(Intel、AMD等)、操作系统(Windows、macOS等)、数据库(Oracle、SQL Server等)、中间件(IBM、Oracle等)、应用软件(Office 365、Adobe等)、安全软件(Kaspersky、ESET、MAC)等。

在美国不断加大对我国技术封锁的背景下,IT产业自主可控的必要性和紧迫性凸显。生态构建是信创产业落地的关键,如图3-21所示,信创生态体系包含以CPU芯片、存储为代表的IT基础设置,以数据库、操作系统、中间件为代表的基础软件,以办公软件为代表的应用软件,以及以安全产品为代表的信息安全,其中前两者是整个IT产业的底座和基石。

经过近10年的培育与发展,我国的信创生态正逐渐成形,国内涌现出一批优秀的从事基础软硬件研发销售的技术型公司,这些公司有望重构国内IT产业架构。

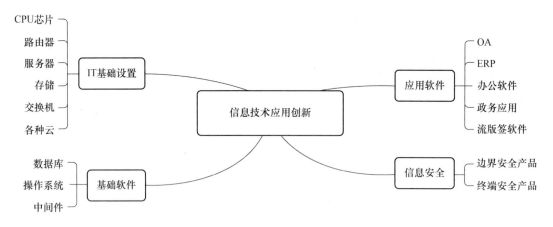

图3-21 信息技术应用产业链

(一)开发工具

金融科技企业常用的开发工具有多种,如链接器、编译器、代码编辑器、GUI设计器、汇编器、调试器、性能分析工具等。开发工具范围也很广,所涉及的分类情况大致如下。

1. 集成开发环境

集成开发环境(Integrated Development Environment,IDE)是用于提供程序开发环境的应用程序,一般包括代码编辑器、编译器、调试器和图形用户界面等工具。它是集成了代码编写功能、分析功能、编译功能、调试功能等一体化的开发软件服务套组。这就好比台式机,一个台式机的核心部件是主机,有了主机就能独立工作,但是我们在购买台式机时,往往还要附带上显示器、键盘、鼠标、U盘、摄像头等外围设备,以方便操作。

国内信创的集成开发环境软件较少,有NovalIDE(Python、C/C++、HTML、JavaScript、XML、CSS)、HBuilder(HTML5)、中科智灵一体化智能开发平台等。

2. 浏览器

浏览器是用来检索、展示以及传递Web信息资源的应用程序。国内常用的国产浏览器有360浏览器(360 Safe Browser)、搜狗浏览器(Sogou Explorer)、QQ浏览器(QQ Browser)等。根据2021年5月的统计数据,360浏览器和QQ浏览器在国内的市场份额分列第二位和第三位,占比分别为21.45%和9.49%。第一名为Google Chrome浏览器,市场份额占比超过40%。具体情况如图3-22所示。

3. 软件开发环境

软件开发环境(Software Development Environment,SDE)是指在基本硬件和数字软件的基础上,为支持系统软件和应用软件的工程化开发和维护而使用的一组软件。它由软件工具和环境集成机制构成,前者用以支持软件开发的相关过程、活动和任务,后者为工具集成和软件的开发、维护及管理提供统一的支持。

国内目前暂无此类开发环境软件。

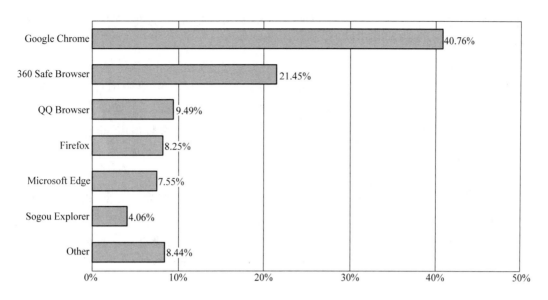

图 3-22　2021 年 5 月我国浏览器市场份额占比

(资料来源：StatCounter)

4. 版本控制工具

版本控制工具提供软件的版本管理功能，用于存储、追踪目录和文件的修改历史，是软件开发者的必备工具，也是软件公司的基础设施。在编写程序的时候不可能做到一次性把代码编写得无可挑剔，因此就需要对每一次自己的思路和代码进行保留，将每一次修改都看作一个版本，所以称之为版本控制。

国内目前暂无此类工具。

5. 绘图工具

用图交流是最有效的沟通手段之一，在软件开发过程中更是如此。图包括逻辑图、功能模型图、系统用例图、架构图、包逻辑关系图、UML 类图等。使用图形可以更高效地沟通软件开发的需求以及软件架构和流程。

在国内信创背景下，出现了不少可以与国外软件相媲美的绘图工具，如 Xmind(爱思软件)、Edrawmax(亿图)、中望 CAD(中望龙腾)、浩辰 CAD(浩辰软件)等。

(二) 数据库

1. 国内信创集中式数据库

(1) 达梦数据库

武汉达梦成立于 2000 年 11 月，其前身是华中科技大学数据库与多媒体研究所，总部位于武汉，在北京、广州、海南成立了分公司，在上海成立了子公司，在安徽等省市设有办事处。2008 年，中国软件与技术服务股份有限公司注资达梦数据库，成为公司第一大股东。

达梦数据库是通过国家安全三级认证(2001 年)、通过 10 TB 数据库容量测试(2005 年)、通过 100 TB 数据库容量测试，以及通过中国人民解放军军 B 级认证的数据库产品。达梦数据库产品已成功用于我国国防军事、公安、电力、电信、审计、交通、电子政务、税务、国土资源、制造业、消防、电子商务等 20 多个行业及领域,装机量超过 10 万套,在华中、华南地区具有相对比较明显的优势。

(2) 人大金仓数据库

人大金仓是中国电子科技集团公司成员单位,成立于 1999 年,是中国自主研发数据库产品和数据管理解决方案的领军企业,于 2008 年首次推出 Kingbase 数据库。

人大金仓的主要产品包括金仓企业级通用数据库、金仓安全数据库、金仓商业智能平台、金仓数据整合工具、金仓复制服务器、金仓高可用软件,覆盖数据库、安全、商业智能、云计算、嵌入式和应用服务等领域。

在产品兼容性方面,KingbaseES 支持 SQL92、SQL2003 标准数据类型,提供自动化数据迁移工具,可实现与 Oracle、DB2、SQL Server、Sybase 等国外主流数据库产品进行数据迁移,不会产生长度和精度损失。与 Oracle 等数据库产品相比,人大金仓数据库产品在服务器、接口、工具等各组件中全面改进了兼容性,缩小了产品之间的差异。

(3) 神州通用数据库

天津神舟通用公司成立于 2008 年,隶属于中国航天科技集团。其主营业务主要包括神通关系型通用数据库、神通 KStore 海量数据管理系统、神通 xCluster 集群件、神通商业智能套件等系列产品的研发和市场销售。基于产品组合,可形成支持交易处理、MPP 数据库集群、数据分析与处理等解决方案。

天津神舟通用公司的产品主要覆盖政府、电信、能源、交通、网安、国防和军工等领域,并率先实现了国产数据库在电信行业的大规模商用。

2. 国内信创分布式数据库

随着信息技术的快速发展和数据的爆炸性增长,当下应用对数据库处理能力的要求越来越高,集中式数据库已无法满足数据处理的要求,需要更多的处理单元参与到数据的处理中来。为了应对这种处理要求,分布式数据库应运而生,并且受到越来越多企业的青睐。

(1) 阿里 OceanBase & PolarDB

OceanBase 是阿里巴巴完全自主研发的金融级分布式关系数据库,2011 年首次发布 0.1 版本,成功应用于淘宝收藏夹。OceanBase 对传统的关系数据库进行了开创性的革新。在普通硬件上实现了金融级高可用,在金融业首创"三地五中心"城市级故障自动无损容灾标准,同时具备在线水平扩展能力,创造了 4 200 万次/秒处理峰值的纪录。

PolarDB 是阿里巴巴自主研发的下一代关系型分布式云原生数据库,目前兼容 3 种数据库引擎:MySQL、PostgreSQL、Oracle。计算能力最高可扩展至 1 000 核以上,存储容量最高可达 100 TB。

值得一提的是,OceanBase 是完全从"0"开始研发的,而 PolarDB 则是基于 MySQL 开发的。

(2) 腾讯 TDSQL

TDSQL(Tencent Distributed SQL)分布式数据库是腾讯打造的一款分布式数据库产品,首个版本于 2012 年推出,具备强一致、高可用、全球部署架构、分布式水平扩展、高性能、企业级安全等特性,同时提供智能 DBA、自动化运营、监控告警等配套设施,为用户提供完整的分布式数据库解决方案。目前 TDSQL 已经为超过 500 家政企和金融机构提供数据库的公有云及私有云服务,覆盖银行、保险、证券、互联网金融、计费、第三方支付、物联网、互联网+、政务等领域。

(3) 华为 GaussDB

GaussDB OLTP 数据库是华为公司自主研发的分布式数据库,2014 年孵化出第一个版本,支持 x86 和华为鲲鹏硬件架构,基于创新性数据库内核,提供高并发事务实时处理能力、"两地三中心"金融级高可用能力和分布式高扩展能力,当前支持单机、主备、分布式等主流部署方式。GaussDB 系列数据库产品包括 GaussDB OLTP 数据库和 GaussDB OLAP 数据库,广泛应用于金融、政府、电信等行业,并已经进入核心系统,满足客户对智能时代高并发事务实时处理、海量数据高效分析的需求。

除此之外,国产数据库还有万里开源、瀚高、巨杉大数据、易鲸捷等品牌。

(三) 操作系统

1. 国内信创桌面端操作系统

(1) 统信操作系统

统信软件的前身——深度科技是一家具有国际知名度、以用户友好图形界面闻名且得到业界普遍认可的国产操作系统公司。深度科技(全称:武汉深之度科技有限公司)是专注于国产 Linux 操作系统研发与服务的商业公司,自主研发了基于 Linux 的开源操作系统 deepin,在开源操作系统统计网站 DistroWatch 上,deepin(深度操作系统)长期位于世界前十,是率先进入国际前十名的中国操作系统产品。

2019 年 11 月,深度科技、诚迈科技、中兴新支点等国内多家长期从事操作系统研发的公司组成了现在的统信软件技术有限公司,其隶属上市公司诚迈科技旗下,专注于 Linux 操作系统研发和服务。

统信操作系统(UOS)是基于 Linux 内核,以桌面应用为主的美观易用、安全稳定的操作系统,正式版于 2020 年 1 月 14 日面向合作伙伴发布。统信操作系统包含桌面环境、30 多款原创应用以及数款来自开源社区的应用软件,能够满足用户的日常办公和娱乐需求。统信操作系统通过对硬件外设的适配支持,对桌面应用的开发、移植和优化,以及对应用场景解决方案的构建,满足项目支撑、平台应用、应用开发和系统定制的需求,体现出了当今 Linux 桌面操作系统发展的最高水平。

从整体来看,深度科技在技术创新、设计理念、用户需求导向、市场知名度方面已经取得了一定的成绩。统信软件继承了深度科技长期积累的技术和产品优势、统一的技术和版本,并依托上市公司平台,获得充足的资源支持,具备了优良的先天优势。在自主研发的操作系统产品的基础上,统信软件与产业中的软硬件商合作,形成了符合中国国情的桌面办公系统解决方案,可以应用于政府、金融、电信、教育、交通、军工行业的办公系统。

(2) 麒麟操作系统

麒麟软件是中国软件(中国电子信息产业集团有限公司控股的上市公司)旗下的国产操作系统公司,由中标软件和天津麒麟于 2019 年 12 月整合而成。中标软件和天津麒麟在操作系统技术、产品、企业资质、产业链配套、市场应用等方面处于优势地位,在政务、国防、金融、能源、交通、医疗等行业已经获得广泛应用和认可。2019年12月,天津麒麟全资收购中标软件,并成立麒麟软件。

麒麟软件在融合了两家公司在桌面和服务器操作系统的产品和技术优势之后,开发出了竞争力更强、适配范围更广的操作系统产品,2020年8月推出的麒麟V10充分适应5G时代需求,打通手机、平板电脑、PC等平台,实现多端融合,而且麒麟操作系统独创的Kydroid技术可以原生支持海量安卓应用,将300万余款安卓适配软硬件无缝迁移到国产平台上来,得到了用户的认可。

麒麟软件以安全可信操作系统技术为核心,旗下拥有"中标麒麟""银河麒麟"两大产品品牌,既面向通用领域打造安全创新操作系统和相应解决方案,又面向国防专用领域打造高安全、高可靠操作系统和解决方案,形成了服务器操作系统、桌面操作系统、嵌入式操作系统、麒麟云等产品,能够同时支持飞腾、龙芯、申威、兆芯、海光、鲲鹏等国产CPU。麒麟软件坚持开放合作打造产业生态,为客户提供完整的国产化解决方案。

此外,国产操作系统还有中科方德、中科红旗、普华等品牌。

2. 国内信创服务器端操作系统

国内信创服务器端操作系统基本都是Linux流派,包括的品牌有银河麒麟、思普操作系统(SPGnux)、普华操作系统、统信操作系统、中兴新支点服务器操作系统(CGSL)等。

(四) CPU

1. 飞腾

飞腾CPU由国防科技大学研发团队创造,起步于1999年。目前飞腾是国有资本比例最高的国产CPU企业,是聚焦国家战略需求和重大项目的CPU国家队,在以往信创项目中具有较多的实战经验。飞腾曾先后尝试x86、Epic、SPARC、ARM 4个指令集,并以SPARC开源代码为基础设计了FT-1000、FT-1000A、FT-1500等CPU。之后出于生态考虑,飞腾获得了ARM指令集授权,集成全自主处理器内核,形成了覆盖桌面、服务器和嵌入式等领域的完整产品线。

2. 鲲鹏

鲲鹏是华为计算产业的主力芯片之一。为满足新算力需求,华为围绕"鲲鹏+昇腾"构筑双算力引擎,打造算、存、传、管、智5个子系统的芯片族,实现了计算芯片的全面自研。鲲鹏系列包括服务器和PC处理器。近年来,华为先后推出Hi1610、Hi1612、Hi1616等服务器CPU产品,不断实现主频与核数的提升,并最终开发出当下的旗舰产品鲲鹏920与鲲鹏920s,其分别用于服务器和PC。

3. 龙芯

龙芯是我国最早研制的高性能通用CPU系列。2001年,龙芯起步于中科院计算所,曾得到国家高技术研究发展计划、国家重点基础研究发展计划、核高基(核心电子器件、高端通用芯片及基础软件产品)等项目的支持。目前,龙芯共有3个产品系列定位。3号大CPU面向桌面/服务器类应用,定位Intel酷睿/至强系列;2号中CPU面向工控和终端类应用,定位Intel阿童木系列;1号小CPU面向特定应用与需求,曾用于北斗卫星、石油勘探、智能设备(门锁、水表、电表)等方面。

4. 申威

申威 CPU 由上海高性能集成电路中心研制,基于 DEC 公司的 Alpha 架构,并进行了指令集扩展和微结构自主创新,成功应用在国产超级计算机中。

申威信息安全产业联盟已有包括上海高性能集成电路中心、中国仪器进出口(集团)公司、中电科技(北京)有限公司等在内的 50 多家成员,覆盖芯片设计、基础软件、工业控制、整机及方案、定制服务等多个行业领域。2020 年 3 月,统信操作系统已完成对申威 421 系列、1621 系列机型的适配。

此外,国内信创 CPU 还有兆芯和海光等品牌。

(五) 中间件

中间件是介于应用系统和系统软件之间的一类软件,其处在操作系统和更高一级应用程序之间,功能是将应用程序运行环境与操作系统隔离,从而使应用程序开发者不必为更多系统问题忧虑,而直接关注该应用程序在解决问题上的能力。中间件使用系统软件所提供的基础服务功能,衔接网络上应用系统的各个部分或不同的应用,能够达到资源共享、功能共享的目的。

1. 东方通

东方通成立于 1992 年,是中国最早进行中间件软件研究和销售的厂商,是国内中间件的开拓者和领导者。一方面,东方通继续在传统中间件产品领域深挖市场需求,改善产品性能,提升用户体验,巩固国产中间件行业领先地位,中间件产品在政府、交通、金融、电信、军工等行业树立了众多典型应用案例。另一方面,东方通通过内生外延完善在网络信息安全、大数据、人工智能、5G 通信等领域布局,拓展政务、金融等特定行业解决方案,同时为电信运营商等传统用户提供信息安全、网络安全、数据安全、应急安全等产品及解决方案。目前公司主要业务已覆盖基础软件安全(中间件)、通信网络安全、信息安全、数据安全、应急安全、军工信息化等领域。

2. 宝兰德

宝兰德成立于 2008 年,主要产品为中间件软件以及云管理平台软件、应用性能管理软件等智能运维产品,并提供配套专业技术服务。宝兰德的中间件软件产品已经覆盖了中间件软件领域的应用服务器软件、交易中间件、消息中间件,此外宝兰德还发展了智能运维领域的云运维平台、容器管理、运维管理监控等多个方向。

宝兰德以电信行业为基础,向政府、银行领域拓展。宝兰德起家于电信行业,产品主要应用在中国移动的核心系统中,以自主可控的中间件产品替换 Oracle 和 IBM 产品,2016 年开始向政府、银行领域扩展并取得了突破。

3. 普元信息

普元信息创立于 2003 年,主要产品为软件基础平台。其软件基础平台产品包括云应用平台、大数据中台、SOA 集成平台 3 类。云应用平台主要支持用户在云计算环境下的软件开发、管理与运维;大数据中台主要用于支持用户大数据管理及高效利用;SOA 集成平台是面向服务架构的软件基础平台,帮助客户提高应用软件研发效率、降低软件维护成本。普元信息的客户涵盖金融、政务、能源、电信、制造等行业。

二、国际范围内金融科技常用软硬件产品

(一) 开发工具

1. 集成开发环境

国际常用的集成开发工具包括 PhpStorm(Php)、WebStorm(HTML、CSS、JS)、IDEA(Java、Scala)、Pycharm(Python)、Visio Studio(C/C++、C♯、JavaScript 等)、MyEclipse(Java)等。

2. 浏览器

当前市面上比较常见的浏览器有 Google Chrome 浏览器、Microsoft Edge 浏览器、Firefox 浏览器等。StatCounter 的数据显示(如图 3-23 所示),在 2021 年 5 月份的浏览器市场中,Google Chrome 浏览器的市场份额占比最大,超过 68%,大约是第二名 Safari 浏览器的 7 倍。排在第三、第四位的分别是 Microsoft Edge 浏览器和 Firefox 浏览器,市场份额均不足 10%。

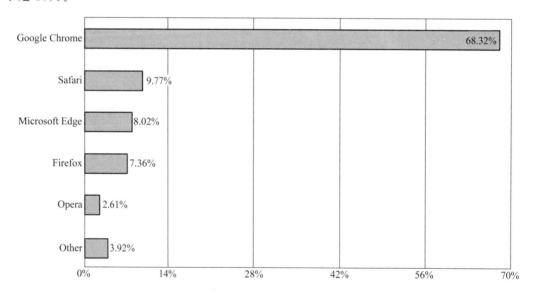

图 3-23 2021 年 5 月全球浏览器市场份额占比

(资料来源:StatCounter)

3. 开发环境

国际常见的开发环境软件主要包括 JDK、Python、Node.js、Php、Anaconda、XAMPP、Apache、Nginx、Tomcat 等,这些软件用于提前搭建编程语言运行环境,以及启动 Web 服务。

4. 版本控制工具

版本控制最主要的功能就是追踪文件的变更,该工具将什么时候、被什么人更改了文件的什么内容等信息忠实地记录下来。除了记录版本变更外,版本控制的另一个重要功能是并行开发,软件开发往往是多人协同作业,版本控制可以有效地解决版本的同步以及不同开

发者之间的开发通信问题,提高协同开发的效率。并行开发中最常见的不同版本软件的错误修正问题也可以通过版本控制中分支与合并的方法有效地解决。

国际常见的版本控制工具有 Git、SVN 等。

5. 绘图工具

国际常用绘图软件包括 Autodesk CAD、Adobe Flash、Adobe Photoshop、Visio 等。

(二) 数据库

1. Oracle 数据库

Oracle 数据库被认为是比较成功的一款关系型数据库,由世界第二大软件供应商美国 Oracle 公司于 1983 年推出。Oracle 数据库具有运行稳定、功能齐全、性能优异等特点,在数据库产品中技术也比较先进,在多年的数据库市场竞争中,一直占据着比较有利的地位。Oracle 数据库是一种大型数据库系统,一般用于商业、政府部门,依托强大的功能,在网络方面的应用也非常多。

2. IBM DB2 数据库

DB2 数据库是 IBM 出口的一系列关系型数据库管理系统,于 1983 年推出,在不同的操作系统平台上服务。DB2 拥有完备的查询优化器,其外部连接改善了查询性能,并支持多任务并行查询。此外,DB2 具有良好的网络支持能力,每个子系统可以连接十几万个分布式用户,可同时激活上千个活动线程,对大型分布式应用系统尤为适用。

3. SQL Server 数据库

SQL Server 数据库是一款功能全面的数据库,可用于中大型企业单位,1988 年由微软 Microsoft 公司、Sybase 公司和 Aston-Tate 公司推出,后来主要由微软更新发布新版本。与其他数据库相比,SQL Server 在操作性和交互性上有着很大的优势。SQL 是结构化查询语言,它的主要功能就是同各种数据库建立联系,进行沟通。按照 ANSI 的规定,SQL 被作为关系型数据库管理系统的标准语言。SQL 语句可以用来执行各种各样的操作,例如,更新数据库中的数据、从数据库中提取数据等。

4. Sybase 数据库

Sybase 是美国 Sybase 公司研制的一种关系型数据库系统。Sybase 公司成立于 1984 年,1987 年正式推出数据库产品。Sybase 数据库是一种典型的 UNIX 或 Windows NT 平台上客户机/服务器环境下的大型数据库系统。Sybase 提供了一套应用程序编程接口,可以与非 Sybase 数据源及服务器集成,允许在多个数据库之间复制数据,适用于创建多层应用。Sybase 具有完备的触发器、存储过程、规则以及完整性定义,支持优化查询,具有较好的数据安全性。

(三) 操作系统

1. 国际常用桌面端操作系统

(1) Windows 操作系统

Windows 操作系统是由美国微软公司研发的商用操作系统,问世于 1985 年。起初是 MS-DOS 模拟环境,后续微软对其进行不断更新升级,提升易用性,使 Windows 成为世界上应用最为广泛、使用人数最多的操作系统。

随着计算机硬件和软件系统的不断升级,微软的 Windows 操作系统也在不断升级,从 16 位、32 位到 64 位操作系统。从最初的 Windows1.0 到大家熟知的 Windows3.1、Windows3.2、Windows95、WindowsNT、Windows97、Windows98、Windows2000、WindowsMe、WindowsXP、WindowsServer、WindowsVista、Windows7、Windows8、Windows8.1 以及 Windows10,微软一直在致力于 Windows 操作系统的开发和完善。

(2) macOS 操作系统

macOS 是一套运行于苹果 Macintosh 系列计算机上的操作系统。macOS 是首个在商用领域成功的图形用户界面,1984 年该系统首次搭载在 Mac 上推出。

苹果机的操作系统是 macOSX,这个基于 UNIX 的核心系统增强了系统的稳定性、性能以及响应能力。它能通过对称多处理技术充分发挥双处理器的优势,提供高质量的 2D、3D、多媒体图形性能以及广泛的字体支持和集成的 PDA 功能。

(3) Linux 操作系统

不同于其他商业性操作系统,Linux 是由世界各地成千上万的程序员设计和开发实现的。当初开发 Linux 系统的目的就是建立不受任何商业化软件版权制约的、全世界都能自由使用的类 UNIX 操作系统兼容产品。Linux 操作系统内核产品由林纳斯·托瓦兹(Linus Torvalds)发布于 1991 年 10 月 5 日,是一个基于 POSIX 的多用户、多任务支持多线程和多 CPU 的操作系统。在过去的 30 多年里,Linux 系统主要应用于服务器端、嵌入式开发和个人 PC 桌面三大领域,其中服务器端领域是重中之重。大型、超大型互联网企业(如百度、新浪、淘宝等)都在使用 Linux 系统作为其服务器端的程序运行平台,全球及国内排名前十的网站使用的主流系统几乎都是 Linux 系统。

2. 国际常用服务器端操作系统

前文介绍了桌面端操作系统,在我们的实际研发中,还会遇到另一类操作系统,那就是服务器端操作系统。整体而言,桌面端操作系统和服务器端操作系统的底层核心是基本一样的,有差异的是应对不同的服务范围所包含的功能和管理工具。服务器端操作系统主要分为四大流派:Windows、Linux、Netware、Unix,其中前两派比较多见。

(1) Windows 服务器端操作系统

常用版本有 Windows Server 2003、Windows Server 2008。Windows 服务器端操作系统衔接了桌面端操作系统的应用,并结合.Net 开发环境,为微软企业用户提供了良好的应用框架。

(2) Linux 服务器端操作系统

Linux 服务器端操作系统是一种新型网络操作系统,此系统最大的特点就是源代码开放,并且可免费使用许多应用程序。目前也有中文版本的 Linux 服务器端操作系统,其在国内得到了用户的充分肯定。它的优点主要体现在其安全性和稳定性方面。当前这类操作系统主要应用于中、高档服务器中。基于 Linux 内核产生了诸多衍生服务器操作系统版本,如 Ubuntu、Red Hat、CentOS Linux、SUSE Linux Enterprise Server 等。由于 Linux 内核具有稳定性、开放源代码等特点,并且使用者不必支付打包的使用费用,所以 Linux 服务器端操作系统获得了 IBM、戴尔等世界厂商的支持。

(四) CPU

1. 英特尔

英特尔是半导体行业和计算创新领域的全球领先厂商,创始于 1968 年,并在 1971 年推出了世界上第一款商用计算机微处理器 4004。而今,英特尔已经成为世界上最大的个人计算机零件和 CPU 制造商。

酷睿 i 系列处理器是英特尔公司推出的最著名的处理器系列产品。i3 是其中最早出售的一个系列,它的问世可以被视作英特尔公司处理器发展史的重大转折点,大部分的 i3 都是中低端处理器,大多数情况下不适合计算机运行大型游戏,但很适合给办公计算机使用和搭配。i5 处理器是继 i3 之后的一个处理器系列,在现在的计算机市场上最为主流,它定位于中高端,能够应付大部分的游戏运行和图形处理。而 i10 则是目前最高端、最新款的处理器系列,其性能最强,制程工艺最先进,但价格比较昂贵。

目前英特尔的知名 CPU 型号有酷睿、奔腾、赛扬系列,其中酷睿系列已更新到第十代,最新的 CPU 制程工艺为 10 nm,架构是 Sunny Cove 微架构。

2. AMD

AMD 全称 Advanced Micro Devices,美国 AMD 半导体公司专门为计算机、通信和消费电子行业设计和制造各种创新的微处理器(CPU、GPU、主板芯片组、电视卡芯片等),以及提供闪存和低功率处理器解决方案,成立于 1969 年,于 1975 年推出第一款 CPU 产品 Am8086。AMD 在 CPU 上的创新性研发成果是 Zen 架构和 7 nm 制程工艺。

最新一代架构为 Zen 2 架构,该架构使 CPU 的每个时钟周期都实现显著的性能提升,令数千个传感器得到优化和节能。最新的 7 nm 制程工艺让集成电路每瓦性能更高,更小的空间可以容纳更多的元件。目前 AMD 的 CPU 型号有锐龙 3000 系列和锐龙 4000H 系列。

(五) 中间件

1. IBM WebSphere MQ

WebSphere MQ 是 IBM 的商业通信中间件,由 1 个消息传输系统和 1 个应用程序接口组成,其资源是消息和队列。它提供了一个具有工业标准、安全、可靠的消息传输系统,实现控制和管理集成的商业应用,使得组成该商业应用的多个子系统之间通过传递消息完成整个工作流程。通过消息传递,将不同子系统有效地联系起来,每个子系统都可以对外提供自身的功能,其中消息是应用系统之间请求、应答和中间结果的载体。不断流动的消息将松耦合关系的应用系统串起来,使它们之间的关系变成了功能叠加。WebSphere MQ 可以屏蔽不同的通信协议之间的差别,可以最大限度地简化网络编程的复杂性。同时,它支持多种平台,对消息支持交易式的提交和回滚。

2. Oracle WebLogic

WebLogic 是美国 Oracle 公司出品的一个应用服务器(Application Server),确切地说,是一个基于 Java EE 架构的中间件。BEA WebLogic 是用于开发、集成、部署和管理大型分布式 Web 应用、网络应用和数据库应用的 Java 应用服务器。

2008 年 1 月 16 日,全球最大的数据库软件公司甲骨文(Oracle)宣布已经同 BEA 达成协议,以 85 亿美元收购 BEA,WebLogic 就是并购 BEA 得来的。WebLogic 是商业市场上主要的 Java(J2EE)应用服务器软件之一,是世界上第一个成功商业化的 J2EE 应用服务器,已推出 12c(12.2.1.4)版。而此产品也延伸出 WebLogic Portal、WebLogic Integration 等企业用的中间件,以及 OEPE(Oracle Enterprise Pack for Eclipse)开发工具。

表 3-7 所示为本节涉及的国内外金融科技软硬件产品的对比。

表 3-7 本节涉及的国内外金融科技软硬件产品对比

类别		国外品牌	国内品牌
CPU		Intel AMD	飞腾(ARM 架构) 鲲鹏(ARM 架构) 龙芯(MIPS 架构) 申威(Alpha 架构) 兆芯(x86 架构) 海光(x86 架构)
数据库		Oracle DB2 SQL Server Sybase	达梦 人大金仓 神州通用 OceanBase & PolarDB〔分布式数据库(阿里)〕 TDSQL〔分布式数据库(腾讯)〕 GaussDB〔分布式数据库(华为)〕
操作系统	桌面端	Windows macOS Linux	统信 麒麟
	服务器端	Windows Linux	银河麒麟 统信
中间件		IBM WebSphere MQ Oracle WebLogic	东方通 宝兰德 普元信息
开发工具	IDE	PhpStorm WebStorm Pycharm Visio Studio	NovalIDE HBuilder
	浏览器	Google Chrome 浏览器 Microsoft Edge 浏览器 Firefox 浏览器	360 浏览器 QQ 浏览器 搜狗浏览器
	软件开发环境	JDK Anaconda Node.js	暂无
	版本控制工具	Git SVN	暂无
	绘图工具	Autodesk CAD Visio Adobe Photoshop	Xmind Edrawmax 中望 CAD

思 考 题

1. 大数据给出的"5V"概念是什么?"5V"反映了大数据哪些方面的特征?
2. 简述云计算的特点和分类。
3. 简要说明私有链、公有链与联盟链的区别和联系。
4. 简述人工智能的前景与面临的挑战。
5. 阐述大数据、云计算和物联网三者的联系与区别。

第四章 典型金融科技应用业务形态

第一节 P2P 网络借贷

一、P2P 网络借贷概况

(一) 定义

P2P 网络借贷是随着互联网的快速发展和民间借贷的兴起而发展起来的新型金融模式。目前,政府对 P2P 网络借贷给予正式法律界定的官方文件主要有两个。

① 2015 年 7 月,中国人民银行等十部门发布了《关于促进互联网金融健康发展的指导意见》,作为首个具有规范性质的互联网金融法规,其明确给出了网络借贷的定义:网络借贷包括个体网络借贷(P2P 网络借贷)和网络小额贷款。个体网络借贷是指个体和个体之间通过互联网平台实现的直接借贷,并明确将个体网络借贷纳入民间借贷范畴。

② 2016 年 8 月,中国银监会等四部委发布了《网络借贷信息中介机构业务活动管理暂行办法》,其将网络借贷界定为个体和个体之间通过互联网平台实现的直接借贷,进一步界定网络借贷中的个体包含自然人、法人及其他组织,网络借贷信息中介机构是指依法设立、专门从事网络借贷信息中介业务活动的金融信息中介公司,该类机构以互联网为主要渠道,为借款人与投资者(贷款人)实现直接借贷提供信息搜集、信息公布、资信评估、信息交互、借贷撮合等服务。

综上,P2P 网络借贷是指有资金需求的借款人通过第三方网络融资平台向有闲置资金的投资者借款,从而实现资金融通的一种贷款模式。P2P 网络借贷的出现和快速发展给陌生的个人与个人之间创造了交易的机会,在提高了资金使用效率的同时也有效降低了双方的交易成本。

(二) 起源

P2P 网络借贷平台起源于小额借贷。小额借贷模式是由获得 2006 年"诺贝尔和平奖"的孟加拉国经济学家穆罕默德·尤努斯(Muhammad Yunus)教授首创的。小额借贷发展初期的主要目的是向低收入群体和弱势群体提供一种可持续发展的金融服务方式,侧重于扶贫功能,主要形式是传统的"网下"借贷模式。随着经济的发展,小额借贷的服务人群范围也在逐步扩大,除了社会低收入人群之外,还延伸到一些中收入人群、个体工商户、民营中小企业等有小额贷款需求的人群。伴随着互联网的普及和信息技术的迅速发展,小额信贷开始与互联网技术相结合,其主要形式也发展为"网上"模式,进而出现了 P2P 网络借贷平台。由于其低廉的交易成本、广泛的信息获取以及方便快捷的办理手续,P2P 网络借贷迅速被越来越多的人所接受,随之涌现出诸多各具特色的 P2P 网络借贷平台。

2005 年 3 月,世界首个 P2P 网络借贷平台 Zopa 在英国诞生,标志着 P2P 网络借贷平台的正式起步。Zopa 把计算机里点对点传输数据的原理拓展到了金融领域,绕过银行直接撮合借贷双方,让个人可以把资金借给个人,而平台仅在其中收取一些手续费。由于网络借贷模式较银行贷款灵活便捷、投资回报率高,因此其迅速在世界各地得到复制,并于 2007 年传入中国。2007 年 6 月,我国首家 P2P 网络借贷平台拍拍贷在上海成立,由此揭开了我国网络借贷的新篇章。

(三) 特点

P2P 网络借贷平台作为中介平台,对接投资者和借款人,促使交易顺畅进行。总体来说,P2P 网络借贷具有以下特点。

1. 以小额借贷为主

《网络借贷信息中介机构业务活动管理暂行办法(征求意见稿)》对 P2P 网络借贷借款数额进行了规范,指出网络借贷金额应当以小额为主,网络借贷信息中介机构应当根据自身的风险管理能力,控制同一借款人在同一平台及不同平台上的借款余额上限,防范信贷集中风险。

2. 参与门槛低

与银行等传统金融机构相比,P2P 网络借贷的参与门槛大幅降低。一方面,融资门槛低,借款人只要信用良好,即使缺乏抵押品,也能发布借款需求,借款人主要为在校学生、个体工商户、工薪阶层、创业者以及有资金需求的中低收入者;另一方面,投资门槛低,部分 P2P 网络借贷平台的投资门槛仅为 50 元,有的网站甚至推出了 1 元起投,使仅有少量闲余资金的个人甚至小微型企业都可以参与投资。

3. 交易方式灵活高效

一方面,投资者可以根据自己的需求及预期来选择投资期限、借贷金额、利息、还款方式、抵押担保方式等;另一方面,互联网技术使借贷双方可以随时随地进行各项业务,简化了繁杂的信用评估、层层审批的程序,提高了借贷效率。

4. 投资风险分散

一方面,参与门槛低的特点使得 P2P 网络借贷双方分布广泛且高度分散,呈现多对多散点网络形式,借款人和投资者通常可以在全国甚至世界范围内寻找合适的交易对象,平台将借款人的资金进行分割,每笔借款可以有多个投资者,每个投资者也可以投资多个项目,从而分散风险;另一方面,P2P 网络借贷平台采取按月还本付息的方式,可以及时发现存在问题的贷款业务并采取措施处理。

5. 投资收益和风险较高

P2P 网络借贷的借款人由于借款金额较小,缺乏有效的担保和抵押,或对网络借贷产生的需求更加个性化,因此愿意承担更高的利率。但是 P2P 网络借贷平台也面临较高的风险:一是由于相关法律和监管政策缺失而引发的政策法律风险和监管风险;二是由于网络借贷平台监管不严和投资者动机不纯而引发的洗钱风险;三是由于网络借贷平台操作不规范和技术投入不足而引发的操作风险和安全风险;四是借款人和网络借贷平台道德缺失而引发的信用风险。

二、P2P 网络借贷模式分析

P2P 网络借贷平台经过一段时间的快速发展后,形成了 4 种主要模式,分别是纯中介线上电商模式、债权转让模式、担保模式和小贷模式。

(一)纯中介线上电商模式

在纯中介线上电商模式中,P2P 网络借贷平台仅担任信息中介,既未参与到资金价值链下游投资者与借款人的交易中,也不负有担保责任。在这种模式下,P2P 网络借贷平台只为借款人和投资者提供信息交互、撮合、资信评估等居间服务,借款人在平台上发布借款信息,投资者根据自己的资金情况和风险承受能力自主选择平台列出的借款项目并进行投资。这种模式的特点如下。

① 平台自身不参与交易过程,不对借出的资金进行信用担保,仅发挥信息撮合和资信评估的功能,主要通过收取管理费和服务费来获取收入。

② 如果贷款发生坏账、逾期等情况,由投资者个人承担全部风险,投资者投资风险高。

③ 一个投资者通常对应多个借款人,平台要求借款人按月还本付息,以降低投资者的投资风险。

这种模式运行的关键是加强风险控制,通常可以采用多种手段进行控制。

① 明确借款人应分阶段按规定的日期还本付息,这样不仅可以减轻借款人所承担的还款压力,同时投资者还能够定期获得还款,降低了其投资风险。

② 严格审核借款人的信用状况,不仅要审核借款人的常规性信用,同时还要利用多种互联网社会评价功能对借款人的信用进行审核,如微信朋友圈以及网络社区等。

采用这种模式的平台的典型代表是拍拍贷。

(二)债权转让模式

在债权转让模式下,首先由借款人向 P2P 网络借贷平台发出借款申请,平台对借款人进行审核,审核通过后,由平台指定的投资者将资金出借给借款人,平台再将债权推荐给投资者,从而完成债权转让。这种模式的特点如下。

① 投资者与借款人之间并不具有直接的债权债务关系,即 P2P 网络借贷平台借贷双方并未直接签订债权债务合同。

② 平台会将优质债权分割打包成理财产品供投资者选择,同时提供每笔贷款的资信评估及贷后管理服务。

③ 这种模式让处于资金价值链上下游的借款人与投资者可以采用批量的形式积极开展业务,而不是通过被动的方式撮合,因而具有很强的可复制性,且相对于其他模式而言,其效率更高。

采用这种模式的平台的典型代表是宜人贷。

(三) 担保模式

在担保模式下,平台对借款本息提供担保。根据担保主体的不同,担保模式可分为第三方担保和平台自身担保两种。

1. 第三方担保模式

第三方担保模式是指 P2P 网络借贷平台与第三方担保机构合作,由第三方担保机构为投资者的资金安全提供保障服务,平台本身并不参与其中,有担保资质的小额贷款机构或担保公司可以提供担保服务,P2P 网络借贷公司给予其一定数额的担保费用。第三方担保模式的特点如下。

① P2P 网络借贷平台作为信息中介,不吸收储蓄,不发放贷款,只提供信息撮合服务。

② 第三方担保模式可以保证投资者的资金安全,转移平台承担的风险,但仅实现了风险转移,并未化解平台投资风险。

2. 平台自身担保模式

平台自身担保模式是指由 P2P 网络借贷平台自身为投资者的资金安全提供保障,在这种模式中,若借款人出现违约情况,由平台垫付本金给投资者,保证投资者的资金安全,然后将债权转让为平台所有,由平台对借款人进行追偿。目前平台垫付的资金主要有两个来源,一是平台的自有资金,二是专门的风险准备金。由于 P2P 网络借贷平台的准入门槛较低,所以平台自有的资金普遍少于小额贷款机构和融资性担保公司的资金,自有资金模式并不具有普适性。在实践中采用更多的担保方式还是风险准备金模式。风险准备金模式通常是从借款人的借款额或者投资者的利息收入中提取一定比例,直接划拨平台设立的风险准备金账户中。

我国担保模式的典型代表是陆金所和人人贷。

(四) 小贷模式

在小贷模式下,P2P 网络借贷平台与小额贷款机构合作,小额贷款机构负责开发借款人,承担借款人初步信用评估工作,并且与 P2P 网络借贷平台共同承担相关债务的连带责任。这种模式的特点如下。

① P2P 网络借贷平台仅做线上平台,在线上展示借款项目和进行投资者开发,在线下进行信用审核、担保和与小额贷款机构合作。

② 借款人的初步审核由小额贷款机构负责,通过小额贷款机构审核的借款人将会被推荐给 P2P 网络借贷平台,P2P 网络借贷平台对借款人进行二次审核。

小贷模式的典型代表是有利网。

三、P2P 网络借贷的风险

(一) 信用风险

信用风险是 P2P 网络借贷行业面临的主要风险,主要指借款人无法清偿到期债务而给投资者造成经济损失的风险。因此,在 P2P 网络借贷中借款人信用状况的有效评估十分重要,但行业内部缺少完善、统一的借款人风险评估体系。P2P 网络借贷平台只能运用有限的评估指标和评估信息对借款人进行信用评估。由于各个网络借贷平台对个人信用进行评价的评估指标不同,平台之间的信用评估数据即便可以共享也无较大的参考价值。网络交易的虚拟性使得借款人很容易伪造、变造身份证明、财产及收入证明等,而依据虚假信息或真实但片面的信息,P2P 网络借贷平台可能无法甄别出信用评价不合格的借款人。对于 P2P 网络借贷平台而言,贷款业务主要针对小微客户,较大比例的业务是纯信用贷款,即便部分 P2P 网络借贷平台规定借款人需进行担保、财产抵押等,也可能因为"一物多抵"而无法追回欠款,借款人一旦出现到期无法支付本息的情况,就会给投资者和 P2P 网络借贷平台带来巨大损失。另外,P2P 网络借贷平台无法对借款人筹集资金的使用情况进行持续跟进,若借款人将资金用于股票、房地产、期权等高风险投资,其违约的可能性势必大幅增加。违约成本较低、单笔贷款金额少、法律追讨成本高等导致追回违约行为带来的损失难度颇高。

(二) 技术风险

P2P 网络借贷的技术风险主要表现在以下两个方面。

1. 网络信息技术风险

与传统的个人信贷模式相比,基于互联网的 P2P 网络借贷更易受到网络信息技术风险的影响。对于 P2P 网络借贷而言,网络信息技术选择出现失误,会导致业务流程趋缓或者业务处理成本增加,甚至可能会造成整个业务流程的瘫痪。

2. 信贷技术风险

P2P 网络借贷主要针对小微客户提供小额贷款服务。相比其他贷款产品,小额贷款业务虽然可以获得较高的收益,但也伴随着较大的风险,因此需要通过合适的信贷技术来弥补借款人财务数据和担保抵押的缺失,以此降低风险。实际上,即便是国外经营得相对完善的 P2P 网络借贷平台,仍有很高的违约率和坏账率。在国内,P2P 网络借贷平台为了控制风险,通常建议投资者小额分散投资。由于征信体系不完善,平台在筛选、甄别借款人的过程中面临信息不对称的难题,在对借款人进行信用评估时,面临"合适的信贷技术"和"高成本的线下尽职调查"两大难题。

(三) 操作风险

P2P 网络借贷的操作风险体现在平台经营过程中,内部控制因素对借款人利益产生不确定性影响,主要表现在信贷员和信贷审核流程两个方面。

P2P 网络借贷在我国兴起时,社会认知度不高,从业人员数量不足、水平参差不齐。信贷员缺乏专业的理论培训和实践锻炼,同时由于我国网络借贷行业准入门槛低,缺乏明确而有效的法律规定与监管措施,无法对经营者的经营资格和专业素质进行严格的审核,这都造成了信贷员信贷技能水平低下,在评估借款人的财务状况、信誉、借贷历史、经营情况等条件时较为随意和主观,放大了贷前的信息不对称性,增加了贷后风险管理的难度。从道德风险角度而言,信贷员有可能为了实现业绩目标或者维持与客户的良好关系,而人为地放宽对客户资质的审查,从而增加了风险控制的难度。

就信贷审核流程而言,由于 P2P 网络借贷发展时间较短,我国 P2P 网络借贷公司一般是参考银行等信贷机构的做法对信贷审核机制进行设置的,缺乏一套适应不同地区特点、科学而又完善的信用审核方法。国内只有少数几家较为完善的网络借贷平台有能力建立相对完善的信贷审核机制,以保证信贷审核工作能够有效开展。

(四)流动性风险

如果在网络借贷中,只有投资者提供资金,P2P 网络借贷平台只作为管理者存在,借款人无法如期还本付息,则对投资者的利益产生重大影响,而对于 P2P 网络借贷平台而言,可能仅仅带来了利息和管理费用的小额损失。现实的情况是为保持可借资金与借款人借款资金的额度及期限相匹配,P2P 网络借贷平台通常会垫支一定的资金,一旦经营管理不善,出现可借资金与借款人借款资金的额度及期限不匹配的现象,借款人到期归还的全部资金不足以支付投资者应收回的本息,企业可能面临资金流动性困境,造成投资者提款受限、本金收回困难,严重时甚至会导致企业资金链断裂,不但给投资者和自身带来巨大的损失,甚至还可能引起整个行业的波动。

(五)法律风险

法律风险是指对 P2P 网络借贷行业的法律法规进行监管所导致的风险。由于网络借贷行业准入门槛低,行业内公司的水平参差不齐,行业整体的合规性较差,甚至有些不法分子会乘机钻法律的空子,触及法律的红线,从事一些非法集资、非法吸收存款的违法工作。网络借贷行业一旦面临强监管,部分业务或将被监管部门认定为是违法的,网络借贷平台将会面临严重后果,甚至会影响网络借贷平台的存续。

四、国内外发展比较

(一)发展历程:国外稳步发展,国内由乱而治

1. 国外:专注于特定市场范围,快速稳健发展

(1)早期萌芽阶段:2007 年之前

随着互联网技术的飞速发展以及居民信贷需求的多元化,P2P 网络借贷应运而生。英国银行业由 5 家大型银行垄断,这导致个人和企业获取信用贷款的难度较大(手续冗长、速度慢、门槛高),使得资金供需匹配效率低下。2005 年 3 月全球首家 P2P 网络借贷平台 Zopa 在英国伦敦诞生,P2P 网络借贷行业的帷幕就此拉开。Zopa 将自身定位为信息中介,将出借人(投资者)与借款人连接,以向交易双方收取手续费的形式实现收益,这一模式很快便在全球范围内得到了广泛的推广和应用。美国最具代表性的 P2P 网络借贷平台也在这一阶段诞生,Prosper 平台于 2006 年成立,Lending Club 于 2007 年成立。

(2)快速发展阶段:2007—2015 年

① 次贷危机爆发后,银行信贷收紧,许多高风险借款人无法从银行获得贷款,转而选择 P2P 网络借贷平台获取贷款。

② 超宽松货币政策的实施导致货币供给量增加,部分资金涌向 P2P 网络借贷平台,促使其快速发展。

③ 监管加强,遏制发展乱象。

美国证券交易委员会(United States Securities and Exchange Commission,SEC)因为次贷危机的严重影响而加强对 P2P 网络借贷行业的监管,提高行业的准入门槛,从而一定程度上造成了 Prosper 和 Lending Club 寡头垄断的统治地位;英国金融行为监管局(Financial Conduct Authority,FCA)负责对 P2P 网络借贷行业进行监管,行业三巨头 Zopa、Ratesetter 和 Funding Circle 于 2011 年 8 月自发成立 P2P 网络借贷行业协会,完善行业自律体系,提升行业自律水平。

在这一阶段,尽管 P2P 网络借贷取得了快速发展,但由于美国金融体系的发达,各类金融机构已经能够满足不同的融资需求,因此 P2P 网络借贷的快速发展主要是针对特定市场的需求。就美国而言,从增速来看,2012—2016 年,Prosper 和 Lending Club 贷款增速平均每年实现 100%的增长;从规模来看,根据费埃哲公司 2016 年的报告,美国使用 P2P 网络借贷的人群不到 1%,远低于我国的 3.8%。

(3) 生存难度增加阶段:2016 年至今

① 由于政策的收紧和资金面的不宽裕,金融市场变得越来越动荡,这使得机构投资者抛售 P2P 网络借贷资产以规避风险,平台的生存变得困难。

② 2016 年头部 P2P 网络借贷平台 Lending Club 被爆出违规放贷的丑闻,动摇了美国投资者对 P2P 网络借贷行业的信心,2016 年后行业整体规模明显收缩。

③ 以高盛、花旗、富国为代表的传统银行进军个贷市场,其凭借自身良好的品牌效应、较低的资金成本、成熟的风控等一系列优势挤占 P2P 网络借贷空间。2016 年,高盛上线个人无抵押网络借款平台——Marcus,花旗、富国相继推出在线个人贷款服务。

2. 国内发展:快速扩张,暴雷潮频现

(1) 萌芽期:2007—2011 年

行业发展缓慢,大部分企业借鉴国外发展模式,采取信息中介模式作为业务模式。2007 年,我国首家 P2P 网络借贷平台——拍拍贷在上海成立,由此开辟了中国互联网金融服务的新纪元。发展初期,平台以传统小额信贷业务为主,发展速度相对缓慢,公众普遍对 P2P 网络借贷的认知度较低,存量平台及交易规模相对较小,市场活跃度低。这一阶段的业务模式以信息中介模式存在,借款人基于授信额度在平台上发布借款信息,投资者基于自身意愿自行选择是否投资。据零壹数据的不完全统计,截至 2011 年年末,我国网络借贷平台总数约为 60 家,活跃的平台数量不足 20 家,平均月成交金额为 5 亿元,有效投资者约为 1 万人。

(2) 快速扩张期:2012—2015 年

旺盛的市场需求驱动 P2P 网络借贷实现强劲增长,但由于监管的缺失,P2P 网络借贷由信息中介异化为信用中介。当时,我国的金融市场尚不完善,以间接融资为主,居民的理财渠道相对有限,小微企业和个人获取融资相对困难,因此,P2P 网络借贷的出现在一定程度上弥补了金融系统空缺,市场需求较为旺盛。2012—2013 年,货币政策中性偏紧,部分信用资质较低的中小企业无法获得贷款,P2P 网络借贷平台结合民间借贷开始对中小企业提供融资,采用"线下审核+线上融资"模式,并要求借款人出具抵押物,同时平台承诺保障本金和利息,呈现出信用中介的特点。2013—2015 年,大量民间借贷、小贷公司、融资担保公司扎堆涌入 P2P 网络借贷行业,一时之间,P2P 网络借贷平台遍地开花。然而高速成长背后伴随的是野蛮无序,资金池、期限错配、自融等金融骗局层出不穷,平台风险激增。相关数据显示,2015 年 P2P 网络借贷平台数量达到峰值——3 437 家。

在这一阶段,P2P网络借贷行业出现两次暴雷潮。

① 2013年,宏观经济下行引爆部分平台风险。2012年以来我国经济增长步入高速增长转向适度缓慢增长的下行阶段,经济增长的驱动力发生变更,信用风险压力有所提升,而此时野蛮生长的P2P网络借贷行业中平台自融、资金池等乱象层出不穷,因此集中违约、资金抽离引发了部分平台卷款跑路等问题。

② 2014—2016年,股市上涨导致流动性抽离,监管政策陆续落地,大量违规平台风险暴露。在流动性方面,2014年起股市持续上涨,大量P2P网络借贷资金转向股市,流动性抽离;在监管方面,政策陆续落地,2016年4月银监会印发《P2P网络借贷风险专项整治工作实施方案》,要求成立网络借贷风险专项整治工作领导小组,全面排查。这一阶段跑路行为占问题平台比例达65%。

(3) 整顿规范、清退期:2016—2020年

① 2016年是P2P网络借贷行业的"监管元年"。2016年3月互联网金融协会成立,2016年8月银监会等四部委联合发布了《网络借贷信息中介机构业务活动管理暂行办法》,随后关于存管、备案、信息披露三大主要配套政策陆续落地,网络借贷行业基本完成了"1+3"(1个办法3个指引)监管政策体系框架的架构。

② 2017年是P2P网络借贷行业的"备案元年"。2017年12月P2P网络借贷风险专项整治工作领导小组下发《关于做好P2P网络借贷风险专项整治整改验收工作的通知》,由于各地执行力度不一,2018年8月该领导小组再度下发《关于开展P2P网络借贷机构合规检查工作的通知》,进一步强化备案要求。

③ 2019年是P2P网络借贷行业清退转型期。2018年12月互联网金融风险专项整治工作领导小组办公室和P2P网贷风险专项整治工作领导小组办公室联合发布《关于做好网贷机构分类处置和风险防范工作的意见》,首次提出坚持以机构退出为主要工作方向,拉开了2019年整个行业清退转型的序幕。

在这一阶段,P2P网络借贷行业暴雷潮再现:受宏观流动性退潮、网络借贷监管加强、投资者信心降低等多重因素影响,P2P网络借贷行业面临深度清理。

① 宏观经济下行,金融去杠杆持续推进,流动性全面退潮,信用风险压力提升,逾期率提高,加剧平台偿付危机。

② 监管严厉整顿,备案元年开启后,一是平台不能发布新产品续接老产品,但仍需按期兑付收益,甚至面临投资者赎回时补足其本金的问题,资金链压力显著提升;二是由于整顿期备案流程时间长,P2P网络借贷平台流动性压力积聚,大量平台宣告清算或直接卷款跑路。

③ 投资者信心受挫,风险溢出打击投资者信心,进一步挤出违规平台运营。据网贷之家的数据,截至2020年11月中旬,我国网络借贷平台已经完全清退。

(二) 现状:国外交易规模在百亿美元级别,国内已完全清退

1. 国外市场

美国网络借贷主要是较为优质的无抵押消费贷款,其次是小企业贷款和学生贷款,作为针对高风险的小众市场,2020年前后其成交量规模在百亿美元级别,市场占有率不高。以消费贷款市场为例,美国财政部2016年P2P网络借贷白皮书显示,消费贷款市场规模达3.5万亿美元,其中网络借贷平台贡献不足1%。此外,从产品设置上看,其上线产品与传

统金融机构产品相似,但明显利率更高。

2. 国内市场

我国P2P网络借贷主要是无抵押消费贷款,此外也有企业贷款及以汽车和房产为抵押物的贷款。据网贷之家统计,截至2019年,P2P网络借贷累计成交量约为9万亿元,行业总体贷款余额为4 915.91亿元,同比下降37.69%,创近3年新低。贷款余额约占金融机构消费贷款规模的1.1%。

如图4-1所示,2019年年底,网络借贷行业正常运营平台数量下降至344家,相比于2018年年底减少了727家。截至2020年11月中旬,我国网络借贷平台已完全清退。

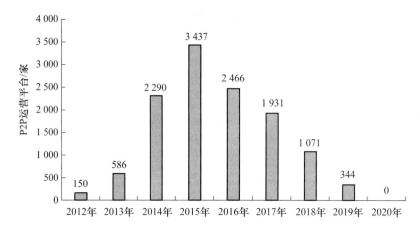

图 4-1 我国网络借贷运营平台数量统计

(资料来源:网贷之家)

五、监管及相关政策

(一)P2P网络借贷监管的源起阶段

2011年8月,银监会发布了《中国银监会办公厅关于人人贷有关风险提示的通知》,明确P2P网络借贷应设定业务边界的4条红线:一是要明确平台的中介性;二是要明确平台本身不得提供担保;三是要明确平台本身不得搞资金池;四是要明确平台本身不得非法吸收公众存款。这是首次有中央机构发布文件对P2P网络借贷平台中存在的问题和风险进行提示。

2014年,国务院确定银监会为我国P2P网络借贷的监管部门。随着监管层对网络借贷的进一步了解,监管原则更为细化,2014年9月在互联网金融创新与发展论坛上,银监会主任王岩岫首次提出了P2P网络借贷行业监管的"十原则":第一,P2P网络借贷平台不能持有投资者资金,不能建立资金池;第二,落实实名制原则,明确资金流向;第三,明确P2P网络借贷平台的信息中介属性,使其区别于其他金融服务;第四,P2P网络借贷平台具备相应的行业门槛;第五,投资者的资金应该进行第三方托管,不能以存款代替托管,同时最好引进审计机制,避免非法集资行为;第六,P2P网络借贷平台不得为投资者提供担保,不得为借款本金和收益做出承诺,不得从事贷款和受托业务,不得自保自融,而且不能承担过多的流动性风险;第七,P2P 网络借贷平台要有明确的收费方式和可持续的发展道路,不能盲目追求高收益;第八,P2P 网络借贷平台应当充分进行信息披露;第九,P2P 网络借贷平台应该推进行业规则的制定和落实,加强行业自律;第十,坚持小额化,坚持普惠金融,支持个人和小微企业的发展。

这一阶段监管政策的重点在于做好风险预警监测与防范,同时完善 P2P 监管法律体系。

(二) P2P 网络借贷监管的规范阶段

2015 年 7 月,中国人民银行等十部门出台《关于促进互联网金融健康发展的指导意见》(以下简称《指导意见》),针对 P2P 网络借贷的监管逐步完善和规范,《指导意见》明确了网络借贷的含义:网络借贷包括个体网络借贷(P2P 网络借贷)和网络小额贷款。《指导意见》明确指出了 P2P 网络借贷属于小额借贷的范畴,至此 P2P 网络借贷的法律定位被明确,可被相关的法律所约束,受到最高法的相关司法解释规范。同时,《指导意见》明确了 P2P 网络借贷平台只能作为中介平台,提供信息服务,不得涉及借贷双方的金钱交易,不得非法集资。

2015 年 12 月,银监会、工业和信息化部、公安部、国家互联网信息办公室联合发布《网络借贷信息中介机构业务活动管理暂行办法(征求意见稿)》,并于次年 8 月发布正式文件《网络借贷信息中介机构业务活动管理暂行办法》(以下简称《暂行办法》)。《暂行办法》是网络借贷行业出台的首个正式法规,被称为网络借贷的"基本法"。在《暂行办法》实施之后,95% 以上的 P2P 网络借贷平台面临转型、整改,甚至淘汰。《暂行办法》的出台对网络借贷行业的 3 个重大影响是:明确了平台的信息中介定位,不再允许平台作为金融信用中介存在;要求平台进行资金存管;要求平台披露经营信息。资金存管的要求使 P2P 网络借贷平台不得不做出去担保化的选择。但问题在于,野蛮生长期内整个行业已经积累了较高的风险。在《暂行办法》发布之后,网络借贷行业备案的缓冲期为 12 个月,但实际上,在迎接备案的过程中,行业的整改难度过大,伴随《暂行办法》出台的监管细则也让备案要求更加明确。但对平台而言,备案的难度加大使得几乎所有平台无法在规定的备案期内完成备案。这就导致:一方面监管方面出台规定要求取缔或清退无法备案的 P2P 网络借贷平台;另一方面备案期限却被多次延后。这反映出监管部门在出台《暂行办法》时很可能并未意识到,网络借贷行业在近 10 年监管缺失的环境下已经积累了较大的风险,整改难度相当之大。

2016 年 10 月,银监会会同工业和信息化部、公安部、工商总局、国家互联网信息办公室等部委联合印发了《P2P 网络借贷风险专项整治工作实施方案》(以下简称《实施方案》)。《实施方案》一是明确了网络借贷风险专项整治工作的目标原则;二是确定了网络借贷风险专项整治工作的范围和重点;三是明确了网络借贷风险专项整治工作的标准和措施;四是确定了网络借贷风险专项整治工作的职责分工。2016 年 10 月国务院办公厅公布了《互联网金融风险专项整治工作实施方案》,对互联网金融风险专项整治工作进行了全面部署安排。银监会、工业和信息化部及工商总局办公厅联合发布《网络借贷信息中介机构备案登记管理指引》(以下简称《管理指引》),对新注册及已经设立并开展经营的网络借贷平台备案登记给予指引,推动 P2P 网络借贷平台备案,促进我国 P2P 网络借贷行业的合法合规发展。《管指引》提出,建立健全网络借贷信息中介机构备案登记管理制度,加强网络借贷信息中介机构事中事后监管。《管理指引》的实施在规范 P2P 网络借贷行业秩序的同时,也增加了平台资质获批难度与等待时间。

2017 年 2 月,银监会发布《网络借贷资金存管业务指引》,明确了网络借贷资金存管业务的基本原则以及各方的职责义务,并提出了具体操作规则与落实保障措施,对存管人的准入进行了明确的条件约束,并对项目的整个生命周期列出了行为指引,同时设置了 6 个月的过渡时间给企业进行业务调整。

2017 年 8 月,银监会发布《网络借贷信息中介机构业务活动信息披露指引》,要求 P2P 网络借贷平台及其分支机构通过其官方网站及其他互联网渠道向社会公众公示网络借贷信息中介机构的基本信息、运营信息、项目信息、重大风险信息、消费者咨询投诉渠道信息等。

P2P 网络借贷行业的合规性管理可以说是始于 2016 年 8 月银监会所发布的《网络借贷信息中介机构业务活动暂行管理办法》,截至 2017 年 8 月银监会发布《网络借贷信息中介机构业务活动信息披露指引》,基本完成了"1+3"监管政策体系框架的架构,确立了网络借贷行业的监管体制及业务规则,明确了网络借贷行业的发展方向,为网络借贷行业的规范发展和持续审慎监管提供了制度依据。

(三) P2P 网络借贷监管的收紧阶段

2018 年以来,出现问题的平台数量不断增加,P2P 网络借贷行业专项整治逐步加深提速,进入全面整治阶段。为促进行业整治的有序进行,中国互联网金融风险专项整治工作领导小组办公室、P2P 网络借贷风险专项整治工作领导小组办公室于 2018 年 12 月联合发布《关于做好网贷机构分类处置和风险防范工作的意见》,首次提出坚持以机构退出为主要工作方向,拉开了 2019 年整个行业清退转型的序幕。2019 年 1 月,《关于进一步做实 P2P 网络借贷合规检查及后续工作的通知》发布,明确表示将启动全国 P2P 网络借贷平台实时数据接入工作,增加行业信息透明度,降低风险,助力清退工作的进行。2019 年 3 月,《关于启动网络借贷信息中介机构运营数据实时接入的通知》发布,要求在营平台最迟应于 2019 年 6 月底前全部完成实时数据接入,无法按时完成实时系统接入的网络借贷机构后续应逐步退出市场。此后,监管部门历次重磅文件和高规格会议均在传达清退转型这一主基调,监管指向推动大多数机构良性退出,引导部分机构转型,给出了转型网络小贷公司、助贷机构或改制为消费金融公司、其他持牌金融机构等出路。

此外,针对日益严重的恶意逃废债行为,2019 年 9 月初,互联网金融风险专项整治工作领导小组办公室、P2P 网络借贷风险专项整治工作领导小组办公室联合发布《关于加强 P2P 网贷领域征信体系建设的通知》,明确支持在营 P2P 网络借贷机构接入征信系统,持续开展对退出经营的 P2P 网络借贷机构相关恶意逃废债行为的打击,同时加大对网络借贷领域失信人的惩戒力度。2019 年 11 月,互联网金融风险专项整治工作领导小组办公室、P2P 网络借贷风险专项整治工作领导小组办公室印发《关于网络借贷信息中介机构转型为小额贷款公司试点的指导意见》。该文件表示,将积极稳妥地推进互联网金融风险专项整治工作,引导部分符合条件的网络借贷机构转型为小贷公司,主动处置和化解网络借贷机构存量业务风险,最大限度地减少投资者的损失,促进普惠金融规范有序发展。在"1+3"制度框架的基础上,我国政府及相关部门不断对 P2P 网络借贷监管政策进行加码,例如,发布了《互联网

金融 个体网络借贷 资金存管业务规范》、《关于做好 P2P 网络借贷风险专项整治整改验收工作的通知》以及《关于报送 P2P 平台借款人逃废债信息的通知》等。在国家的大力监管下，P2P 网络借贷行业在 2020 年 12 月，最终以清退为结局退出历史舞台。

六、典型案例

拍 拍 贷

拍拍贷于 2007 年 6 月成立于上海，是一家金融科技公司。2017 年 11 月 10 日，拍拍贷成功在美国纽约证券交易所上市。目前，拍拍贷平台借款端服务包括面向广大个人用户的通用性借款和其他借款，借款流程已实现高度自动化，可为用户带来便捷快速的借款服务。截至 2021 年 9 月 30 日，拍拍贷累计注册用户数已达 1.2 亿。

(一) 平台模式坚定拥趸

① 资金端运行与知名第三方合作：平台与具有央行颁发的支付牌照的知名第三方支付平台（如支付宝、财付通等）以及银行体系合作，实现用户充值和提现资金的收付。

② 资产端利用大数据进行风险定价：平台使用特有风险定价模型评级，对每一笔借款都给出一个相应的风险评级，最后系统再依据风险评级形成风险定价，以此保证收益和风险相匹配。除传统的申请资料、信贷数据等审核资料外，借款人的信用行为、网络黑名单、相关认证、网上行为数据、社交关系数据等也被纳入风险模型构建。

③ 非担保型本金保障提升吸引力：替代担保政策，平台通过要求借款人额外缴费形成风险准备金，对满足特定条件的投资，保障投资者整体本金，保障过程不包括风险、债权转移，不承担信用风险。

(二) 行业野蛮发展边缘化拍拍贷，监管加强使平台受益

① 平台盈利模式主要基于对借款人的收费，在纯信息平台模式下，其收入来源为：向借款人收取的服务费，2015—2019 年贷款服务费和贷后服务费共同占收入的比例为 75%～90%；逾期费用和补偿，2015—2019 年其他收入占比 5%～15%。

② 该盈利模式导致拍拍贷贷款交易规模增长速度慢于同业，成立以来亏损近 9 年，直至监管整顿违规平台，才实现正收益。从 2012 年起，行业野蛮爆发，大多数 P2P 网络借贷平台通过互联网快速获取资金，以信用担保等方式迅速做大交易额，挤压了拍拍贷的生存空间。直至 2016 年，网络借贷监管加强，P2P 网络借贷平台信息中介的地位被确认，拍拍贷才实现赢利。

③ 行业整体监管趋严导致市场参与度降低，2016 年以来，P2P 网络借贷平台净利润增速持续下滑。

(三) 监管清退 P2P 网络借贷平台以来，平台转型，当前已完全清退网贷业务

2019 年拍拍贷更名为信也科技，将业务重心转向金融科技，缩减 P2P 网络借贷服务。在 2020 年 10 月中旬，拍拍贷成功清退网贷业务，向助贷平台转型，成为首家完成清退的上市网络借贷机构，现公司宗旨是为有需求的借款人寻找合规金融机构的资金，达成需求与供

给相匹配的形式,持续为广大客户群体提供更安全、更稳定的服务。

第二节 众筹融资

一、众筹融资概况

(一) 定义

在 2012 年美国《JOBS 法案》颁布之前,众筹通常是指艺术家、企业家和非营利组织等筹资人利用网络大众的合作力量来资助一项慈善事业、一个创新性计划和一次投资机会的社会经济现象。在互联网金融背景下,众筹(Crowd Funding)是指项目发起人利用互联网和社会性网络服务(Social Networking Services,SNS)传播的特性,发动众人的力量,集中大家的资金、能力和渠道,为小企业、艺术家或个人进行某项活动、某个项目或创办企业提供必要资金援助的一种融资方式。众筹融资的行为主体主要包括项目筹资人、项目投资人和项目融资平台三方。三方行为主体的关系如图 4-2 所示。

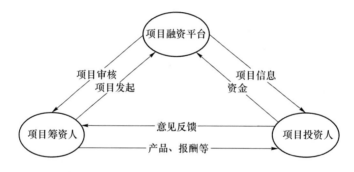

图 4-2 众筹行为主体关系图

1. 项目筹资人

项目筹资人即资金需求方,一般在众筹平台上展示项目创意、项目风险、项目前景以及资金需求等信息,旨在通过项目特色吸引项目投资人,以期筹集资金或获得其他与项目有关的物质支持。在预设的筹资期内,若筹资金额达到或超过目标金额,则项目筹资成功,筹资总额被划拨到项目筹资人的账户,项目随即启动运营。当项目成功后,项目筹资人会向项目投资人回报以产品、服务或股权等。

2. 项目投资人

项目投资人通常是数量庞大的互联网用户,主要通过在众筹平台上浏览由筹资人发起的各种项目,并结合个人的兴趣、风险偏好等,对自己支持的项目进行投资。项目投资人通常会从项目筹资人处获得产品、服务或股权等报酬及奖励。

3. 项目融资平台

项目融资平台的主要任务是依据相关法律法规,并且依托网络技术支持,对发起的项目进行审核并通过平台展示,减少投资方与资金需求方之间的搜寻成本和交易成本,实现资金对接。项目融资平台在筹资前期需要对项目筹资人的信息进行审查,确保项目筹资人的资质和项目的质量,筹资成功后负有一定的监督义务。

(二) 起源

众筹的雏形可以追溯到 18 世纪,其主要的服务对象是文艺作品。艺术家们在文艺作品创作前寻找订购者以获取创作经费,待创作完成后,回赠一本附有创作者亲笔签名的著作、协奏曲乐谱副本或使其享有音乐会首场演出欣赏资格等。1885 年的自由女神像基座项目就是通过众筹融资的方式完成的,每位资助者依据其资助的金额可以获得相应英寸的自由女神像。众筹作为一种商业模式最早起源于美国。众筹先锋平台美国 Artist Share 公司早在 2001 年就已经成立,该平台资助的音乐人多次获得格莱美奖。2009 年,当今影响力巨大的众筹网站 Kickstarter 在美国成立,其是一家专为具有创意方案的企业融资的众筹网站平台。由此,这种全新的融资模式受到了全社会的广泛关注。

2011 年 7 月国内首家众筹网站"点名时间"上线,这标志着真正意义上的互联网众筹从美国正式传入中国,之后大批众筹网站相继成立并快速发展。互联网金融创新改变了以往创业投资的传统理念,各类众筹平台的出现日益拓宽了大众投资的渠道。

(三) 特点

众筹融资作为互联网时代涌现出的新型融资方式之一,具有融资效率高、支持创新和创意、投资人数量众多、融资门槛低、提前宣传、平台性强等特点,受到广大小微企业及个人创业者的青睐。

1. 融资效率高

银行等金融机构对小微企业及个人创业者贷款的审核非常严格,且审核时间长,有时甚至错过小微企业及个人创业者融资的最佳时机。而众筹融资摆脱了传统金融中介机构的束缚,众筹平台对众筹融资项目的审核时间较短,效率高,同时公众投资人可以不受时间和地点的限制,随时随地对自己看好的项目进行投资。

2. 支持创新和创意

目前在众筹融资中最受欢迎的是设计、影视和音乐等文化创意项目,这些项目在传统风险投资中往往因为利润低而被忽视。其次受欢迎的是科技创新项目,在全球消费类电子产品项目中许多重要项目都是通过众筹启动的,如 3D 打印机、Pebble 智能表、游戏手柄和计算机硬件等项目,由于这些科技创新项目具有创新性及很高的风险,难以从传统金融机构筹集资金,很多项目因为被传统借贷方式拒绝而转向众筹融资。

3. 投资人数量众多

在传统融资模式下,投资人数量少,对投资额的要求高。而众筹融资的核心思想体现在大量的投资人上,且对投资人的资产数额不设限制,投资人只要对平台上发布的创新项目感兴趣就可进行支持,因此众筹融资可以在短时间内聚集数量庞大的投资人并使其进行投资。

4. 融资门槛低

在理想状态下,几乎所有的互联网用户都可以成为众筹融资的筹资人和投资人。无论身份、地位、职业、年龄、性别,只要有想法、有创造能力都可以发起项目。这一特点对筹资人来说,降低了创业门槛和筹资与投资双方的准入标准,为中小型企业和个人创业提供了新的融资渠道;对投资人来说,众筹融资使普通大众都能有机会为个人或中小企业投资,有利于聚集闲散资金,合理调配民间流动资本,为普通大众提供了新的理财方式。

5. 提前宣传

众筹融资除了能达到吸引资金的目的,还可以提前为产品进行广告宣传甚至预售。当创业企业要推出一种新产品时,企业会将产品创意发布到众筹平台上,由于互联网拥有庞大的用户群,且信息传播方便快捷、成本低廉,所以利用众筹平台来传播融资信息,既可以达成筹资的目的,又可以通过众筹平台宣传新产品,提高产品的市场知名度。

6. 平台性强

众筹融资是建立在互联网平台上的融资方式,其本身就是一种营销手段。通过大众的评价和反馈可以验证众筹项目在已知或未知市场的潜能,无论项目成功与否都能获得其市场测试报告,从而对项目进行改进和优化,以适应市场需求,提高市场占有率,这是传统融资渠道做不到的。

二、众筹融资的分类

按照项目投资回报方式的不同,众筹融资可分为募捐制众筹、奖励制众筹、债权制众筹、股权制众筹。

(一) 募捐制众筹

募捐制众筹是指投资人以捐赠或者公益的形式向项目或者企业提供资金,而不求任何回报。由于捐赠的项目非常个人化和生活化,如"因意外失业需要筹集孩子的学费"而发起一个项目,"为一次没有保险保障的车祸需要的资金"而发起一个项目等,投资人会因为非常清楚募捐款项的具体用途而愿意主动捐赠。大部分募捐制众筹通常是小规模的,一般涉及教育、社团、健康、环境、社会等方面的项目。这种类型的平台已经在美国、英国发展到一定水平,尤其在美国已发展成熟。这是与美国的税收政策和公共福利的文化背景有关的。在国外,发展较为成熟的募捐制众筹平台有美国的 Go Fund Me、英国的 Prizeo。在国内,发展较为成熟的募捐制众筹平台有水滴筹。

募捐制众筹的重要特征是带有明显的捐赠和公益性质,投资人几乎不会在意自己的出资最终能得到多少回报。在募捐制众筹模式下,作为投资人的大众与其说是在进行一项投资行为,不如说是在进行一项带有赠予性质的公益行为。募捐制众筹平台发展迅速,很快成为非营利组织获取捐款以帮助有需要的人的一个主要途径。目前,募捐制众筹项目在不同的平台快速发展,向那些在生活当中遭遇到不幸的人们提供基本生活和金钱上的援助。

(二) 奖励制众筹

奖励制众筹是指筹资人从投资人处获得资金,等项目成功后以实物、服务或者媒体回报等非金融形式支付给投资人作为回报。这种回报以筹资人的项目产品为主要形式,项目产品可以是实物形式,也可以是非实物形式,如电影的首映体验等。奖励制众筹通常用于创新项目方面的融资,如电影、技术产品或者音乐等方面的融资。相比于其他形式的众筹,奖励制众筹的覆盖范围更加广泛,包括音乐、电影、表演艺术、社会事件、时尚及其他商业活动等。奖励制众筹在众筹融资平台中的占比最大,美国的众筹平台 Kickstarter 就是一个运作非常成熟的奖励制众筹的典范,除此之外美国的 Appsplit、LuckyAnt,新加坡的 ToGather,中国香港的 ZAOZAO 也都是著名的奖励制众筹公司。

奖励制众筹类似于团购,但团购不是奖励制众筹的全部内容,其中重要的不同就是募集资金时,产品的发展阶段不同。奖励制众筹对应的产品或服务一般处于研究设计和生产阶段,而团购对应的产品或服务一般处于销售阶段。因此,奖励制众筹面临着产品或服务不能进入销售阶段的风险。奖励制众筹和团购的目的也不相同:前者主要是为了募集资金,满足研发设计的需求;而后者则主要是为了提高销售业绩。奖励制众筹模式可以获得潜在消费者对于该产品的市场反馈,可以替代传统的市场需求调研,在很大程度上规避了盲目生产所带来的风险和资源的浪费。在奖励制众筹模式下,筹资人不仅会获得生产新产品的资金支持,还会获得新产品的有效市场推广,实现了筹资和营销的完美结合。

奖励制众筹的优点可以概括为:可以快速地发现和发掘有潜力的产品项目;通过用户的支持,可以验证项目是否符合市场需求,从而大大降低项目失败的风险;提供天然的平台,帮助筹资人获得第一批忠实粉丝;众筹后的数据结果将为项目获得进一步融资提供强有力的支持;众筹平台也会根据项目筹资的表现,提供借贷、孵化或投资等金融服务。因此,奖励制众筹的核心诉求并不是直接融资,而是"筹人、筹智、筹资"的过程。

(三) 债权制众筹

债权制众筹是指投资人对项目或公司进行投资,获得其一定比例的债权,未来获取一定的利息收益并收回本金。债权制众筹的本质是一种借贷性的债权债务关系,投资人出资的目的是获取出让资金的利息,实现比较稳定的投资利益。因而,投资人以投资的眼光来判断筹资人及筹资项目是否有还本付息的能力,而不是单纯依靠筹资项目的新颖性或个人的喜好来决定是否出资。在债权制众筹中,投资人会比较不同筹资项目或筹资人之间的风险收益比值,往往倾向于风险较小但收益稳定的项目。国外比较著名的债权制众筹平台有英国的 Zopa、美国的 Prosper 和 LendingClub 等。

债权制众筹的特征是门槛低,面对的是社交平台的所有用户,其借贷关系清晰、投资回报明确,融资效率在 4 种众筹模式中是最高的,在债权制众筹平台上发起项目到完成募集所花费的时间大约只有股权制众筹和奖励制众筹的一半。

(四) 股权制众筹

股权制众筹主要是指通过互联网形式进行公开小额股权融资的活动。

股权制众筹在国外多用于解决初创期企业的融资难问题,尤其是一些高科技的创业项目,如软件、电子游戏、计算机等领域的项目,该类创业项目风险很高,但回报也可观。股权制众筹的显著特征是项目的高风险和高回报,为了防控股权制众筹的风险,一般会对投资人的进入门槛有一定的要求,如财务上的最低要求。这样的要求是对投资人的一种保护。

在国内,《关于促进互联网金融健康发展的指导意见》出台之前,股权制众筹处于灰色地带,无法将其明确地划分到公募或者私募中。《关于促进互联网金融健康发展的指导意见》出台后,明确了股权制众筹的法律地位,明确了股权制众筹融资业务的监管主体是证监会。

根据我国特定的法律法规和政策,股权制众筹在我国又分为凭证式众筹、会籍式众筹和天使式众筹。凭证式众筹一般都是通过熟人介绍加入众筹项目,投资人不成为股东;会籍式众筹的投资人则成为被投资企业的股东;天使式众筹则有明确的财务回报要求。

1. 凭证式众筹

凭证式众筹主要是指在互联网上通过销售凭证和股权捆绑的形式进行募资,投资人付出资金得到相关凭证,该凭证又直接与创业企业或项目的股权挂钩。购买了筹资人发行的凭证后,投资人不仅可以获得相关的非物质回报,如"电子杂志阅览"权、"业务培训"权等,甚至可以获得按持股比例对公司利润的分红回报。投资人如果不想再持有凭证,可以转让凭证或者要求筹资人进行回购。

2. 会籍式众筹

会籍式众筹主要是指在互联网上通过熟人介绍,投资人付出资金,直接成为被投资企业的股东。为了一件大家都想做的事情,同一个圈子里的人共同出资。投资人成为会员,不仅可以获得更加符合自身需求的服务和产品,也可能赚到钱,更关键的是在这个圈子里可以积聚更多的资源和人脉。会籍式众筹成功的关键有3个方面的考虑。

一是合适的投资人数量越多越好。要成为投资人有一定的门槛和标准,不仅对投资人的财务状况有一定的要求,而且对投资人的身份、地位、生活方式甚至品格等要进行一定的审查。

二是通过引入信任关系提升众筹参与群体的信任基础。投资人一般是熟人或者交际圈内人士,且召集人有一定的人脉影响力,这样才能建立起一个可靠的信任基础。

三是建立在价值保障体系的基础上。大家都想做的事情其目标不一定是赚钱,但一定要有价值目标,这个目标可能是人脉资源、社会地位、特别体验等。

3. 天使式众筹

与凭证式众筹、会籍式众筹不同,天使式众筹更接近天使投资或风险投资的模式,投资人通过互联网寻找投资企业或项目,付出资金后直接或间接成为该公司的股东,同时投资人往往有明确的财务回报要求。

筹资人(创业公司)在众筹平台上发布创意项目,众筹平台进行专业审核后,一般由一个对该项目非常看好的投资人作为领投人,领投人认投后,其他认投人跟随认投。等待融资额度凑满后,领投人和认投人按照各自的出资比例占有创业公司出让的股份,然后转入线下办理有限合伙企业的设立、投资协议的签订以及工商手续变更等事项。天使式众筹比较适合中小企业的创业项目,尤其是高科技创意项目。在融资过程中,领投人的角色比较重要,其不仅会认投部分融资,而且会帮助创业者确定价格和条款,协助众筹融资的完成,在融资完成后还会帮助并鼓励创业者,和创业者沟通公司的重要事项并协调与其他认投人的关系。

确切地说,天使式众筹应该是股权制众筹模式的典型代表,除了募资环节通过互联网完成外,它与现实生活中的天使投资、风险投资基本没有多大区别。但是互联网给诸多潜在的投资人提供了投资机会,再加上对投资人几乎不设门槛,所以这种模式又有"全民天使"之称。

三、风险及其防范

(一) 众筹融资的主要风险

1. 法律风险

(1) 非法集资风险

在目前金融管制的大背景下,民间融资渠道不畅,非法集资以各种形态频繁出现,引发了较为严重的社会问题。根据《最高人民法院关于审理非法集资刑事案件具体应用法律若干问题的解释》，非法集资应当同时满足如下4个条件：未经有关部门依法批准或者借用合法经营的形式吸收资金；通过媒体、推介会、传单、手机短信等途径向社会公开宣传；承诺在一定期限内以货币、实物、股权等方式还本付息或者给付回报；向社会公众（即社会不特定对象）吸收资金。

众筹平台的运营模式似乎与非法集资的行为模式相吻合，即未经审批、通过网站公开推荐、承诺有一定的回报、向不特定对象吸收资金。因此，众筹很容易被界定为非法集资。但众筹融资不是一项吸收公众存款的行为。投资人的出资不是以获得利息、固定回报或高额回报为目的，而是带有项目资助、捐款或对模型产品预付款的性质。这两者中间存在法律解释的模糊地带，众筹的法律风险一直存在。

（2）代持股的风险

凭证式众筹和会籍式众筹的投资人一般都在数百人乃至数千人。部分股权制融资平台的众筹项目以融资为目的，吸收公众投资人为有限责任公司的股东，但根据《中华人民共和国公司法》第二十四条"有限责任公司由五十个以下股东出资设立"的规定，股东人数限制在50人以内时，将无法筹集到足够数额的款项来进行公司运作。因此，在现实情况中，许多众筹项目筹资人为了能够募集到足够的资金成立有限责任公司，普遍建议投资人采取代持股的方式来规避《中华人民共和国公司法》关于股东人数的限制。

当显名股东与隐名股东之间发生股东利益认定的相关争端时，由于显名股东是记录在股东名册上的，因此除非有充足的证据证明隐名股东的主张是正确的，否则一般都会倾向于对显名股东权益的保护。因此，这种代持股的方式可能会使广大众筹项目投资人的利益受到损害。

（3）知识产权风险

该风险主要是针对奖励制众筹的，其特点是众筹项目以具备创新性为主。奖励制众筹平台成立的目的在于挖掘创意、鼓励创新；上线众筹项目的筹资人的主要目的在于实现并贩卖其创意；而投资人的投资出发点在于支持创意、购买新颖的产品。但是发布在奖励制众筹平台上的众筹项目大都是还未申请专利权的半成品创意，故不能按照知识产权相关法律保护其权益。与此同时，为期数月的众筹项目预热期也给了盗版商"充分的"剽窃时间。

从保护知识产权的角度出发，许多众筹项目的筹资人只向公众展示其创意的部分细节。而具有出资意愿的创新爱好者由于无法看到项目全貌，因此无法对产品形成整体、全面的印象，也就大大降低了其投资兴趣和投资热情。所以，我国知识产权相关法律法规在创新性众筹项目方面的缺失降低了创意发布者的创新积极性，也使众筹项目投资人对创新项目的支持力度大打折扣，在一定程度上制约了众筹行业的发展。

2. 道德风险

众筹平台的收益依赖成功筹资的项目，因此可能存在降低项目上线门槛导致平台展示项目鱼龙混杂的问题。更严重的问题在于，众筹平台可能会疏于资料核实或尽职调查，导致错误信息对投资人造成误导。如果这种情况发生，由于举证难度大和界定众筹平台是主观故意还是客观疏忽难度高，投资人很难对平台进行实质性的追偿。

从众筹平台的业务性质上讲，它首先是信息中介。但是这一信息中介应掌握、核实、披露多少信息并无严格规定。在创业者与平台之间、平台与投资人之间均存在信息不对称现象，这些不对称现象造就了众筹平台道德风险的温床。众筹平台要维护两方面的平衡：一是项目准入门槛和分成收益之间的平衡；二是项目筹资人和投资人之间的利益平衡。前者决定着众筹平台的短期收益，后者决定着众筹平台的长期收益。目前并无规则对众筹平台究竟应在多大程度上介入项目的标准制定和投融资双方之间的协调进行限定，但从长远来看，非常有必要对众筹平台的基本商业模式做出一定的限制，设立一些约束性指标，避免平台可能出现的、无视道德风险的过度自私冲动和利己行为，并防止出现恶性竞争，导致逆向选择。

3. 信用风险

信用环境也是制约众筹发展的因素之一，较差的信用环境会导致筹资人的违约成本变低，投资人权益难以得到有效保障，从而降低公众的参与热情和参与积极性。信用风险是影响众筹发展壮大的关键因素。众筹信用风险包括项目筹资人的信用风险和众筹平台自身的信用风险。

项目筹资人的信用风险主要表现为项目筹资人使用虚假身份骗取项目资金和项目资金募集成功后项目筹资人未兑现承诺两方面。究其原因，主要是现行法律对于项目筹资人的资格条件和信息披露没有专门的规定，众筹平台对于项目筹资人身份的真实性没有进行严格的核查，对于募资成功的众筹项目也缺乏后续的监督，尤其是对资金流向的监督管理。

众筹平台自身的信用风险主要表现在众筹平台的项目审核和资金管理上。在目前的情况下，众筹项目的资金流转过程既没有实行第三方存管，也没有监管机构监管，主要依靠自身信用来管理募集资金，投资人将资金划拨到平台账户，募集成功后再由平台转账给项目筹资人或者募集不成功返还给投资人。此外，项目的风险评估、募集金额、信息披露基本上由众筹平台决定，项目上线与否存在较大的操作空间。一旦众筹平台出现信用问题，投资人的合法权益将很难得到保障。

（二）众筹融资风险的防范

1. 加强对众筹平台的监管

一是实行牌照准入制，对众筹平台的信息技术水准、业务流程、风险控制等方面设定准入标准。二是对众筹平台实行备案制，众筹平台需要到中国证券业协会或证监会登记备案。三是规定众筹平台的服务中介地位，明确其经营范围，严禁众筹平台进行非法集资和非法公开发行证券，禁止众筹平台设立资金池，严禁挪用用户投资资金，沉淀资金应由金融机构代管。四是规范众筹平台对投筹资双方的资格审核和众筹项目的审核，尤其是对筹资人资格的审核。

2. 提高众筹平台自身管理水平

众筹平台的工作贯穿于整个筹资活动过程中，对项目成功与否极为重要，因此众筹平台应提高自身管理水平，规范项目管理，保护投资人利益。一是在项目筹资人提出项目申请时，众筹平台应对项目筹资人的信息进行严格审核，对项目在信息发布、筹资过程、筹资完成后的整个过程进行跟踪，并及时向投资人公开，使投资人及时了解项目的进展情况，依此判断筹资人对项目管理是否尽职尽责,项目资金使用是否合理,以决定是否继续进行后期投资。二是要建立纠纷处理机制。在投资人与筹资人发生纠纷时,应尽量通过协商的方法来解决,防止纠纷升级。在发生投资风险时,众筹平台要帮助投资人维护权益。

3. 加强对投资人的保护

首先,对投资人进行分类管理。基于投资人的收入、风险预测能力、风险承担能力等方面的因素将投资人划分为不同的类别。对不同类别的投资人采用投资规模的限制,以降低投资风险。其次,对不同类别的投资人给出其适合及不适合参与的众筹类别,并对其可投资的额度给出建议。最后,要加强对投资人的风险教育。一方面,投资人自身要加强投资知识的学习,提高对众筹投资风险的认识,积累投资经验,合理选择投资项目,理性投资;另一方面,政府相关部门要加强对投资人投资风险的宣传教育工作,采取正面宣传和反面案例教育相结合的方式,通过各种渠道进行宣传报道,让公众对各种众筹模式及其风险有更深入的了解。

四、监管及相关政策

2014年,中国众筹行业迎来快速发展时期,平台和投资人数量激增。在经历了野蛮生长后,众筹行业开始出现各种问题。此后,国家相关部门主要针对问题较大的股权制众筹出台了一系列监管政策。

2014年12月,中国证券业协会发布了《私募股权众筹融资管理办法(试行)(征求意见稿)》,就股权制众筹非公开发行的性质、众筹平台的定位、筹资人的范围及职责、投资人的范围及职责问题进行了初步界定。这是首部从官方角度发布的详细的股权制众筹监管法规,加速了股权制众筹行业监管框架的完善。

2015年7月,中国人民银行、工业和信息化部、公安部、财政部等十部门发布《关于促进互联网金融健康发展的指导意见》,明确了股权制众筹融资主要是指通过互联网形式进行公开小额股权融资的活动,确定了股权制众筹融资业务的监管机构,即由证监会负责监管,还明确框定了股权制众筹的相关内容,包括:

① 股权制众筹融资必须通过股权制众筹融资中介机构平台(互联网网站或其他类似的电子媒介)进行。

② 股权制众筹融资中介机构可以在符合法律法规规定的前提下,对业务模式进行创新探索,发挥股权制众筹融资作为多层次资本市场有机组成部分的作用,更好地服务于创新创业企业;企业的商业模式、经营管理、财务、资金使用等关键信息不得误导或欺诈投资人。

③ 股权制众筹融资方应为小微企业,应通过股权制众筹融资中介机构向投资人如实披露投资额。

④ 投资人应当充分了解股权制众筹融资活动的风险,具备相应的风险承受能力,从而进行小额投资。

2015年8月,证监会发布《关于对通过互联网开展股权融资活动的机构进行专项检查的通知》,规定"股权众筹"特指"公募股权众筹",而现有"私募股权众筹"将用"私募股权融资"

代替,并规定单个项目可参与的投资人上限为200人。2015年8月10日,中国证券业协会发布关于调整《场外证券业务备案管理办法》个别条款的通知,将《场外证券业务备案管理办法》第二条第十项"私募股权众筹"修改为"互联网非公开股权融资"。

2016年8月,《网络借贷信息中介机构业务活动管理暂行办法》正式发布,规定网络借贷信息中介机构不得从事或接受委托从事股权众筹业务,明令禁止P2P网络借贷平台从事股权众筹业务。

2016年10月,国务院办公厅公布了《互联网金融风险专项整治工作实施方案》,对互联网金融风险专项整治工作进行了全面部署安排,重点整治P2P网络借贷和股权众筹业务,要求:

① 股权众筹平台不得发布虚假标的,不得自筹,不得"明股实债"或变相乱集资,应强化对融资者、股权众筹平台的信息披露义务和股东权益保护要求,不得进行虚假陈述和误导性宣传。

② 股权众筹平台未经批准不得从事资产管理、债权或股权转让、高风险证券市场配资等金融业务。股权众筹平台客户资金与自有资金应分账管理,遵循专业化运营原则,严格落实客户资金第三方存管要求,选择符合条件的银行业金融机构作为资金存管机构,保护客户资金安全,不得挪用或占用客户资金。

③ 房地产开发企业、房地产中介机构和互联网金融从业机构等未取得相关金融资质,不得利用P2P网络借贷平台和股权众筹平台从事房地产金融业务;取得相关金融资质的,不得违规开展房地产金融相关业务。从事房地产金融业务的企业应遵守宏观调控政策和房地产金融管理相关规定。规范互联网"众筹买房"等行为,严禁各类机构开展"首付贷"性质的业务。

2016年10月,证监会、中央宣传部、中央维稳办、国家发展改革委、工业和信息化部等十五部门发布《股权众筹风险专项整治工作实施方案》。《股权众筹风险专项整治工作实施方案》将互联网非公开股权融资平台以"股权众筹"等名义从事股权融资业务;平台以"股权众筹"的名义募集私募股权投资基金;平台上的融资者未经批准,擅自公开或者变相公开发行股票;平台通过虚构或夸大平台实力、融资项目信息和回报等方法进行虚假宣传,误导投资人等行为纳入整治重点。

2018年3月,为进一步完善证券期货监管立法,继续推进证券期货监管合法化,完善证券期货监管法律实施体系,证监会发布了2018年度立法工作计划,对2018年全年的立法工作做了总体部署。其中值得关注的是,证监会列出的"争取年内发布的重点项目"(共15项)中第一项提到:"以国家战略为指导,提高服务实体的经济能力,进一步增强资本市场直接融资功能,改革完善发行上市制度,制定《股权众筹试点管理办法》。"

2019年3月,为进一步做好2019年证券期货监管规章等立法工作,完善证券期货监管法律实施规范体系,加强市场基础制度建设,依法推进资本市场长期稳定健康发展,证监会印发了2019年度立法工作计划,对2019年全年的立法工作做了总体部署。2019年,证监会拟制定、修改的规章类立法项目合计28件,其中列入"力争年内出台的重点项目"13件,列入"需要抓紧研究、择机出台的项目"15件,其中就包括推进资本市场改革发展,构建资本市场对外开放新格局,力争年内公开发布《股权众筹试点管理办法》。但截至2022年年底,《股权众筹试点管理办法》仍未发布。

五、典型案例

淘 梦 网

(一) 概况

2012年2月上线的淘梦网是国内第三家众筹平台,最初定位于综合类众筹。2012年6月,平台转型为垂直型的微电影众筹平台,专注于通过众筹的方式提供网络融资平台。电影团队可以在平台上发布拍摄计划、列出预算、展示团队、记录进度、沟通交流、寻求合作,最终完成作品创作。在此过程中,吸引观众、投资人、广告主和发行方的资金或资源支持。同时淘梦网为电影团队提供作品营销发行和版权交易支持。淘梦网汇集优势发行渠道,通过与视频平台、电视台、网络运营商、国内外影展和比赛等新媒体渠道的合作提供多样的营销和发行服务;同时,通过手机视频付费、视频平台付费、电视台、比赛等为电影团队获得作品收益。目前淘梦网已渗入影视产业链的制作、宣传、发行等环节,并开始向游戏、文学、造星等品类做横向拓展,欲打造全产业链布局。

(二) 优势

淘梦网的优势主要体现在3个方面:首先,自淘梦网成立以来,已获得多轮融资,有较为丰富的策划、出品、制作、宣传的实战经验;其次,淘梦网在营销发行方面具有专业性;最后,淘梦网拥有较多的宣传渠道,包括大众媒体、垂直化社区、长尾渠道等。

(三) 盈利来源

淘梦网是互联网影视行业最先拥有三大运营商合作资质的企业之一。通过稀有牌照优势,淘梦网形成了互联网影视发行的行业壁垒。其在前端融资环节中的服务均免费,收入均来自影视项目的后端发行阶段,主要来自3个部分:第一部分是内容付费收入,针对互联网影视内容制作团队,提供内容投资、发行推广和版权销售服务,从而获得作品的收入分成(如广告分成、付费分账)和版权销售分成;第二部分是企业广告服务;第三部分则是内容增值服务,将电影的影响力最大化,使其在有更大变现可能性的领域(如电影、书籍、游戏、周边产品领域)获取更多的利润。对于影视文化众筹领域来说,淘梦网的价值已经不单是为影视项目解决资金、人才、剧本等方面的问题,淘梦网还能够提供影视项目上下游各个环节所需的服务。

第三节　第三方支付

一、第三方支付概况

(一) 定义

第三方支付可以从狭义和广义两个层面进行界定。从狭义上来讲,第三方支付是指具备一定实力和信誉保障的非银行机构,借助于通信、计算机、互联网和信息安全等技术,采用与各大银行签约的方式,在用户与银行支付结算系统间建立连接的电子支付模式。根据中国人民银行2010年颁布的《非金融机构支付服务管理办法》给出的非金融支付机构的定义,从广义上来讲,第三方支付是指非金融机构作为收、付款人的支付中介,所提供的网络支付、预付卡、银行卡收单以及中国人民银行确定的其他支付相关服务。

第三方支付作为当前重要的网络交易支付手段,发挥着在商家和银行之间建立连接、实现对资金的第三方监管和支付过程的技术保障作用。第三方支付平台运用先进的信息技术,分别与银行和用户对接,将原本复杂的资金转移过程简单化。如今的第三方支付已不仅仅局限于最初的互联网支付,而是覆盖线上线下、具备丰富应用场景的综合支付工具。

(二) 起源

第三方支付源于美国的独立销售组织(Independent Sales Organization, ISO)制度。ISO制度指收单机构和交易处理商委托ISO做中小商户的发展、服务和管理工作的一种机制。企业开展电子商务势必要接受信用卡支付,因而需要建立自己的商业账户(Merchant Account)。商业账户是一个以商业为目的,为接收和处理信用卡订单而建立的特殊账户。收单银行必须是 VISA 或 MasterCard 的成员银行,这类银行需要由 VISA 或 MasterCard 组织认证。收单机构的商户拓展、评估、风险管理、终端租赁、终端维护、客户服务等往往需要借助于 ISO 完成,ISO 扮演着商户与收单机构的中介的角色。

然而并非所有的网上商户都能够顺利申请个人的商业账户,特别是一些小企业,如刚开业的缺少信用并且每月销售额在1 000美元以下的小企业、开业时间长一些但信用状况不佳的企业、非美国的企业、仅销售内容或服务的企业。这些企业不是在申请商业账户方面存在障碍,就是因为 ISO 小额交易收费较高而难以开展电子商务,这为第三方支付处理商(Third Party Payment Processor)提供了市场空间。第三方支付处理商可以让商户无须商业账户即可接收和处理信用卡订单,使交易通过第三方服务商的账户处理。第三方支付处理商服务于整个购买的过程,包括购物车、信用卡授权、客户服务和账单查询等。

ISO和第三方支付处理商的实质都是为网上企业提供支付中间服务,它们的区别主要在于收单方式、费用和服务内容。ISO可以服务于拥有商业账户和没有商业账户的企业,但收费种类较多,包括提现费、交易费和月费等。第三方支付处理商主要服务于那些没有商业账户的企业,这些企业往往刚刚成立或者销售量非常小,对这些企业通常只收取交易处理费,一般按百分比收取。销售量较小的企业适合使用第三方支付处理商,而交易量大的企业适合利用自己的商业账户与收单机构合作。

国内的第三方支付功能类似于美国的ISO和第三方支付处理商,主要提供的是多银行网关的接入和支付清算服务。国内最早的第三方支付处理商之一是首信易支付(原首都电子商城网上支付平台),创建于1999年3月,是国内首家实现跨银行、跨地域提供多种银行卡在线交易的网上支付服务平台。经过多年的发展,中国第三方支付行业涌现出支付宝、微信支付、易宝支付、快钱、银联商务等诸多知名第三方支付品牌。

(三) 特点

第三方支付在收款人和付款人之间建立起跨机构的支付桥梁,提高了资金流转的效率,节省了交易成本,在运行过程中体现出以下显著特点。

1. 支付方便快捷

从微观角度来看,第三方支付平台提供了一系列的应用接口程序,将多种银行卡支付方式整合在一个界面上,负责在交易结算中与银行的对接,可有效避免与银行及多方机构进行交易谈判,使网上购物更加快捷、便利。第三方支付使得消费者和商家不需要在不同的银行开设不同的账户,可以帮助消费者降低网上购物的成本,帮助商家降低运营成本。第三方支付能够利用技术手段实现上层银行等金融机构与底层商家及个人的多对多无缝连接,打造高效的资金流动通道,利用技术优势在后台解决了支付过程中烦琐的技术验证和跨机构交涉问题,从而使得支付变得更加高效便捷。

从宏观角度来看,虽然第三方支付要依靠传统清算体系进行最终清算,但其部分承担了类似于中央银行的支付清算功能,相当于增加清算节点的数量,使得原有单一核心支付清算体系变成网状支付清算体系,以达到优化社会资金流转路径,降低交易成本的目的。在第三方支付出现前,支付清算体系是以中央银行为唯一核心的单枢纽清算体系,客户账户间资金流转必须逐级借助于清算体系进行,清算链条过长、清算渠道单一导致清算效率低下。第三方支付体系的出现把原有树状支付体系变为网状支付体系,优化了支付结构,提升了支付效率。

2. 小额资金流转

小额资金流转是第三方支付的重要特征。首先,互联网金融本身的重要特征就是普惠和小额,用户群体的长尾化决定了其小额和高频的特点,第三方支付作为互联网金融的基础服务之一,也具有了以小额资金流转为主的特性。其次,第三方支付发展的重要载体是电子商务,网上消费的小额特征也决定了第三方支付总量大而单笔金额小。最后,第三方支付平台小额资金流转也有政策因素的影响。第三方支付的存在使得一部分资金流动绕过了中央银行的管理和调控,一方面为洗钱等违法犯罪活动提供了渠道;另一方面降低了金融监管部门对资金流动的感知,进而影响了货币政策的准确性和传导机制的畅通。为了控制金融风险,中央银行对第三方支付的交易额度、身份验证等内容进行了政策指导和限制。

3. 信用担保

第三方支付平台产生的初衷是控制网络交易中的信用风险,因此信用担保是第三方支付的主要特征之一。第三方支付平台大都依附于大型电商企业和门户网站,它的一大功能就是为交易双方提供安全可靠的保障机制,确保商品和资金在非面对面交易环境下也能充分自由交换。信用担保催生了第三方支付,也促进了第三方支付的快速发展,随着互联网金融生态的完善,第三方支付平台相继独立于其依托的载体,进化为综合性的支付服务机构,但信用担保仍然是第三方支付的重要特征。

4. 支付渠道多元化

支付渠道多元化主要体现在支付方式的多元化和资金来源的多元化。一方面,随着移动支付的发展,NFC、二维码支付等逐渐出现,结合原有的 POS 支付、网络支付、固定电话支付、机顶盒支付等渠道,支付方式逐渐朝着多元化的方向发展,近场支付和远场支付体系不断完善;另一方面,互联网金融生态中信用评估机制的创新和完善使得第三方支付可以对用户开展授信服务,用户所支付的资金可以来自其信用账户、银行卡账户以及货币基金账户等,支付方式越来越灵活,支付渠道也越来越多元化。

二、运作模式

第三方支付一方面连接银行,处理资金结算、客户服务、差错等一系列工作,另一方面连接用户,使用户的支付交易能顺利接入,简化并保护原本复杂的资金转移过程。

从第三方公司的功能特色来看,第三方支付可以分为支付网关模式和支付账户模式。从发展路径与用户积累途径来看,第三方支付公司的运营模式可以归为两大类:一类是独立第三方支付模式,如快钱、易宝支付;另一类就是有交易平台担保的第三方支付模式,即依托于自有 B2C、C2C 电子商务网站,提供担保功能的第三方支付模式,如财付通、支付宝。两类模式的不同之处在于:第一类模式主要对接企业客户端,通过服务企业客户间接覆盖客户的用户群;第二类模式则主要对接个人客户端,利用用户资源的优势渗入行业之中。

(一) 独立第三方支付模式

独立第三方支付模式是指第三方支付平台完全独立于电子商务网站,不具有担保功能,仅为用户提供支付服务和支付系统解决方案。平台前端连接网上消费者并提供统一的支付接口和结算对账等业务服务,平台后端连接众多银行并集成不同银行的网银接口,负责与各银行之间的账务清算。独立第三方支付平台实质上扮演了支付网关的角色,一方面,支付平台作为银行金融网络系统与 Internet 网络之间的接口,能够在不接触商家的情况下为需要支付服务的商家提供网上支付通道;另一方面,通过设置虚拟账户来收集所服务商家的信息,并将其作为为客户提供支付结算功能之外的增值服务的依据。国内这类模式以中国银联、易宝支付、拉卡拉等为典型代表。

独立第三方支付企业最初凭借支付网关模式立足,但支付网关模式所提供的服务相似度极高,只要攻破技术门槛,模式很容易被复制,行业同质化竞争相当严重。第三方支付要树立起竞争壁垒,领先于行业需要依靠"增值服务"——为用户提供信用中介、商户客户关系管理、营销推广等服务。这种增值服务的基础是用户信息,于是可以获得用户注册与登录信息的支付账户模式应运而生。另外,传统行业向电子商务的转变也是促使独立第三方支付企业转型的重要原因。因为只有从提供无差别支付服务转为提供根据具体行业、具体情境量身定制的有针对性的、多样化的电子支付解决方案,第三方支付企业才能在行业细分领域中找到自己生存的空间。

独立第三方支付平台主要面向 B2B、B2C 市场,为有结算需求的商户和企业单位提供支付解决方案。它们的直接客户是企业,通过企业间接吸引消费者。与依托电商网站的支付宝相比,独立第三方支付企业更为灵活,能够积极地响应不同企业、不同行业的个性化要求,面向大客户推出个性化的定制支付方案,从而方便行业上下游的资金周转,也使其客户的消费者能够便捷付款。独立第三方支付平台的线上业务规模远比不上支付宝和财付通,但其线下业务规模不容小觑。独立第三方支付平台的收益来自和银行的手续费分成以及为客户提供定制产品的收入。

(二) 有交易平台担保的第三方支付模式

有交易平台担保的第三方支付模式是指第三方支付平台依托大型电子商务网站,与各大商业银行建立合作关系,凭借自身信用充当电子商务交易双方的支付和信用中介,在商家与客户之间搭建安全、便捷、高效、低成本的资金划拨和结算通道。在此类支付模式下,买方在电子商务网站选购商品后,使用第三方支付平台提供的账户进行货款支付,此时货款暂由平台托管并由平台通知卖方货款到达、进行发货;待买方检验货物并进行确认后,通知平台付款给卖方,此时第三方支付平台再将款项转至卖方账户。这类支付模式的实质是第三方支付平台作为买卖双方的信用中介,支付结算作为电子商务交易中的关键环节对于网络交易顺利进行起着至关重要的作用,在买方收到货物前,平台暂时保管货款,以防止出现欺诈和拒付行为。

支付宝和财付通由各自母公司的电商业务孕育而出,本是作为自有支付工具而出现的。在淘宝网、拍拍等C2C电子商务网站上聚集的个人商户和小微企业商户没有技术实力来解决网络购物的支付问题,买卖双方通过网络直接交易对买方而言缺乏信任感,这就需要中立于买卖双方、有技术实力又有担保信用的第三方来搭建这个桥梁,支付宝和财付通即在这种需求下应运而生。有交易平台担保的第三方支付模式极大地促进了第三方支付平台所依附的电商网站的交易量,电商网站上的消费者也成为支付平台的使用者。有交易平台担保的第三方支付模式所打造的信任环境为其带来了庞大的用户群,这些海量的用户资源为这类第三方支付平台创造了强大的优势地位,这是如快钱这类独立第三方支付平台难以企及的。国内这类模式以支付宝、财付通为代表。

(三) 两类模式的对比分析

1. 两类模式的不同点

独立第三方支付模式与有交易平台担保的第三方支付模式在运作过程中存在比较明显的差异,主要体现在以下两个方面。

(1) 支付模式设计的出发点不同

独立第三方支付模式立足于商业活动中的企业端,在为企业提供收款接口的过程中间接覆盖客户的用户群体;有交易平台担保的第三方支付模式立足于商业活动中的客户端,为客户在线购物提供安全、快捷支付的同时,采用资金质押方式预防卖家的欺诈行为。

(2) 对客户业务的渗入程度不同

独立第三方支付模式对于企业客户的渗入程度较浅,但用户覆盖面比较广,在线下支付中具有较大优势;有交易平台担保的第三方支付模式对于企业客户的渗入程度较深,例如,财付通已经深入企业营销管理流程,将支付打造成价值链的延伸,结合企业采购、供应、生产、销售的实际特点,打造综合支付解决方案。

2. 两类模式的相同点

两类支付模式在运作过程中也存在类似之处,主要体现在以下两个方面。

(1) 盈利模式比较类似

独立第三方支付模式与有平台担保的第三方支付模式的收入来源基本类似,主要有交易手续费、行业支付解决方案收入以及沉淀资金利息收入3部分。在一般情况下,为了吸引更多的用户来使用第三方支付方式进行交易结算,支付机构会对付款者免费,对交易活动中的商家收取一定的手续费,并且支付给发卡银行一定的费用,两者之间的差额即平台手续费收入;为行业提供支付综合解决方案,既可以使第三方支付机构深入企业商业活动,为开发新的商业机会、提供增值服务、进入互联网金融业奠定基础,也是第三方机构的重要收入来源之一;第三方支付模式存在延时交易、延期清算等现象,从而在平台上积累了大量的沉淀资金,例如,从客户选择支付划款给支付宝,到支付宝将收到的货款转给商家一般有7~14天的货款质押期,在此期间沉淀资金产生的利息归第三方支付机构所有,能为其带来一定的利息收入。

(2) 虚拟账户设置成为第三方支付模式运作的关键环节

两类支付平台都已认同虚拟账户的价值,一方面,虚拟账户在支付结算业务中起到暂存顾客资金的核心作用;另一方面,通过虚拟账户可以很方便地获得相关交易和支付信息,从而为各平台开展增值服务提供数据信息和技术基础。

三、发展状况

(一) 交易规模持续增长

自2010年起,在网络购物、社交红包、线下扫码支付等不同时期不同推动力的作用下,第三方支付交易规模高速发展。如图4-3所示,2020年,第三方移动支付与第三方互联网支付的总规模达到271万亿元。第三方支付凭借其便捷、高效、安全的支付体验,使得中国的支付市场成为国际领先的支付市场之一。

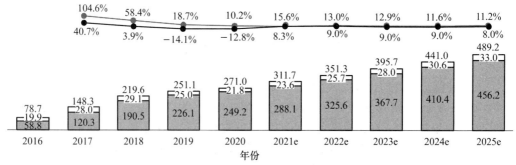

图4-3 2016—2025年中国第三方移动支付与第三方互联网支付交易规模

(数据来源:艾瑞咨询)

(二）移动支付规模扩大，增速放缓

我国第三方移动支付起源于电商交易，因社交红包转账而获得爆发性增长，因线下二维码支付进入线下驱动的新轨道。伴随着第三方支付规模的快速增长，第三方移动支付渗透率逐步提高，移动支付规模增速趋于稳定。自2013年起，第三方移动支付保持了稳定的增长态势。目前第三方移动支付交易规模主要来自C端用户相关的支付交易，而B端的企业之间第三方移动支付渗透率仍有较大的增长空间。

（三）支付宝、财付通占据C端用户心智，不同支付机构在企业端细分领域精耕细作

2020年，第一梯队的支付宝、财付通以较大领先优势占据市场头部地位。第二梯队的支付企业在各自的细分领域发力，其中：壹钱包位居第三，依托场景、技术、资源等优势，提升C端服务体验，推进B端合作赋能；联动优势位居第四，推出面向行业的支付+供应链金融综合服务，促进交易规模平稳发展；快钱位居第五，向保险、航空领域持续提供金融科技能力输出服务，实现商户综合解决方案定制化；银联商务位居第六，围绕商户营销拓客、账务管理、终端运维、资金服务等方面的需求，为合作伙伴创造价值；易宝支付位居第七，连接航空、铁路、租车全交通生态，并涉及旅游、酒店到景区的全旅游服务，实现这一生态下的完全布局；苏宁支付位居第八，积极助力城市绿色出行，深耕场景服务，重点挖掘出行领域，打通线上线下多渠道，提高用户参与度。

四、风险及其防范

（一）第三方支付的主要风险

1. 合规风险

合规风险主要是针对第三方支付机构而言的，它包含两层含义：一是第三方支付机构因未能遵循法律、监管规定和规则、自律性组织制定的有关准则，以及适用于机构自身业务活动的行为准则，而可能遭受法律制裁或监管处罚、重大财务损失或声誉损失的风险；二是第三方支付监管法律法规缺位，致使第三方支付机构业务被叫停或面临更加严格的监管而遭受的风险。前一种风险主要是强调第三方支付机构由于各种自身原因违反法律法规和监管规则等而遭受的经济或声誉的损失，后一种风险则强调因支付监管法律法规缺位使第三方支付机构面临被关闭或整顿的风险。合规风险的性质通常较为严重，造成的损失也较大，是第三方支付机构所面临的最基础的风险。

在我国，第三方支付面临的最大合规风险是监管法律法规缺位致使第三方支付机构的业务可能被叫停或面临更加严格的监管的风险。一般而言，国家通常是在第三方支付某项业务发展过于迅速并出现相应问题时推出相关管理办法加以规范。因此，第三方支付机构的创新类业务可能随时受到监管的约束。例如，2014年3月初，支付宝和财付通与中信银行合作拟推出虚拟信用卡，但在3月14日，央行紧急下发通知叫停支付宝、腾讯的虚拟信用卡产品，同时叫停条码（二维码）支付等面对面支付服务。2015年12月，中国人民银行发布了《非银行支付机构网络支付业务管理办法》，对第三方支付的业务范围、客户管理、业务管

理、风险管理与客户权益保护、监督管理、法律责任等作出明确的规定，其实质是禁止第三方支付机构银行化、银联化，使其回归支付结算的本源，在保证资金安全的前提下，兼顾效率和效益。

2. 沉淀资金风险

"信用担保、二次结算"的模式使得第三方支付机构内部滞留了大量的客户备付金，第三方支付机构的中介性质使得资金在平台内部有可控性的停顿。具体来说，沉淀资金主要包括以下两种形式。

① 第三方支付机构的运作模式即为买卖双方提供一个交易的中介，因此资金需要通过第三方支付平台来实现最终的支付。具体做法是买方选购商品之后将资金转入第三方支付平台中，待其最终确认付款时再由第三方支付平台转入卖方账户内。而在这个过程中资金从转入第三方支付平台开始至实际确认付款之间通常有数天的时间差，在此期间这笔资金存于第三方支付平台内部，这是第三方支付机构沉淀资金最主要的来源。

② 对于交易担保型账户模式而言，客户需要在第三方支付机构内开立虚拟账户来完成交易。在通常情况下，该虚拟账户内部会有一定的留存资金用于交易，平时这笔资金留存于虚拟账户中，当有交易需求时通过转账即可完成交易。这部分留存资金是沉淀资金的又一来源。

2013 年 6 月出台的《支付机构客户备付金存管办法》和 2021 年出台的《非银行支付机构客户备付金存管办法》都对沉淀资金如何存管的相关问题予以完善，备付金经历了逐步集中存管直至全部集中存管的过程。《非银行支付机构客户备付金存管办法》指出支付机构备付金全额集中交存至中国人民银行或符合规定的商业银行，并在中国人民银行开立一个备付金集中存管账户，这就限制了第三方支付机构擅自挪用沉淀资金。沉淀资金的风险取决于备付金存管银行沉淀资金的收益情况，如果备付金存管银行出现流动性风险，不能按时足额支付利息，沉淀资金的风险就会产生。

3. 信用风险

信用风险指的是在第三方支付过程中买方、卖方和第三方支付平台等参与方未能履行约定契约中的义务而导致损失的风险。通常而言，交易的双方选择第三方支付平台进行交易活动，正是出于对第三方支付平台实力、品牌和信誉的认同。第三方支付平台的介入虽然在一定程度上弥补了部分社会信用体系的不足，但同时也为交易增加了额外的信用风险。

(1) 买方失信

买方失信是指由于各种原因买方违约的情况。买方信用风险包括资金来源的合法性、买方否认自己操作或授权他人操作的交易、利用虚假身份进行交易、洗钱、骗取积分、返现、信用卡套现、虚假开户骗取佣金等风险。买方不履约不一定会造成卖方和第三方网上支付企业的经济损失，但是这样会使第三方支付平台的运营成本和征信成本增加。

(2) 第三方支付平台失信

第三方支付平台失信是指第三方支付平台由于风险防控不到位或内部经营管理不善等原因，未起到信用中介和担保的作用。顾客与商家正是基于对第三方支付平台的信任，选择通过第三方支付平台完成交易。第三方支付平台掌握了大量买方和卖方的基本信息和交易数据，如果这些信息和数据被泄露、挪作他用或进行交易，则会给买卖双方带来潜在的风险，甚至造成经济损失。

（3）卖方失信

卖方失信是指卖方未按约定给买家提供其购买的商品,或未按时将交易标的送达买方手中。卖方失信不仅会给自身造成损失,同时也会给买方造成损失,如退货费用、与第三方支付平台交涉的费用及时间成本等。第三方支付平台也会受到影响,造成运营成本的增加及信誉损失等。

4. 技术风险

技术风险是指在第三方支付中所涉及的电子设备、信息系统、通信、供电等相关软硬件设备出现故障,无法保障支付业务高效、有序、顺利进行,从而导致交易不能正常进行,进而引发损失的风险。技术风险主要来源于硬件设备和软件两方面。其中,硬件设备方面的风险主要指硬件设备的机型、容量、数量、运营状况及在业务高峰时处理能力无法满足网上支付的正常需要,不能有效及时地应对突发事件而造成的经济损失。软件方面的风险则主要指软件系统的稳定性、业务处理速度及可靠性无法满足网上支付的需要从而给第三方支付机构带来损失。

第三方支付的安全性始终是用户关心的首要问题。第三方支付平台以互联网为依托,通过网络进行数据的传输和存储,因此容易遭受病毒和黑客恶意攻击。第三方支付平台保留的客户个人资料(姓名、身份证号码、银行卡号等)一旦被泄露并被不法分子利用,极有可能造成严重的经济损失。

5. 操作风险

操作风险主要是指那些由于用户支付终端操作失误、第三方支付平台内部工作人员操作不当、第三方支付平台内控机制失灵等人员操作上的原因导致损失的风险。用户可能因为不熟悉操作流程、安全意识薄弱而操作失误引发损失。第三方支付平台可能因为内部缺乏有效控制,未建立健全制度体系,而造成较大的操作安全隐患。第三方支付平台可能因为内部员工专业素养和职业道德欠缺,而损害客户利益。

（二）第三方支付风险的防范

1. 强化合规监管

现阶段,针对合规监管,国家应该制定针对第三方支付的反洗钱办法。第三方支付的运作给洗钱活动提供了一个新的途径,如果不法分子利用第三方支付的中介性质隐匿资金来源,则会对经济的发展造成不利的影响。虽然中国人民银行已出台《支付机构反洗钱和反恐怖融资管理办法》,但是未出台针对第三方支付的相关办法和规定。因此,国家应尽快制定有针对性的管理办法,加强相关监管,重点监控第三方交易过程,并要求第三方支付机构及时上报可疑交易,保存相关交易记录,以利于市场的有序发展。

2. 建立健全社会信用体系

社会信用体系的建设关系到市场的方方面面,在网络信息时代,虚拟交易更需要相应的社会信用体系来规范其发展。第三方支付机构掌握着大量的客户数据,充分利用这些数据有利于我国社会信用体系的建设。

目前,我国的社会信用体系(尤其是个人征信系统)以中国人民银行的个人征信系统为主导,商业性的征信系统尚在建设中。中国人民银行的征信系统主要纳入了个人银行信贷信用信息,绝大部分非银行信用信息还未被纳入。由于第三方支付机构掌握着大量买卖双方的信息数据,在互联网金融快速发展的今天,如果能将第三方支付所掌握的大数据纳入个人征信系统中,形成庞大的个人信用信息数据库,不但能够完善我国的社会信用体系,缓解交易中的信息不对称,防范经济交易中的各种信用风险,而且能够减少乃至杜绝各种诈骗事件的发生,规范市场秩序,维护市场交易主体的经济利益,促进经济社会的健康发展。

3. 强化第三方支付机构内部控制

对于第三方支付机构而言,其内部的风险防控至关重要,严格的内控可以有效地防止风险事件的发生,并减少由此带来的损失。具体而言,主要从以下3方面入手。

(1) 健全内部管理办法

第三方支付机构内部应该制定相应的管理办法,这些管理办法可以有效地规范机构自身的运营,如建立操作流程的相关制度、风险防控的指标及应对措施等,可以为企业内部的操作提供依据,避免因为机构自身行为不当而导致违反相关规定的情形发生,还可以提高服务质量和服务效率,形成良好的管理架构。

针对移动支付的发展,第三方支付机构应该在拓展相关业务的过程中注重安全性问题,在保证安全性的前提下进行支付结算的创新,而不能单纯为了追求快捷而忽视安全。具体而言,第三方支付机构应该在符合中国金融业移动支付技术标准的前提下,通过完善移动支付风险管理机制建设、提升支付技术水平等措施来提升移动支付的安全性,保障客户的移动交易支付。

(2) 实行程序化管理

第三方支付机构应该在健全内部管理办法的基础上实行程序化管理。程序化管理不仅包括第三方支付机构某种活动或者完成某项工作的内容、操作方法及其相应的规则和前后衔接递进的关系,还涉及营运结果的反馈机制等内容。程序化管理可以明确操作人员的职责权限、规范各类人员的行为,防止由于第三方支付机构内部员工操作不规范而导致风险事件的发生。

(3) 提高从业人员素质

第三方支付机构掌握着大量的客户信息,如果内部员工不重视职业道德,泄露客户信息,将会给客户造成损失,同时也会使第三方支付机构自身的声誉受损。因此,第三方支付机构应该重视对员工职业道德的培训和自身企业文化的宣传,使员工认同企业,这样才能更好地完成工作。另外,第三方支付的运作依赖网络和计算机的支持,如果员工操作不当将会造成交易失败等问题,影响正常的支付。因此,第三方支付机构应该对人员严格进行技术培训,使其操作符合规范,保证交易的正常进行。

五、监管及相关政策

在经历了一段时期的快速增长以后,第三方支付平台经营不规范、边界无序扩张、备付金挪用、资金流向不透明、交易数据不安全、客户权益保护弱以及垄断等合规问题和风险情况开始逐渐暴露出来,对金融安全和社会稳定提出了挑战。因此,为保障第三方支付平台健康规范可持续发展,近年来国家开始对第三方支付平台持续加强规范,陆续在行业准入和业务管理、备付金管理、客户权益保护、竞争监管、监管执法等多个方面推出一系列监管政策,不断完善监管体系。

(一) 持续加强市场准入和退出监管,确保市场有序发展

推动市场有序准入和退出,让市场规律正常发挥作用,是支付市场监管的重要手段,也是有效控制支付市场风险的关键举措。因此,中国人民银行持续加强支付市场准入和退出监管制度建设,及时清理不合格的支付机构。

1. 在准入监管方面

2010年6月,中国人民银行制定并公布《非金融机构支付服务管理办法》,明确了对第三方支付机构实施牌照管理,并规定了支付机构从事的业务类型和范围、相应的资质条件以及相应的审批流程、擅自提供支付服务的惩罚、相关监督管理要求等内容。2010年12月,中国人民银行公布《非金融机构支付服务管理办法实施细则》(2020年修订),细化了《非金融机构支付服务管理办法》中关于支付机构从事支付业务的最基本规则、申请人资质条件等,使《非金融机构支付服务管理办法》的相关要求更具有可操作性和可执行性。2015年12月,中国人民银行颁发《非银行支付机构网络支付业务管理办法》,进一步明确了第三方支付机构的定位和性质、业务管理、风险防控和客户权益保护等方面的要求,并提出了对支付平台实施动态分类管理。

2. 在退出监管方面

《非金融机构支付服务管理办法》规定,支付业务许可证自颁发之日起,有效期为5年,期满向所在地中国人民银行分行申请续展,准入续展的,每次续展的有效期为5年。并且《非金融机构支付服务管理办法》还规定了注销支付业务许可证、强制支付机构退出、停止其从事支付业务的相关要求。2021年1月,中国人民银行发布的《非银行支付机构条例(征求意见稿)》规定对非银行支付机构进行综合评价和分类评级并根据分类评级结果采取差异化、针对性的监管措施。

截至2021年4月,中国人民银行已相继注销39张支付牌照,其中34张牌照覆盖预付卡业务,6张含银行卡收单业务,5张含互联网支付业务。

(二) 不断完善客户资金监管制度,确保客户资金安全

第三方支付平台在开展支付业务时沉淀了大量的客户资金,为保障客户资金安全,中国人民银行等部门持续完善备付金监管制度。

2013年6月,中国人民银行制定并实施《支付机构客户备付金存管办法》,明确了客户备付金的定义和性质以及建立备付金银行分类和账户分层管理、资金使用与划转、备付金信息核对、备付金监测指标动态调整、备付金合规报告等监管制度。2017年1月,中国人民银行办公厅出台《中国人民银行办公厅关于实施支付机构客户备付金集中存管有关事项的通知》,决定对支付机构客户备付金实施集中存管,要求支付机构将客户备付金按照一定比例交存至指定机构专用存款账户,暂不计付利息。2018年6月,中国人民银行办公厅印发《中国人民银行办公厅关于支付机构客户备付金全部集中交存有关事宜的通知》,规定自2018年7月9日起,按月逐步提高支付机构客户备付金集中交存比例,到2019年1月14日实现100%集中交存,支付机构应于2019年1月14日前注销在商业银行的其他备付金账户,并

且规定备付资金划转应通过中国银联或网联办理。2021年1月,中国人民银行制定并颁发《非银行支付机构客户备付金存管办法》,明确规定备付金全额集中交存至中国人民银行或符合规定的商业银行,客户备付金的划转以及支付机构之间开展合规合作产生的备付金划转都应当通过符合规定的清算机构办理,并且还增加了备付金违规行为处罚条款。

(三)不断加强用户信息保护管理,加大信息和洗钱监管

由于支付机构在从事支付业务时会收集和存储大量的用户数据,中国人民银行大力推进信息保护制度建设,要求支付机构严格保护用户信息,加大数据灾难恢复能力和应急处理能力建设,确保用户数据信息安全。

《非金融机构支付服务管理办法》规定,支付机构应当按规定核对客户的有效身份证件或其他有效身份证明文件,并登记客户身份基本信息,按规定妥善保管客户身份基本信息、支付业务信息、会计档案等资料以及客户的商业机密。《非银行支付机构网络支付业务管理办法》则规定,支付机构应当依照中国人民银行有关客户信息保护的规定,制定有效的客户信息保护措施和风险控制机制,履行客户信息保护责任。支付机构应当以"最小化"原则采集、使用、存储和传输客户信息,并告知客户相关信息的使用目的和范围。支付机构不得向其他机构或个人提供客户信息,法律法规另有规定以及经客户本人逐项确认并授权的除外。

自2020年年底以来,中国人民银行进一步加快客户信息监管制度的建设步伐。2020年12月31日,中国人民银行发布《金融机构反洗钱和反恐怖融资监督管理办法(修订草案征求意见稿)》,强化金融机构反洗钱内部控制和风险管理工作要求。2021年1月,中国人民银行会同有关部门研究起草了《非银行支付机构条例(征求意见稿)》,进一步强调支付机构应严格遵守信息收集、使用与处理以及信息本地化等相关要求,确保客户信息管理合规、风险可控,防止用户信息被不当使用,从而产生各类数据风险。2021年5月7日,北京国家金融科技认证中心发布文件《关于非银行支付机构支付业务设施技术认证审查要求变更通知》,规定支付牌照认证内容增加,新增71项数据安全类审查项。2021年7月20日,中国人民银行发布《非银行支付机构重大事项报告管理办法》,要求可能对支付机构(含分公司)自身经营状况、金融消费者权益、金融和社会稳定造成重大影响应当事后报告的事项,应当一事一报,健全重大事项报告、风险事件防控与处置等工作机制。

(四)持续推进竞争监管政策建设,确保市场公平的竞争秩序

为进一步推进对支付市场垄断和不正当行为的监管,维护支付服务市场公平竞争秩序,中国人民银行加快推进竞争监管政策建设。2017年12月,中国人民银行下发《中国人民银行关于规范支付创新业务的通知》,规定严禁支付机构滥用机构市场地位,或采用低价倾销、交叉补贴等手段破坏市场秩序,严禁收单机构采用诱导性的宣传词误导消费者。2021年1月,中国人民银行发布《非银行支付机构条例(征求意见稿)》,不仅提出了采取市场支配地位预警措施和市场支配地位情形认定的标准,还规定非银行支付机构实施垄断行为的,由国务院反垄断执法机构会同中国人民银行依据有关法律法规进行处罚,中国人民银行可以向国务院反垄断执法机构建议采取停止滥用市场支配地位行为、停止实施集中、按照支付业务类型拆分非银行支付机构等措施。

(五）不断完善支付监管组织架构建设，提升监管效率

监管组织机构是推进支付机构监管的重要前提。近年来，随着支付机构的业务快速扩张，中国人民银行持续优化完善支付机构监管组织架构。

《非金融机构支付服务管理办法》确立了中国人民银行对支付机构及其开展业务的法定监管地位。此后，2015年中国人民银行等部门发布《关于促进互联网金融健康发展的指导意见》以及2016年中国人民银行有关负责人就非银行支付机构风险专项整治工作答记者问中表示，将推动中国支付清算协会筹建非银行支付机构网络支付清算平台，支付机构监管基本框架得以不断优化，基本建立了"中国人民银行监管、商业银行协管、行业自律规范、社会舆论监督"的监管组织架构。此外，中国人民银行还深化同国家网信办、工业和信息化部、市场监管总局、国家发展改革委等部门沟通协作，持续推进支付市场价格秩序、垄断与不正当竞争行为、信息安全等方面的协同监管。

六、典型案例

快 钱

（一）概况

从2004年成立至2022年年底，快钱已覆盖逾4亿个人用户、650余万商业合作伙伴，对接的金融机构超过200家。公司总部位于上海，在北京、天津、南京、深圳、广州等30多地设有分公司，并在南京设立了金融科技服务研发中心。2014年年底，快钱与万达集团达成战略控股合作，共同打造以实体产业为依托的金融科技平台。

（二）竞争优势

1. 丰富的历史经验

快钱作为成立多年的资深第三方支付公司，拥有与时俱进的支付产品体系，多年来根据行业支付需求的变化，为行业内客户提供创新型、定制化综合支付解决方案。

2. 创新的支付产品体系

自2005年以来，快钱专注于B端的第三方支付业务，并且一直深耕商旅、零售、教育、电子商务、保险等多个行业，在线上和线下积累了大量客户。快钱与万达达成战略控股协议后，发展再次提速，借助于万达海量自有场景，快钱发展成为"实体商业＋互联网"企业。

3. 多元化金融科技生态

快钱还提供金融云、增值业务等高品质、多元化的金融科技服务，融合创新的多种支付产品，赋能企业和用户，带来智能、高效、个性化的金融科技新体验。

（三）产品服务

快钱主要提供的产品服务包括近场支付、网银支付、快捷支付等，支持互联网、手机、电

话和 POS 机等多种终端,以满足各类企业和个人的不同支付需求。

近场支付包括 POS 收款和快钱 MPOS。POS 收款针对面对面的刷卡交易,消费者需持银行卡通过刷卡、输入密码等步骤完成付款;快钱 MPOS 则针对不同行业客户在移动展业等场景下的收款需求,能够全面覆盖并灵活满足上述需求。

网银支付包括人民币网关支付和企业网银支付。人民币网关支付支持银行卡支付、快钱账户支付、线下支付;企业网银支付主要为企业提供解决企业与企业之间资金往来的服务。

快捷支付包括信用卡分期支付、银行卡快捷支付和手机支付。信用卡分期支付是为商家和消费者提供的支付服务,消费者通过信用卡分期付款的方式来购买商家价格较高的产品;快捷支付是指消费者只需提供卡号、账户名、手机动态码等卡信息及身份认证信息,即可完成付款;手机支付是为商家和消费者提供的手机支付服务,让消费者和商家随时随地使用手机进行付款和收款。

付款产品包括付款到银行和付款到快钱账户。付款到银行是快钱为商家提供的付款至指定银行账户的资金结算服务;付款到快钱账户是快钱为商家提供的付款到指定快钱账户的资金结算服务。

其他产品服务包括集团账户、快钱账户、现金归集和委托代收。集团账户为集团企业商家提供的多账户管理、资金运转和资金监控服务,可实现资金集中化管理;快钱账户是为企业用户提供财务管理的虚拟账户,用户可管理资金和交易,该账户具有查询、收/付款、充值、提现等功能;现金归集是通过汇款/代扣等方式将现金归集到总部账户的一项资金管理服务;委托代收是为收款企业提供的面向企业或个人收取各类款项的产品,帮助收款企业方便、快速地进行收款。

第四节 网络小贷

一、网络小贷概况

(一) 产生背景

1. 地域限制阻碍传统小额贷款公司发展

2005 年,中国人民银行在山西、陕西、四川、贵州、内蒙古 5 个省(区)各选择一个县开展由民营资本经营的"只贷不存"的小额贷款公司试点工作。试点成立的小额贷款公司旨在扩大向农户、个体经营者和小微企业提供贷款服务,其资金来源为自有资金、捐赠资金或者单一来源的批发资金形式。当时规定小额贷款公司不得吸收存款,不跨区经营,贷款利率由借贷双方自由协商决定。2008 年,中国人民银行联合银监会发布了《关于小额贷款公司试点的指导意见》,将参与试点的权利与责任同时交由各省(市、自治区)地方政府负责,进一步扩大了小额贷款公司试点的范围。《关于小额贷款公司试点的指导意见》出台后,社会资本踊跃地参与到小额贷款公司试点中,各地设立小额贷款公司的势头迅猛。截止到 2009 年年底,小额贷款公司在全国范围内共有1 500多家,成为满足"三农"和小微企业金融需求的新生力量。

在2009年到2014年的5年间,传统小额贷款行业高速发展。在此期间,不少上市公司入股小额贷款公司或参与创办小额贷款公司,一时间掀起了上市公司投资小额贷款公司的热潮。然而,P2P网络借贷的快速发展对传统借贷业务产生了巨大的冲击。传统小额贷款公司在金融产品设计、融资服务、业务流程等方面优化创新有所欠缺,客户资源、产品结构拓展日趋乏力,发展模式亟待转变。此外,由于传统小额贷款公司受经营范围及股本等因素的影响,行业整体增速放缓、风险增加,并迎来了新一轮淘汰。中国人民银行发布的《2016年一季度小额贷款公司统计数据报告》显示,截至2016年3月底,全国(不包括港澳台地区)共有小额贷款公司8 867家,较2015年年底减少43家,贷款余额为9 380.1亿元,一季度人民币贷款减少31.41亿元。结合了互联网技术应用与小微信贷"便捷、快速"特性的网络小额贷款(简称网络小贷)应运而生。

2. 网络小额贷款的兴起

随着经济下行压力加大,一批小额贷款公司因经营不善、融资困难而主动退出市场。与此同时,在P2P网络借贷的冲击下,一些传统小额贷款公司纷纷开始寻求转型升级。结合互联网技术发展起来的"互联网+小贷"凭借方便、快捷的交易特点得以迅速发展。

与传统小额贷款相比,网络小额贷款依托电子商务或互联网企业的供应链,可为产业链上下游企业提供小额信贷服务,拓展业务范围。与传统的小额贷款相比,网络小额贷款打破了地域的限制,可在全国范围内开展业务。此外,传统的小额贷款公司难以对小微企业的信用风险展开评估,金融业固有的风险也阻碍了小额贷款公司的发展。网络小额贷款克服了传统小额贷款效率低下和成本高昂的缺点,其根据平台客户的经营、消费、交易和生活等行为收集数据,分析客户信用风险,进行预授信,再在线上完成贷款的申请、审核、发放和收回。网络小额贷款借助于互联网进行业务的开展,其在本质上还是小额贷款。

(二) 定义

目前,政府对于网络小额贷款给予正式法律界定的官方文件主要有以下两个。

① 2015年7月,中国人民银行等十部门发布《关于促进互联网金融健康发展的指导意见》,规定网络小额贷款是指互联网企业通过其控制的小额贷款公司,利用互联网向客户提供的小额贷款。网络小额贷款应遵守现有小额贷款公司的监管规定,发挥网络贷款优势,努力降低客户融资成本。该文件同时强调网络借贷业务由银监会负责监管。

② 2020年11月,银保监会同中国人民银行等部门起草了《网络小额贷款业务管理暂行办法(征求意见稿)》,规定网络小额贷款业务是指小额贷款公司利用大数据、云计算、移动互联网等技术手段,运用互联网平台积累的客户经营、网络消费、网络交易等内生数据信息以及通过合法渠道获取的其他数据信息,分析评定借款客户信用风险,确定贷款方式和额度,并在线上完成贷款申请、风险审核、贷款审批、贷款发放和贷款回收等流程的小额贷款业务。

综上,网络小额贷款是小额贷款公司运用互联网技术,结合由各种合法渠道获取的用户信息,分析评定用户信用风险,从而进行分级授信,并在线上完成贷款发放及收回的小额贷款业务。网络小额贷款公司作为放贷的主体,无法吸收公众存款,只能使用自有资金(包括股东缴纳的资本金以及通过金融机构融入的资金等),但可从事直接发放网络贷款等多种业务,市场更广阔。

(三) 特点

1. 突破身份限制

此前,小额贷款公司(简称小贷公司)并未被纳入金融机构体系,因此不享有金融机构权限,导致小额贷款公司在融资渠道和经营杠杆上面临压力。网络小额贷款的出现一定程度上缓解了这种压力,网络借贷业务被纳入银保监会监管,各地颁布的监管政策逐步拓宽了融资渠道,取得发行资产支持证券的权限,经营杠杆也可放大,还可以通过联合贷款、助贷业务进一步丰富业务结构。网络小额贷款具备了部分金融机构权限,突破了传统小额贷款公司的身份限制。

2. 突破区域限制

"互联网+小额贷款"打破了原有的区域限制,网络小额贷款公司经批准甚至可以布局全国业务,由此也给地方政府带来了新的管理难题。以往小额贷款公司服务本地,地方政府对地方经济、客户群体和小额贷款公司经营情况能够详细掌握,但是一旦小额贷款公司业务面向全国,地方政府对具体业务管控难度加大,同时对于贷款申请人信用情况调查难度加大,可能会带来较高的违约率,导致公司资产质量下降。

3. 突破模式限制

传统小额贷款公司主打线下业务,获客难度大,获客成本高,贷款流程长,风险管控效果不尽人意,客户体验也较差。网络小额贷款公司将小额贷款业务完全转移到线上,从产品设计、获客渠道到大数据搜集、授信审批再到风险防控、贷后管理,整个信贷流程都可以实现线上化,金融科技成为核心竞争力。

4. 突破杠杆限制

《关于促进互联网金融健康发展的指导意见》规定小额贷款公司从银行业金融机构获得融入资金的余额不得超过资本净额的50%,对小额贷款公司杠杆水平相当谨慎。网络小额贷款公司诞生以后,地方政府层面允许其开展资产证券化等业务,其本质是拓展了小额贷款公司融资渠道。自此以后,网络小额贷款公司资产证券化规模急剧扩张,突破原有的杠杆限制,风险显著增加。

二、发展状况

(一) 小额贷款公司数量逐年下降

中国人民银行此前公布的小额贷款公司统计数据显示,2018—2021年年末,全国小额贷款公司分别为8 133家、7 551家、7 118家、6 453家;贷款余额分别为9 550.44亿元、9 108.78亿元、8 887.54亿元、9 415亿元。自2018年国家整治互联网金融业务以来,全国小额贷款公司数量呈现逐年下降趋势,但贷款余额在2019年、2020年连续下跌之后,2021年迎来反弹,当前贷款余额已回归至2018年年末水平。如表4-1所示,截至2021年年末,贷款余额最高的3个省分别为重庆、广东和江苏,贷款余额分别为2 407.23亿元、895.46亿元、774.33亿元,分别占全国贷款余额的25.57%、9.51%、8.22%,三省贷款余额合计占比43.30%。

表 4-1 2021 年小额贷款公司统计数据

地区名称	机构数量/家	从业人员数/人	实收资本/亿元	贷款余额/亿元
全国	6 453	63 779	7 773.14	9 414.70
北京市	113	941	150.20	138.57
天津市	82	1 345	104.06	114.36
河北省	387	3 633	229.52	226.00
山西省	216	1 850	144.87	126.74
内蒙古自治区	180	1 458	151.46	148.85
辽宁省	377	2 828	277.22	253.06
吉林省	173	1 369	80.77	61.34
黑龙江省	206	1 330	178.24	164.00
上海市	117	1 132	201.20	224.44
江苏省	581	4 699	677.40	774.33
浙江省	285	2 655	480.14	535.75
安徽省	326	3 215	325.29	392.51
福建省	118	1 121	262.06	283.69
江西省	147	1 504	178.89	191.16
山东省	266	2 600	378.14	417.31
河南省	216	2 287	196.23	216.86
湖北省	246	2 159	278.35	269.13
湖南省	73	643	54.36	59.70
广东省	420	6 394	822.21	895.46
广西壮族自治区	287	2 805	244.84	268.74
海南省	55	625	73.89	94.39
重庆市	249	4 040	1 175.62	2 407.23
四川省	204	3 772	406.19	475.70
贵州省	95	765	36.98	38.64
云南省	168	1 326	83.65	81.20
西藏自治区	19	121	19.91	12.53
陕西省	249	2 172	230.55	234.29
甘肃省	255	2 360	138.86	122.49
青海省	57	459	32.86	34.80
宁夏回族自治区	67	1 001	29.53	26.30
新疆维吾尔自治区	219	1 170	129.65	125.11

注：1. 由于批准设立与正式营业并具备报数条件之间存在时滞，统计口径小额贷款公司数量与各地公布的小额贷款公司批准设立数量有差别。

2. 资料来源于中国人民银行。

（二）行业掀起网络小额贷款增资潮

《网络小额贷款业务管理暂行办法（征求意见稿）》提出，经营网络小额贷款业务的小额贷款公司的注册资本不得低于人民币10亿元，且为一次性实缴货币资本，跨省级行政区域经营网络小额贷款业务的小额贷款公司的注册资本不得低于人民币50亿元，且为一次性实缴货币资本。尽管该文件还未正式落地，2021年以来，腾讯、美团、字节跳动、百度等多家企业将旗下的网络小额贷款公司进行增资，掀起网络小额贷款行业一轮增资潮，也体现了这些企业要在网络小额贷款领域进行全国性扩张的野心。小额贷款行业的竞争格局将面临新一轮洗牌。股东实力雄厚、具备资金实力的小额贷款公司能够按照监管要求在规定时间内完成合规整改。同时，股东实力较强的小额贷款公司将占据较大的市场份额，行业集中度将逐渐提升，"马太效应"逐步凸显，行业两极分化将加剧。表4-2展示了部分企业对其旗下网络小额贷款公司增资的数据。

表4-2 部分企业对其旗下网络小额贷款公司增资的数据

公司名称	关联公司	目前注册资本/亿元	最新增资时间
重庆市蚂蚁小微小额贷款有限公司	蚂蚁集团	120	2019年1月
深圳市财付通网络金融小额贷款有限公司	腾讯	100	2022年6月
深圳市中融小额贷款有限公司	字节跳动	90	2022年4月
重庆度小满小额贷款有限公司	百度	74	2022年2月
重庆星雨小额贷款有限公司	苏宁金服	60	2020年4月
重庆京东盛际小额贷款有限公司	京东	50	2021年12月
福州三六零网络小额贷款有限公司	360数科	50	2022年1月
重庆美团三快小额贷款有限公司	美团	50	2021年8月
重庆携程小额贷款有限公司	携程	50	2022年7月
重庆隆携小额贷款有限公司	OPPO	50	2022年6月

三、风险及其防范

（一）网络小额贷款的主要风险

1. 政策风险

我国对互联网金融的监管体系一直在不断完善。中央政府既要兼顾经济增长，又要预防系统性金融风险，对于网络小额贷款的监管处于不断摸索中。2015年前后，民间借贷和互联网金融领域案件频发，金融乱象频发，风险加剧，导致各地政府主管部门大幅收紧小额贷款公司牌照发放。2017年11月，互联网金融风险专项整治工作领导小组办公室出台《关于立即暂停批设网络小额贷款公司的通知》，要求各级小额贷款公司监管部门即日起一律不得新批设网络（互联网）小额贷款公司，禁止小额贷款公司跨区域经营，意在阻隔"现金贷"风险。《关于立即暂停批设网络小额贷款公司的通知》的发布直接影响了新设立的网络小额贷款公司的业务范围，对各地的小额贷款公司有一定程度的影响，进而影响各地的经济发展。2020

年 11 月,银保监会同中国人民银行等部门出台《网络小额贷款业务管理暂行办法(征求意见稿)》,明确网络小额贷款业务应当主要在注册地所属省级行政区域内开展,未经银保监会批准不得跨省级行政区域开展网络小额贷款业务,并明确经营网络小额贷款业务在注册资本、控股股东、互联网平台等方面须符合的条件。《网络小额贷款业务管理暂行办法(征求意见稿)》的出台极大地影响了当时现存的网络小额贷款公司,甚至带给网络贷款市场不小的震动。对于网络小额贷款,行业监管政策也是"摸着石头过河",存在着行业监管政策快速变化的问题。此外,我国的宏观经济环境以及中央和地方政府的政策对网络小额贷款影响颇大,影响网络小额贷款的业务创新,甚至影响网络小额贷款企业的存续。

2. 信用风险

相比于传统小额贷款,网络小额贷款借助于互联网实现了线上经营区域的全国化以及经营范围的扩大化,但这同时也增大了贷款的信用风险。由于传统小额贷款业务范围有地域的限制,小额贷款机构可以对借款者的信用情况进行比较深入的调查,而对于网络小额贷款,由于交易方分布的广泛性和分散性,网络小额贷款信息不对称问题日益突出,并带来了行业居高不下的多头借贷问题,加剧了行业的信用违约风险,从而导致资产质量下降,坏账上升。

3. 技术风险

在网络小额贷款平台运营过程中,大数据、云计算等信息技术作为底层逻辑起着关键作用。应用在网络小额贷款领域信息技术的不成熟性和不稳定性可能会导致信息的泄露、丢失和篡改,影响信息的保密性、完整性与有效性,进而导致信息泄露、影响用户资金安全。此外,网络小额贷款处在一个技术快速变迁、行业标准不断变化、产品以及服务不断迭代的大背景下,行业内部的平台能否在你追我赶的竞争中立于不败之地、持续地占据市场与客户在很大程度上取决于平台对底层技术的开发、掌握和应用。

(二) 网络小额贷款风险的防范

1. 完善个人征信体系

个人征信体系关系到网络小额贷款的发展,完善个人征信可以缓解信息不对称问题,在很大程度上提高网络小额贷款的风险控制能力。可以从以下几点完善征信体系:第一,鼓励行业协会、相关企业共建信用信息数据共享机制,推动央行个人征信数据与互联网平台信用信息对接和共享,逐步完善和形成全国统一的征信系统;第二,加大失信处罚力度,以高昂的违约成本和高惩罚力度倒逼用户守信,珍惜个人信用。

2. 加强信息技术研究

网络小额贷款平台应该加大信息技术的研究,不断完善信息安全保障体系建设,提升业务管理效率。变革原小额贷款行业经营方式方法,提升金融服务效率,进行金融产品创新,寻求专业的信贷解决方案服务商,探索差异化的服务市场。

3. 加强监管科技建设

网络小额贷款良性发展离不开科学的监管模式。国家应在现有监管措施的基础上,一方面基于网络小额贷款的实际发展情况,加大对于网络小额贷款机构的监管和规范力度,防止发生系统性风险;另一方面建立统一的网络小贷的监管体系,充分发挥央行的宏观审慎监管框架的作用,强调各监管机构的微观协调配合,避免监管范围交叉重叠和监管盲区等问题的出现。

四、监管及相关政策

网络小贷经营资质的源头要追溯到 2015 年中国人民银行等十部门发布的《关于促进互联网金融健康发展的指导意见》，其对网络小额贷款作出了专门规定，不仅界定了网络小额贷款的概念，而且确定了网络小额贷款的适用规则及其业务监管机构，即"网络小额贷款应遵守现有小额贷款公司监管规定"，同时确定"由银监会负责监管"。网络小额贷款与小额贷款有许多相同之处，前者的设立、运营、监管等需遵守后者的规定，在缺乏网络小额贷款公司具体监管规则的地方适用传统小额贷款公司的监管规定。传统小额贷款公司的监管规定主要是《关于小额贷款公司试点的指导意见》，其规定了小额贷款公司的性质、设立程序、公司资金来源、资金运用、监督管理、公司终止等方面的内容。《关于小额贷款公司试点的指导意见》发布后，全国各省级政府根据该文件制订了本辖区具体的监管办法，省级政府授权省级金融监管部门负责本辖区小额贷款公司的审批、监督、统筹协调、风险防范等工作。申请设立小额贷款公司，需经省级政府主管部门批准后，到当地工商行政管理部门办理注册登记手续并领取营业执照。各地方的监管办法以《关于小额贷款公司试点的指导意见》为依据，根据本辖区的具体情况进行调整。

2015—2017 年，200 多家网络小贷公司密集成立，或由互联网公司设立，或由传统小贷公司升级，各地金融办则在这种竞赛式机构批设潮中添柴加火。两三年间的无序发展，首付贷、校园贷，甚至裸贷屡次出圈，以及 P2P 网络借贷平台爆雷日益严重，金融科技监管面临需要四处救火的困境，快刀斩乱麻，对待网络小贷平台，监管也在酝酿重拳出击。

2017 年 11 月，互联网金融风险专项整治工作领导小组办公室下发特急文件《关于立即暂停批设网络小额贷款公司的通知》，要求自即日起，各级小额贷款公司监管部门一律不得新批设网络（互联网）小额贷款公司，禁止新增批小额贷款公司跨省（区、市）开展小额贷款业务。

2017 年 12 月，互联网金融风险专项整治工作领导小组办公室和 P2P 网贷风险专项整治工作领导小组办公室联合发布《关于规范整顿"现金贷"业务的通知》，要求暂停新批设网络（互联网）小额贷款公司，暂停新增批小额贷款公司跨省（区、市）开展小额贷款业务。同时要求严格规范网络小额贷款业务管理和加强小额贷款公司资金来源审慎管理。P2P 网络借贷风险专项整治工作领导小组办公室发布《小额贷款公司网络小额贷款业务风险专项整治实施方案》，对网络小额贷款业务进行专项整治，重点对网络小额贷款审批权限、经营资质、股权管理、表内融资、资产证券化等融资、综合实际利率、贷款管理和催收行为、贷款范围、业务合作、信息安全和非法经营等 11 个方面进行排查整治，以摸底排查结果为基础，进行分类处置。

自 2017 年我国集中开展网络小额贷款业务整治以来，取得一系列重大成果，网络借贷平台和网贷业务乱象逐渐得到规范，各地网络小额贷款公司数量和规模逐步限缩。此后监管一面加强对网络借贷业务的强监管和平台清理工作，大力整治互联网金融乱象，一面仍在梳理对正规网络小额贷款公司的监管思路。2019 年 11 月，针对互联网小额贷款公司的规范与发展，银保监会普惠金融部表示，已计划对网络小额贷款实施差异化监管，正在研究制定全国统一的网络小额贷款监管制度和经营规则，将提高准入门槛，引入分级管理模式，以推动网络小额贷款从业机构扶优限劣、规范发展。

2020年11月,银保监会同中国人民银行等部门公布了《网络小额贷款业务管理暂行办法(征求意见稿)》。作为首个全国性的网络小额贷款业务实施细则和监管办法,网络小额贷款新规旨在加强对网络小额贷款行为的监管,详细规定了网络小额贷款公司的准入条件、业务范围、基本规则、经营管理、监督管理、法律责任等内容。

五、典型案例

阿 里 小 贷

(一) 概况

2010年4月8日,杭州市工商局向浙江阿里巴巴小额贷款股份有限公司颁发了营业执照,这是我国首张电子商务领域小额贷款公司营业执照。允许阿里小贷依托电商生态进行线上放贷,可以不受区域制约,条件是只能展开线上业务,彼时小额贷款公司尚处线下模式为主、线上为辅的阶段,阿里小贷也被视作网络小贷的开端。阿里小贷的核心金融模式其实是一条量化放贷的道路,就是阿里巴巴依托自身在网络体系内的巨大客户数据优势,进行有效的数据整合,将自身网络内客户的一系列有利于进行风险判别的数据,如交易数据、客户评价度数据、货运数据、口碑评价、认证信息等进行量化处理。同时也引入了一些外部数据,与海关、税务、电力等方面的数据加以匹配,从而形成了一套独特的风控标准,意图建立起纯粹的定量化的贷款发放模型。阿里小贷属于脱媒业务,即其整个业务过程与商业银行并无实质关系。

(二) 阿里小贷的运作模式

阿里小贷的主要业务包括阿里贷款和淘宝贷款。阿里贷款的服务对象是阿里巴巴注册会员,主要是小微企业。相对于传统信贷,阿里贷款具有无抵押、免担保、免申请费用的特征。淘宝贷款则服务于广大淘宝电商用户,它的贷款模式又分为两种:一种是订单贷款,只要淘宝卖家符合一定的条件,且卖家当前有符合条件的"卖家已发货"的订单,就可以申请淘宝订单贷款,申贷成功的贷款将直接发放到申贷人的个人支付宝账户中;另一种是信用贷款,其放贷依据是卖家信誉。这两种贷款方式都是基于阿里巴巴的强大数据网络进行运作的。

(三) 阿里小贷与传统银行贷款的比较

在目标客户方面,阿里小贷的服务对象大多是小微企业,而传统银行信贷的服务对象主要是大中型企业,虽然近两年来,银行信贷业务范围逐渐向小微企业扩展,但由于企业越多,银行征信成本越高,小微企业要想从银行取得贷款依旧存在阻碍。在放贷依据方面,阿里小贷根据借款人在阿里巴巴旗下电商平台的交易记录及信用程度来决定贷款额度,银行所依赖的是不同平台的金融记录,需要对申贷企业进行一一审批。在资金来源方面,由于银行存在大量储户资金,因此银行可贷资金具有高杠杆率,阿里小贷的贷款源于自有资本金,其可贷金额和注册资本是相关联的。除此之外,阿里小贷于2013年7月和万家基金旗下万家共赢合作发行资产证券化产品,资产证券化最多可以为阿里增加几十亿元的可融资金,缓解了阿里小贷资金紧张的问题。在风险管控方面,银行是通过贷前审查、资产抵押与贷款担保予以应对的,阿里模式则是利用其电子商务平台的客户基本信息及交易数据,通过大数据运算和风险模型设计,评判客户的资质。

第五节 互联网消费金融

一、互联网消费金融概况

(一) 定义

从全球范围来看,消费金融体制已发展了400余年,但迄今尚未形成自身的理论体系。互联网消费金融不单单是消费金融的"互联网化",在运作模式、信息处理、信用评估等方面更是与传统消费金融存在明显的不同。基于互联网的消费金融可以借助于大数据、云计算、区块链等互联网新兴技术,解决传统信贷过程中存在的信息不对称问题,并从中识别业务风险,实现风险控制。但从本质上讲,互联网消费金融的核心仍在"消费金融"上,因此其相关理论主要依附于消费金融。

消费金融是指以消费为目的的信用贷款,信贷期限在1~12个月,金额一般在20万元以下,专指日常消费(如日耗品、衣服、房租、电子产品等)小额信贷,通常不包括住房和汽车等消费贷款。根据消费金融业务是否依托于场景、放贷资金是否直接划入消费场景中,消费金融业务又可以分为消费贷和现金贷。由于消费金融机构无法完全覆盖所有类型的生活场景,因而直接向用户提供现金的现金贷成为依托于场景的消费贷的有力补充,大多数消费金融机构都推出这两种形式的消费金融产品。

互联网消费金融是以互联网等现代信息技术为核心,将消费金融功能延伸至互联网平台,采用互联网的思维和理念,面向社会各个阶层的消费者,提供创新性、差异化的消费金融产品,是满足消费者跨期消费需求的金融服务。互联网消费金融将传统消费金融活动的各个环节电子化、网络化、信息化,其本质还是消费金融,但相较于传统消费金融,互联网消费金融大大提升了效率。互联网消费金融一方面开拓了传统消费金融领域的市场边界;另一方面通过打破消费者的流动性禁锢,满足消费者的潜在需求,提升了消费者的即时消费能力和对高等消费品的需求。

(二) 特点

互联网消费金融相比于传统的消费金融来说,主要具备以下特点。

1. 金融场景互联网化

在传统认知中,大部分消费金融业务是以房贷、车贷为中心的具有抵押和担保性质的大额消费贷款。艾瑞咨询2014年年底对中国消费贷款的调研数据显示,从2007年起,房贷、车贷、信用卡之外的消费贷款需求在逐步增多;同时,贷款周期也从中长期贷款向短期贷款转移。新型的消费金融场景不断出现,并呈现出碎片化、互联网化的趋势。实现金融场景互联网化是互联网消费金融的核心内容之一。

2. 产品互联网化

互联网消费金融产品创新的重要途径就是产品互联网化,产品互联网化的核心在于用户互联网化。80后、90后和00后是我国互联网消费的主要人群。因此,专注于互联网用户的消费需求和体验是实现互联网消费金融产品互联网化的不二法则。

3. 消费渠道互联网化

消费场景由实体渠道向互联网化发展,用户维护、用户体验、用户沟通和支付渠道等场景的互联网化,以及因移动互联、社交网络和大数据应用的发展而被颠覆的传统营销,均决定了消费金融获客渠道的互联网化趋势。具体来说,互联网化的渠道拓展主要包括:借助于互联网渠道扁平化的优势快速扩大业务规模;利用渠道和客户的信息及数据进行更加精准的营销;利用互联网增加与客户的沟通频率,从产品设计角度提升客户体验;依托互联网渠道优化交易流程,降低运营成本。

4. 风控体系的互联网化

互联网消费金融采用更准确、更敏捷、更科学的风险控制体系。这种基于互联网与金融结合的体系是通过分析消费者的历史申请、信用、行为、交易记录以及社交、公共事业等数据,评估信用风险和设定反欺诈规则,并通过线性/非线性回归和机器学习等大数据方法建立完善的风控模型,完成基于风险等级的定价。在从申请到放款的整个完整流程中,使用图像、语音识别、人脸识别、虹膜识别等技术,使得审批流程告别传统的面签模式,提高了效率。

5. 支付互联网化

伴随互联网技术的升级和进步,支付行业也逐渐从线下走到了线上,支付介质亦从实体化走向虚拟化。金融场景的互联网化必然导致网络支付,尤其是移动支付成为未来发展的趋势。对于基于互联网特别是移动互联网场景的互联网消费金融来说,用户动动手指即可实现贷款申请、消费支付、还款等功能,真正做到了简单、便捷,可迅速地满足客户需要。

(三) 分类

基于不同的分类标准可以将互联网消费金融模式划分为不同类别,以下主要从互联网消费服务主体和服务形式两个角度对其模式进行划分。

1. 基于服务主体的互联网消费金融模式

按照消费金融服务提供主体的不同,可以将互联网消费金融分为电商模式、分期购物平台模式、银行模式和消费金融公司模式。

(1) 电商模式

电商模式下的互联网消费金融企业主要依托自有线上消费场景,面向自营商品及开放电商平台商户的商品,提供分期购物和小额消费信贷服务。由于电商在网络消费场景、用户大数据等领域具有明显优势,因此在细分的互联网消费金融模式中,电商模式综合竞争力最强,对互联网消费金融市场的发展趋势发挥着引领作用。

(2) 分期购物平台模式

作为新涌现的互联网消费金融服务模式,分期购物平台针对特定的消费场景或消费人群,将注意力放在消费金融产品设计上,市场定位更加精准,提供更加精细化的产品,进行差异化经营。

（3）银行模式

银行模式最为简单,消费者通过互联网向银行申请消费贷款,银行审核并发放资金,消费者得到资金购买产品和服务。目前,个人消费信贷在银行整体个人贷款中比例偏低,银行正在布局全产业链,丰富自身网上商城的消费场景,力图在相关领域追赶淘宝、京东等电商企业。

（4）消费金融公司模式

消费金融公司模式与银行模式类似,在一般情况下,消费金融公司的审核标准较银行的标准更为宽松,贷款额度也更高。不过其整体实力和客户群体与银行相比尚有一定差距。

2. 基于服务形式的互联网消费金融模式

依照服务形式的不同,可以将互联网消费金融分为驻店贷款模式、网络购物消费模式、现金贷款模式。

（1）驻店贷款模式

驻店贷款模式是建立在现场消费场景基础上的传统赊账消费,通常是以合作的销售门店为服务点,在消费者选购商品时导入消费金融服务,让消费活动顺畅进行,缓解消费者的短期资金压力,基于客户实际需要提供产品,注重与客户的有效沟通。但在这种模式下,无抵押贷款居多,业务数量巨大,且由于贷款人主要为无信用记录且无抵押的消费者,违约风险较大。

（2）网络购物消费模式

网络购物消费模式是原有线下赊账消费的线上化。与原有线下赊账消费相比,这种模式交易规模巨大,消费便利,但产品质量和售后服务堪忧,影响信誉,消费安全也有待保障。

（3）现金贷款模式

现金贷款模式主要解决客户日常生活短缺的小额资金需求问题,在这种模式下,贷款安全性高,风险较小,且消费产品范围更广泛,但由于对客户的信用门槛较高,目标群体范围较小,故并未普及。

二、发展状况

（一）互联网消费金融放款规模不断扩大

2013年以来,互联网消费金融得到快速发展,多项政策出台支持消费金融业务的发展,各类型市场参与方在互联网消费金融领域角力,行业得到快速发展,但相对宽松的政策环境也提高了行业风险。为控制行业风险、保障消费金融业有序发展,2017年以来,一系列规范政策性文件相继出台,对行业整体和从业主体发展予以规范,同时也为合规运营的从业主体指明了未来的发展方向。之后,政策作用逐渐显现,行业乱象得到遏制,监管环境审慎放开,各项文件陆续出台,引导线上消费金融业的发展。如图4-4所示,艾瑞统计测算,2021年中国互联网消费金融业放款规模达到20.2万亿元,余额规模达到5.8万亿元。在消费贷平稳增长的前提下,预计未来互联网消费金融余额规模将以9.6%的年复合增长率增长。另外,随着居民借贷意识的进一步增强,居民借贷次数增加,预计互联网消费金融放款规模增速将以略大于余额规模增速的11.6%实现增长。

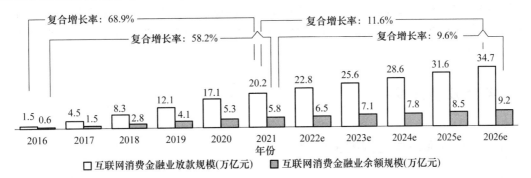

图 4-4　2016—2026 年中国互联网消费金融业放款规模与余额规模

(数据来源:艾瑞咨询)

(二) 互联网消费金融业集中度持续上升

2017 年,互联网消费金融放款规模前十位的机构占行业放款规模的 67.3%,相比于 2016 年,市场集中度有所下降。主要原因在于 2016 年和 2017 年进入市场的机构较多,且创新性较强,推出各种场景类消费金融产品,提高了市场整体增速的同时也提高了长尾机构的市场占有率。受 2017 年年底发布的文件《关于规范整顿"现金贷"业务的通知》影响,包括 P2P 网络借贷平台在内的大量长尾机构退出市场,头部平台快速凭借流量优势建立与金融机构的合作,而 2018 年、2019 年两年恰恰是头部机构规模爆发增长期,行业集中度大幅上升。2020 年,《商业银行互联网贷款管理暂行办法》征求意见稿与正式文件相继颁布,多家互联网消费金融平台被监管约谈后启动整改,在互联网消费金融监管框架日益明晰的情况下,头部平台机构继续发力,中尾部平台进一步出清,2020 年和 2021 年互联网消费金融放款规模前十位的机构占行业放款规模的比例进一步提高,分别为 77% 和 78.2%。

(三) 互联网消费金融场景日趋丰富

互联网消费金融是最依赖场景的金融产品,与日常生活联系紧密。随着消费金融监管的日趋严格和规范,互联网消费金融开始进入"精细"发展阶段。在监管机构"脱虚向实"的新要求下,各大互联网消费金融平台逐渐开始深耕消费场景设计领域,以期通过开拓更丰富、更优质、更持续的互联网消费金融场景来获取更多客户流量、拓展业务范围。目前,互联网消费金融平台开发的消费金融产品已经延伸到日常生活的诸多领域,基本覆盖了家居、装修、家电、教育、医美、数码、保险、出行、旅游等场景,极大地提高了借贷服务的可得性和便利性。

(四) 互联网消费金融的供给主体呈现多元化趋势

2016 年以来,随着国家出台一系列刺激消费政策、逐渐放开消费金融牌照管制以及消费者消费能力提升和居民消费理念转变,越来越多金融机构、金融科技平台和持牌的科技企业开始提供互联网消费金融产品,消费金融供给主体呈现多元化趋势。从目前的发展情况来分析,互联网消费金融平台主要包括互联网银行、网络小贷公司、消费金融公司的线上平台以及传统银行的网络金融部等。多元化的互联网消费金融产品供给主体不仅能够为金融消费者提供多样化的选择,也增强了互联网消费金融业的竞争性,促使各互联网消费金融平台更加关注风险控制、产品创新、消费者体验提升等领域,有利于营造竞争、有序、良性的行业发展环境。

三、风险及其防范

(一)互联网消费金融的主要风险

1. 信用风险

首先,从用户群体来看,互联网消费金融的主要客户群体为中低收入的长尾用户,相比于传统金融机构的高净值用户,他们的还款能力不足,还款意愿低下,这无疑增加了信用违约的风险。其次,从互联网消费金融机构来看,平台借助于互联网为消费者提供了无抵押、无担保的消费贷款,相比于传统金融机构提供的有抵押的消费贷款,这种无抵押的消费信贷的信用违约风险无疑更大。再次,从消费金融市场来看,互联网消费金融准入门槛低,为了抢占市场,抢夺用户,互联网消费金融机构存在贷款审批条件宽松和授信额度过高的问题,这大大提高了居民的杠杆率。最后,由于我国征信体系的不完善,互联网消费金融交易方分布广泛、交易额度小和用户分散,导致互联网消费金融信息不对称问题日益突出,并带来了行业居高不下的多头借贷问题,加剧了行业的信用违约风险。

2. 欺诈风险

欺诈风险主要是指金融机构为获取不当利益,向借款人夸大公司盈利情况套取用户个人信息、诱导用户进行高额贷款等欺诈消费者的违法行为,典型代表如校园贷、套路贷、回租贷等。欺诈风险频频发生的原因:一是面对金融市场竞争日益激烈的局势,部分金融机构为提高自身竞争力而降低审核标准和市场准入门槛,诱导用户进行超额贷款;二是大部分消费者对于相关金融知识和法律知识知之甚少,风险识别和风险防范能力低下,容易受到不法金融机构的煽动和欺骗,在无意中泄露个人信息,导致个人合法权益受到侵害;三是由于青年消费者缺乏社会经验,对于互联网消费金融风险的判断能力和辨别能力远不及经验丰富的中年人,因而成为不法金融机构进行欺诈的理想对象;四是部分消费者具有贪图心理或者急需资金盲目申贷,给非法金融机构进行欺诈提供了可乘之机。

3. 运营安全风险

(1)信息不对称风险

我国互联网消费金融公司信息不对称程度很高,很容易导致互联网消费金融运营风险。一方面,消费者对个人信用不够重视,对互联网消费金融业务模式认识有限,对违约所造成的后果也缺乏了解;另一方面,互联网消费金融公司信息披露不足,信息透明度低,很容易引发运营风险。

(2)平台管理不完善

通常商业银行的贷款管理比较规范和成熟,包括贷前、贷中、贷后三道程序。但目前,我国互联网消费金融公司在运营中还没有完善的贷前、贷中、贷后的风险管控程序,平台存在管理问题,极易引发运营风险。

(3) 资金期限错配和杠杆高风险

在财务方面,由于融资渠道狭窄以及监管政策等方面的原因,很多互联网消费金融机构在创新发展时,都存在杠杆过高、期限错配等问题。

4. 法律政策风险

政策风险主要指国家针对互联网消费金融机构所实施的法律政策向不利于发行人的方向变动的风险,具体包括法律规范、行业监管政策、会计政策、税收政策等一系列法律政策。首先,互联网消费金融作为近年来才兴起的创新金融业态,由于法律规范具有内生的滞后性,有关互联网消费金融的规范并不完善,监管并不严格,致使许多并非真正的互联网消费金融平台常常以金融创新为幌子,进行非法集资或金融诈骗等非法活动,影响互联网消费金融业的良好生态。其次,互联网消费金融是一个高度复杂、深度专业、风险遍布的行业,因而必然面临监管政策的约束。然而,对于互联网消费金融这个新兴行业,行业监管政策也是"摸着石头过河",不仅存在法律规范界定较为模糊的问题,还存在行业监管政策变化快速的问题,从而阻碍了互联网消费金融一些业务的创新。

5. 技术风险

技术风险是指互联网消费金融机构在运用信息技术的过程中由于自然因素、人为因素、技术漏洞和管理缺陷产生的操作、法律和声誉等风险。互联网消费金融机构极其依赖互联网,其技术风险主要体现在以下几个方面。

(1) 终端安全风险

这种风险往往是在互联网消费金融交易中,由于交易所借助的软件、硬件(计算机、移动设备等)存在着漏洞或故障而带来的安全风险。

(2) 网络安全风险

这种风险通常是指在互联网消费金融交易中,其所依托的数据传输网络存在隐患所带来的风险。

(3) 信息安全与泄露风险

应用于互联网消费金融领域的信息技术的不成熟性和不稳定性可能会导致信息泄露、丢失、截取甚至篡改,从而影响信息的保密性、完整性与有效性,进而影响用户资金安全。

(二) 互联网消费金融风险的防范

1. 消费者提升金融素养,增强风险意识

消费者是互联网消费金融风险最直接的承担者。金融知识储备不足、风险意识薄弱、风险识别能力低下是导致消费者财产损失和信息泄露的主要原因。因此,消费者应该:积极提升自己的信用意识,在交易和达成协议的过程中本着契约精神;不断提高个人金融素养,增加金融知识的储备,保持一定的金融、经济敏感度;树立正确的消费观念,国家鼓励和刺激消费,但并不是鼓励消费者在超出自身经济能力范围之外过度消费;提高安全意识,在交易过程中要保持警惕,防止个人信息、资金账户和交易信息泄露,在遇到自身合法权益受损时积极地通过国家有关法律法规进行维权。

2. 金融机构加强自身建设、建立安全高效的风险防控体系

作为互联网消费金融市场的重要参与主体,消费金融机构为了维护自身的合法权益和促进互联网消费金融业的健康发展,可以采取如下措施。

一是加强自身建设。根据自身优势为消费者打造特色业务,创新服务模式,提升服务水平;定期检查平台运营系统,修复漏洞,制定紧急故障应急方案,加强安全防御;在提高信誉的同时,不断拓宽融资渠道,保证资金流动性,避免出现错期分配的问题。

二是加强内部控制。建立成熟和规范的贷前、贷中、贷后风险管理程序。做到贷前严格审查,贷中实时跟踪调查资金流向,定期评估借款人的信用风险,贷后通过适当的方式提醒借款人按期还款,合理催收,严格规范工作流程。同时建立奖惩制度,确保奖惩明晰,责任到人,建立严格且规范的内部控制体系。

三是提升公司从业人员的专业技能和职业素养,督促从业人员树立风险防范意识和用户资料保密意识。

3. 完善法律法规,加强监管科技建设

互联网消费金融发展刚刚起步,相关法律法规不完善,细节不明,监管不到位。这些问题在一定程度上影响了行业健康发展和消费者权益保护。因此,国家应在原有监管措施的基础上,一是结合金融科技背景下互联网消费金融的实际发展情况,逐步推进互联网消费金融基本法的制定,加大对互联网消费金融的监管和规范力度;二是将金融科技发展成果和国家监管体系相结合,实现科技治理和法律治理的双轮驱动,推动互联网监管智能化体系建设;三是建立统一的互联网消费金融的监管体系,部门之间分工明确,共同协作,统筹兼顾,实现信息共享;四是加强国际合作和监督,防范互联网消费金融诈骗、非法转移资金、洗钱等国际化犯罪活动。

4. 建立征信系统,加大失信处罚力度

结合实际情况可以发现,贷前审核是降低互联网消费金融信用风险的重要环节,降低贷前审核风险的最主要措施就是建立起征信体系。因此,应该采取以下措施:一是鼓励社会机构、行业协会、相关企业共建数据分享生态,从不同视角、不同维度、不同方面收集个人征信信息,推动央行个人征信数据与互联网平台信用信息的对接和共享,充分利用现有的征信信息,逐步完善和形成全国统一的征信系统;二是建立严格的失信处罚制度,利用高违约成本和强惩罚力度倒逼消费者诚实守信,逐步培养起行业诚信理念。

四、监管及相关政策

2010年,北银消费金融公司、中银消费金融公司、四川锦程消费金融公司和捷信消费金融公司等首批4家试点消费金融公司正式成立,分别由北京银行、中国银行、成都银行和捷信集团发起设立,成立后分别在北京、上海、成都和天津等地开展消费金融业务。在发展初期,随着监管不断放宽消费金融公司的申请设立条件,放开消费金融市场准入,鼓励符合条件的民间资本、国内外银行金融机构和互联网企业发起设立消费金融公司,各大银行、产业机构、电子商务平台以及互联网金融公司纷纷进入消费金融领域,消费金融业进入高速发展阶段。一些非持牌机构的涌入导致整个行业暴力催收、高利贷等违法乱纪现象层出不穷,严重侵犯了消费者的合法权益,为行业发展留下隐患。2017年以来,金融业面临强监管、防风险的外部环境,中国人民银行和银监会加强了对校园贷及互联网金融的治理整顿,这在一定程度上鼓励持牌消费金融公司在风险可控的前提下开展消费金融业务,满足客户合理的信贷资金和金融服务需求。另外,在互联网风险专项整治过程中,监管部门对于具有无场景依托、无指定用途、无客户群体限定、无抵押等特征的"现金贷"业务加强了规范治理,这亦对消

费金融公司的业务开展形成较大挑战。2020年以来,监管部门陆续出台了多项政策,涉及大数据风控、产品定价、催收管理、消费者权益保护等方面,进一步规范消费金融公司的业务开展,但与此同时随着对互联网金融平台监管的加强,消费金融公司的牌照优势凸显。表4-3展示了消费金融监管政策。

表4-3 消费金融监管政策概览

时间	政策	内容要点
2009年7月	银监会颁布《消费金融公司试点管理办法》	标志着消费金融服务开始朝着专业化、系统化发展。消费金融公司的注册资本应为一次性实缴货币资本,最低限额为3亿元人民币或等值的可自由兑换货币,消费金融公司的主要出资人应具有5年以上消费金融领域的从业经验、最近一年末总资产不低于600亿元人民币或等值的可自由兑换货币(合并会计报表口径)
2010年	首批4家试点消费金融公司正式成立	北银消费金融公司、中银消费金融公司、四川锦程消费金融公司和捷信消费金融公司等首批4家试点消费金融公司正式成立,分别由北京银行、中国银行、成都银行和捷信集团发起设立,成立后分别在北京、上海、成都和天津等地开展消费金融业务
2013年9月	银监会对《消费金融公司试点管理办法》进行修订	放宽了消费金融公司申请设立条件,取消营业地域的注册地限制,增加吸收股东存款业务范围,以拓宽消费金融公司的资金来源,同时新增10个城市(沈阳、南京、杭州、合肥、泉州、武汉、广州、重庆、西安、青岛)参与试点,符合要求的香港和澳门地区金融机构可在广州(含深圳)试点设立消费金融公司,试点城市扩大至16家
2015年6月	国务院常务会议决定将消费金融公司试点扩至全国,增强消费对经济的拉动作用	放开消费金融公司市场准入,试点范围扩大至全国。将审批权下放到省级部门,鼓励符合条件的民间资本、国内外银行业机构和互联网企业发起设立消费金融公司
2015年7月	《关于促进互联网金融健康发展的指导意见》	鼓励银行、证券、保险、基金、信托和消费金融等金融机构依托互联网技术,实现传统金融业务与服务转型升级,积极开发基于互联网技术的新产品和新服务。信托公司、消费金融公司通过互联网开展业务的,要严格遵循监管规定,加强风险管理,确保交易合法合规,并保守客户信息
2015年12月	《国务院关于印发推进普惠金融发展规划(2016—2020年)的通知》	提出要促进消费金融公司发展,激发消费潜力,促进消费升级
2016年3月	《关于加大对新消费领域金融支持的指导意见》	鼓励有条件的银行业金融机构围绕养老家政健康、信息和网络、绿色、旅游休闲、教育文化体育、农村等新消费领域设立特色专营机构,通过将消费信贷与互联网技术相结合的方式,创新消费信贷抵押模式,开发不同首付比例、期限和还款方式的信贷产品,满足客户多样化的消费信贷需求;明确鼓励消费金融机构通过发行金融债券、同业拆借、信贷资产证券化等方式建立多元化的融资渠道
2017年4月	《关于提升银行业服务实体经济质效的指导意见》	要求银行业金融机构进一步拓展消费金融业务,积极满足居民在大宗耐用消费品、新型消费品以及教育、旅游等服务领域的合理融资需求

续表

时间	政策	内容要点
2017年6月	银监会、教育部、人力资源社会保障部《关于进一步加强校园贷规范管理工作的通知》	要求未经银行业监管部门批准设立的机构禁止提供校园贷服务;且现阶段一律暂停网贷机构开展校园贷业务,对于存量业务要制订整改计划。商业银行和政策性银行应在风险可控的前提下,有针对性地开发高校助学、培训、消费、创业等金融产品
2017年12月	互联网金融风险专项整治工作领导小组办公室和P2P网贷风险专项整治工作领导小组办公室《关于规范整顿"现金贷"业务的通知》	明确现金贷业务具有无场景依托、无指定用途、无客户群体限定、无抵押等特征;明确各类机构以利率和各种费用形式对借款人收取的综合资金成本应符合最高人民法院关于民间借贷利率的规定,且向借款人收取的综合资金成本应统一折算为年化形式。加大力度,进一步规范银行业金融机构参与"现金贷"业务
2018年8月	《中国银保监会办公厅关于进一步做好信贷工作 提升服务实体经济质效的通知》	积极发展消费金融,增强消费对经济的推动作用
2018年9月	《中共中央国务院关于完善促进消费体制机制 进一步激发居民消费潜力的若干意见》	顺应居民消费升级趋势,切实满足基本消费,持续提升传统消费,大力培育新兴消费,不断激发潜在消费
2018年10月	中国银行业协会消费金融专业委员会成立	促进行业规范、健康、可持续发展
2019年5月	《中国银保监会关于开展"巩固治乱象成果 促进合规建设"工作的通知》	针对消费金融公司提出要按照相关要点开展整治工作,主要包括公司治理、资产质量和业务经营三大方面
2020年3月	《中国银保监会非银行金融机构行政许可事项实施办法》	要求消费金融公司遵守并在拟设公司章程中载明对资本补充和流动性支持的相关条款,加强对相关外部支持的强制性;明确消费金融公司可募集发行优先股、二级资本债券、金融债及经银保监会许可的其他债务和资本补充工具
2020年7月	中国银保监会《商业银行互联网贷款管理暂行办法》	消费金融公司开展互联网贷款业务参照执行,该办法界定了互联网贷款的内涵及范围,明确风险管理要求,对合作机构加以规范,并强调核心风控环节应独立有效开展,如应当自主确定目标客户群、授信额度和贷款定价标准;不得向合作机构自身及其关联方直接或变相进行融资用于放贷,不得接受无担保资质和不符合信用保险、保证保险经营资质监管要求的合作机构提供的直接或变相增信服务
2020年8月	《最高人民法院关于修改关于审理民间借贷案件适用法律若干问题的规定的决定》	民间借贷利率的司法保护上限为一年期贷款市场报价利净的4倍,相较于过去的24%和36%有大幅下降
2020年10月	中国银保监会消费者权益保护局《关于招联消费金融有限公司侵害消费者权益问题的通报》	首次通报批评消费金融公司普遍面临的四大问题,包括:营销宣传存在夸大、误导现象;未向客户提供实质性服务而不当收取费用;对合作商管控不力;催收管理不到位

续 表

时间	政策	内容要点
2020年11月	中国银保监会、中国人民银行《网络小额贷款业务管理暂行办法(征求意见稿)》	限制互联网金融平台的无限扩张,在金融科技强监管的背景下,持牌消费金融公司的牌照优势凸显
2020年12月	《中国银保监会办公厅关于促进消费金融公司和汽车金融公司增强可持续发展能力、提升金融服务质效的通知》	拨备覆盖率的监管放松至130%,有利于缓解消费金融公司的风控压力,同时支持符合许可条件的消费金融公司发行二级资本债券,资本补充渠道得以拓宽
2021年1月	中国银保监会《消费金融公司监管评级办法(试行)》	明确消费金融公司监管评级要素包括公司治理与内控、资本管理、风险管理、专业服务质量及信息科技管理,并确定各部分权重占比。监管机构根据各要素得分将消费金融公司分为1~5级,并据此实施分类监管,有助于提升监管效率,防范机构风险,推动消费金融业持续、健康、规范发展
2021年2月	《中国银保监会办公厅关于进一步规范商业银行互联网贷款业务的通知》	落实风险控制要求。商业银行应独立开展互联网贷款风险管理,并自主完成对贷款风险评估和风险控制具有重要影响的风控环节,严禁将贷前、贷中、贷后管理的关键环节外包 加强出资比例管理。商业银行与合作机构共同出资发放互联网贷款的,单笔贷款中合作方出资比例不得低于30% 强化合作机构集中度管理。商业银行与合作机构共同出资发放互联网贷款的,与单一合作方(含其关联方)发放的本行贷款余额不得超过本行一级资本净额的25% 实施总量控制和限额管理。商业银行与全部合作机构共同出资发放的互联网贷款余额不得超过本行全部贷款余额的50% 严控跨地域经营。地方法人银行开展互联网贷款业务的,应服务于当地客户,不得跨注册地辖区开展互联网贷款业务
2021年2月	《中国银保监会办公厅 中央网信办秘书局 教育部办公厅 公安部办公厅 中国人民银行办公厅关于进一步规范大学生互联网消费贷款监督管理工作的通知》	明确小额贷款公司不得向大学生发放互联网消费贷款,进一步加强消费金融公司、商业银行等持牌金融机构大学生互联网消费贷款业务风险管理,明确未经监管部门批准设立的机构一律不得为大学生提供信贷服务

五、典型案例

招联消费金融

(一) 概况

招联消费金融成立于2015年3月,是经银保监会批准、由招商银行和中国联通共同组建的持牌消费金融公司,2021年增资后注册资本达100亿元,位居消费金融业企业注册资本前列。招联消费金融自成立以来就是招行系及中国联通各占50%股权的均衡结构,2021年7月28日,招商银行股份有限公司受让子公司招商永隆银行有限公司持有的招联消费金融25.85%的股份,招商银行股份有限公司直接持有招联消费金融50%的股权。

股东招商银行为招联消费金融迅速发展提供稳定充足且定价优惠的资金。

① 近两年招商银行给予招联消费金融的同业授信占招联消费金融授信总额的10%以上(2020年和2021年分别为14.7%和10.6%),实际用信占招联消费金融借款的比例更高(16.4%和12.4%)。

② 关联方资金利率低于整体负债成本。2021年关联方提供借款的资本成本低于整体负债成本,近年来,关联方提供资金利率均大幅低于整体的融资成本,反映出招商银行基于信息对称透明,在资金层面大力支持招联消费金融发展。

股东中国联通与招联消费金融合作更多立足于消费场景,为招联消费金融获客以及展业提供有力支持。

① 联通引流至招联消费金融:联通具备丰富的数码设备/电信服务产品以及庞大的客群,可以引导有消费信贷需求的客户选择招联消费金融产品,发挥作为联通分期"主力军"的作用,将招联消费金融的消费贷款产品引入联通线上线下产品/服务的支付接口。

② 招联消费金融销售联通产品:招联金融App中亦开设联通分店,一站式销售联通各类产品/服务,如推出了话费信用透支服务"话费宝"。

③ 引流效果显著:根据招联消费金融有限公司2022年度跟踪评级报告,截至2021年年末,招联消费金融依托于中国联通开展的贷款余额为153.43亿元,占总贷款余额的比重达到10.84%,这对公司信贷投放具有重要意义。

(二) 业务分析

1. 产品:循环/分期两大布局方向

招联消费金融目标客群为年轻且有超前消费习惯的用户,截至2021年年底,35岁以下客户占比为58.54%。招联消费金融通过适当的信用下沉/纯互联网展业,实现与商业银行错位竞争的格局,目前已形成了"好期贷""信用付"两大产品体系。"好期贷"属于纯信用循环贷款产品,"信用付"主要提供分期贷款服务。

好期贷为主打产品。2021年年底,好期贷余额1 123亿元,占贷款余额的比重为79.3%,且笔均贷款数额显著高于信用付(好期贷为5 284元,信用付为1 889元),主要原因是好期贷作为互联网现金借贷产品,资金使用面较广,而分期产品信用付作为分期产品,目前主要在招联消费金融自有电商平台和股东方中国联通的消费场景中使用。

2. 客户:分层逻辑,增加大额贷款占比

2021年招联消费金融增加大额贷款投放,4万元以上贷款增量占整体增量达到58%,余额占比亦由31.55%提升至39.21%。在宏观下行压力之下,整体消费有所放缓,加上消费金融赛道竞争有所加剧,新客获取难度增大,因此公司近年来深耕资信良好的优质老客户,提高相应授信以在风险可控前提下获取较高的增长速度。

3. 场景:多元投放,区域分散

招联消费金融使用场景多元,2020年九大场景(家具家居、家用电器、装修、旅游、手机数码、婚庆、教育、租房、健康医疗)余额占比为5.7%~17.7%,反映了产品投放客群需求多元,其中部分大额场景如装修、家具家居以及教育占比较高。在区域方面,招联消费金融采用互联网渠道在全国范围内展业,业务区域相对比较分散,截至2021年年末,除广东占比为9.7%外,其他地区贷款余额占比最高不超过8%,地区集中度有所下降。

第六节 大数据金融

一、大数据金融概况

(一)大数据金融的概念

大数据金融(Big Data Finance)是指运用大数据技术开展金融活动、提供金融服务,即通过对金融业内部积累的大数据以及外部相关数据进行分析和信息化处理,在传统金融的基础上开展资金融通、创新金融服务。近年来大数据在我国金融业中应用越来越广泛,许多金融机构都建立了大数据平台,采集和处理金融业交易数据并应用于营销、服务、运营、风控等方面,极大地影响了传统金融服务模式,推动了传统金融业革新、产业链价值重构、金融生态完善。

从来源看,金融业的大数据可分为3类:传统结构化数据,包括金融组织内部的数据库、文件信息等;与用户相关的过程数据,包括用户金融交易记录、偏好、习惯、特点、社交关系等;机器设备及各类传感器联网收集的大量数据,如柜面交易信息、手机、ATM的使用及位置信息等。按照在金融业应用领域的不同,金融大数据又可分为大数据银行、大数据证券、大数据保险等。

(二)大数据金融的特征

大数据技术赋能后的大数据金融相较于传统金融具有许多显著特征,具体包括以下几个方面。

1. 金融业务高效化

与传统金融相比,在大数据金融的背景下越来越多的金融产品在网络上呈现,越来越多的金融服务通过网络提供,金融业人力减少,金融业务中的票据、凭证也更多以数字形式在网上呈现,金融活动变得更高效。例如,当前支付结算、网络借贷、资产管理、金融咨询、金融产品购买等金融活动都是以线上为主要渠道的。金融活动的线上化大大节约了时间和空间,使得金融业的运营成本和交易成本大幅降低。同时在大数据时代,金融机构的经济信息中心地位发生动摇,客户与金融产品或服务的提供者之间的信息不对称程度大大降低,这减少了因客户获取信息不完整导致的错误认知,大大提升了金融服务的效率。

2. 金融普惠化

随着金融活动的线上化,尤其是移动网络逐步成为提供大数据金融服务的主要途径,金融企业的服务边界不断扩大。成本的降低使得越来越多以前没有参与过金融活动的人成为金融活动的参与者。例如,极小金额的金融咨询、理财服务、支付结算服务等变得越来越普遍。大数据将以往碎片化的需求和供给进行整合，金融服务的对象和范围大大扩展，更多中小型企业和中小客户被纳入金融服务的范围，金融服务更加普惠化。

3. 金融服务个性化

大数据金融通过长期收集和整合金融数据，运用云计算等大数据分析方法对海量的客户金融活动相关数据进行实时分析，可以使企业获得更全面的用户信息。通过挖掘客户的交易、消费等数据来分析客户的消费习惯与喜好，进而准确预测客户金融行为，有针对性地向客户提供相应的个性化金融服务，可以降低信贷风险并提升金融机构的服务效率。大数据金融还可以根据企业的生产流程和信用数据对企业进行放贷，能够提升企业资金的流动性，企业的个性化融资需求也能被准确、高效地满足。

4. 金融决策科学化

收集并处理金融大数据能够使金融组织获得全面、及时、有效的信息并用于支持决策。传统金融机构在进行决策时往往依赖样本数据分析以及组织高层的经营管理经验。而大数据构建的以数据为核心的决策判断机制对海量数据进行全样本分析和处理，能够更加及时、准确地发现业务流程和管理领域可能存在的机会和风险，为业务发展和风险防范提供重要的决策依据。基于大数据分析的客户识别和分类是风险管理的主要手段，动态监测分析将取代事后回顾式评价成为风险管理的主要内容。金融机构量化风险、控制风险、规避风险的能力增强，金融组织的决策更加科学化。同时，信息不对称现象的减少也使得每一个客户做出的金融选择更加科学合理。

二、大数据金融的应用

（一）大数据在商业银行领域的应用

商业银行日常业务、管理系统的信息化程度较高，能在其日常经营管理活动中积累海量数据，且由于银行受到的监管比较严格，其数据来源准确、可靠而又齐全。近年来，大数据技术高速发展，银行业的客户、交易、管理等数据均呈爆炸式增长。而随着大数据技术与商业银行的融合程度不断加深，传统商业银行的管理、服务模式发生了改变，机遇和挑战随之而来。

1. 客户管理

客户是商业银行赖以生存和发展的基础，大规模、高质量、高忠诚度的客户群体对于商业银行的正常运转和良好发展至关重要，能使银行在行业竞争中处于有利地位，因而对于客户资源的争夺尤其是优质客户资源的争夺是行业内竞争的重要组成部分。

传统商业银行在经营管理过程中受限于数据收集、挖掘、分析能力不足，难以对其客户群体进行细分，进而导致传统商业银行向客户提供的服务内容过于同质化，难以全面满足不同类型客户的差异化需求。而商业银行作为直接与公众社会接轨的金融机构，其客户群体往往规模庞大且覆盖各个阶层、领域。因此在大数据时代，商业银行在向客户提供金融服务时能够轻易积累大量客户相关数据，这些数据包括客户的基本资料、收入情况、生活习惯、消费偏好以及接受金融服务的历史记录等。对这些数据进行挖掘分析，可以从多个维度对客户群体进行细分。例如：可以通过客户的收入、受教育水平、存款、金融产品持有量来对客户进行价值细分;可以通过客户的交易行为习惯对其进行细分,如可以对频繁发生转账汇款业务的客户出台相关优惠政策;可以根据客户的性别、年龄、偏好特征对客户进行细分,根据客户的年龄层次,往往能判断出其当前阶段的金融需求。

2. 精准营销

大数据时代商业银行对客户群体进行细分的一个最重要目标是实现精准营销。传统商业银行在制定营销策略时通常基于对未来一段时间经济环境、监管政策、自身规模、客户资源、行业竞争等方面的预测。这种模式强调规模优势,注重实体站点的经营,但在很大程度上忽视了客户的个性化需求。而在大数据时代,对于数据技术赋能后的银行业,满足客户的个性化需求才是商业银行成功的关键。精准营销指商业银行在依托大数据分析等信息手段对其客户进行精准定位的基础上,预见客户的金融需求和消费行为,并向客户提供合适的个性化服务推荐和产品营销。具体实现形式包括以下几种。

(1) 利用大数据分析技术对客户进行生命周期管理

从客户获取阶段到客户提升、客户成熟、客户衰退再到客户流失,处于不同生命阶段客户的金融需求不同,企业相应采取的服务、营销策略也会有所不同。好的客户生命周期管理能帮助银行获取更多潜在客户,将已有客户价值最大化,最大程度减少客户流失。

(2) 社交性营销

传统商业银行在向客户提供金融服务时与客户的交流相对较少,缺乏社交性。在大数据时代,人们的金融交易活动大都通过移动互联网进行,越来越多的商业银行开始通过网络渠道尤其是移动互联网来进行金融产品的营销和提供金融服务。这样在简化业务流程给客户带来便利的同时还可以增进银行与客户的交流互动,能覆盖更多潜在受众且能更好地获得客户的反馈信息。

(3) 个性化推荐

通过对客户的金融交易信息进行挖掘分析来确定客户的交易特征与偏好,进而根据客户的喜好来推荐其可能感兴趣的金融产品与服务。

3. 风险管理

信贷业务是商业银行最主要的业务之一,是考量其经营运转能力的关键因素,因而信用风险是商业银行面临的最主要风险之一。有效的风险管理活动能够帮助商业银行降低出现损失的概率,减小损失可能造成的影响,最终提高其经营管理水平和市场价值。商业银行要最大限度地降低和控制信用风险,才能在行业竞争中处于有利地位。

传统商业银行在进行风控管理时主要参考的信息来源是中国人民银行所提供的征信信息以及客户提供的基础信息,同时参考以往相似的交易案例和专家经验。以这种过于依赖定性分析的方式进行风控管理,获取的信息比较单一且往往不够全面,难以真实准确地反映银行所面临的真实风险,有时会错失部分有效客户。在大数据时代,人们几乎所有的日常活动都会在互联网上留下痕迹,这些客户或潜在客户的信息被商业银行收集起来,已经成为很多金融机构、商业银行进行风险控制的重要参考依据。这样便很好地改善了传统风险控制过程中存在的信息不对称、信息数据获取来源单一、信息采集分析过程复杂、效率低下等问题。例如,当下商业银行领域非常重要的贷款申请风险评估模型通过对客户多个方面的长期数据信息进行分析挖掘来形成对客户信用状况的综合评价,最终估测出银行向客户提供相应信贷服务所承受的风险。其中被纳入考量的客户信息包括其工作收入状况、家庭状况、受教育程度、历史信贷行为、历史交易信息、公积金和社保状况等。且在该类信用综合模型中,用于分析的客户相关信息都是动态的、实时更新的,相比于传统银行进行信用管理时所参考的静态信息,能够大大提升风险预测的准确程度。在进行信用综合评定后,对于信用评分较高的客户,银行可直接做出授信决策;对于信用评分较低的客户,银行可以直接拒绝其准入申请;而对于信用评分在准入阈值附近的客户,则可以对其进行二次评估。这一相对自动化的流程也大大减少了人工工作量,提高了商业银行风险管理的效率,有时这一评分还可以作为银行向客户提供差异化服务的参考。

(二) 大数据在证券业的应用

在金融业范围内,大数据在证券领域的应用相较于银行业、保险业来说起步较晚。但在金融业内证券业又属于数据密集型行业,且随着大数据等技术的发展和赋能,证券业中包括上市公司财务报表、客户关系、市场信息、交易数据等在内的海量数据仍在飞速增长。这些数据中蕴含的有价值信息对于券商和投资者双方以及整个证券行业都具有十分重要的意义。因此,大多数券商和投资者都已充分认识到大数据技术在证券领域的重要意义和光明前景,大数据在证券领域的应用场景在不断拓展和创新。

1. 股票分析

股票分析的内容包含两个方面,分别是基本面分析和技术分析。基本面分析主要包括股票选择和投资组合。其中,基本面分析在广义上指以经济学基本供求关系理论为基础,对历史的经济数据、政治环境、宏观经济状况(利率水平、通货膨胀、行业竞争状况等)、微观经济情况(企业财务报表状况、企业产品竞争力、公司文化及管理层背景等)等进行分析。而从狭义上来说则单指对企业素质进行分析。大数据分析主要是使用相关算法,按照投资者所感兴趣的指标挖掘出符合投资者需求的股票,建立相关规则从中寻找股市中符合要求的股票进行投资。具体方法包括决策树、关联分析、聚类分析、人工神经网络、逻辑回归等。技术分析则是通过研究市场行为来判断市场运行趋势,通过跟踪市场运行趋势的周期性变化来进行股票及其他金融衍生品交易的决策,主要由交易策略和买卖时机构成。具体方法包括决策树、人工神经网络、时间序列分析、关联分析等。

2. 投资者情绪分析

传统金融理论认为投资者都是理性的,在进行分析时不考虑投资者的情绪因素。但在真实的金融实践活动中,投资者往往会做出非理性决策,这些非理性决策和行为有时会在一定程度上影响金融市场。因而行为金融理论认为投资者易受情绪、情感等因素的影响,并将投资者情绪作为两大基本假设之一。投资者情绪是一个非数量化的概念,在传统证券领域,投资者情绪是一个难以估测的变量,而在大数据时代,如何对投资者情绪进行量化分析对于证券业的发展具有重要意义。在当今的投资情绪分析中,有基于网络舆情的投资者情绪分析,即通过获取网民在社交网络(包括微博、论坛和博客等)中产生的网络文本信息,对杂乱无序的网络媒体信息进行挖掘处理和分析并从中获取有价值的信息,把非结构化的文本信息转化为结构化的文本信息,从文本信息中提取投资者情绪测评指标,结合属性词典和情感词典,应用情感分析引擎,获得投资者情绪分析结果。在投资情绪分析中,还有综合投资者情绪主观测量指标和客观测量指标的复合投资者情绪指标分析。国内投资者情绪的主观测量指标有央视看盘指数、消费者信心指数、巨潮投资者信心指数等;客观测量指标分为市场表现类、交易行为类、衍生变量和其他情绪代理指标等。

3. 量化投资

大数据技术在证券业中最为广泛和重要的应用是量化投资。量化投资是与定性投资相对的概念，在传统证券业中应用较多的是定性投资，即通过研究金融市场的历史交易信息、金融产品的历史价格和当前交易价格，综合管理者的主观经验做出投资决策。而量化投资是指在对金融市场和产品信息进行量化分析的基础上，根据历史交易等相关数据建立分析模型，由模型做出投资决定，实现自动下单并完成交易。大数据技术的发展使得对海量金融数据的分析变得不再困难。量化投资中的分析对象包括结构化数据和非结构化数据。其中：结构化数据常用于高频交易应用，能从那些人们难以利用的、极为短暂的市场变化中寻求能够获利的自动化交易；非结构化数据在量化投资中虽然应用还不是十分广泛，但也有广阔前景，非结构化数据能提供有价值的信息进而获得超额利润，行业内许多企业都在进行开发和尝试。

量化投资包含交易前分析、进行交易、交易后分析等过程。其中包含的人工工作有数学建模、挖掘数据模式、开发计算机软件系统、设置参数，在用于量化投资的软件系统运行后还要对其进行评估，根据评估反馈再对系统进行调整，使其更加有效。在大数据时代，证券金融领域已经有许多具体量化投资策略的成熟应用。例如：量化选股，通过数量分析来判断是否应当购入某只股票；量化择时，运用数量化的方法，在对经济基本面进行量化分析的基础上参考历史价格及当下市场价格，最终确定买入某只股票的合适时机；量化套利，运用量化分析的方法确定最优投资组合；算法交易，通过计算机程序发起交易指令；资产配置，对资产类别、投资组合进行合理配置和实时管理等。

相对于定性分析，大数据技术赋能的量化投资能够分析市场上的所有数据，获得的市场信息更准确，做出的交易决策更系统、更有效、更科学。量化技术所实现的自动化交易能够在科学分析的基础上实现高速操作，能在秒级单位时间里完成多组金融产品的下单交易，大大提高了投资效率。

（三）大数据在保险业的应用

保险业是金融业的重要组成部分。在我国，保险市场规模庞大且发展速度可观。当前，我国已经是世界第二大保险市场，随着金融业积极拥抱云计算、人工智能、物联网、区块链等信息技术，我国的保险市场将进一步壮大、成熟，大数据技术在保险业中也有着无比广阔的发展空间。保险业的行业特征使得其与大数据技术的融合具有显著优势，保险公司的主要利润来源是对风险的预测，在运用大数据技术对保险公司海量数据进行分析后可以实现对预期风险的量化，将风险数据中的有价值信息变现。此外，大数据技术可以有效改造与升级传统保险价值链，在给传统保险领域带来改良效果的同时，创造推动行业发展的新机遇，因而大数据是实现我国保险业现代化的重要技术。目前，大数据技术在保险业的具体应用主要体现在承保定价、欺诈识别、精准营销等方面。

1. 承保定价

大数据技术对于保险业的影响首先体现在对其传统保险业精算理论的补充上，精算理论是保险业运营模式的关键。在以往的保险公司运作过程中，精算师以大数法则为基础对公司所收集到的风险相关数据进行建模分析，推演出风险发生的规律，并基于此设计保险产品。当今时代的大数据理论与技术直接冲击了保险业基于大数法则的传统精算模式,利用大数据技术对海量数据进行全样本分析,可以实现对个体对象潜在风险的精确识别与预测,从而完成对传统保险精算方法的优化。在承保定价方面,大数据所实现的优化与革新具体包括以下方面。

（1）对于风险特征的描述更加丰富

传统保险公司在进行保险定价时所能分析的样本数据往往仅局限于公司内部的历史数据。而在大数据时代,精算师能够借助于大数据技术对行业内外部数据进行实时收集和全样本分析,数据的质量和维度得到提升,保险精算更加科学,对于风险的确认与量化更加准确。

（2）优化定价模式

承保定价的能力是保险公司的核心竞争力。基于传统精算理论的定价体系往往过于单一,难以满足客户的差异化需求。而大数据技术优化的定价模式能在传统定价因素中加入更多辅助定价因素,实现对特定客户的个性化风险定价,同时对于风险数据的实时收集可以帮助保险公司依据客户的行为对保险定价进行调整。

（3）保险应用场景增加

随着各个行业与大数据技术的融合不断深入,传统保险业的应用场景将不断拓展。利用大数据相关技术,可以对这些场景的预期风险进行量化,保险公司则可以据此进行风险定价,开发相关保险产品,如航班延误险、手术意外险等。

2. 欺诈识别

保险欺诈行为是保险业的伴生顽疾,这种恶意行为是对其他合法投保人以及保险公司权益的损害,在对保险业造成伤害的同时也制约了保险业对于社会发展的重要作用,因此如何应对保险欺诈是世界各国保险业都要面对的问题。在反欺诈方面,我国传统保险业存在许多问题,主要包括:保险业在反欺诈领域的投入不足,在大多数保险公司中专门从事反欺诈工作的工作人员往往只占很少一部分;传统保险公司的防欺诈排查工作大多通过固定的程序化检测模型,维度简单且样本数量有限,而真实的欺诈场景是多变的,因此传统保险公司识别欺诈的能力极为有限;在我国传统保险业中,许多企业将其所掌握的用户信息数据视为核心资产,行业内数据共享程度低,缺乏相应的数据共享机制,使得保险公司在面对跨公司甚至跨行业的保险欺诈时难以合理应对。在大数据时代背景下,新技术、新应用的出现为保险业应对欺诈行为提供了更多的解决方案。首先,反欺诈流程优化升级。在信息的获取方面,保险业可以借助于大数据技术建立业内信息共享平台,保险公司还可以在保护客户隐私的基础上与第三方进行信息交流。对全行业乃至跨行业数据的全量分析能够帮助保险公司更精准地判断每个用户的欺诈风险。在具体风险评估方面,保险公司可以建立相应的统计分析模型,对海量数据进行分析后实现欺诈风险的快速识别,这种模式下的风险评估速度和准确度均优于传统的固定程序化风险检测模型。其次,大数据思维能帮助保险公司转变思路,将部分工作从反欺诈的事中控制转移到事前控制,运用大数据技术量化分析每一个投保人的投保动机,合理评估其欺诈风险,进而更精确地做出相应的决策。目前大数据反欺诈已经在车险、健康险等多个场景成熟应用,未来大数据技术将会在越来越多的反欺诈场景落地应用,并推动我国保险业持续健康发展。

3. 精准营销

精准营销即在精确定位的基础上,建立与客户的沟通服务体系并向客户提供个性化服务。随着大数据技术与金融业的融合程度不断加深,精准营销正越来越多地应用于金融业的各个具体领域。同金融业的其他领域相似,保险公司应积极实时获取对营销有利的客户相关信息数据,运用大数据技术对海量客户及潜在客户的信息数据进行挖掘分析,了解和洞悉潜在客户及客户的潜在需求,并对客户进行分类管理。在此基础上,保险公司应继续分析不同种类客户的差异化保险需求,将合适的保险产品和服务在合适的时间推销给相应的客户。保险公司还可以根据客户的实时反馈,以客户需求为出发点设计相应的保险产品。在具体的营销方式上,移动互联网端的营销相较于传统保险营销有很大的优越性,如搜索引擎营销、微博微信营销、P2P 营销等。这些方式能方便地获取用户信息及反馈,突破了传统营销方式在时间和空间上的限制,使保险公司的营销效率大大提升。

三、大数据对传统金融的影响

金融是现代市场经济的核心,在我国,金融业有着优化资金配置以及调节、反映、监督经济的作用,关系到整个经济社会的稳定发展。一个健康高效的金融系统是建设我国社会主义现代化经济体系的重要基础。金融业本身就具有信息化程度高的特点,这使得其在发展过程中能迅速与大数据技术深度融合。在大数据时代,我国金融市场发展迅速,尤其是金融科技的蓬勃发展,在多个领域已经走在世界前列。大数据对传统金融业的影响是颠覆性的,其中既有大数据技术的赋能带来的金融业效率的提升,也有一些随之而来的数据风险和隐患。

首先,大数据技术的赋能给金融业带来的更多的是业务的优化和效率的提升。例如,随着移动互联网的普及和大数据分析技术的成熟,金融机构能够更轻易地收集到客户与潜在客户的实时信息,对这些信息数据进行挖掘分析可以实现对客户的差异化管理,达到精准营销的效果;大数据金融以大数据自动计算为主,不需要大量人工参与,降低了金融业务的成本;移动互联网的便捷使得金融服务的受众更加广泛;通过大数据技术,金融机构能够实现对风险的量化,对风险的预测更加精确意味着更科学的决策和更高的效率。这些优化和创新在银行业、证券业、保险业等领域各有具体表现,前文已详尽介绍。金融与大数据的深度融合给传统金融业带来了变革与机遇,但随之而来的也有风险与挑战。例如,大数据技术使得金融机构收集、分析客户数据信息的能力得到提升,客户的全方位实时信息将很容易被获取,而有时对于客户信息的过度挖掘或者因管理不当造成客户信息的泄露都会造成对客户隐私的侵犯。如果我国金融企业在软硬件基础设施以及数据服务上过度依赖国外,就有可能使我国金融业成为大数据监听的受害者,危害我国国家金融安全等。

四、监管及相关政策

(一) 大数据金融监管

在金融科技时代,许多传统的监管模式和法律法规已经不能适应新金融业态带来的创新变化,因而需要做出相应的调整和改变。要明确的是,大数据金融等新金融业态给我国监管当局带来以下挑战。

① 无牌或超范围开展金融业务。在国内,一些互联网企业在向其客户提供社交、搜索、电商、支付等服务时会轻易获取用户的身份、账户、消费以及交易信息。一些实际不具备提供金融服务资质的企业可能利用这些信息涉足金融服务领域或与一些金融机构合作。这些越界行为可能会引起金融产品的跨市场系统性风险。

② 容易造就垄断性企业进而引起不正当竞争。一些大型互联网巨头企业具备"赢者通吃"的属性,在金融领域也有同样的趋势。这些企业在掌握大量客户信息数据资源后可能通过交叉补贴等方式抢占市场并同时实行排他性战略,最终实现对业务的垄断,降低创新效率。

③ 威胁个人隐私和信息安全。一些金融机构或互联网平台掌握着大量的客户信息资源,企业在利用这些资源为客户提供更优质的金融服务的同时也可能存在着滥用客户信息的情况,不利于客户隐私信息的安全。

④ 传统银行业面临着极大挑战。一方面金融科技发展的进程促进了我国利率市场化和普惠金融事业的发展;另一方面也加速了银行的存款分流,给银行的盈利能力和竞争力都带来了挑战。

在监管实践中,应采取具体措施来应对如上监管挑战。

① 金融业务必须持牌经营。金融机构和互联网平台开展金融业务必须遵循"同样业务,同样监管"原则。例如,中国人民银行要求平台公司全面剥离与个人征信相关的业务,通过持牌个人征信机构向金融机构提供信用信息服务,化信息垄断为信息共享。

② 加强反垄断监管,维护公平竞争秩序。应强化反垄断并防止大型平台的资本无序扩张。针对一些企业的不正当行为,应当加以干涉,给客户更多的选择,让中小企业有发展的空间。

③ 强化数据保护。监管部门应当督促金融机构严格按照合法、正当、最小必要收集原则收集、使用和保管客户信息,充分保障个人隐私和消费者的知情权、同意权、异议权、投诉权等合法权益。

(二) 大数据金融相关政策

我国现已出台许多与大数据金融业务相关的政策。2015年12月,央行出台《非银行支付机构网络支付业务管理办法》,引导支付机构既要勇于创新,又要符合规定。2016年10月,国务院办公厅出台的《互联网金融风险专项整治工作实施方案》提出对互联网金融领域可能存在的风险进行整治。2019年8月,中国人民银行发布《金融科技(FinTech)发展规划(2019—2021年)》,明确金融科技发展的方向、任务、路径和边界。2022年1月,中国人民银行印发《金融科技发展规划(2022—2025年)》,其依据《中华人民共和国国民经济和社会发展第十四个五年规划和2035年远景目标纲要》制定,提出新时期金融科技发展指导意见,明确金融数字化转型的总体思路、发展目标、重点任务和实施保障。在大数据金融的客户隐私安全问题领域,自2016年我国陆续出台了《中华人民共和国网络安全法》、《中华人民共和国数据安全法》和《中华人民共和国个人信息保护法》,着手治理信息收集和"霸王条款",督促金融机构严格按照合法、正当、最小必要原则收集、使用和保管客户信息,充分保障个人隐私和消费者的知情权、同意权、异议权、投诉权等合法权益。在反垄断方面,我国在2021年出台了平台经济领域的反垄断指南。

五、典型案例

软通动力

软通动力信息技术(集团)股份有限公司(简称软通动力)于2005年在北京成立,坚持扎根中国,服务全球市场,致力于成为具有全球影响力的数字技术服务领导企业、企业数字化转型可信赖合作伙伴。2021年,软通动力在全球40余个城市设有近百个分支机构和超过20个全球交付中心,拥有员工85000余人。凭借深厚的行业积累,软通动力在10余个重要行业服务超过1000家国内外客户,其中超过200家客户为世界500强或中国500强企业。

软通金科(iSoftStone Fintech)是软通动力汇集十余年在金融领域的研发及服务能力后正式推出的品牌,其员工超过万人。软通金科具备全栈数字化服务能力,以及云、大数据、AI、区块链、物联网等新兴技术的研发和应用建设能力(图4-5),其全面打造数字金融服务生态圈,不断推动金融企业的商业模式和运营模式的变革,为客户创造有效价值。

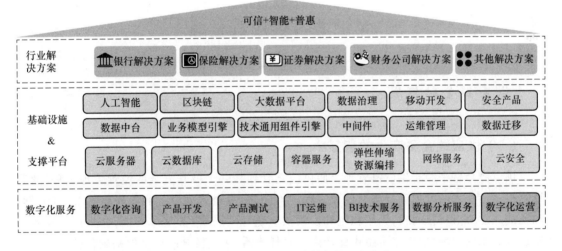

图4-5 软通金科的全栈式数字化服务能力

软通金科致力于为金融业客户(图4-6)提供专业的数字转型技术咨询、技术服务,聚焦行业解决方案与云服务,与合作伙伴共创、共赢,打造未来数字金融的领军生态。目前,数字化交付团队已超万人,在数字化咨询、产品开发、产品测试、IT运维、BI技术服务、数据分析服务、数字化运营等细分专业领域具备全栈式服务能力,能为各种金融业客户提供从软件及技术服务、解决方案到创新及数字化转型的综合服务。软通金科不但构建了"可信+智能+普惠"的金融科技战略,还在基础技术体系中融入了相关能力。在帮助金融机构数字化升级方面,软通金科不但拥有领先的战略视角(帮助金融机构搭建数字战略体系),同时还具备卓越的实践能力(帮助金融机构数字战略落地)。

图 4-6　软通金科的主要客户群体

第七节　供应链金融

一、供应链金融概况

（一）供应链金融产生的背景

供应链金融来源于供应链管理。而供应链管理是一个极其复杂的经营管理过程，随着计算机通信技术的发展和经济全球化进程的不断深入，全球供应链的发展面临着一些问题和挑战。在金融科技时代，为了稳定和发展供应链，降低供应链整体成本，企业开始重视供应链资金流的效率，供应链金融由此产生。具体来看，供应链金融产生的基础包括以下几个方面。

1. 企业结构性融资需求

在供应链的运行过程中，企业各个环节的供销、采购都应该是良好运转的。但随着赊销成为贸易的主要方式，供应链中一些企业开始出现资金缺口，这会影响企业自身的发展和供应链整体的稳定，于是企业便出现了结构性融资的需求。结构性融资指企业利用其拥有未来现金流的资产进行融资，即企业用现金流资产将其特定资产从资产负债表中替换出来，在保持资产负债率不变的情况下提高其资产效率。

2. 经济全球化

经济全球化的具体表现包括生产、经营过程的全球化以及金融全球化。在这一背景下，传统生产过程出现国际分工，有时一种产品的生产可能涉及来自世界各地的零件或原料。

传统产品的价值链变得更加碎片化和复杂化,每一个企业或地区都可能是某个全球化价值链的组成部分。国际贸易总量不断增长,跨国企业不断发展壮大,金融全球化进程随之加深。

金融全球化带来的是资金在全球范围内的流动,且资金不断流向收益和效率更高的行业或项目。因此,在生产链和供应链全球化的背景下,金融市场衍生出供应链金融这一以供应链为中心的更加灵活、高效、风险可控的金融产品和融资模式,用来提高资金效率和适应金融全球化的发展。

3. 中小企业信贷摩擦

随着生产、贸易的全球化和金融全球化,越来越多的中小企业成为全球分工中的一环,中小企业的贸易和融资需求不断增加。与此同时,大多数中小型企业处于产品价值链的末端,缺乏定价权与话语权,对大型企业有一定的依赖性,当同一价值链中的大型企业出现延迟支付等问题时,中小型企业往往处于比较脆弱的境地。因此,中小企业必须通过融资来扩大规模,增强其抗风险能力,提高其话语权。

以往中小型企业的融资方式十分单一,通常只有银行信贷一种。另外,考虑到中小企业的抗风险能力较弱,银行又往往不愿意融资给中小型企业,最终导致中小型企业融资的难度大、成本高,在信贷市场上遭遇着严重的信贷摩擦。为了摆脱这种困境,中小企业必须探索新的融资模式。

4. 传统金融机构业务拓展需求

随着利率市场化进程不断加速,传统商业银行赖以生存的高利差环境正在不断改变,银行的主要利润来源受到冲击。且在传统商业体系中,不同银行的经营管理过程和所提供的服务项目具有比较严重的同质化问题,在利率市场化的背景下,银行间的竞争逐渐趋于市场化。此外,随着投融资体制改革,资本市场不断完善,银行融资不再是许多企业唯一首选的融资方式,商业银行在融资市场的地位不断下降。市场竞争压力的不断增加使得商业为了自身的发展开始探索新的服务模式,包括对供应链提供相应的金融服务。

(二)供应链金融的概念和特点

供应链金融(Supply Chain Finance,SCF)是一种基于供应链的融资模式,是商业银行信贷业务的一个新的专业领域。它将资金流引入供应链管理中,在供应链上为各企业提供贸易资金服务的同时,为中小型企业提供贷款融资服务,给中小企业融资困难的问题提供了解决方案。而正是其"既能有效解决中小企业融资难题,又能延伸银行的纵深服务"这一双赢特点使得供应链金融近年来在国内发展迅速并得到越来越多的关注。

目前国内对于供应链金融普遍认可的说法是:供应链金融是指以核心客户为依托,在真实贸易的背景下,运用自偿性贸易融资方式,通过应收账款质押登记、第三方监管等手段封闭资金流或者控制物权,以此来为供应链上下游企业提供的综合性金融产品和服务。即供应链金融是一种独特的商业融资模式,依托核心企业对多个企业提供全面的金融支持和服务,优化资金的可得性并降低成本、控制风险,进而实现对供应链的系统优化,实现银行、企业和供应链的和谐共存、持续发展。

具体来看,供应链金融主要包含以下特点。

1. 参与主体多元化

与传统信贷模式不同,供应链金融流程的主要参与者除了金融机构和融资企业外,还增加了核心企业和物流企业。核心企业的运行发展状况是银行向供应链提供金融服务的信用基础;物流企业则以中介者的角色一方面向中小型企业提供个性化的专业物流服务、利用质押物为中小企业做担保,另一方面为银行提供仓储监管、质押价格评估等服务。在服务对象方面,传统金融主要服务于核心企业、潜力型企业和大型企业,而供应链金融的服务对象则拓展至核心企业及其相应产业链中的中小型企业。

2. 突破授信视角

在传统金融的信贷模式中,企业多以固定资产尤其是不动产作为抵押物进行贷款。而供应链金融是在供应链内部封闭授信,企业在供应链流程中产生的动产与货权都可以作为抵押标的物,供应链中核心企业的信用情况及中小型企业在供应链中所处的位置都会成为银行授信的考虑因素。对银行来讲,围绕核心企业寻找有信贷需求的企业降低了开发客户的成本,同时也提高了企业对银行的依赖程度;对中小型企业来讲,授信方式的改变使得中小型企业的融资门槛变低,发展空间得到了提升。

3. 风险相对可控

供应链金融中银行提供的信贷服务往往具有封闭性,借款人只能将贷款用于供应链中的相应流程,供应链中的资金流、贸易流和物流都能得到有效控制,风险得以有效降低。同时,在以往的融资过程中银行通常只与相应的融资企业进行沟通,银行对风险的识别和把控能力相对较弱。供应链金融模式下的金融机构则需要对整个供应链、融资企业以及其在供应链中所处的地位进行综合考量。在风险被控制在既定范围内的同时,生产规模和业务规模得到了扩增,企业与金融机构实现双赢。

4. 自偿性、封闭性和连续性

自偿性即供应链金融中企业产生的信贷业务的还款来源仍然来自供应链本身,企业在供应链中贸易所得货款中的一部分会用于偿还贷款。封闭性指供应链金融是在供应链内部封闭授信,对相应企业提供的贷款将应用于供应链中的特定流程,款项只能专用。连续性指供应链金融是贯穿于供应链的连续业务过程。以往的贷款业务往往是一次性的,而供应链金融中金融机构基于供应链的循环运转,可以对企业进行反复授信,为企业提供持续性的金融支持和服务。

二、基本流程

供应链金融是指金融机构(如商业银行、互联网金融平台)通过引入核心企业、第三方企业(如物流公司)等,将资金、信息、物流等资源有效整合,以供应链为基础向供应链中的特定环节和特定企业提供个性化金融支持和服务,使资金的使用效率得到提升,为各方创造价值,并把单个企业的不可控风险转变为供应链企业整体的可控风险。其主要业务流程如下。

1. 融资申请

在有融资需求的供应链中,核心企业的上下游企业通过供应链平台向金融机构提交融资申请,并且提交企业资料(包括企业自身财务状况以及企业在供应链中扮演的角色)用以审核。

2. 额度审核

在一般情况下,每个企业申请的额度是不一样的。金融机构也会根据企业的状况对企业申请的额度进行审核。额度申请直接影响是否下款,比较关键。在大数据技术的普遍应用下,金融机构能够根据平台上企业的交易数据及相关数据进行灵活授信。

3. 项目审核

供应链金融平台接到项目申请后,需要对项目进行审核,审核方式包括实地考察、审查财务报表及业务数据等。对整个项目的全面了解能帮助金融机构有效把控风险。而随着数字技术与供应链金融的结合,有些金融机构会采用智能决策引擎来进行线上审批,全方位快速审核,提高审核效率。

4. 放款

供应链金融平台通过融资申请以后,即可向申请企业发放贷款。供应链中的相应企业会将贷款用于特定的生产、贸易活动,从而保证供应链的正常运转。

5. 到期还款

申请贷款的企业用于还款的资金往往来源于企业在供应链运转流程中取得的收入,金融机构会与其上家或下家签订合约,涉及贷款企业的一部分交易款项会直接用于还款,打入银行相应的账户内。

三、主要业务模式

资金流是企业的血液,健康的资金流对于企业的持续性经营发展具有至关重要的作用。一般来说,企业最有可能发生现金流缺口的 3 个阶段是采购、经营和销售。供应链金融中的金融机构从这 3 个阶段入手,开发了采购阶段的预付款融资、生产阶段的库存融资以及销售阶段的应收账款融资等业务模式(图 4-7)。供应链金融解决了许多传统金融无法解决的资金问题,新的融资模式为供应链的持续健康运转注入了强大动力,推动了金融服务的进步。

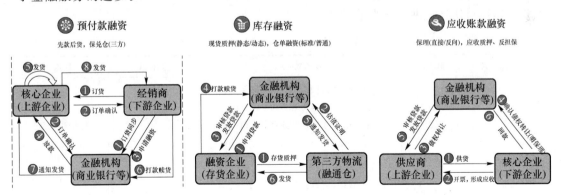

图 4-7 供应链金融的主要业务模式

(资料来源:中国贸易金融网)

(一) 预付款融资

预付款融资主要针对供应链中处在下游的企业。在供应链中,上下游企业达成交易时,下游采购商有时需要向上游供应商支付预付账款。而预付账款的存在则使得下游企业的资金资源被长时间占用,使下游中小企业时常面临不小的资金周转压力。为了维持自身的持续性生产经营,许多供应链下游企业采取预付款融资的方法。

预付款融资指供应链中的企业以某笔或多笔预付账款进行融资,从而获得银行等金融机构提供的短期信贷支持。预付款融资的具体形式包括以下几种。

(1) 先票/款后货授信

其流程为融资企业先向银行提出贷款申请并向银行缴纳保证金,银行收到保证金后向供应商支付全额货款,同时供应商以银行为收货人发货,货物到达后融资企业追加保证金并取走货物。

(2) 担保提货授信

担保提货授信指融资企业先向银行缴纳一定数目的保证金,银行为采购商提供用于支付供应商的全部贷款的融资形式。之后采购商每次从供应商提取部分货物都要向银行提交相应数目的保证金。

(3) 进口信用证项下未来货权质押授信

进口信用证项下未来货权质押授信指进口商向银行缴纳保证金后获取银行开具的信用证,并控制信用证项下的货权来控制还款来源的融资模式。

(4) 国内信用证

国内信用证指国内企业向银行提出申请,凭符合信用证条款规定的单据,向销货商开出的一定限额、一定期限内支付货款的书面承诺。

(5) 商业承兑汇票保贴

商业承兑汇票保贴指银行在核定商业承兑汇票的承兑人信用情况后,在授信额度内将商业承兑汇票贴现给汇票持有方的授信行为。

在我国有 5 种典型的供应链金融平台,按主导者的不同,将其业务特点、资金来源及缺点进行归纳对比,如表 4-4 所示。

表 4-4 我国 5 种典型的供应链金融平台

主导者	代表	业务特点	资金来源	缺点
商业银行	橙 e 网 (平安银行)	中小企业的日常经营活动都在平台上完成,包括订单、运单、融资和仓储等,邀请第三方信息服务企业提供配套信息监控服务	银行资金	信息流无法把控,征信要求高
核心企业	易派客 (中石化)	ERP 系统内拥有产业链中大量客户的交易数据,可以进行有效尽调分析,并与专业的风控企业紧密结合	自有资金 银行资金	企业工作量大,风险影响也大
电商平台	京小贷 (京东)	持有众多商家和客户的交易行为和信用数据,自身建有物流体系,形成大数据背景下的链属体系	自有资金 银行资金	不能保障资金

续 表

主导者	代表	业务特点	资金来源	缺点
物流企业	怡亚通	通过深度分销平台支持供应链金融运作	自有资金 银行资金	不能保障资金
综合性管理平台	中企云链	形成产融闭环生态圈	入驻平台的金融机构	需要强大的金融科技支撑

注：资料来源于余丽霞和龚先婷的论文《我国供应链金融平台运作模式研究——以中企云链为例》。

从表4-5对各种供应链金融平台的分析和对比可以看出，以综合性管理平台为基础的供应链金融管理模式可以很大程度上解决其他平台运作模式中对中小企业信息掌握不全、自有资金风险大和资金提供得不到保障等问题。同时和其他平台一样，也存在对完备的经济体制支撑、政府政策支持和信息交流保障等需求。

（二）库存融资

库存是企业流动资产的重要组成部分，对于企业的供销稳定、及时应对市场变化有着十分重要的作用。但同时企业的库存往往也会占用企业的部分资源，库存成本也是供应链运行成本中的重要组成部分。库存成本包括机会成本和使用成本两部分。机会成本即企业将资金应用于库存上时便丧失了将同等资金用于其他获利选择的相应收益。使用成本即企业通过债券、股权融资获得资金的相应综合资本成本。

在供应链中，上下游往往通过加强信息交流的方式来降低库存成本。在供应链金融中，库存融资这一融资模式则减少了库存对企业资金的占用，企业的资金周转能力、流动性得到加强，占用成本被降低。

具体来看，库存融资的业务形态主要包括静态抵质押授信和动态抵质押授信。

（1）静态抵质押授信

静态抵质押授信指企业将抵押货物交付给第三方物流并取得贷款的业务模式。抵押物抵押后直到抵押结束前都不能再变动，只有清偿贷款后抵押物才能被重新流通使用。这种授信方式虽然是一种存货融资的方式，其存在的缺点也十分明显。由于质押物在贷款被清偿之前不能被再次使用，如果质押物是原材料或者半成品，在市场情况出现变化时就很有可能影响企业生产，降低企业收入，进而导致企业无法按时清偿贷款，第三方物流也会承担相应的质押物贬值损失和变现损失。因此，静态抵质押授信在实际中使用不多。

（2）动态抵质押授信

同样是以抵押货物获得贷款，动态抵质押授信的业务模式则允许客户在某种特殊情况下使用被质押的货物，这在一定程度上缓解了企业面临市场不确定性的流动性风险。但客户抵质押货物的价值有一个最低限额，低于最低限额则企业不能动用质押的货物。同时在整个抵押过程中，客户也可以以货易货。而对于抵质押物品种方面，品类一致、容易变现的原材料（如木材、钢材、有色金属等质押物）的质押率较高；而品类不一致、难以变现的成品商品则质押率较低。在实际中动态抵质押授信的业务模式往往应用较多。

（三）应收账款融资

应收账款融资是一种主要针对供应链上游企业的融资模式。由于供应链中的贸易方式多以赊销的形式进行，许多处在供应链上游的企业常面临着巨大的资金周转压力。而且供应链上游企业还时常面临融资难度大、成本高的问题。为了维持自身的持续性生产经营,许多供应链上游企业采取应收账款融资的方法。

应收账款融资是指企业为获得运营资金,以买卖双方签订的真实贸易合同产生的应收账款为基础,向金融机构提出融资申请,并以相应的应收账款作为还款来源的融资业务模式。

应收账款融资的具体业务流程包括:首先,供应链内的上游供应商与下游采购商达成交易协议,采购商向供应商开出应收账款单据;然后,供应商用收到的应收账款单据向金融机构提出融资申请,并将相应的应收账款单据转让给金融机构,金融机构在对采购商的信用状况和债权的可兑现性进行评估后向供应商提供信用贷款,缓解供应商的资金周转压力;最后,当贸易合同中约定的付款期限到时,采购商依据协议向金融机构支付贸易款项,金融机构在扣除前幅账款与核定利息后再将剩余款项转交给供应商。

应收账款融资的具体业务形态还包括:保理业务,指保理商从供应商手中买入票据形式的应收账款,并根据供应商的需求提供与之相关的服务,包括贸易融资、债款回收、信用销售控制、坏账担保等;保理池融资,指贸易中的供应商将多笔买方不同、期限不一、金额不同的应收账款统一转让给保理商,保理商依此为供应商提供相应金融服务的业务模式;反向保理,指供应链中的核心企业凭借其较高的信用等级,以较低的成本获得融资并将其引入供应链中,使供应商的融资困境得到改善的金融模式。这种反向保理不仅使供应商获利,还使核心企业能够更好地管理其应付账款,减少核心企业的财务管理成本,整个供应链的稳定性也得到了增强。

四、风险及其防范

供应链金融的出现使得融资活动的参与主体更加广泛、融资业务的业务形态更加多样,前所未有地加强了供应链网络的稳定性,使金融服务的效率得到提升。企业之间开始更多地合作,个体间的竞争逐渐转变为供应链网络之间的竞争。然而供应链金融也有其内在的脆弱性,它在使企业运营更加高效、供应链网络更加稳定的同时也会增加企业运营的风险。因此,供应链金融参与各方应提高自身识别风险的能力,进行相应的供应链金融风险管理,促进和维持供应链的良性运转。

(一)供应链金融风险及其特征

供应链金融风险是指供应链上各企业对物流、资金流和信息流的预期出现了偏差,导致供应链金融中参与各方的企业或组织遭受损失的不确定性。其中,物流风险指由于某种原因导致物流资源不能如期配置和流动,影响供应链中企业的生产经营活动,进而使供应链中企业蒙受经济损失的可能性;资金流风险指融资借贷活动中的相应本金和利息不能如期被归还而导致提供金融服务的金融机构遭受损失的可能性;信息流风险指供应链中可能出现的信息在传递过程中失真的情况,这种情况可能会引起逆向选择和道德风险,进而影响供应链整体的稳定,损害供应链整体的利益。

具体来看,供应链金融风险又具有以下特征。

(1)传导性

同一供应链网络中的企业往往具有较为紧密的联系,这些彼此影响、相互依存的企业共同在供应链的合作模式下受益。但同时,当供应链中的企业出现问题时,其风险会沿着供应链向其上游或下游企业传导,使整个供应链中的企业以及包括金融机构在内的与供应链相关的各方都可能遭受损失。

(2) 动态性

供应链金融的风险不是一成不变的,它会随着供应链网络规模、融资模式创新、运营状况变化以及外部环境变化等因素而变化,这也给供应链金融风险的识别增加了难度。

(3) 复杂性

供应链金融风险是供应链风险和金融风险的叠加,因而供应链金融风险相比于传统金融风险或企业经营风险具有复杂性。

(二) 供应链金融风险的分类

供应链金融业务形态多样化且参与主体众多,因而供应链金融风险往往会受到多方因素的影响。按照来源和层次的不同,影响供应链金融风险的因素可以分为供应链外生风险、供应链内生风险以及供应链主体风险3种。

(1) 供应链外生风险

供应链外生风险指受外部经济条件、金融环境以及产业条件变化的影响,供应链资金流、物流以及信息流受到影响从而给供应链金融参与各方带来潜在风险。此类风险有时很难被供应链管理者避免,但供应链管理者应时刻关注这些方面因素的变化:经济环境与运行周期、政府监管环境、上下游企业的稳定与相对均衡、产业特征变化、市场静态与动态分析等。

(2) 供应链内生风险

供应链内生风险指供应链组合或运行不当所产生的风险,主要指内在结构、流程和要素等方面出现问题。而由于供应链金融风险的传导性,任何一个环节出现风险都可能导致整个供应链体系受到影响。供应链内生风险产生的原因主要包括:供应链中企业为集中核心能力,大量采用外包形式获取外部资源,使企业间的供需界限变得模糊,可能出现物流问题;同一供应链的参与者过多,可能导致信息失真、企业间信任度降低等混乱效应;供应链本身结构难以适应环境和市场的变化等。

(3) 供应链主体风险

供应链主体主要指核心企业或融资企业,而供应链主体风险指供应链主体在供应链金融活动中为实现自我利益最大化而对相关信息进行扭曲或隐瞒的机会主义行为,这种行为可能使其他供应链主体遭受重大损失。因此,供应链金融平台在进行风控管理时应对供应链主体的资质、财务状况、诚信历史、贸易背景、运营状况、履约能力进行分析。

(三) 供应链金融风险的防范

对于供应链金融风险种类和特征的了解都是为了更好地识别风险,进而最终实现对风险的管理和防范。供应链金融服务平台在充分认识到供应链外生风险、供应链内生风险以及供应链主体风险的区别和特征后,应依据以下原则进行相应的风险防范活动。

(1) 业务闭合化

业务闭合化指供应链中的流程环节首尾相接,形成环路。业务闭合化并非业务封闭化,业务封闭化指的是企业所有的价值活动或运营活动都在企业内部进行。供应链的闭合能最大化提高效率、节约成本,同时也是供应链金融活动进行的必要条件。若供应链运营无法实现闭合,价值的生产和实现就有可能出现偏差,潜在风险也将随之出现。

(2) 交易信息化

信息化的交易和管理过程能使信息在供应链中及时、有效地传播。交易信息化主要表现为企业内部生产经营的信息化和供应链运营过程中各主体间交流的信息化。若供应链整体信息化程度不够,信息无法实现有效传递,则可能出现相应风险。

(3) 收入自偿化

收入自偿化指企业以其真实的贸易背景及其在供应链中的地位向金融机构申请贷款,并以自身未来产生的稳定现金流作为还款来源。这一授信方式本身就包含了较强的风险控制,授信时对贷款企业业务的综合考量以及还款时企业稳定的现金流保障都能起到降低风险的作用。

(4) 管理垂直化

管理垂直化即管理专业化,指通过控制供应链流程使各个管理部门互不重复、相互制约,从而实现对供应链活动的专业化管理。其具体表现为业务审批与操作分离,交易运作和物流监管分离,金融业务的开拓、实施和监管分离,经营单位和企业总部审议分离等。

(5) 风险结构化

风险结构化指对业务结构进行合理设计进而实现供应链金融业务中的风险结构化。具体实现风险结构化时可以从保险方案、参与主体的担保与承诺、对各方权利义务划分的协议约定、风险准备金的建立等方面进行考虑。

(6) 声誉资产化

声誉资产是企业无形资产的重要组成部分,是对企业声誉、信用、可靠程度的量化。声誉资产的多少会对企业的社会地位和竞争力造成一定影响,同时在供应链金融活动中企业的声誉又在一定程度上预示了企业在参与金融活动时的违约风险。因此,声誉资产化对供应链金融的风险管理有利。

五、监管及相关政策

(一) 我国供应链金融监管

对于我国的供应链金融来说,外部宏观环境、市场政策、市场环境变动等都是风控监管过程中需要充分考虑的问题。例如,在新冠肺炎疫情冲击下,部分企业特别是民营和小微企业困难凸显,债务违约风险增大,同时新冠肺炎疫情导致的金融风险可能具有滞后性,后期不良贷款存在上升压力,部分中小金融机构风险进一步恶化。受新冠肺炎疫情影响,金融稳定形势受到新的挑战,不稳定的外部宏观环境无疑会为供应链金融的稳定发展带来一定风险。此外,企业内部经营风险、财务风险以及参与主体的机会主义行为等因素(如此前多个供应链金融业爆雷事件中体现的虚构贸易、自保自融等风险形态)都会导致供应链金融风险。面对产生供应链金融风险的各种因素,要有效控制和管理供应链金融风险,就需要建设完备的风险管理体系,充分运用金融科技手段赋能供应链金融风控,遏制可能带来金融风险的各种因素。

(二) 供应链金融相关政策

近年来小微企业融资服务备受监管关注,2019年、2020年、2021年这三年的政府工作报告分别提出大型商业银行的普惠型小微企业贷款增速要高于30%、40%和30%的要求,在2021年的政府工作报告中,更是首次提到要创新供应链金融服务模式。关于供应链金融的鼓励政策陆续出台,在《中国银保监会办公厅关于2021年进一步推动小微企业金融服务高质量发展的通知》中,银保监会特意强调要加强产业链供应链金融创新,助力与资金链有效对接,综合运用金融科技手段和信用信息资源,增强"能贷会贷"服务能力。在政策鼓舞下,供应链金融服务已成为解决中小企业融资难的一大利器,在未来我国普惠金融发展的进程中供应链金融也必然会发挥更重要的作用。

六、典型案例

用友供应链云:基于供应链上下游协同应用需求

用友供应链云服务将计划、采购、生产、分销、服务等活动紧密衔接在一起,实现企业内部产供销、业财税一体化;通过社会化协同,使上游与下游企业涉及的供应商、生产商、分销商以及金融、物流服务商等企业间的商流、物流、信息流、资金流形成一体化运作;通过开放的生态融合服务,为企业提供更多的供应链服务,从而不断提升企业供应链管理水平,保证产业链、供应链稳定,实现敏捷供应、高效协同。图4-8所示为用友供应链云服务平台。

用友供应链云服务有4个主要特点。

① 云原生:土生土长在云上的产品,随时随地通过任何终端开展线上业务,不受地点和设备限制。

② 一体化:产供销、业财税一体化,端到端供应链执行。从用户端到供应商端,包括需求预测、计划、采购、生产、分销、仓储、配送等一体化协同。

③ 智能化:通过人工智能、大数据等技术,提供智能供应链服务。

④ 开放融合:通过OpenAPI,可以快速实现供应链服务与生态伙伴服务融合。

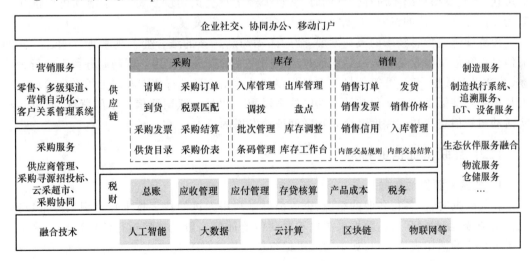

图4-8 用友供应链云服务平台

(资料来源:用友)

第八节 互联网征信

一、互联网征信概况

(一) 互联网征信的概念

征信指对个人信用信息和企业、单位等组织的信用信息进行收集、整理、保存、加工,并提供给信息需求方的系列活动。对征信活动的具体理解,又包含以下几个方面。

在征信活动中征集信用信息的主体应是专业化的征信机构。专业化的征信机构会根据客户的需求,依法收集、整理、保存、加工个人或组织的信用信息,并向客户提供相应的征信产品。征信的客体即信用活动的主体。信用信息的产生者主要包括两类:一类是法人,包括政府、企业和其他组织,信用形式包括政府信用、商业信用等;另一类是自然人,信用形式主要为个人信用。征信活动的基础是信用信息。信用信息是对自然人、法人及其他组织在参与社会经济活动时信用状况的记录,是交易主体了解利益相关方的信用状况、对信用风险进行管控的基础。信用信息主要包括交易主体的金融信用信息、商业信用信息和社会信用信息等。信用信息的来源是信用的提供者。信用的提供者出于商业目的或法律义务向征信机构提供信用信息。所提供信息的质量和具体内容主要取决于法律的规定以及征信机构的业务能力,随着我国相关法律法规的不断完善以及金融科技的飞速发展,征信机构所能采集的信用信息将越来越可信和完善。征信活动服务的对象主要是从事信用交易活动的各方主体。征信机构会根据信用信息使用者不同的需求为其提供相应的不同种类的征信产品。征信的主要目的在于促进信用交易活动的开展。征信活动可以帮助交易主体了解交易对象的信用状况,减少信息的不对称性。同时,从整个经济社会的角度来看,征信活动可以催化出激励守信、惩戒失信的机制,推动社会整体信用水平向前发展。

随着计算机信息技术的飞速发展,金融活动与新科技的结合变得越来越普遍。互联网征信是指征信机构收集个人或组织通过互联网完成的交易或使用互联网服务留下的行为数据,并利用大数据、云计算等信息技术对收集到的信用信息进行整理和加工的系列活动。个人与组织经济活动的线上化和社交网络的全民覆盖化是互联网征信产生的背景,而金融经济活动与新信息科技的深度融合是互联网征信发展的技术支撑。

(二) 互联网征信的特点

1. 数据来源更加多样

在大数据时代,各行各业的组织、企业都可以利用先进的数字技术轻易积累海量数据。在征信领域,互联网征信的数据来源也不再同传统征信一般只依赖银行征信数据。除了政府机关单位的信用服务公司(如中国人民银行征信中心等),还产生了新的信用信息获取渠道,例如,许多互联网企业的核心业务可以在日常经营管理中收集到大量与用户信用相关的数据信息(如阿里巴巴和腾讯等互联网企业),用户相关大数据已经成为与其核心竞争力相关的重要无形资产。许多P2P网络借贷企业在提供金融服务的同时也利用信息技术采集了大量客户征信数据,建立了自己的征信数据库。

2. 覆盖范围更加广泛

传统征信数据包括贷款记录、信用卡记录、担保信息以及来自税务、法院、电信公司等的特殊记录信息，主要由银行等金融机构通过线下方式上报到国家金融信用信息基础数据库，多属于静态信息。而互联网征信数据主要依托互联网电商平台、社交平台、P2P 网络借贷平台等提供的交易、支付及社交行为数据，这些数据以文本、图片、音频、视频等各种形式存在，可以动态反映信息主体的消费行为、财富能力、社会关系以及行为偏好等非结构特征，这些更加全面的动态化信息也能更加准确地反映组织或个人的信用状况。

3. 应用场景更加丰富

传统征信产品主要为银行征信提供参考，而互联网征信可以为小微企业和互联网金融消费者提供服务。尤其对于互联网金融消费者而言，征信评价结果的运用更加生活化、日常化，除借贷领域外征信产品亦更多用于旅游、租赁、网购等领域。

（三）互联网征信的意义

1. 征信范围的扩大

传统征信业务的信用数据主要是银行征信数据，来源非常单一。而在征信业务与互联网信息技术广泛结合后，从互联网企业的核心业务中，就可以轻易提取数量可观且高质量的动态化互联网征信数据，征信业务的数据来源和范围被大大拓展。同时，互联网征信的发展填补了我国个人信贷市场的空白。在传统征信市场中，央行征信中心覆盖的法人和自然人中只有很少一部分可以形成征信报告，由于缺乏信用记录，大量的金融服务只能通过传统的抵押贷款提供。随着互联网征信平台的建设，每个使用互联网的人都可以得到相应的信用评估和相应的服务，许多行业的门槛也会相应降低。这对于普惠金融的发展具有建设性意义。

2. 征信体系的完善

中国人民银行从 20 世纪 90 年代末开始建设中央银行的信用信息收集系统，2003 年开始履行信用管理职责，2013 年成为法定全国信用管理机构。十几年来，中国人民银行用了不到欧美国家 1/10 的时间，在世界上建立起数据库信息规模最大的信用信息系统，且功能日益完善，应用领域不断扩大，构筑了持续扩大影响力的中国银行业金融信用信息收集系统。在大数据时代，以政府征信系统为核心结合互联网企业和征信公司的全国征信体系也在不断发展和完善。首先是政府机关单位的信用服务公司，如中国人民银行征信中心、上海资信等；其次是社会公开征信机构，如腾讯征信、鹏远征信等，以及由中国互联网金融协会牵头，与芝麻信用等 8 家市场机构共同组建的百行征信等；最后是私人征信信用公司，主要为银行和小额贷款公司服务。

3. 社会信用水平的进步

互联网征信的背景是互联网信息技术的飞速发展及其与金融业务的广泛结合。由于互联网本身具有成本低、覆盖率广以及共享化的特点，个体和企业的经济、金融行为线上化后其信用行为更容易被识别和捕捉。个人通过互联网产生的任何能够影响信用评级的行为都会被记录并上传至互联网征信平台。大到融资借贷活动，小到网购甚至社交平台发言，都可以被当作一个个体信用评价的依据，因此人们在对待失信行为时也将更加审慎。信用建设是市场经济发展的基石，因而从长远来看互联网征信能够促使个人和企业形成关于自身信用建设的意识，有效抑制社会中存在的失信现象，进而推动我国社会主义市场经济的发展。

4. 对经济增长的有效促进

早在2003年,学者Miller就基于77个国家数据,得出了信息共享与债务融资正相关、征信系统与经济发展正相关的重要结论。同年Love和Mylenko基于世界银行的调研数据,认为征信系统可增加银行对企业的融资比例,降低企业融资限制。信用评分技术的应用能显著降低银行不良贷款率,我国学者李稻葵、刘淳等基于全国性银行和地方金融机构的调查问卷数据显示,2012年征信系统对GDP增长的贡献占4.3%,拉动GDP约0.3%。因此,互联网征信的发展对我国征信系统的完备以及经济发展的促进无疑都会有积极正向的影响。

(四)互联网征信的国内发展

征信系统在我国主要分为公共征信系统和私营征信系统两大类。

区域性公共征信系统随着经济发展程度不同呈现出不同的发展特征。我国央行主导的公共征信系统建设发展较为迅速。2019年,中国人民银行个人征信系统收录个人信用信息近10亿人次,年查询量近18亿次,信用报告已成为个人的另一个经济身份证。但各地政府主导推动的地方性征信服务平台因区域的不同发展速度不同,经济发达地区的区域信用平台相对完善,征信信息覆盖多个领域,而一些经济发展缓慢地区还没有开始建立当地区域性公共征信服务平台。2019年,经中国人民银行分支机构备案的企业征信公司共151家,21家已注销,实际通过备案的有132家,其中北京37家,上海29家,其余多分布在经济相对发达的省会城市,但也有许多省会城市还没有已备案的企业征信公司。

私营征信系统则又可细分为企业征信系统和个人征信系统。在企业征信系统方面,"企查查""天眼查""启信宝"等企业信息查询平台快速崛起。Quest Mobile数据显示,截止到2019年6月,"天眼查"月活跃用户数为985万,已经与超过2700家大中型企业达成战略合作,深度嵌入客户的信息业务流程中。"企查查"月活跃用户数为103万。新项目"权查查"为"互联网+大数据+知识产权"的综合服务平台,主要是为企业和专业代理人提供知识产权交易撮合服务。"启信宝"月活跃用户数为156万,以国内超过2亿家企业及组织机构数据为基础,纳入全球超过60个国家的海外企业信用信息查询,主要做企业信用和风险管理,其目光瞄准全球,努力开拓国际市场。在个人征信系统方面,中诚信征信有限公司、芝麻信用管理有限公司、腾讯信用都取得了个人征信牌照。表4-5对我国主要征信机构(包括央行征信在内)的资源与优势进行了整理对比。

表4-5 我国主要征信机构的对比

征信机构	资源优势	核心产品与服务对象
央行征信中心	数据来源于金融机构、国家机关与公用事业单位,主要数据有公安部身份信息个人基础信息(职业、居住地址、婚姻状况等)、银行信贷记录(贷款记录、资产信息、担保信息等)、公共事业记录(欠税记录、判决记录、处罚记录、欠费信息等)	主要产品:个人信用信息提示与概要、个人信用报告 服务对象:金融机构
百行征信	数据来源于电商平台、互联网金融机构互联网搜索平台、社交网络平台等,主要数据有互联网金融数据、互联网深度行为数据、网络化的公共数据、公共服务运营商数据、互联网公开数据	主要产品:个人信用报告、信息调查、特别关注信息、反欺诈报告、反欺诈评分、欺诈关系图谱等 服务对象:互联网金融从业机构、共享经济平台企业

续 表

征信机构	资源优势	核心产品与服务对象
芝麻信用	数据来源于淘宝、天猫等电商平台,蚂蚁金服、支付宝等互联网金融平台,主要数据有用户的身份信息、支付信息、交易信息、用户行为数据等,包含身份证号、手机号、银行卡、环境与设备的海量欺诈名单库	主要产品:芝麻认证、芝麻信用分、行业关注名单、欺诈评分、欺诈信息验证 服务对象:电商与互联网金融平台用户
腾讯信用	数据来源于腾讯旗下社交网络平台,主要数据有QQ和微信用户的社交数据、财付通用户的支付数据	主要产品:实名认证、人脸识别信用评分、反欺诈产品 服务对象:社交网络平台用户
中诚信征信	数据来源于第三方互联网大数据,主要包括身份、工商、司法、通信、消费设备等多维数据	主要产品:信用评分、风险监控反欺诈服务、用户画像、电商认证 服务对象:政府与金融机构、互联网金融公司、互联网保险公司、行业协会、学术单位、事务所

注:本表根据公开文献整理。

二、运作原理

总体来说,互联网征信与传统征信的运作原理比较相似,其业务流程都主要包含了信用登记、信用调查、信用评分和信用评级等方面。但具体来看,其业务流程及业务形态的表现方式又存在很大区别。随着金融活动科技化的进程不断发展,我国互联网征信体系及其运行原理也都在被不断完善,以满足现代经济社会发展的需要。从业务流程上看,互联网征信活动的主要业务包括以下几个方面。

(一)数据采集

这一过程是指通过各种渠道收集、处理个人或企业的信用数据资源,进而为征信活动后续的业务流程做好准备。根据不同征信产品的需要,对征信主体的基本情况及其各项经济活动产生的数据进行收集和整理,同时由于信息披露的机制、渠道不同,征信机构需要采用不同的方式对不同的征信主体进行相应的信息采集工作。由于互联网固有的高覆盖、低成本、时效性等特点,互联网征信业务采集的数据也相应地具有全面性、准确性、实时性以及真实性等特点。

(二)建立信用基础数据库

互联网征信中的信用基础数据库主要应满足如下几个需求。一是能帮助商业银行核实客户身份,降低信贷欺诈的可能性。二是能全面真实地反映企业和个人的信用状况,数据库中存储的企业或个人的实时的经济、社会等各方面行为的信息随时都可以作为对征信主体信用水平的评判。三是能利用其广泛覆盖的特点增强其对企业和个人经济、社会行为的约束性,奖励守信者,惩戒失信者。信用基础数据库应具体包含企业或个人的基础身份信息、通过互联网产生的大量信用信息以及遵纪守法信息等。

(三）信用评分

信用评分指利用科学严谨的数据挖掘、分析方法，在特定的信用评分模型下综合考量影响个人及其家庭或企业的内在、外在主客观环境，并对其履行各种经济承诺的能力进行全面的判断和评估。依据信用数据来源不同以及征信产品应用场景不同，信用评分模型可被划分为不同的类型。

（四）授信决策

这是互联网征信业务流程的最后一步。征信机构在对个人或企业海量信用数据信息进行挖掘分析的基础上得出相应征信主体的信用评级，并向征信数据的需求方提供各种形式的征信产品，客户依据征信结果做出相应的授信决策。授信决策完成后，还应注意的是后续数据的积累，如果同意授信后征信主体还是出现了违约行为，则应考虑信用数据收集、信用评分过程的有效性与合理性。

三、风险

互联网征信并不是对传统征信的替代，而是对传统征信概念和内涵的进一步延伸，因此对信用风险的管理问题仍然是互联网征信必须面对的核心问题。互联网征信的发展改变了我国以往仅由央行向客户提供征信报告的局面，丰富了征信市场主体，对促进我国普惠金融的发展，完善社会信用体系具有重要意义。但同时，不同于以往征信监管体系的风险和挑战也随之出现。在我国征信系统的完善和建设过程中，有三方面突出的风险挑战需要我们特别关注和积极应对。

（一）个人权利保护

对信用信息数据的收集和处理是征信业务的基础。互联网征信的最大优势是其强大的数据收集和处理能力。但是，互联网高度开放和共享的本质也大大增加了个人和企业隐私信息被窃取、盗用和非法篡改的风险。我国仍然缺乏特定的个人隐私保护法律，现有的法律规定处罚力度不够，致使合同违约的成本极低，加上收集证据程序复杂，取证困难，个人权益常常在不经意间被侵犯，缺乏社会契约精神。如果不建立相应的监管机制，很可能在两者之间形成恶性循环，导致整个社会信用体系的崩溃。加强个人隐私保护是全球趋势。难点在于"度"，过度保护和过度激励都存在负外部性。严格的个人权利保护伴随着高昂的成本，严格的数据控制也会抑制行业创新。欧盟的个人信息保护指南和美国的公平信用报告法都提出了协调、统一和可持续发展的理念，然而，我国互联网征信在个人信息权益保护方面还与欧美国家存在着差距。如何实现权益保护与信息共享的均衡发展，是对央行顶层设计能力的重大考验。

（二）信息共享受限

当前我国互联网信用机构之间普遍面临着"囚徒困境"。囚徒困境反映了个体理性与集体理性的矛盾，这种矛盾根源于个体利益的冲突。当前我国互联网核心数据主要集中在少数的互联网金融机构，其数据是多年积累的结果数据，具有一定的垄断行业特点，是通过差异化竞争生存的互联网金融机构的核心资产，因此现阶段对完整信息和数据共享是很困难的。百行征信是央行牵头建立的市场化征信机构,这是通过政府级的外部压力,促进机构间数据共享、减少信息不对称性、建立行业共同利益关系的有益尝试。截至2021年5月,百行征信累计拓展法人金融机构2 084家,个人征信系统收录信息主体超过2亿人,面向市场推出征信产品28款,所有产品累计调用量突破7.1亿笔。网络征信的长期发展离不开数据的共享和流动。未来征信机构的利益向行业的利益转移到何种程度,是构建互联网征信信息共享机制的重要挑战,需要政府的长期指导和支持。

(三) 缺乏权威性和公信力

征信服务的核心产品是征信报告,是互联网时代个人和企业的"经济身份证"。信用评价的有效性首先取决于数据的真实有效性,其次取决于数据与信用之间的强相关性。由于传统的信用评级更多的是指债务状况、资产水平等较强的信用指标,可以通过压力测试模型来评估客户的风险敏感性,因此传统的通用信用报告的权威性得到了普遍认可。然而,网络征信使用的非结构性数据较多,如消费能力、社会关系、行为偏好等,这些数据复杂、分散、形式各异。这样就会存在一个问题,即在当前互联网监管机构尚未连接到央行信用报告体系、相关机构由于存在信息闭环、核心信贷信用企业获取用户数据容量有限的情况下,仅仅依靠互联网数据和先进的技术手段形成一个信用报告可以作为网络信贷业务发展的权威参考吗?欧美国家在信用评级方面已经形成了较为成熟的产业链,其成功的经验在于:首先,提高了数据来源的广度和真实性;其次,采用标准数据格式对数据进行标准化处理,保证了数据分析的准确性;再次,开发了专门的、多样化的征信产品,以满足不同客户的需求,例如,反欺诈和身份管理征信产品正在成为美国个人征信市场的重要产品;最后,将征信产品的应用范围扩大到就业、企业咨询、保险、医疗、教育等新兴领域。这些经验对我国互联网信用产品的发展无疑具有借鉴意义。

四、监管及相关政策

征信监管伴随着征信市场的发展而出现,对于规范征信机构行为、保护信息主体权益、推动征信市场健康发展具有重要意义。在金融科技时代,征信业务和征信机构都出现了新的变化,互联网征信的出现使得传统的征信监管方式已经不能适应现有征信体系的发展。因而在应对方式上,一方面国家要针对互联网征信体系建立专门的法律,出台相应的政策,另一方面行业内应当催生出内部的自律监管,两种方式并进实现对风险的有效监管和控制。

(一) 互联网征信的监管

在公共监督管理层面,互联网征信的监管主要分为对征信机构的管理、对信息提供者的管理和对信息使用者的管理。国家监管部门可以通过控制互联网征信机构的市场准入、机构数量和种类以及业务的合规性来保持适度的市场规模和结构,同时做到减少潜在风险。其中在市场准入方面,从准入对象来看,监管机构应从征信机构、征信业务、从业人员等多个角度来进行准入对象的控制;从准入方式来看,主要可以从发放牌照和备案登记的方式来实现。在业务合规性方面,征信管理部门应对征信机构信息采集的原则、标准、范围和方式作出规定,同时规范征信机构对外披露信息的原则、方式和范围。对业务合规性的监管是征信监管内容的重点和核心。行业自律管理在西方发达国家的成熟征信体系中已经较为常见,但在我国仍处于形成阶段。行业自律管理作为征信管理体系的一部分与政府监管部门不同而又相互补充,对于实现征信行业自我约束、促进行业规范健康发展具有重要意义。其主要方式包括成立行业协会、对会员征信机构的管理、对会员机构征信业务的规范要求等。

(二)互联网征信相关政策

从传统征信到互联网征信,国家已相继出台多部有关征信或互联网征信的政策性文件,这些政策的出台在我国征信体系的构建过程中起到了重要的推动和指引作用。2006年,国务院出台的《国家中长期科学和技术发展规划纲要(2006—2020年)》提出加快建设企业和个人征信体系,促进各类征信机构发展;2013年,国务院出台的《征信业管理条例》对征信业业务、监管体制、法律地位及运营规则等内容进行了详细规定;2014年,中国人民银行出台了《征信机构信息安全规范》;2015年1月,中国人民银行颁布《关于做好个人征信业务准备工作的通知》,要求8家征信公司做好个人征信业务的准备工作;2015年12月,中国人民银行发布《征信机构监管指引》;2016年5月,中国人民银行征信管理局出台《征信业务管理办法(草稿)》,规定了征信机构在信息采集、使用等方面以及征信机构的监管、法律责任等方面的内容;2016年11月,中国人民银行出台《中国人民银行关于加强征信合规管理工作的通知》;2018年4月,中国人民银行出台《人民银行关于进一步加强征信信息安全管理的通知》,规范了金融信用信息基础数据库运行机构和接入机构征信信息安全的管理。

五、典型案例

芝 麻 信 用

2015年1月5日,中国人民银行发布《关于做好个人征信业务准备工作的通知》,要求8家公司做好个人征信业务的准备工作,时间为6个月,这在当时被视为中国个人征信体系向商业机构开闸的信号。芝麻信用位列其中。芝麻信用全称芝麻信用管理有限公司(图标如图4-9所示),是蚂蚁金服旗下的独立第三方信用评价机构,主要基于阿里巴巴的电商交易记录以及蚂蚁金服的互联网金融数据,协同公安网等公共机构以及其他合作伙伴进行数据共享,通过云计算、大数据、机器学习等技术来客观地呈现征信对象的信用情况。

图4-9 芝麻信用的图标

芝麻信用的评分体系参考了美国著名的 FICO 评分区间设置,打造了其信用评估体系——芝麻信用分。该评分体系主要由 5 个方面构成,包括信用历史、行为偏好、履约能力、身份特质和人脉关系。通过对这 5 个方面的评分标准赋予不同的权重,每个客户都会得到一个相应的评分,评分越高的客户在特定金融场景中的违约可能性就越小。芝麻信用的信用产品主要分为芝麻信用分、芝麻信用元素表、行业关注名单、反欺诈等。而通过对芝麻信用分的进一步开发,其具体应用场景已经拓展到酒店、租房、出行、婚恋、消费金融、融资租赁等上百个场景。

第九节 智能投顾

一、智能投顾概况

相对于金融市场更加成熟的西方发达国家,我国的金融科技发展起步较晚。但由于我国金融市场的总体规模较大、储蓄率较高,金融科技在我国还不完全成熟的金融市场中蓬勃发展。同时,随着现代计算机科学的飞速发展,人工智能的浪潮也开始席卷各行各业,如零售领域的智慧供应链、日常生活服务领域的智能家居以及交通领域的无人驾驶等。金融领域亦是如此,越来越多的金融活动同人工智能相关技术结合起来,使得金融科技朝着更加智能化的方向发展。在这样的科技和时代背景下,智能投顾应运而生。让智能化机器人在金融市场中进行相关分析并做出投资决策或给出投资建议,给投资者带来超额收益,投资者们大都愿意为这种智能化投资机器人付费,这就是智能投顾的基本原理。

(一) 智能投顾的概念

投顾即投资顾问。在金融市场上,任何一个投资者都期望在投资过程中获得超额收益。但是,对于普通投资者来说,由于缺乏专业培训、理财时间短,大多数人难以拥有较高的投资素养。于是人们就需要具有专业素养的投资顾问来帮助投资者在投资市场中获利。投资顾问会依据客户的风险偏好程度为客户提供个性化的投资方案。在成熟的金融市场中,投资顾问和金融产品都是投资理财领域的重要组成部分。

智能投顾的本质与传统投顾相同,其并不是对传统投顾的取代,而是对传统投顾的延伸,是金融活动科技化的结果。具体来讲,智能投顾就是机器智能与投资顾问的结合,一方面其利用大数据挖掘、分析和量化金融模型以及智能化算法来分析资本市场;另一方面其通过分析客户的历史数据、基本信息等确定客户的风险偏好和投资喜好,进而为客户建立投资画像。两方面结合最终将客户的投资需求与投资市场中最优的投资组合相匹配,实现自动化资产管理和理性决策。

(二) 智能投顾的特点

1. 投资决策更加理性

要想在投资市场上实现收益最大化,往往要求投资者是绝对理性的。即投资者应考虑长期收益和风险,不被短期市场波动所干扰,每次决策都应是谨慎思考后的科学化行动。然而现实中的投资者很少有人能持续做出理性决策,人们易受情绪波动的影响,有些人甚至将投资行为错误地理解成投机行为。即便是传统投顾中金融素养较高的专业投资顾问有时也难免会受到人性中感性成分的影响进而做出非理性的投资决策。智能投顾则很好地避免了这一问题,智能投顾通过特定的金融模型、算法模型综合客户特点做出的投资决策都是特定条件下的理性决策,相对于个人所做出的决策更加科学和全面。

2. 投资方案个性化

同传统投资顾问一样,为客户提供的投资方案应当是建立在不同客户的个性化投资需求上的。以往的投资顾问在向客户提供服务时都会通过问卷调查、深入访谈等方式来对客户的风险承受能力和投资目的进行评估。风险偏好程度不同的投资者对应着不同的投资组合,投资目的也是投资顾问在设计投资方案时重要的考量因素,例如,有些投资者以退休养老为目的进行投资,有些投资者则为了实现自身资产的合理配置。在智能投顾时代,上述过程则通过更加智能化的方式完成。除了传统的问卷调查等方式,智能投顾还会利用大数据技术对每个客户的基本信息、历史操作数据进行动态化捕捉和分析,动态修正客户的风险承受能力并对每个客户的偏好进行刻画。智能投顾建立的用户画像更加便捷、科学和具体,因而也能够给出更好的理财建议。

3. 助力实现金融普惠化

在智能投顾提供金融服务的整个流程中,利用特定的算法、金融模型对资本市场进行分析除了能够提高金融决策的全面性和科学性,还有十分重要的一个优点,即智能投顾可以大大节约人力成本、提高投资效率。传统的分析师在对投资市场进行分析判断时需要进行大量的人工数据分析和交易判断,这一方式耗时通常较长且耗费人力,还会出现市场动态捕捉不及时的问题。智能投顾依靠人工智能的超强计算分析能力可以将以往几天的人工分析工作在几秒内完成。高效、低成本的分析过程带来的自然是智能投顾更高的覆盖率。传统投资顾问的效率低、费用高,客户主要为高净值投资者,导致我国规模庞大的金融市场上只有很少一部分投资者能够享受到投资顾问所提供的咨询服务。相比之下,智能投顾的低成本、高效率则能大大提高我国的投顾覆盖率,长尾市场将逐渐被开拓。这无疑有助于大众共享经济社会飞速发展带来的红利,加速金融普惠化的进程。

(三) 我国智能投顾的发展

从全球趋势来看,2015—2020 年智能投顾管理资产规模的扩大十分迅猛(图 4-10)。10 年前,智能投顾行业最早在美国兴起,业内最知名的两家智能投顾公司 Betterment 和 Wealthfront 均在 2010—2011 年面向理财用户推出基于互联网技术与算法的资产管理组合建议,包括基金配置、股票配置、股票期权操作、债权配置、房地产资产配置等,开启智能投顾时代。2021 年,全球智能投顾管理资产规模已达 1.43 万亿美元,预计到 2026 年将超 3 万亿美元(数据来源:中研网)。我国智能投顾行业起步相对较晚,2014—2016 年,许多机构陆续推出智能投顾产品,发展速度十分可观。

智能投顾在我国的出现和发展是一种历史的必然,我国现已从经济高速发展转为高质量发展阶段。随着居民收入的增加、财富的增长,越来越多的人开始意识到资产合理配置以及多元化投资的重要性。人们需要进行财富管理,庞大的投资者市场是智能投顾发展的基础。另外,互联网金融发展的热潮是智能投顾在我国成长的催化剂,在金融科技 2.0 时代,即互联网金融时代,原有的金融体系开始被颠覆,各大互联网企业、金融机构开始抢占利基市场。在金融改革的背景下,国家鼓励金融创新和科技创新,智能投顾顺应我国发展的潮流而发展。

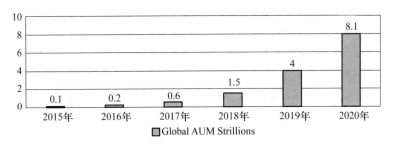

图4-10 2015—2020年全球智能投顾管理资产规模

(资料来源:公开资料整理)

2014年,我国开始出现智能投顾平台,到如今我国的智能投顾行业仍处于初级萌芽阶段,但也已经小具规模。在我国国情和当前发展阶段的背景下,可将国内智能投顾服务提供商分为以下几类。第一类是传统金融机构为发展智能投顾业务而创立的智能投顾平台,如商业银行、券商等开拓的智能投顾业务。其优势在于固有庞大规模客户的数据积累以及长期参与资本市场金融活动的经验和较强的风险管控能力。第二类是大型互联网企业开创的智能投顾平台,如蚂蚁金服。其优势在于互联网公司掌握的大量用户数据资源以及互联网本身的高覆盖率、低成本的特点。其投资对象不仅包括传统资本市场中的资产类型,还包括网络借贷等互联网金融理财产品。第三类是独立的第三方智能投顾平台,包括初创智能投顾公司加入互联网金融公司、智能投顾平台与券商基金系融合等。其优势在于灵活、良好的业务协同。

当前,随着我国经济社会的发展与进步、科技金融的深度纵向发展,智能投顾面临着许多发展机遇。例如,中国城镇居民人均可支配收入大幅增长带来的居民财富管理需求大幅增长。居民可支配收入与储蓄率的增长创造了旺盛的理财需求,大量非专业个体投资者随之产生对于投资顾问的需求。人工智能、计算机互联网技术的发展也为智能投顾的发展创造了良好的技术环境。智能投顾本质上是一种新型的金融服务提供模式,核心则是算法模型等先进技术。伴随着人工智能越来越受到大众的关注和国家的重视,智能投顾也必然获得更好的创新与发展的土壤;相关政策的完善也是促进智能投顾良性发展的重要因素,包括刚性兑付的逐步打破等,都在为智能投顾的发展营造一个良好的环境。

二、运作原理

近年来智能投顾在我国虽发展迅速且具一定的成长空间,但相应的智能投顾生态体系还未完全成熟。各个智能投顾服务平台的商业模式和具体业务形态可能不尽相同,但其基本运作原理一致,具有相似的服务流程。参考美国金融监管局对智能投顾的流程的标准化定义以及国内相对成熟的智能投顾平台的具体情况,可从智能投顾的流程层面对智能投顾的运行原理进行解读。智能投顾的流程具体包括客户分析、大类资产配置、投资组合选择、交易执行、组合再选择、组合分析等。

（一）客户分析

在任何一种服务被提供给目标客户前，了解客户需求都是一个必要的准备工作。智能投顾领域也不例外，为客户绘制画像就需要进行相应的客户分析，这是智能投顾流程的第一步。在为客户定制个性化投资方案前，智能投顾平台通常需要获取与客户相关的下列信息：第一是客户的基本信息，包括客户的家庭状况、个人信息、财务信息等；第二是客户的风险承受等级和风险偏好；第三是客户的投资目的与偏好，包括客户的收益目标、理财经历、流动性需求、投资时间范围等。这些信息最初往往需要智能投顾平台通过传统的问卷调查方式获取，之后在为客户提供投资方案的后续过程中，智能投顾平台会持续收集客户的交易行为等历史数据，利用人工智能相关技术通过模型和算法对客户的投资需求、风险偏好和投资偏好等进行修正或重新定位，以绘制更加精确的客户画像。

（二）大类资产配置

在掌握客户基本情况的基础上，为客户设计投资方案的第一步是进行大类资产配置。1990年，诺贝尔经济学奖获得者马科维茨（Markowitz）提出的现代投资组合理论是当代资产配置模型的理论基础，所有科学的投资计划都应是充分考虑分散投资的结果，因而智能投顾的运作流程中包含了大类资产配置。所谓大类资产，主要包括现金、股票、债券、大宗商品、金融衍生品、房地产及实物类投资等。单一类别的资产有时难以长期维持良好的表现，因此智能投顾在利用金融模型、特定算法对不同金融产品在不同经济阶段表现进行分析的基础上，首先进行大类资产配置，以期实现风险的分散。目前大多数智能投顾平台都能为客户提供多种不同类型的资产组合，这也在一定程度上推动了我国投资市场中投资模式的多元化。

（三）投资组合选择

在完成大类资产配置后，还需要继续确定各个资产类别中具体投资产品的比例，选择相应的投资组合，这也是智能投顾平台所提供服务的最核心的内容。结合客户的画像，确定客户的收益预期与风险偏好，并在此基础上利用大数据分析、量化模型及算法在每个资产类别中确定最适合相应客户的最优投资产品组合。这一过程主要使用历史数据法构建相应模型，即根据特定投资产品的历史表现来预测其未来可能的收益与风险。对于投资组合的最终确定，一种思路是给定风险来求最大收益，另一种思路是给定收益来求最小风险。在这一基本原理下，智能投顾通过相应的模型来确定最优的投资组合。

（四）交易执行

按照最终资产交易方式的不同，不同的智能投顾产品可被分为两类：一类是资产管理类，即整个交易过程完全由机器自动完成，其中的人工操作较少；另一类是资产建议类，即智能投顾平台只向客户提供相应的投资组合建议，投资者在获得建议后还需进行自行判断，最后以人工方式完成交易。从交易成本方面来看，智能投顾相较于传统投顾有着低成本的特点。除了客户本身需要承担的交易费、持有费等中间费用，智能投顾平台在向客户提供服务时通常只收取少量的咨询费用。而传统投顾在执行交易的过程中往往还需收取各种隐含费用和人工费用。

(五) 组合再选择

资本市场是一个时刻变化着的市场,因而投资者的投资行为也应当是一个动态化的过程。对于每一类具体的投资产品,以基金为例,其盈利状况和风险状况都会随着宏观经济因素或人为因素等的变化而变化,这就要求投资者对每一个投资产品进行深入了解和持续关注,进而随时对自己的投资组合进行调整。即便如此,投资者还是时常会因为主观判断上的不理性而使自己所选择的投资组合偏离自身目标。从传统投顾提供服务的过程来看,投资组合选定后的组合再选择阶段是一个烦琐复杂的过程,且耗费大量人力。智能投顾则可以很好地解决投资组合动态调整的问题。由于人工智能对于资本市场的追踪和分析往往通过特定的算法和金融模型完成,大量的分析能在秒级单位内完成。具体而言,投资组合再选择又可分为两类:一类是当前投资组合中投资产品的变化使得当前组合的收益预期已不能满足投资者的期望,需要定期更换持仓的产品和比例;另一类是客户的风险承受能力和投资偏好出现变化,也需要对投资组合进行相应的调整来满足客户的需求。

(六) 组合分析

这一过程指对智能投顾运行过程的评价,也是智能投顾的最后一个流程。投资组合分析主要是对于金融投资领域的专业人士而言的。一方面,专业人士进行因子分析、投资组合的回测、模拟等来评价产品收益、风险、稳定性等情况;另一方面,一些智能投顾产品会对产品数据、基本信息等进行分析和可视化以辅助专业人士进行投资组合分析。总体而言,投资组合分析是一个追求组合优化的过程。

三、风险及其防范

(一) 智能投顾风险的组成

近年来,智能投顾业务在我国迅速发展,智能投顾平台的规模和数目也在不断扩张。然而,相较于金融市场和智能投顾生态体系都更加成熟的欧美国家,我国的智能投顾领域还存在着较多种类的风险。这些风险主要包括法律风险、道德风险、技术风险、政策风险等。

相关法律界定的缺失或模糊容易引发智能投顾领域内的相应风险。对于智能投顾的法律界定,欧美等国大都已经十分明确和完备,包括智能投顾的法律定义、所提供的业务范围等。而在国内却还没有对于智能投顾的明确的法律定义,仅有的比较模糊的相关描述也存在着对于相关业务划分不够明确的问题。例如,在智能投顾的资产管理业务层面,对于银行、证券、保险等不同行业有着不同的规定,使得智能投顾平台很难找到统一规范化的标准来遵守。在这样的法律背景下,就存在着一些智能投顾平台利用法律盲区从事违规业务的风险。

智能投顾的实质是一种金融服务,即智能投顾平台接受客户的委托向客户提供特定的咨询服务。在这一关系背景下,智能投顾平台就应承担相应的信义义务,包括在向客户提供服务时保持诚实、谨慎等。但是,相比于常规金融服务,智能投顾又具有较强的技术背景,普通投资者难以充分理解智能投顾运行过程中涉及的算法与模型。因而在此情况之下，投资者容易忽略智能投顾平台应负有的信义义务，进而容易导致投资者与智能投顾平台间信息的不对称性，最终造成智能投顾平台非法荐股甚至欺诈等违背信义义务的行为。

技术风险是所有科技密集型产业都会面临的一种风险。在智能投顾领域，算法和模型是智能投顾平台的核心资产，因而通常智能投顾平台不会轻易将其智能算法对外界公开。这就有可能导致算法本身存在的缺陷甚至错误难以被外界发现，或者特定的算法不适合相应的资本市场环境，这些情况都可能给投资者带来损失。

在国内，资产管理与投资顾问属于两个领域，在不同领域内进行业务活动需要遵守不同的法律法规。而对于需要同时从事资产管理业务和投资顾问业务的智能投顾平台，国家还没有明确的政策规定，智能投顾平台能提供哪些种类的服务、应当以何种方式来提供、如何鉴别风险、出现问题如何担责等疑问都还没有确定。这些不确定性就是智能投顾领域不可忽视的政策风险。但目前国家也已出台了许多关于金融科技、资产管理等领域的相关文件，例如，央行2017年发布的《关于规范金融机构资产管理业务的指导意见（征求意见稿）》中就对金融机构运用人工智能技术、采用机器人投资顾问进行资产管理业务提出了相关要求和规范。随着相关政策的不断细化和明确，智能投顾领域存在的政策风险会随之减少。

（二）智能投顾风险的防范

在国家层面，政府应时刻关注新技术的发展动向，尽早拟定相应的法律规范和全行业可以统一参考的制度准则。相关政策文件的出台能够使智能投顾领域内利用政策灰色地带从事不良业务的行为大大减少，从而智能投顾的政策风险和法律风险将被明显降低。从智能投顾平台角度来看，企业应建立专门的风险管理及预警系统对智能化投资过程中的业务风险进行管理。其中风险分析过程应包括前期对识别的风险进行估测，即采用定性与定量相结合的方法对金融风险进行量化，例如，结合压力测试对可能出现的风险进行模拟、计量等。此外，企业还可以借鉴其他金融机构的多种分析方法来完善自身的风险分析体系。从社会与投资者层面，学术、媒体等领域应积极地对新兴的智能投顾企业进行风险评价，即综合考量其合规情况、资产管理水平、智能化水平等指标，推动智能投顾行业的良性发展。个体投资者在选择智能投顾平台时则应首先考虑平台的合法性、正规程度，尽量减少自身与智能投顾平台的信息不对称性并避免受到欺诈。

四、监管及相关政策

由于制度环境和监管规则等方面的供给薄弱，目前智能投顾在我国的发展仍存在权责划分不清晰、风险测评不充分、信息披露不到位等多方面的问题。如何立足我国市场实践，借鉴国外发展经验引导智能投顾模式的本土化、渐进化、规范化发展，为金融科技与金融监管的良性互动提供必要的理论与政策支撑是智能投顾发展过程中始终要面对的问题。

（一）我国智能投顾的监管

在智能投顾方面，目前我国监管部门还未出台具体的监管措施和相关指引，但在多方广泛的讨论和探索中形成了3种对于智能投顾领域的重要监管指标，即宏观指标、微观指标和服务质量指标。宏观方面的监管主要包括对大规模一致性交易、大规模协同交易以及大规模系统错误或故障的识别和监测,这些情况的出现很有可能导致系统性风险的爆发。在对顺周期行为进行监管的同时也对逆周期行为进行调控,警惕金融机构可能面临的流动性风险,这可以在很大程度上降低系统性金融风险。微观方面的监管主要涉及明确权责界限的问题。行业应逐渐形成行之有效的金融科技行业监管准则和多层次监管体系,应明确各类金融科技企业的监管主体,明确监管职责边界,对包括趋同交易、暗箱交易、操作市场、信息披露不足等行为进行全方位风险监控,实现对于微观风险监控的全面覆盖。在服务质量方面,智能投顾提供给投资者的具体建议应当是个性化的、与客户具有高度适配性的,而不应是系统性、程序性的。同时,对于客户隐私信息数据的保护也是必要的。要明确智能投顾的本质是一种受托责任,在此基础上对智能投顾业务进行监管。

(二) 智能投顾的相关政策

有关智能投顾领域的政策文件可由 2015 年 3 月算起,证监会发布的《账户管理业务规则(征求意见稿)》允许持牌投资咨询机构接受客户委托并代客户执行账户投资和交易管理,为智能投顾公司开展投资咨询和资产管理业务释放了积极信号。2017 年 7 月,国务院印发的《新一代人工智能发展规划的通知》提及要建立金融大数据系统,创新智能金融产品及服务,同时还鼓励金融业应用智能客服、智能监控等新技术,建立金融风险智能预警与防控系统。人工智能与金融业务的结合得到了国家政策的支持。2018 年,央行主导下的资产管理新规正式稿《中国人民银行 中国银行保险监督管理委员会 中国证券监督管理委员会 国家外汇管理局关于规范金融机构资产管理业务的指导意见》发布,其将金融机构运用人工智能技术开展智能投顾研究分为投资顾问和资产管理两部分并进行了相应的规范。2020 年 5 月,《信托公司资金信托管理暂行办法》发布,相关政策正在一步步落地和完善。

五、典型案例

摩 羯 智 投

2016 年 12 月 6 日,招商银行对外发布了"摩羯智投"(图标如图 4-11 所示)。招商银行摩羯智投的官方定义为其是一种"智能基金组合销售服务",利用计算机智能算法与自我学习功能,融合招商银行多年的基金研究与财富管理经验,构建出以公募基金为主的智投服务。摩羯智投的投资门槛较低,投资起点为 2 万元,以 5 000 元为最低追加金额,且不收取额外附加费用。申购、赎回费用由系统自动生成的投资组合产品的费用来确定。摩羯智投单次的申购上限为 50 万元,单日累计限额高达 300 万元,满足了大部分客户的日常资金需求。摩羯智投绝大多数资产组合由公募基金组成,系统会依照每位客户不同的风险承受能力和投资期限自动筛选产品,自动为客户配置最优的资产管理组合,最终在获得客户的准许后实现"一键申购"。摩羯智投公开发售后短短 1 个月内,资产管理规模已超过 8 亿元。作为国内商业银行领域较为领先的智能投顾产品,摩羯智投吸引了大量年轻投资者,为弥补长尾市场金融服务规模和种类上的不足做出了贡献。

图 4-11 摩羯智投的图标

第十节 其他金融科技业务

一、互联网保险

(一)互联网保险的概念与特点

保险作为现代金融领域不可或缺的重要组成部分,不仅助推着经济社会的不断发展,同时也有着维系社会平稳发展、金融市场稳定的重要作用。随着互联网等信息技术与金融业务的广泛结合,保险行业的商业模式、营销渠道和营销理念等也出现了创新。与传统保险的代理人营销模式不同,互联网保险是指保险公司或新型第三方保险平台以互联网和计算机技术等为媒介来进行保险销售的经营管理活动的经济行为。在金融科技时代,互联网保险重塑了传统保险产业的核心竞争力。更加全面、细致而又便捷的保险服务将被提供给范围更广的受众,效率的提升带来的是行业的进步。但同时,在我国保险行业互联网化的过程中也面临着来自法律法规等各个方面的风险和挑战。

相较于传统保险行业,互联网保险主要表现出以下特点。

(1) 保费低廉化

相比于线下销售的代理人销售模式,线上销售省去了很多中间环节,降低了营销成本和人力成本,因而同样的保险产品以线上的形式销售保费要更加低廉。

(2) 保险过程高效化

相比于传统的推销式保险销售,在互联网保险的营销模式下客户可以在线对多种保险产品进行比较,保费透明,保障权益也清晰明了,信息的不对称程度降低,客户选择的自主程度提升,进而退保率也会随之降低,保险服务的效率提升。同时,线上操作也使得客户向保险公司进行咨询、后续的理赔等过程都变得更加简化,保险流程的效率得以提升。

(3) 业务覆盖更加广泛

从保险服务的受众角度来看,保险业务的线上化使得越来越多的潜在客户群体可以通过互联网自主选择能够满足自身需求的、合适的保险产品,保险服务的受众范围被大大拓展。从保险产品角度来看,中间过程的简化使得保险服务的内涵变得更加丰富。例如,外卖准时险、出行准时险、个性车险等更多种类的保险不断涌现。

(4) 保险服务个性化

同其他各种金融服务一样,与科技的结合带来的是服务内容的个性化。保险公司或保险平台通过收集客户或潜在客户的过往投保、个人基本信息、风险偏好等数据来向其推荐相应的适配保险产品,从而实现保险服务的个性化。

(二) 我国互联网保险的发展

从2000年太平洋保险、平安保险和泰康保险开通自己的全国性网站至今,我国的互联网保险业务伴随着信息技术的飞速发展而不断发展。2012—2020年,我国保险公司以及经营互联网保险业务的企业数量呈快速增长趋势,至2020年保险公司有235家,其中经营互联网保险业务的公司有134家。在整个发展过程中,互联网保险市场在经历大规模增长过后,在2015年以后呈现出发展疲软的态势。如图4-12所示,2012—2015年,互联网保险的保费收入规模不断扩大,增速均在160%以上,蓬勃发展的驱动因素之一是部分中小保险公司主要是通过理财型保险的收益率优势抢占保险市场。而随着监管引导保险回归保障本源,整体规模出现边际收缩回落,2016年我国互联网保险的保费收入规模增速开始下降,2016年增速为2.91%,2017年互联网保险的保费收入规模为1 876.0亿元,同比下降18.40%。2018年以后互联网保险业务在规范发展下,保费收入开始出现回升,根据保险业协会发布的《2021年互联网财产保险发展分析报告》,2021年互联网财产保险累计实现保费收入862亿元,同比增长8%,较财产保险行业整体保费增速高出7个百分点。

从经营模式方面来看,我国互联网保险行业的经营模式日渐丰富,包括:官方网站经营,如太平洋保险、平安保险和泰康在线等;线上保险超市模式,如淘宝保险频道、京东金融等;专业互联网保险模式,提供包含与互联网交易直接相关的企业或家庭财产险、货运险、责任险以及信用保证保险等,如众安保险;网络兼业代理模式,自身从事保险服务,同时受其他保险公司委托并在授权范围内代办保险业务,如携程、美团等;社交网络互联网保险模式,如腾讯微信等。总体来看,互联网保险的营销模式催生了保险行业在许多新场景的应用,保险服务的内涵被扩充。同时,随着金融科技的进一步深入发展以及相关法规的完善,互联网保险还有广阔的发展空间。

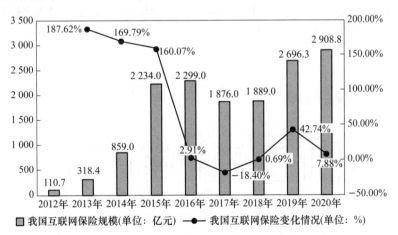

图4-12 2012—2020年我国互联网保险保费规模及其变化情况

(资料来源:中国保险行业协会、前瞻产业研究院)

(三) 我国互联网保险的现状

按照保险的种类分,目前我国常见的互联网保险产品包括财产险、车险、意外健康险、信用保证险、责任险等。从险种结构来看,如表4-6所示,2021年意外健康险仍然为最大险种,占33.7%;车险保费收入在2021年实现累计保费收入224亿元,同比增长1.0%,结束了连续两年的负增长局面,虽占比持续下降,但下降幅度缩小,占25.9%;信用保证险、责任险、财产险及其他险种保费收入占比分别为13.0%、7.8%、4.7%和14.9%,其中信用保证险、责任险和财产险同比分别上升5个百分点、2个百分点和1个百分点,其他险种同比基本持平。

表4-6 2021年我国互联网保险分险种情况

互联网保险产品	2021年保费收入/亿元	较2020年保费变动/亿元	同比增速	占比
车险	224	3	1.0%	25.9%
财产险	40	9	28.0%	4.7%
意外健康险	290	−30	−9.0%	33.7%
信用保证险	112	50	80.0%	13.0%
责任险	68	20	43.0%	7.8%
其他	128	12	11.0%	14.9%
合计	862	64	8.0%	100.0%

注:资料来源于中国经济网。

从互联网保险企业角度来看,2021年,互联网财产保险市场集中度与同期相比较为平稳,保费规模前十的保险公司合计市场份额为78%,同比基本持平。其中,众安保险、人保财险、太保产险、平安产险、阳光产险、国寿财险、紫金保险市场份额同比均有所提升。在保费增速方面,2021年互联网财产保险保费规模前十的保险公司合计保费收入同比增长14%,较整体高6%。从保费收入变动值来看,众安保险、人保财险、紫金保险、平安产险、阳光产险贡献增量分别为37亿元、26亿元、17亿元、15亿元、12亿元,是互联网财产保险保费增长的主要贡献力量,如图4-13所示。

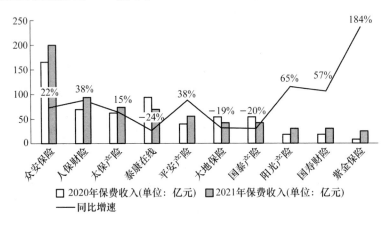

图4-13 互联网财产保险保费排名前十的保险公司保费收入增速

(资料来源:和讯网)

在互联网财产保险业务渠道方面,2021年,《互联网保险业务监管办法》的正式实施使得互联网保险市场的发展在机构持牌、人员持证的监管下逐步规范。2021年,专业中介渠道累计保费收入为412亿元,占48%,同比增长16%;保险公司自营平台累计保费收入为195亿元,占23%,同比下滑1%;营销宣传引流累计保费收入为248亿元,占29%,同比下滑13%。保险专业中介机构保费占比显著提升,营销宣传引流业务占比同比大幅下降。保险专业中介机构凭借其流量运营能力、客户服务能力和生态闭环优势助力保险公司实现保费规模快速增长,流量投放型业务得到整治和规范性引导,营销宣传引流业务发展趋向合规经营。而保险公司自营平台保费占比的小幅下跌表明平台运营能力还有待提升。

(四) 风险及相关政策

互联网保险作为一种创新金融业态,在推动我国保险行业发展、为我国金融市场注入活力的同时也会因法律、技术等问题面临不少潜在风险。从风险的来源来看,大致包含以下几类。

一、法律风险。我国的互联网保险业务是在本就不完全成熟的传统保险市场的基础上开展的,相对于保险市场更加成熟的欧美发达国家,我国在保险领域相关的法律法规还不够完善,因此存在一些保险公司利用法律漏洞的风险。例如,在开展互联网保险业务时,一些保险公司在收集客户信息时不符合相关个人信息数据保护法的要求,给大众的数据安全带来隐患;还有一些互联网保险公司打着保险的幌子销售一些非保险理财产品,对客户进行欺诈。

二、技术风险。许多保险公司开展互联网保险业务的技术并不完善,存在较大的技术安全风险。尤其是大部分保险公司的经营方式以及数据存储方式是以中心化形式进行的,因此一旦遭到黑客攻击或者网络瘫痪,将产生无法估量的经济损失。

三、服务风险。互联网保险模糊了保险服务与其他服务的界限,许多互联网平台都能够销售保险产品,且互联网保险销售门槛低,许多网上销售代理人往往不具备专业的金融素养,这就有可能使保险服务的质量被降低。同时,保险公司与第三方平台的联系越发紧密也可能导致系统性金融风险的扩大。

面对潜在风险,加强监管、规范流程以及出台政策永远是有效的手段。为规范我国互联网保险业务并合理应对相关风险,国家已出台相关政策加以引导。2015年保监会印发《互联网保险业务监管暂行办法》,对互联网保险的经营条件与经营区域、信息披露、经营规则、监督管理等进行了规范。在此基础上,银保监会于2020年印发的《互联网保险业务监管办法》对互联网保险领域的相关规范要求进行了完善,并已于2021年2月1日起开始施行。

(五) 互联网保险前景展望

作为金融体系的重要组成部分,互联网保险是我国社会经济的稳定器和助推器。互联网财产保险是财险行业保费增速的有力支撑,在后疫情时代,消费者的消费习惯由线下转移到线上,互联网财产保险在用户触达上发挥了巨大的作用,有效促进了大众风险保障意识的提升,加强了消费者对保险行业的关注度。另外,互联网财产保险在产品、科技等方面实现对传统财产险行业的创新引领。在产品层面,互联网财产保险有效实现大众保险意识教育,挖掘大众风险保障需求,有效推进传统保险产品创新发展。在宏观经济层面,互联网保险对金融服务实体经济、民生保障及新经济业态培育都有着积极的意义。在未来的发展中互联网保险的发展应继续依托科技能力,发挥普惠本色,积极探索新模式、新业态、新业务,积极提升新市民服务能力,加强实体经济风险保障能力,持续在"乡村振兴""绿色发展""健康中国"等国家战略中发挥积极作用。具体应做到:一、坚持以客户为中心,深化互联网财产保险业务创新发展,积极满足广大人民群众多样化的保障需求,不断提高"新市民"保险产品和服务的可得性和便利性;二、服务国家战略,持续探索产品、服务和技术的创新,在"绿色发展""健康中国""乡村振兴"等方面贡献力量;三、持续提升互联网财产保险的数字化水平,构建保险数字生态系统,为推进行业高质量发展提供有力支撑;四、在销售流程、理赔售后、客户服务、科技赋能等方面,要持续深化消费者合法权益保护,提升消费者服务体验。

二、互联网信托

(一) 互联网信托的概念与特点

自 2013 年以来,传统产业与互联网的融合势不可挡,互联网信托在此背景下应运而生。互联网信托的理念源于传统信托。信托指委托人基于对受托人的信任,将其财产委托给受托人进行管理以获取相应的固定回报,进而达到财产增值的目的。而互联网信托就是指通过网络平台进行的信托。在互联网信托中一般涉及 3 个方面的当事人,即投入信用的委托人、受信于人的受托人以及受益于人的受益人。作为被官方承认的与 P2P 网络借贷、股权众筹等并列的互联网金融业态,互联网和信托业务的结合很好地克服了传统信托投资门槛高、期限长等缺点。同时,互联网信托开创了个人对企业金融业投融资模式与线下到线上电子商务模式相结合的全新模式,通过互联网实现了个人和企业之间的投融资,也为互联网金融的安全性增加了一道保障。

相比于传统信托业务,互联网信托业务呈现出以下特点。

(1) 覆盖范围广、成本低

互联网信托的平台性特征可以很好地满足小微企业和有投资理财需求的个人的资金需求。在互联网金融快速发展的背景下,线上化的业务模式在保留了信托业务的原有逻辑的前提下很好地发挥了多元工具的优势,烦琐的业务流程被简化,业务周期被缩短。

(2) 颠覆了传统信托业的商业模式

互联网信托平台能够通过网络渗透和大数据挖掘等技术充分了解财富高净值客户的个性化需求,获取目标客户的消费与投资等行为的关联信息,并在此基础上实现对信托业务的创新。

(3) 服务流程更加高效

信托业与互联网经营理念的本质内涵相似,前者以充分满足委托人需求为导向,后者以用户体验为中心。与互联网的结合使得信托业务的客户向线上迁移,企业和客户之间的互动增强,客户需求将更容易被满足,信托服务的效率也会更高。

(二) 我国互联网信托的业务模式

互联网信托业务在我国发展至今,已经衍生出多种相对成熟的业务模式。

(1) 互联网信托直销

其指信托公司通过官方网站、手机 App 或微信等渠道直接销售信托产品。在这种模式下,信托公司除了提供信托销售和签约服务,往往还提供产品推介、账户管理等多层次服务。

(2) 互联网消费信托

其指信托产品在满足客户信托需求的同时还能使客户享受到消费权益,将投资者的理财需求和消费需求完美结合。在这种模式下,消费者会通过互联网进行认购,与商家达成消费合同,并由商家出具代表消费者权益的电子凭证。然后,商家将这些消费权益集中后,委托信托公司进行投资管理,投资期满后信托公司将本金及产生的收益以保证金的形式返还给消费者。

(3) 信托收益权拆分转让

其指信托受益人将其收益权以特定的形式拆分转让给投资者,受益人获得转让价款,接受转让的投资者获得信托收益权。具体流程包括转让方在互联网信托平台上发起信托收益转让项目,并设置最低起投金额转让其所享有的信托收益权。投资者按约定向转让方支付价款后获得相应的信托收益权。接受转让的投资者享有信托公司兑付的信托本金以及不超过预期收益率的收益,而转让方则不再享有与已转让信托收益权相关的任何权利。这种模式丰富了大众参与信托投资的渠道,降低了信托投资的门槛。

(4) 信托受益权质押融资

其指将信托资产当作授信依据进行融资。这种模式的具体流程包括信托资产持有者通过互联网发出融资需求信息,投资者按照约定借款给信托资产持有者并成为该信托受益权的质权人,约定期满后由信托受益人偿还投资者的本金及收益。

(三) 我国互联网信托的现状

经过多年的发展,信托业已经成为我国金融体系的重要组成部分,但是自 2017 年以来我国信托行业资产规模持续下降,中国信托业协会的数据显示,2021 年第四季度末,全行业信托资产规模余额为 20.55 万亿元,比 2020 年年末的 20.49 万亿元增加 600 亿元,同比增长 0.29%,比第三季度的 20.44 万亿元增加 1 100 亿元,环比增长 0.52%,增幅虽然不大,却是信托业自 2018 年步入下行期以来的首年度止跌回升。信托业管理的信托资产规模自 2017 年达到 26.25 万亿元峰值以来,2018—2020 年一直处于负增长的渐次回落之中,这种下行趋势在 2021 年前 3 个季度出现了明显的企稳迹象,到第四季度实现了止跌回升。

在信托业务与互联网的碰撞过程中,随着信托行业制度红利逐渐消失,监管措施逐渐严格化,用户很难从传统信托投资中获得更多的回报。互联网的普及以及在淘宝、京东等电商平台的催化下,市场群体形成了网上交易、消费、投资的习惯,为信托行业提供了潜在客户,互联网金融、投资需求得到快速发展。在公司层面,借助于移动互联网、云计算、人工智能等信息技术,信托公司对于数字化转型、信息化建设、互联网建设逐步达成共识。互联网打破了线上线下以及区域经营的局限性,为信托行业的全球化布局带来了机遇。囿于信托产品线下交易和区域经营的局限性,信托受益权转让一直未能形成规模化的全国交易市场。互联网的发展有利于提高信托受益权转让效率,降低运营成本。可见,与互联网融合为信托行业新格局的形成带来了机遇。但是也要注意,信托行业在与互联网融合的过程中也面临着较大的挑战。金融科技的广泛应用在助力信托销售渠道建设方面起了很大的作用,除 App、微信公众号外,一些网站或者大型科技公司也能帮助信托公司引流,但是这些创新销售渠道存在与现有监管要求不相容的问题,如何在监管进一步加强的情况下进行引流,如何高效利用自身直销平台、财富管理中心,以及在资金端承压下如何建设高效的销售渠道等都是互联网信托发展过程中所需面对的挑战。随着信托的高收益红利渐渐消失,资产风控难、获客成本高、客户黏性差、利润减少、增长乏力等成为行业的痛点。法律合规性、风险可控性、信息科技建设是信托行业互联网发展需要关注的重点,未来信托行业的互联网化、信息科技化机遇与挑战并存。

(四)风险及相关政策

1. 互联网信托的风险

信托行业作为我国金融业的重要组成部分,其稳定性对于我国金融系统的稳定性至关重要。互联网信托在兼有互联网技术和传统信托特点的同时,也蕴藏着其固有的风险。加之互联网信托在我国发展时间较短,相关法律法规还不够完善,因而对于互联网信托风险的分析具有重要意义。具体来看,互联网信托领域的风险主要来源于以下几部分。

(1)法律风险

这一类风险是互联网技术与传统产业结合后极易出现的一类风险,具体的风险表现形式:例如,《信托公司管理办法》中规定设立信托公司需经银监会批准并领取金融许可证,而实际中一些涉及信托业务的互联网金融公司并不具备开展信托业务的资质,如"信托100"网站案例;再如,一些信托公司可能存在借助于互联网渠道进行非法公开发行证券的活动等。

(2)流动性风险

相较于传统信托,互联网信托业务中往往包含多方参与者,因而其在资金流动与管理方面存在的风险也更大。例如,一些平台的资金管理者可能违规使用资金,加之监管不到位,很有可能造成资金流失,损害投资者的利益。

(3)信息不对称风险

不同于传统信托产品,投资者往往仅可以根据网站平台的产品介绍和信息披露了解相关信托产品,投资者与信托公司之间的信息不对称性使得平台存在违规保证收益、编制虚假项目、虚假债权的可能,加大了投资者受骗的风险。

(4)信用风险

其指信托业务活动中投资者面临的交易对象因违约而不能到期还本付息所带来的风险。我国的社会征信环境还不完全成熟,大部分互联网信托平台无法像银行一样掌握借款企业及法人的真实资信情况,无法在投资后进行有效管理。因此,信托受益人的违约成本较低,信托投资者利益受损的风险较高。

2. 相关政策

为了规范互联网信托行业的业务流程,维持信托行业发展的稳定乃至我国整个金融系统的稳定,我国目前已经出台多部关于或者涉及互联网信托行业发展要求或规范的政策或法规。2014年4月银监会下发的《关于信托公司风险监管的指导意见》重申禁止第三方理财机构直接或间接代理销售信托产品,之后信托公司纷纷建立自己的直销平台。2015年的《关于促进互联网金融健康发展指导意见》中提到确立包括互联网信托在内多种互联网金融业态的监管职责、分工和业务边界。2020年的《信托公司资金信托管理暂行办法》和《关于信托公司风险资产处置有关工作的通知》分别对互联网信托的从业者、业务进行形式和信托行业风险资产的处理给出了要求;《中国银保监会信托公司行政许可事项实施办法》则鼓励信托公司开展本源业务,引导信托公司完善公司治理,助推信托业转型发展,并已于2021年1月1日起正式施行该政策。

三、互联网基金销售

(一) 互联网基金销售的概念与特点

互联网基金是对传统金融理财业务的拓展和延伸。互联网的普及使得传统金融活动得以以线上的形式开展。在基金销售领域,金融机构借助于互联网媒介可以实现与投资客户的直接沟通而绕开银行的介入。在这种"金融脱媒"业务模式下,银行的金融中介地位被削弱,基金销售的效率得以提升,成本得以降低。这一十分重要的互联网金融业态在我国发展迅猛且仍在持续增长,其特点、风险和发展前景都很值得人们关注。

相对于传统金融中的理财业务,互联网基金销售的特点主要包括以下几点。

(1) 低成本

互联网基金平台依靠社交网络、移动支付等互联网信息技术实现了业务流程的线上化和虚拟化。而互联网天然具有低成本的特征,相较于传统基金销售,大量的人工成本被节约,因而互联网基金销售具有低成本的特点。

(2) 高效率

交易场所的虚拟化使得金融机构在向客户提供金融服务时不必在特定的柜台与顾客进行面对面的讲解和沟通,不但降低了成本,也大大简化了业务流程。

(3) 覆盖人群更广,拓展长尾市场

互联网基金理财作为互联网金融模式的重要内容,其低成本的特点使绝大多数人,尤其是低收入阶层,都能够参与到这种金融创新活动中来,有效地降低了金融理财服务的获取门槛,很好地诠释了普惠金融的内涵。

(4) 满足投资者的多元化投资需求

互联网基金可以实现基金产品和客户投资需求更高效的匹配。一方面,投资者可以通过网络平台轻易获取更多有关投资产品的信息并进行对比,进而做出最适合自己的选择;另一方面,互联网基金销售平台可以通过大数据技术分析客户的投资偏好,进而为客户推荐合适的基金产品。

(二) 我国互联网基金销售的发展

自2003年我国开始出现基金的网上交易到2013我国的互联网金融元年,再到当下的金融科技时代,互联网信息技术在短短20年间极大地改变了多数传统金融活动的业务形态,包括基金销售在内。2013年,第三方支付平台支付宝为个人用户打造了全新余额增值服务——余额宝,天弘基金借此一举成为国内最大的基金管理公司。此后互联网基金更是飞速发展,通过互联网也可以进行理财的观念开始逐渐为普通大众所接受。截止到2021年3月下旬,中国证券基金投资者人数超过1.8亿,其中线上基金选购平台的月活用户峰值超5 000万人,互联网基金用户已经成为重要的金融投资消费群体,近5年基金离柜交易率持续快速攀升。到2020年,超过95%的基金投资者都参与了线上基金的选购,基金交易的线上化进程接近完成。

从利率市场化的角度来看,自我国1996年推进利率市场化改革以来,除银行存款利率以外,绝大多数利率已经市场化。而正是银行存款利率与市场利率间存在的差异为互联网基金的发展提供了充足的动力。互联网基金平台提供的更加易得的金融服务在一定程度上争夺了银行原有客户。一方面,互联网基金的普及使得银行协议存款的成本增加;另一方面,互联网基金平台以其低成本、高效率、高覆盖率的特点吸引了大量客户,使得商业银行代理基金业务的收入大幅缩水。总体来说,互联网基金的发展给商业银行的盈利能力带来了冲击,在一定程度上损害了银行的利益,但在打破银行的垄断地位、促进银行的改革和创新、加速利率市场化的进程等方面又有积极的意义。

(三)我国互联网基金销售的现状

互联网基金销售依靠大数据、社交网络、移动支付等现代信息技术,实现了交易场所的虚拟化。在互联网时代,除了以招商银行、中国工商银行为代表的传统渠道外,第三方独立销售机构货币基金保有规模逐步上升。中国证券投资基金业协会公布的前100家公募代销机构数据显示,第三方独立销售机构货币基金保有规模从2021年第一季度占比26.8%增长至第四季度的34.2%,股票+混合类基金代销规模由第一季度的22.2%增长至26%,其中互联网第三方机构的公募销售规模在所有第三方机构中占据绝对优势。蚂蚁基金2021年财务数据披露,蚂蚁基金净利润首次破亿元,2021年净利润5.05亿元,同比暴增410.25%,2021年第二季度末,蚂蚁基金非货币基金保有规模首破万亿元,排名基金代销机构首位。2021年年底,蚂蚁基金非货币基金销售保有规模蝉联第一,达12 985亿元,较第二季度末的10 594亿元增加了2 391亿元。同时,好买财富年报显示,好买财富凭借高端私募业务,2021年整体业绩达到了历史新高。继2020年基金销售额首次突破1万亿元后,2021年天天基金在基金代销业务上实现又一次跃升,销售额首次突破2万亿元,互联网基金销售"三足鼎立"的行业格局逐步形成。三大互联网基金销售机构2021年财务数据如表4-7所示。

表4-7 三大互联网基金销售机构2021年财务数据

互联网基金销售机构	营业收入/亿元	净利润/亿元	总资产/亿元	净资产/亿元
蚂蚁基金	121.24	5.04	108.49	10.01
好买财富	10.41	3.30	30.68	13.39
天天基金	50.81	2.82	182.41	11.18

注:资料来源于中国证券报。

(四)风险及相关政策

1. 互联网基金销售的风险

互联网基金是对传统金融理财服务的延伸和补充,因此不可避免地带有传统金融理财的各种风险,同时又具有不同于传统金融理财风险的新特性。具体来看,其风险主要包括以下几个方面。

(1)法律风险

互联网基金等新金融业态发展时间较短,原有的关于传统金融业务的法规和监管措施在很多方面已不能适应目前的情况,而关于互联网基金领域的各种法律法规还不完善,存在很多法律监管的盲区。在这种不完善的法律环境下,就会出现多种形式的潜在法律风险。

(2) 信誉风险

相比于传统的金融业务,互联网基金的潜在信誉风险更大,其原因主要来自互联网本身。例如,当某互联网基金出现亏损或客户财产和个人信息受到侵犯时,投资者就会丧失对互联网企业、第三方理财机构甚至银行的交易信心。加之互联网具有低成本、快速传播的特征,任何有关投资者切身利益的信息都会很快地在网上传播。当这种情况发生时,不仅仅会使互联网金融机构发生挤兑、客户流失等情况,还可能导致整个互联网基金领域出现信誉危机。

(3) 技术风险

互联网基金业务是网络信息技术发展的产物,同时它也面临着网络技术安全带来的风险。由于互联网基金交易场所的虚拟化,任何交易流程都在互联网平台上进行。一些金融机构可能不具备足够专业的互联网技术基础,其在进行互联网基金销售业务时可能存在网络系统更新不及时、系统安全防范不严、网络系统设计和建设不规范等问题,很可能造成客户的隐私信息或重要的交易数据外泄,给客户资产带来损失。

(4) 系统性风险

互联网基金规模的快速扩张还会增加金融系统性风险。例如,余额宝客户规模大,覆盖范围广,其可能引发的蝴蝶效应也显而易见,这类产品有时过度追求产品收益,提高风险偏好,增加杠杆,使投资者承担较大的隐形风险。若出现突发事件,这种追求当前高收益的过度投机行为可能导致货币市场基金投资者恐慌性挤兑,对金融市场造成冲击。

2. 相关政策

有关互联网基金销售的相关政策包括:2015 年 7 月,央行等十部委发布《关于促进互联网金融健康发展的指导意见》,其中首次定义了互联网金融的概念,确立了互联网支付、网络借贷、互联网基金销售、互联网信托和互联网消费金融等主要业态的监管职责分工,并落实了监管责任,明确了业务边界;2016 年 10 月,《通过互联网开展资产管理及跨界从事金融业务风险专项整治工作实施方案》对缺乏资产管理业务资质或业务不规范的互联网企业进行了排查和整治;2018 年,《中国人民银行 中国银行保险监督管理委员会 中国证券监督管理委员会 国家外汇管理局关于规范金融机构资产管理业务的指导意见》中指出资产管理业务作为金融业务,属于特许经营行业,必须纳入金融监管,非金融机构不得发行、销售资产管理产品。随着涉及互联网基金销售的政策不断出台,相关业务流程将不断向规范化发展,对行业风险的控制能力也将不断得到提升。

思 考 题

1. 简述第三方支付、众筹、P2P 网络借贷、网络小贷的定义及特点。
2. 简述大数据在金融业不同领域的应用。
3. 大数据金融给国家、金融企业、非金融企业、个人带来哪些影响?
4. 我国大数据金融的发展存在哪些风险?面临哪些困境?
5. 未来信息技术、大数据的发展还能为我国金融业发展做出哪些贡献?

第五章 数字人民币

第一节 数字货币概述

一、货币的演进

回顾货币的发展历史,其便携、高效、易储存等特性是人类追求的目标,也是货币形式演进的动力来源。在原始社会时期,人类主要采用以物易物的方式进行交易,即实物交易。随着人类社会活动增多以及活动范围逐渐拓宽,以物易物的方式已经不能满足人类的正常生活需求,以贝壳为代表的自然货币逐渐充当了货币的角色。但贝壳数量有限,随着商品交易的发展,货币的需求量越来越大,自然货币无法满足人类的需求,因此铸币开始出现。中国从商朝开始使用铜币,其由国家信用背书,统一的货币更好度量,交易更加公平,更符合"等价物"的定义,自然货币逐渐退出历史舞台。造纸术和印刷术的发展推动了纸币的兴起,北宋时期我国出现了世界上最早的纸币——交子。相较于铜币,纸币更加轻便,在大规模交易时更易携带,同时制造成本较低。纸币在现今社会仍然是一种重要的货币形式。

随着互联网技术的蓬勃发展,人们对于生活的便利性要求再次提高,纸币逐渐无法满足人们的交易需求,因此电子货币开始出现。1952年,加州富兰克林国民银行首次发行银行信用卡,这标志着一种新型的商品交易中介出现。美国银行于1958年开始发行"美国银行信用卡"。1974年,罗兰·莫雷诺(Roland Moreno)发明了IC卡作为电子货币的存储媒介。1982年,美国建立了电子资金传输系统,随后英国和德国也发展了类似的系统。以银行信用卡为代表的电子货币迅速成为主流货币形式。虽然我们仍然使用卡作为电子货币的载体,但卡本身并不是货币,真正的钱是储存在卡上的数字。如今,以支付宝、微信等作为支付通道的电子货币成为人们日常交易的主要货币形式。

2008年,中本聪提出了比特币的概念。与所有的货币不同,比特币不依靠特定的货币机构发行,其依据特定的算法,通过大量的计算产生。数字货币开始出现。此后的数年间,各个国家纷纷开展了对数字货币的研究,并相继制订了各国法定数字货币的研究计划。我国开展数字货币相关研究相对较早,2014年央行便成立了法定数字货币的专门研究小组,2016年1月央行明确表示将会发行法定数字货币,同年2月时任央行行长周小川在接受专访时特别提到了数字货币与区块链技术,同年11月央行牵头的数字货币研究所开始筹建。截止到2020年,中国、美国、英国、日本等主要经济体均已逐步开展法定数字货币的试点工作。对于以比特币为代表的私人数字货币以及各国央行发行的法定数字货币,底层技术的安全性和应用场景的现实性在各方讨论中逐步得到深化。不可否认,数字货币正在逐渐走上历史舞台,并且将在未来发挥重要作用。

二、电子货币

(一) 定义

电子货币是指用一定金额的现金或存款从发行者处兑换并获得代表相同金额的电子数据,或者通过银行及第三方推出的快捷支付服务,使用电子化途径将银行中的余额转移,从而能够进行交易的货币。部分学者认为,电子货币本质上是法定货币的一种电子化,常以磁卡或账号的形式存储在金融信息系统内,以方便储藏和支付为主要目的,电子货币的价值与法定货币等值。

(二) 特点

① 电子货币具有无实物化的特点。其以电子计算机技术为依托进行储存、支付和流通,不再具有实物形态。

② 电子货币应用场景丰富。其可广泛应用于生产、交换、分配和消费等领域,集金融储蓄、信贷和非现金结算等多种功能为一体。

③ 电子货币使用简便、安全、迅速、可靠。尤其是在日常的小额高频交易中,电子货币的这一特点更为突出,大大提高了交易效率。

④ 电子货币具有特定的发行主体。为了降低电子货币在发展中的风险,在我国电子货币只能由中国人民银行批准的商业银行和金融机构来发行。

⑤ 根据我国相关法律规定,只有人民币才是合法货币。因此,在严格意义上,电子货币并不是货币,只是一种进行网络结算的工具。虽然电子货币并没有取得法定货币的法律地位,但是也应当获得法律的保护。

(三) 典型应用

电子货币的一类典型应用就是银行卡,包括银行发行的借记卡、贷记卡等。它是银行业务的信息化拓展,如刷卡支付、电话银行、网上银行、手机银行等业务。电子货币的另一类典型应用是企业或机构发行的在某个区域或领域内用于支付的储值卡,如香港广泛使用的八达通、各大城市用于交通系统的公交卡、校园或单位内使用的饭卡、商家预售发行的购物卡等。这些应用都是将货币以电子化的形式存储在以"卡"为代表的物理媒介中,本质上其更像电子化的钱包,解决了纸币支付过程中的找零、假币等问题,大大提高了支付效率,尤其对于日常的小额支付,这种应用的优势更为明显。

随着人们对于便捷性要求的不断提高,各种"卡"开始无法满足公众的需求,网络支付开始流行。互联网公司推出的第三方支付工具,如 PayPal、支付宝、微信、财付通等,以及电子银行卡,已成为人们日常交易中经常使用的支付工具。虽然没有像银行卡和储值卡一样的物理媒介,但其本质上仍然是基于法币金融系统下的电子货币,因此网络支付也是电子货币的重要应用。

三、虚拟货币

(一)定义

虚拟货币是指非真实的货币,其是价值的数字表示,由私人开发商(多为互联网公司)发行并以自己的记账单位计价,不具有法偿性和强制性等货币属性,并不是真正意义上的货币,不具有与货币等同的法律地位,不能且不应作为货币在市场上流通使用,使用范围限于由私人开发商提供的或相关的网络服务。典型的虚拟货币包括Q币、游戏币、积分、点券等。

(二)特点

① 虚拟货币的发行主体为私人开发商,多为互联网公司,而非有权机构。例如,Q币的发行主体为腾讯公司。

② 虚拟货币使用范围较为单一。其使用范围常常限定在该企业经营领域之内。例如,各大网络游戏厂商发行的游戏币仅可用于购买游戏内的特定权限、各类装备等。再如,因对某网站的贡献而获得的奖励积分可用来兑换服务或奖品等。

③ 虚拟货币具有单向流通的特性。虚拟货币不可双向流通,发行虚拟货币的企业不会提供虚拟货币等价兑回现金的服务。这种单向流通的特性决定了虚拟货币无法充当真实世界里的现金或电子货币。

④ 虚拟货币不是真正的货币,不具有法偿性。虚拟货币由私人开发商发行、兑换并提供相应的产品或服务,人们对虚拟货币的信任完全来自对发行企业的信心。

(三)典型应用

Q币是典型的虚拟货币,其于2002年由腾讯公司发行,用于兑换腾讯公司提供的服务或权限(包括兑换虚拟商品、充值游戏点券、开通会员服务等)。兑价是1Q币=1人民币,但不能将Q币兑换成人民币。

成立于2003年的经管之家(原人大经济论坛)目前已经发展成为国内较有影响力的经济、管理、金融、统计类的在线教育和咨询网站,也是国内活跃和具有影响力的经管类网络社区。该论坛发行的论坛币也属于虚拟货币的范畴。论坛中的部分资料需要使用论坛币才能下载,根据资料的数据量、价值大小不同,所需支付的论坛币也不尽相同。用户可通过登录论坛签到、推广等方式获取论坛币。

四、数字货币

数字货币发展相对较晚,人们对其的理解、认知和判断存着在一些差异。关于数字货币的概念,目前还处在自发认识阶段,尚未形成理性和统一的认识。随着比特币的出现,这种全新的去中心化网络"数字加密货币"迅速成为人们关注的焦点。随后在世界范围内各种"数字货币"的概念风起云涌,数字货币从纯粹的网络内生数字币,到与单一或一揽子法定货币挂钩的"稳定币",再到多国央行研发设计的"法定数字货币"等,花样不断翻新,甚至成为国家之间相互竞争的金融热点。面对种类繁多的数字货币,我们可以按照发行主体对其进行分类。按照发行主体是否为有权机构,可以将数字货币分为法定数字货币和非法定数字货币。各国央行研发的数字货币归为前者,而网络内生数字币、与法定货币挂钩的"稳定币"归为后者。

(一) 非法定数字货币

非法定数字货币也被称为加密资产。其由非有权机关发行并以自己认定的记账单位计价,以区块链技术为支撑并以电子记录形式存在的、可以充当一般等价物但不具有法偿性的货币替代物。我们所熟悉的比特币(BTC)、以太币(ETH)、泰达币(USDT)、天秤币(Libra)等均属于非法定数字货币,因为其发行主体是私人企业、机构甚至是一套特定的发行机制,而非有权机构。

一种"货币"想要成为真正的流通货币,需要保持货币币值基本稳定,要保证一国的货币总量能够与该国主权范围内、法律可以保护的可交易社会财富的规模相对应,能够随同可交易社会财富的增减变化而变化,具有可调性、灵活性。由此看来,以比特币为代表的非法定数字货币无法成为真正的流通货币。原因如下:其一,比特币总量与单位时间新增供应量均由系统严格锁定,不可人为调控,难以与社会财富的增长相适应;其二,比特币存在升值空间,有利于投机炒作,违反了货币发展规律与运行逻辑。其只能是一种可以投资的数字资产,或者成为特定网络社区使用的"社区币"。

泰达币、天秤币与一种或多种法定货币挂钩,这种做法虽然在一定程度上保证了自身币值稳定,但仍然会面临许多问题。与美元锚定的泰达币只能作为美元的代币,适用范围有限,而与5种法定货币结构性挂钩的天秤币则面临更复杂的问题。天秤币缺乏国家主权和法律保护,没有明确的社会财富与之对应,其作为货币的币值难以稳定,而且其涉及的法定货币种类较多,一旦天秤币流通,便会对其锚定的货币造成不同程度的冲击。

因此,非法定数字货币不能成为真正的流通货币,其更贴近于用于投资的数字资产、加密资产,或仅在有限范围内作为一种支付工具使用。

下面介绍两种典型的非法定数字货币——比特币和天秤币。

1. 比特币

2008年10月,一位名为中本聪的密码学者发布了《比特币:一种点对点的电子现金系统》的经典论文,描述了一种被他称为"比特币"的电子货币及其算法。随后,中本聪挖出了第一个区块,即所谓的创世区块,由此比特币正式诞生。比特币基于区块链技术,具有分布式账本、可追溯、不可篡改、去中心化等特点,为金融创新带来了新的可能。

和法定货币相比,比特币没有一个集中的发行方,而是由网络节点计算生成的,谁都有可能参与制造比特币。比特币可以在全世界流通,可以在任意一台接入互联网的计算机上买卖,不管身处何方,任何人都可以挖掘、购买、出售或收取比特币,并且在交易过程中外人无法辨认用户身份信息。

具体来说,假设有100个人是彼此的朋友,形成一个圈子。最初,每个人都没有资产,社区有一个共用的账簿,每个人都可以检查和监控所有的交易。当一笔交易在圈内发生时,系统会给出一个问题,大家都可以抢着回答。第一个答对问题的人将获得开票权和一定数额比特币的奖励。每个账户中的区块将被打上时间戳,并连接到前一笔交易。这就是比特币的交易过程。

比特币有如下特点。

① 去中心化:不依赖任何一个中心记账,而是由大家一起维护一个账簿,每个参与方都是监督者。

② 不可篡改:每个区块都附有时间戳,并且所有区块都连接到前一个区块,因此如果想更改区块中的数据,则无法匹配时间戳。如果想篡改数据块,你必须获得超过51%的区块的批准才能进行更改,这在很大程度上避免了篡改的可能性。

③ 公开透明:任何一个账户的往来账目都可以在区块链上查到。

④ 匿名性:由于节点之间的交换遵循固定的算法,其数据交互是无须信任的,因此交易双方无须通过公开身份的方式让彼此产生信任。

⑤ 可追溯性:由于区块链的不可篡改性,每一个区块上的时间戳将永远不变,这使得写入区块链的交易信息可以被不变地记录、清晰地追溯。

2. 天秤币

2019年6月,Facebook公司发布了《加密货币Libra白皮书》,正式宣布要打造一个新的去中心化区块链、一种低波动性加密货币和一个智能合约平台的计划,建立一套简单的、无国界的货币和为数十亿人服务的金融基础设施。

Libra是由Libra协会推出的。Libra协会是一个独立的非营利性成员制组织,其总部设在瑞士日内瓦。协会的基本功能是协调和提供网络与资产储备的管理框架,牵头进行能够产生社会影响力的资助,为普惠金融提供支持。

2020年4月,Libra协会正式向瑞士金融市场监管局申请Libra支付系统牌照。Libra协会称,启动申请流程是其进入运营阶段后的重要里程碑。Libra以背后的一揽子货币资产作为信用背书,确保币值大体稳定。根据披露,Libra的一揽子货币以美元为主(占比50%),其他货币包括18%的欧元、14%的日元、11%的英镑和7%的新加坡元。此外,Libra的设计使用了Move编程语言,这种新的编程语言可从设计上防止数字资产被复制,降低出现漏洞或安全事件的风险。Facebook公司创始人扎克伯格将发行Libra的目标定义为:"在全球范围内转移资金应该像发送短信或分享照片一样轻松、划算,甚至更安全。"

实际上,Libra的发展并不顺利,它的出现挑战了各国和地区的法币,这就决定了Libra在实施过程中不仅将遇到来自法币的严重抵抗,而且在货币机制矛盾中的预期难以如愿落地。2019年10月,以法国为首的欧盟五国联手抵制Libra进入欧洲市场,PayPal也于同月宣布放弃参与Libra的项目。Facebook旗下的加密货币Libra未来的发展将面临极大的挑战和困难。

2020年,Libra协会发布了Libra 2.0版本。与Libra 1.0版本不同,Libra 2.0版本将Libra分为两类:一类是单货币Libra,与单个法定货币1:1锚定;另一类是多货币Libra,通过智能合约按固定权重以多种单货币Libra为抵押而生成。前者用于国内交易,以本国货币计价,不具有计价功能。后者仅用于跨境交易,避免对货币主权产生挑战。此外,Libra协会还表示支持各国单独发行自己的Libra稳定币(如Libra美元、Libra日元、Libra欧元),即各国央行可基于Libra或者其他组织推出自己的央行数字货币,而Libra将提供各国央行数字货币的网络集成。这些改进虽然在一定程度上解决了第一代Libra面临的问题,但随着各国自主研发的央行数字货币日益完善,加之各国各地区央行的审慎态度,Libra 的广泛普及仍面临挑战。

(二) 法定数字货币

法定数字货币是由有权机关或其授权的发钞机构发行,以电子记录形式存在的、具有法偿性的货币。法定数字货币和各国各地区的纸币具有同一法律属性。法定数字货币的典型代表为由各国、各地区央行设计研发的数字货币,如数字人民币、数字欧元、数字美元等。

国际清算银行对央行数字货币的定义为:"央行数字货币是中央银行货币的一种新的数字化形式,是中央银行的负债,与已有法定货币单位相同,作为交易的媒介与价值储存工具。"从概念来看,我们可以较为粗略地将法定数字货币等同于央行数字货币。在技术手段上,由于绝大多数国家和地区的央行数字货币仍处在研发设计和试点阶段,技术路径并未完全公开,仅凭借各央行发布的信息来看,各国央行数字货币大多采用"中心化"的设计结构,因此以"去中心化"为目的的区块链技术在其中的应用较为有限。

在国际清算银行于 2019 年发布的关于数字货币的研究报告中,各央行研发数字货币的目的主要是确保支付安全,提高国内支付效率。目前,包括中国在内的世界主要经济体在央行数字货币的研发进程中处于前列,但对其均保持着较为谨慎的态度,没有给出具体的时间表。就现阶段来看,央行数字货币在金融系统稳定、消费者隐私、网络安全、监管力度、跨境支付等方面仍存在着一些问题,各央行还在进一步研究中。

各国各地区央行数字货币的发展情况如下。

1. 美国

美国对于央行数字货币的态度始终十分谨慎。2019 年 9 月,美联储主席杰罗姆·鲍威尔(Jerome Powell)表示,美联储虽然会关注数字货币的发展,但不会"积极考虑"数字货币。进入 2020 年,美联储对央行数字货币的态度趋于积极。2020 年 9 月,美联储官员表示,美联储一直在研究央行数字货币问题,但他同时表示,央行数字货币引发的金融稳定性、市场结构、安全性、隐私和货币政策等有关问题都需要更好的研究。同年 10 月,美联储主席杰罗姆·鲍威尔再度表示,美国政府迄今尚未就是否发行央行数字货币得出定论,美联储仍要以做好相关风险评估为优先任务。杰罗姆·鲍威尔还提出了央行数字货币的三大风险或挑战,包括网络攻击、诈骗,央行数字货币对货币政策效果、金融稳定度的影响,以及用户隐私和安全之间的平衡。2021 年,杰罗姆·鲍威尔及其团队仍然持谨慎态度,坚持美联储目前的调研都为时尚早且有待考究的,美元在国际结算中占主导地位,这就意味着美国必须面对更多的风险与挑战。因此,美国虽然已具备数字美元的技术条件,但出于对金融系统稳定的考虑,目前仍然在观察研究。

2. 欧盟

欧盟国家总体对央行数字货币的态度同美国类似,偏于谨慎。2019 年,Libra 白皮书发布,虽然欧盟反对 Libra 的进入,但欧洲央行对于央行数字货币的态度有所转变。2020 年 10 月,欧洲央行发布报告,阐述了根据现行欧元体系政策设计数字欧元的核心指导原则,指出现在致力于数字欧元的具体设计还为时过早,任何类型的设计都必须满足该报告中确定的原则和要求,并特别强调,数字欧元只是提供欧元的另一种方式,其将是欧元体系的负债,而不是加密资产或"稳定货币"。2021年7月,欧洲中央银行管理委员会正式启动数字欧元项目,将在未来两年时间内,围绕技术路线、法律框架、应用场景和潜在影响等关键问题开展调查评估,这标志着数字欧元的发展迈入了新阶段。

3. 英国

2020年,英格兰银行发布报告,称英格兰银行正在认真权衡发行央行数字货币的利弊,并且意识到数字英镑可能会破坏当前的银行体系,但同时也肯定了央行数字货币的优势:央行数字货币可以利用最新的金融科技技术,使消费者更轻松、更快捷、更安全地进行交易。2021年4月,英国财政大臣里希·苏纳克(Rishi Sunak)宣布,财政部与英格兰银行将共同成立特别工作组,协作研究推出英国版官方数字货币的事宜,不过英格兰银行尚未就是否启动央行数字货币做出决定。

4. 其他国家

在一些经济体量较小的国家当中,央行数字货币已经正式投入应用。厄瓜多尔、突尼斯、塞内加尔、马绍尔群岛、乌拉圭以及委内瑞拉这6个国家已经发行了央行数字货币。在这些国家中,厄瓜多尔2015年开始运行电子货币项目——厄瓜多尔币,但该币种推行一年后仍未在该国流行,得不到民众使用的厄瓜多尔币在2018年3月底宣告停止运行。由于经济恶化,委内瑞拉主权货币玻利瓦尔几乎贬值到一钱不值。2018年2月,该国总统宣布发售"石油币"以摆脱经济危机的泥潭,但这项举措以失败告终。乌拉圭2017年推出的法定数字货币项目e-Peso也不再继续运行,其他国家央行数字货币的进展及运行情况仍需进一步观察。从现有经验来看,法定数字货币的研发并非单纯的技术性问题,其涉及诸多方面,综合性和复杂性很强,从各主要经济体对其的表态不难看出这一点。因此,我们对于法定数字货币的研究还需进一步深入,以安全性为首要原则,不可操之过急。

(三) 区别与联系

对上述几个概念进行归纳可知,货币的分类如图5-1所示。首先按照有无实物形态,可以将货币分为实物货币和非实物货币。前者包括纸币和硬币,甚至也包括更早期的铸币等。后者指不具有实物形态的货币,按照是否为法定货币,非实物货币可分为法定非实物货币和非法定非实物货币。前者包括法定数字货币和电子货币,其中法定数字货币主要指央行数字货币。后者包括非法定数字货币和虚拟货币,主要包括比特币、Libra等。

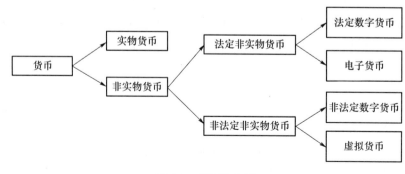

图5-1 货币的分类

电子货币、虚拟货币、数字货币这3个概念在很多情况下是相互混用的,这三者的确有一些联系,但也有区别,从上述内容的介绍中便可以看出。这里我们将从发行主体、使用范围、流通方式等不同角度对电子货币、虚拟货币、非法数字货币和法定数字货币再次进行区分,以便对其有更清晰的认识。具体信息如表5-1所示。

表5-1 电子货币、虚拟货币、非法定数字货币和法定数字货币的区别与联系

	电子货币	虚拟货币	非法定数字货币	法定数字货币
发行主体	金融机构	网络运营商	私人企业或组织	中央银行
使用范围	一般不限	网络企业内部	特定网络或地区	不限
流通方式	双向	单向	双向	双向
储存形式	磁卡或账号	账号	账号	数字钱包
货币价值	与法币对等	与法币不对等	与法币不对等	自身就是法币
信用等级	高	中等	较低	高
典型代表	银行卡、支付宝	Q币、论坛币	比特币、Libra	数字人民币、数字欧元

从发行主体来看,电子货币和法定数字货币均是由中央银行或获批的金融机构发行的,中央银行或获批的金融机构属于有权机构。而虚拟货币和非法定数字货币则是由网络运营商或私人企业发行的,网络运营商或私人企业不属于有权机构。因此,在信用等级上,前两种货币信用等级较高,因为由政府背书,后两种货币的信用等级取决于发行企业或机构,信用等级相对较低。

虚拟货币只能单向流通,即由法币兑换为虚拟货币,反之不可行,因此虚拟货币只能用于购买网络运营商所提供的商品或服务,使用范围较为单一。而电子货币、法定数字货币和非法定数字货币均可双向流通,适用范围相较于虚拟货币更为广泛,其中电子货币和法定数字货币的适用范围几乎不受限制。

在货币价值方面,虚拟货币和非法定数字货币与法币不对等,货币价值会出现波动,这一特点在以比特币为代表的非法定数字货币中体现得尤为明显。电子货币与法币对等,我们可以随时将法币等额兑换为电子货币。而法定数字货币本身便是法定货币,与传统的纸币和硬币具有同等地位。

2017年,国际清算银行和美国加州圣塔巴巴拉大学学者首次提出"货币之花"概念模型(如图5-2所示),这个模型既反映了不同类型的货币属性、分类的变化,同时也对央行数字货币进行了区分。"货币之花"模型用4个椭圆来划分货币的4个关键属性:发行者(中央银行或者私人)、形态(数字或物理)、加密性(基于令牌或基于账户)、可达性(广泛的或受限制的)。从图5-2可以看出,央行数字货币或法定数字货币可以分为批发型和通用型,两者的发行主体都是央行,而且在加密性和形态上都是相同的,区别在于其可达性,批发型央行数字货币不具有普遍通用性,只用于银行间结算转账,而通用型央行数字货币则服务于社会公众的日常消费,具有普遍通用性。

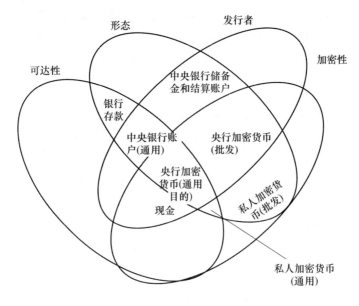

图 5-2 货币之花

〔资料来源：Bank for International Settlements(2018)〕

第二节 数字人民币概述

一、数字人民币的概念

中国人民银行数字人民币研发工作组于2021年7月发布了《中国数字人民币的研发进展白皮书》，其中阐明了数字人民币的定义：数字人民币(e-CNY)是中国人民银行发行的数字形式的法定货币，由指定运营机构参与运营，以广义账户体系为基础，支持银行账户松耦合功能，与实物人民币等价，具有价值特征和法偿性。

数字人民币是央行发行的法定货币。首先，数字人民币具备货币的价值尺度、交易媒介、价值储存等基本功能，与实物人民币（纸币、硬币）一样是法定货币。其次，数字人民币是法定货币的数字形式。从货币的发展和改革历程来看，货币形态随着科技进步、经济活动发展不断演变，实物、金属铸币、纸币均是其相应历史时期发展进步的产物。数字人民币的发行、流通管理机制与实物人民币一致，但其以数字形式实现价值转移。最后，数字人民币是央行对公众的负债，以国家信用为支撑，具有法偿性。

二、数字人民币的发展背景

(一) 新型零售支付系统的需求日益增长

如今，数字经济已成为社会科技创新发展的重要驱动力，随着科学技术的不断进步，数字经济背景下的新型业态与商业模式层出不穷。网上购物、线上支付、在线教育等已成为普通消费者的生活日常,数字经济驱动的线上商业模式将进一步巩固人们的生活习惯。

电子支付已成为中国社会主要的支付手段,不仅为公众提供了一套高效便捷的零售支付系统,同时也培养了人们电子支付的习惯。随着线上支付规模持续增大,以及公众对技术和服务创新需求的日益增加,经济社会要实现高质量发展,在客观上需要一套更加高效、便捷、安全、通用、普惠的新型零售支付基础设施来更好地满足社会的需求。发展数字人民币可以进一步方便消费者日常消费,同时由于其自身属于法定货币,国内商家不得拒收,加之支持双离线支付,电子支付的普惠性将得到提高。

(二) 现金的使用逐渐淡化

随着数字经济的快速发展,网络购物、线上教育、网络订餐等线上服务成为更多人的选择,消费者的支付方式也逐渐由现金支付过渡为电子支付。第 47 次《中国互联网络发展状况统计报告》显示,如图 5-3 所示,截止到 2020 年 12 月,我国网络支付用户达到 85 434 万人,占网民整体的 86.4%。2019 年中国人民银行开展的中国支付日记账调查显示,手机支付的交易笔数、金额占比分别为 66% 和 59%,现金交易笔数、金额分别为 23% 和 16%,银行卡交易笔数、金额分别为 7% 和 23%,此外 46% 的被调查者在调查期间未发生现金交易。由此可以看出,我国近期现金使用率呈下降趋势,线上支付规模占比远大于现金支付规模。

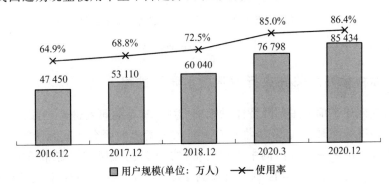

图 5-3 网络支付用户规模及使用率

(资料来源:第 47 次《中国互联网络发展状况统计报告》)

(三) 加密货币迅速发展

自比特币问世以来,各种各样的加密货币如同雨后春笋一般迅速发展。据不完全统计,截至 2021 年,有影响力的加密货币已达 1 万余种,总市值超过 1.3 万亿美元。其中,既有与比特币类似,没有任何载体的纯粹的数字货币,也有与单一法定货币或是一揽子法定货币挂钩的数字稳定货币。但这些货币均由非有权机构发行,其在流通过程、适用范围、币值稳定等方面均存在问题。加密货币多被用于投机,存在威胁金融安全和社会稳定的潜在风险,并成为洗钱等非法经济活动的支付工具。同时,加密货币将给国际货币体系、支付清算体系、货币政策、跨境资本流动管理等带来诸多风险和挑战。图 5-4 展示了截至 2021 年年末,世界主流加密货币的种类及市场占有率趋势。

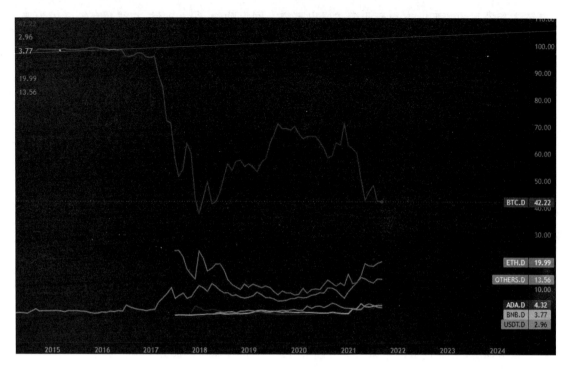

图 5-4　主流加密货币的种类及市场占有率趋势

(资料来源：TradingView)

(四)国际社会高度关注央行数字货币研发进程

上一节已经阐述了部分主要经济体对于央行数字货币的研发进展,可以看出,各国各地区在保持谨慎态度的同时,也在积极推进对央行数字货币的研究。国际清算银行调查报告显示,在全球 65 个国家或经济体的中央银行中,约 86% 已开展数字货币研究,正在进行实验或概念验证的央行从 2019 年的 42% 增加到 2020 年的 60%。近年来,美国、英国、法国、加拿大、瑞典、日本、俄罗斯、韩国、新加坡等国央行及欧洲央行以各种形式公布了关于央行数字货币的考虑及计划,有的已开始甚至完成了初步测试。

三、数字人民币的特点

(一)双层体系设计

央行数字货币的运营模式可分为单层体系和双层体系。前者是由中央银行直接面向社会公众,负责央行数字货币的研发设计以及发行维护等。后者是由中央银行对接指定机构,完成央行数字货币的发行、兑换和维护工作,指定机构需要直接面向公众。目前,世界主要经济体的央行数字货币均采用或计划采用双层体系,如数字美元、数字欧元等。我国数字人民币的运营体系也属于第二种,即双层体系。

1. 第一层：中国人民银行

中国人民银行处在双层运营体系的第一层，其负责数字人民币的发行、注销、跨机构互联互通和钱包生态管理，同时审慎选择在资本和技术等方面具备一定条件的商业银行作为指定运营机构，牵头提供数字人民币兑换服务。此外，中国人民银行的职责还包括：维护数字人民币的币值稳定；建设数字人民币支付系统、清算系统等基础设施；促进各个支付产品的互联互通；准备在升级迭代过程中的替代方案；等等。

2. 第二层：指定机构

指定机构处在双层运营体系的第二层，包括商业银行、电信运营商、第三方支付平台。

商业银行及其他机构在中国人民银行中心化管理的前提下，充分发挥自身优势以及创新能力，承担主要的数字人民币流通服务。具体来说，指定机构在中国人民银行的额度管理下，根据客户身份识别强度为其开立不同类别的数字人民币钱包，进行数字人民币兑出兑回服务。同时，指定机构借鉴自身在客户和零售服务环节中的经验，与其他商业机构一起，承担数字人民币的流通服务并负责零售环节管理，实现数字人民币安全高效运行，包括支付产品设计创新、系统开发、场景拓展、市场推广、业务处理及运维等服务。

数字人民币的流通对于指定机构的获客、业务拓展等方面起到积极作用，同时考虑到支付体系的风险性，指定机构需具备一定的规模以及资本能力来承担可能出现的风险。此外，在反洗钱、保护用户隐私、成本投入等诸多问题上，指定机构承担主要责任，包括客户尽职调查、客户身份资料和交易记录保存、大额及可疑交易报告等。指定机构和其他商业机构在履行反洗钱等义务的同时应当依法保护商业秘密、个人隐私及个人信息，不得泄露客户身份信息和交易记录。因此，对于指定机构而言，在获得数字人民币带来的好处的同时，也要承担相应的责任和风险。

3. 公众用户

公众获取、使用数字人民币，需要开立数字钱包，数字钱包是数字人民币的载体和触达用户的媒介。数字钱包按照不同的分类标准可以进行多种分类。

按照用户身份识别强度分类，数字钱包可分为多种等级。客户身份信息识别强度越高，其数字钱包的单笔、单日交易及余额限额等限制越宽松，反之限制则越严格。为体现"匿名性"这一特点，最低权限的数字钱包不需要用户提供身份信息。随着用户需求的变化，其可通过实名身份信息，来提高数字钱包的权限。

按照开立主体，数字钱包可分为个人钱包和对公钱包。自然人和个体工商户可以开立个人钱包，个人钱包的管理方式如上所述，根据身份识别强度进行分类管理。法人和非法人机构可开立对公钱包，按照临柜开立还是远程开立确定交易、余额限额，钱包功能可依据用户需求定制。

按照载体，数字钱包可分为软钱包和硬钱包，即 App 软件钱包和硬件钱包。软钱包基于移动支付 App、软件开发工具包、应用程序接口等为用户提供服务，如各运营机构的数字钱包 App。硬钱包基于安全芯片等技术实现数字人民币相关功能，依托 IC 卡、手机终端、可穿戴设备、物联网设备等为用户提供服务，具有实体，且安全性高。软硬钱包结合可以丰富钱包生态体系，满足不同人群的需求。

按照权限归属，数字钱包可分为母钱包和子钱包。用户可将重要的钱包设定为母钱包，并在该钱包下，设立若干个子钱包。个人用户可通过子钱包实现限额支付、条件支付和个人隐私保护等功能。企业和机构可通过子钱包来实现资金归集及分发、财务管理等特定功能。

数字人民币采用的是双层运营体系，本质上是一种中心化的管理模式，这一点与采用去中心化区块链技术的加密数字货币截然不同。双层运营体系的优势在于中国人民银行处于整个管理体系的顶端（如图5-5所示），其本身并不直接面对公众，而是由指定机构为公众直接提供服务，这样可以使得中国人民银行从复杂的交易事务中抽身出来，更好地履行发行数字人民币、执行货币政策等核心职能。同时通过指定机构，中国人民银行所设计研发的数字人民币的技术标准和基础设施也能够很好地服务于社会公众。此外，指定机构自身拥有大量的用户，具备与社会公众接触的丰富经验，在对接公众的环节有着天然的优势，这有助于数字人民币在公众范围内的推广和应用。

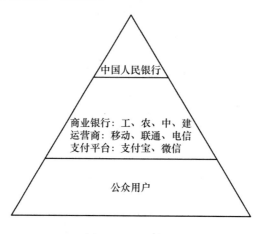

图 5-5　双层体系

（二）可控匿名性

数字人民币遵循"小额匿名、大额依法可溯"的原则。数字人民币在设计之初便考虑到了匿名性的问题，既要最大限度地保护用户隐私，也不能便利犯罪，因此需要在隐私性和安全性之间做到平衡。

现有的线上支付或银行卡支付都是与传统银行账户绑定的，其无法满足公众对于匿名性的需求。数字人民币在一定程度上可以解决这个问题。在公众日常的小额交易过程中，数字人民币钱包与银行账户的松耦合减轻了交易环节对金融中介的依赖，从技术上可以实现小额匿名，参与数字人民币交易的支付和清算等环节的中间机构对交易双方的个人完整信息是不可见的。中国人民银行掌握全量信息，数字人民币体系收集的交易信息少于传统电子支付模式，除法律法规有明确规定外，不提供给第三方或其他政府部门。其在保持了纸币高度匿名性特点的同时，具备了电子支付的便携性特征。

在尊重公众匿名性需求的同时，数字人民币的发行使用不能便利犯罪。由于纸币的匿名程度比较高，不法分子利用这一特点进行洗钱、赌博等犯罪活动。推行数字人民币后，如果保证百分之百的匿名性，那么仍然会遇到类似的问题。因此，在最大限度尊重用户隐私的前提下，还是需要掌握交易数据进行反洗钱、反赌博、反逃税等工作的。通过大数据分析，识别交易对象的行为特征，可以锁定交易者的真实身份。具体来讲，涉及赌博的非法交易大多发生在夜间12点以后，交易的数额均为10的整数倍，而且交易数额先从小额开始，之后逐渐增加,最终突然以断崖式的方式结束,一般来讲,符合这些特点的交易行为多数与赌博行为有关。此外,如果大量分散的钱在短时间内集中到一个账户中,突然又迅速地分散到多个账户中,这便较为符合典型的电信诈骗的特征。通过交易数据分析出某些异常交易行为后,再利用大数据和数据挖掘技术进行身份比对,进而锁定最终的交易对象。

数字人民币作为中国人民银行发行的法定数字货币,会充分尊重隐私与个人信息保护,并在此基础上做好风险防范,以防止被不法分子利用。需要强调的是,在实物现钞依然发行的前提下,公众仍然可获得实物现钞所提供的完全匿名性,不会因数字人民币的发行而被剥夺。同时,可控并不意味着控制和支配,而是防控风险和打击犯罪,这是维护公众利益和金融安全的客观需要。

国际清算银行总裁阿古斯汀·卡斯滕斯(Agustin Carstens)在《数字货币与货币体系的未来》中明确指出,完全匿名的概念不切实际,完全匿名的系统不会存在。欧央行在《探索中央银行数字货币的匿名性》中也指出:"数字化对支付生态系统构成重大挑战,要求电子支付在保障一定程度的隐私和遵守反洗钱和反恐怖融资法规之间取得平衡,包括在一定程度上为用户的小额交易提供隐私保护,同时确保大额交易遵守反洗钱和反恐怖融资的要求。"可以看出,完全匿名从来不在各国央行数字货币的考虑范畴之内,只有在符合反洗钱和反恐怖融资等监管要求前提下的有限匿名才是国际共识。

(三)定位于M0

《中国数字人民币的研发进展白皮书》明确了数字人民币定位于M0,即流通中的现金,主要用于日常的交易支付,同时数字人民币将与纸币长期共存。在现代金融体系中,按照货币流动性的强弱,货币供应量可以划分为3个层次,即流通中的现金(M0)、狭义货币供应量(M1)以及广义货币供应量(M2)。其中,M0包括日常衣食住行所支出以及商家收到的流通中的现金,其流动性最强。图5-6展示了2011—2020年,我国M0期末余额和同比增长率的变化趋势,可以发现M0余额持续增加。M1包括M0以及单位在银行的可开支票进行支付的活期存款,流动性居中。M2指M1以及单位在银行的定期存款、城乡居民个人在银行的各项储蓄存款和证券公司的客户保证金,流动性较差。

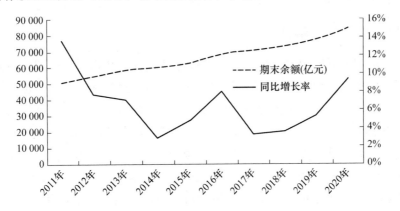

图5-6　2011—2020年我国M0期末余额及同比增长率

(资料来源:iFinD数据库)

数字人民币定位于流通中的现金（M0），符合其以满足数字经济条件下公众现金需求为目的、服务于零售支付的设计目标。国内小额的支付交易是数字人民币近期的主要应用场景。现阶段，我国机构之间的批发性资金交易依托各类电子支付系统已经实现了电子化，能够较好地满足经济发展的需要，数字人民币暂无必要服务于大额批发资金交易。此外，关于数字人民币的跨境支付问题较为复杂，其涉及货币主权、外汇管理政策、汇兑制度安排和监管合规要求等众多复杂问题，数字人民币虽然具备跨境使用的技术条件，但当前主要用于满足国内零售支付需要。

（四）不计利息

上述内容讲到，数字人民币定位于M0，与同属M0范畴的实物人民币一样，不对其计付利息。数字人民币作为一种支付工具，如同实物现金一样，主要用于日常的小额高频支付，不计利息这一特点决定了其不适宜大额长期储蓄。如果数字人民币计付利息，因央行信誉高于商业银行信誉，有可能引起公众大规模将银行存款转换为数字人民币，或者在账户中保留过多数字人民币余额，这将引起金融脱媒，也可能引起数字人民币对银行存款的替代，进而影响商业银行的信贷能力。

（五）支持双离线状态使用

习近平总书记在党的十九大报告中明确指出："中国特色社会主义进入新时代，我国社会主要矛盾已经转化为人民日益增长的美好生活需要和不平衡不充分的发展之间的矛盾。"中国作为地域广阔、人口众多、多民族融合、区域发展差异大的大国，各地的社会环境、基础设施以及居民的支付习惯不尽相同。考虑到这一问题，数字人民币实现了支持双离线状态下支付的功能，只要交易双方都安装了数字人民币钱包，在没有网络信号的情况下，交易双方只需将两个手机相互碰一碰便能实现实时转账支付。数字人民币的双离线支付功能为在网络信号临时断开的场景或者偏远地区暂时没有网络信号的场景下的交易提供了便利，这一特点使其与实物货币的特性更加接近。

（六）与银行账户松耦合

数字人民币与银行账户松耦合，基于数字钱包进行资金转移。"耦合"一词被广泛运用在通信、软件、机械等许多领域。其用于描述多模块之间的相互作用、彼此影响的现象。模块间的联系越紧密，其耦合性就越强，模块的独立性则越差，维护成本也就越高。传统银行系统便是紧耦合的，各个模块之间联系紧密。而我们经常使用的微信支付、支付宝则均需绑定银行账户，通过银行账户实现价值转移，即与银行账户紧耦合。数字人民币采用与银行账户松耦合的方式，脱离银行账户，实现了端对端的价值转移，减少了交易过程中对银行中介的依赖。因此，数字人民币可以实现支付即结算以及可控匿名性，而且用户不需要银行账户也可以开立数字钱包，对于一些农村地区或者偏远地区的群众来说，即使没有银行账户，也可以通过数字钱包享受相应的金融服务，有助于实现普惠金融。同时松耦合方式还提高了交易效率，降低了运营成本。

(七) 以广义账户为基础

银行账户体系是非常严格的体系,一般需要提交很多文件和个人信息才能开立银行账户,而在央行数字货币体系下,任何能够形成个人身份唯一标识的东西都可以成为账户。只要能够证明个人身份,就能把它当成账户使用,例如,车牌号就可以成为数字人民币的一个子钱包,当汽车通过高速公路或者停车的时候可用其进行支付,这便是广义账户体系的概念。

四、发展历程与发展愿景

(一) 发展历程

1. 2014—2015 年:起步阶段

2014 年,我国开始着手开展央行数字货币的相关工作,成立了法定数字货币研究小组,在这一阶段当中,中国人民银行对央行数字货币发行和业务运行框架、关键技术、发行流通环境、法律制度问题、对经济金融的总体影响、法定数字货币与私人数字货币的关系以及国际上数字货币的发行实践与经验等进行了深入探讨和专项研究,并形成了系列成果。

2. 2016—2017 年:项目启动阶段

经历了为期两年的研究探讨后,我国央行数字货币项目进入启动阶段。2016 年,中国人民银行召开数字货币研讨会,进一步明确央行发行数字货币的战略目标,同时成立数字货币研究所,完成我国法定数字货币第一代原型系统的搭建。2017 年年末,经国务院批准,中国人民银行开始组织商业机构共同开展数字人民币研发工作。参与研发的运营机构主要包括大型商业银行(中国工商银行、中国农业银行、中国银行、中国建设银行、交通银行、中国邮政储蓄银行)、电信运营商(移动、联通、电信)以及具有代表性的互联网企业(腾讯、蚂蚁集团)。

3. 2018—2019 年:研发测试阶段

2018 年,数字人民币进入研发测试阶段。各功能模块陆续完成开发测试,并上线试运行。数字货币研究所与有关单位联合成立金融科技公司,承担数字人民币的基础设施建设和运营维护工作。2019 年,中国人民银行对外公布了数字人民币研究和发行准备情况,明确了数字人民币将采用双层运营体系,并开始进行封闭测试。

4. 2020 年至今:试点阶段

2020 年以来,数字人民币陆续在深圳、苏州、雄安、成都和冬奥会赛事场地开展场景启动试点和测试工作,形成"4+1"试点。2020 年 8 月,商务部发布《商务部关于印发全面深化服务贸易创新发展试点总体方案的通知》,明确提出在京津冀、长三角、粤港澳大湾区及中西部具备条件的地区开展数字人民币试点。截至 2021 年年初,数字人民币已在全国 28 个省市区域开展试点工作,覆盖生活缴费、餐饮服务、交通出行、购物消费、政务服务等领域。目前,数字人民币的研发已基本完成顶层设计、功能研发、系统调试等工作,正遵循稳步、安全、可控、创新、实用的原则,进一步扩大试点范围,不断探索数字人民币应用新模式,推动试点工作不断深入。

(二）发展愿景

中国研发数字人民币体系,旨在创建一种以满足数字经济条件下公众现金需求为目的、数字形式的新型人民币,配以支持零售支付领域的可靠稳健、快速高效、持续创新、开放竞争的金融基础设施,支撑中国数字经济发展,提高普惠金融发展水平,提高货币及支付体系运行效率。

从公众需求方面考虑,当前网络支付已成为我国主流的支付方式,截至2020年12月,我国网络支付用户达85 434万人,较2020年3月增长8 636万人。目前,这种线上支付服务主要由第三方支付平台提供。2000年前后我国开始出现第三方支付业务,2011年开始发放牌照,随后第三方支付规模逐渐壮大,促进了我国非现金支付业务的快速发展。2008—2018年,我国非现金支付笔数和资金总额分别增长11倍和5倍,可见公众对于非现金支付模式的需求巨大,且增长迅速。此外,现有线上支付体系需要网络信号作为基础,同时绑定银行卡才能享受相应服务,对于处于偏远地区或尚未办理银行卡的用户,现有支付体系无法触达。中国人民银行作为公共部门有义务维持公众直接获取法定货币的渠道,满足公众对数字形态现金的需求,助力普惠金融。因此,中国人民银行需要发展和创新更先进的支付体系和基础设施,更好地满足公众对电子支付日益增长的需求,降低公众获得金融服务的门槛,保持对广泛群体和各种场景的法定货币供应。

从供给方面考虑,中国人民银行自身有一定的动力推出数字人民币。数字人民币在金融监管方面有着自身的优势,可控匿名性、双层运营体系等特点使其成为我国金融监管部门监督和管理的重要工具和抓手。中国人民银行等金融监管部门利用第二层指定机构传送上报的交易信息和数据对金融系统与金融机构实施监督、管理,以维护金融稳定,防范金融风险,实施金融与货币调控管理。第二层指定机构在反洗钱、反恐怖融资、反毒品交易等环节承担了主要责任,这在一定程度上缓解了中国人民银行的运营压力,使其更好地履行监管责任。

从人民币国际化和跨境支付方面考虑,数字人民币可以起到一定的促进作用,但这一作用相对有限。数字人民币可实现点对点结算,有效匹配资金流和信息流,有助于完善人民币跨境支付流通机制,提高交易效率。这些优势将在跨境支付、国际贸易、场外清算、"一带一路"倡议中发挥重要作用,进而提升人民币国际化地位。但也要认识到,跨境支付和货币国际化涉及货币主权、外汇管理政策等诸多方面的问题,国际货币地位根本上由经济基本面以及货币金融市场的深度、效率、开放性等因素决定。虽然当下数字人民币已经满足跨境支付的技术条件,但目前中国人民银行仍将其适用范围限定于国内零售支付领域。

五、技术路径

数字人民币的技术路径并不是一成不变的,而是一个长期演进、持续迭代、动态升级的过程,以市场需求为导向定期开展评估,持续进行优化改进。数字人民币系统采用分布式、平台化设计,增强系统韧性和可扩展性,支持数字人民币支付交易量的快速增长,综合应用可信计算、软硬件一体化专用加密等技术,以确保系统的可靠性和稳健性,同时设计了多点多活数据中心解决方案,保障一定的容灾能力和业务连续性。

(一) 集中式系统与分布式系统

1. 集中式系统

集中式系统是指由一台或多台主计算机组成的中心节点,数据集中存储于这个中心节点中,并且整个系统的所有业务单元都集中部署在这个中心节点上,系统的所有功能均由其集中处理。主计算机连接多个终端,终端用来输入和输出,没有数据处理能力,运算全部在主机上进行。

集中式系统的优势在于数据备份较为容易,备份工作只需在主计算机上进行即可。同时,由于连接主计算机的终端一般不会外接其他设备,因此只要做好对主计算机的保护,整个系统就不会感染病毒。此外,集中式系统对于终端设备的要求较低,因此系统的总费用相对较低。但是,集中式系统也有不足之处,当连接主计算机的终端过多,且各个终端需求不同时,主计算机就要给每个终端分配单独的资源,导致其计算能力大大减弱,出现响应速度慢、效率低下的情况。

自从20世纪60年代大型主机被发明以后,集中式的计算机系统架构成为主流。日常生活中常用的银行自动取款机、超市收款机等大部分都是这种集中式的系统。此外,在银行、大型企业、军队、政府等系统中,集中式系统也有着广泛的应用。但随着技术的进步以及人们需求的多样化,集中式系统渐渐无法跟上时代的脚步,逐渐被分布式系统所替代。

2. 分布式系统

分布式系统是一个硬件或软件组件分布在不同的网络计算机上,彼此之间仅仅通过消息传递进行通信和协调的系统。严格来讲,同一个分布式系统中的计算机在空间部署上是可以随意分布的,这些计算机可能被放在不同的机柜上,也可能被放在不同的机房中,甚至分布在不同的城市。分布式系统中的各个节点都包含自己的处理机和内存,各自具有独立处理数据的功能。在一般情况下,各个节点在地位上是平等的,无主次之分,既能自主地进行工作,又能利用共享的通信线路来传送信息,协调任务处理。当分布式系统面对一个大的任务时,其可以将任务划分为若干个子任务,分别在不同的主机上执行。

分布式系统的优点众多。首先,其可以实现资源共享,如数据共享(众多用户可共同访问某个数据库)、文档共享(多位用户可同时编辑同一个文档)。其次,分布式系统的处理速度大大提高,如果一个特定的计算任务可以划分为若干个并行运行的子任务,分布式系统则可把这些子任务分散到不同的节点上,使它们同时在这些节点上运行,从而加快计算速度。最后,分布式系统具有计算迁移功能,如果某个节点上的负载太重,则可把其中一些任务转移到其他节点上去执行,从而减轻该节点的负载。如果其中某个节点失效了,其余的节点仍然可以继续操作,整个系统不会因为一个或少数几个节点的故障而全体崩溃。因此,分布式系统具有很好的容错性能。

分布式系统自身也存在着明显的缺点。由于分布式系统是建立在网络之上的,而网络本身是不可靠的,可能经常发生故障,网络故障可能导致系统服务的终止。另外,网络超负荷会导致性能的降低,增加系统的响应时间。一个分布式系统通常没有统一的中心控制。因此,分布式系统通常需要相应的同步机制来协调系统中各个部分的工作,而协调机制的设计与实现是一项很具挑战性的工作。分布式系统的开放性较高,这一特性使得分布式系统中的许多软件接口都被提供给用户,这样的开放式结构对于开发人员非常有价值,但同时也为破坏者打开了方便之门。

集中式系统和分布式系统都具有明显的优缺点,但这些特点在某种程度上是互补的。随着技术的进步以及人们需求的多样化,系统架构的选择不可能再如以前那样单一。数字人民币是一个庞大、复杂、业务覆盖类型广泛的体系,集中式架构与分布式架构不再是"非此即彼"的选择。数字人民币体系综合集中式与分布式架构的特点,形成稳态与敏态双模共存、集中式与分布式融合发展的混合技术架构。这种混合架构也将成为未来系统架构发展的大方向。

(二) 可信计算系统

如今我们生活在信息时代,网络已成为我们生活中必不可少的一部分。但网络并非绝对安全的,它面临的安全威胁以恶意代码攻击、信息非法窃取、数据和系统非法破坏为代表,其中以用户隐私信息为目标的恶意代码攻击超过传统病毒成为最大安全威胁,这些安全威胁的根源在于没有从体系架构上建立针对计算机恶意代码攻击的免疫机制。传统安全手段如防火墙、病毒查杀等只能在网络层、边界层设防,对非法用户和越权访问进行封堵,以达到防止外部攻击的目的,属于事后防御,难以应对利用逻辑缺陷的网络攻击。可信计算正是为了解决计算机和网络结构上的不安全问题,从根本上提高安全性的技术方法,可以解决逻辑缺陷被攻击者所利用的问题,实现正确计算。

可信计算系统是能够提供系统的可靠性、可用性、信息和行为安全性的计算机系统。可信计算的基本思想是在计算机系统中首先建立一个信任根,再建立一条信任链,一级测量认证一级,一级信任一级,把信任关系扩大到整个计算机系统,从而确保计算机系统的可信性。1983年,美国国防部制定了世界上第一个可信计算机系统评价标准,第一次提出了可信计算机和可信计算基(Trusted Computing Base,TCB)的概念,并把TCB作为系统安全的基础。

早在20世纪90年代中期,国外一些计算机厂商就开始提出可信计算技术方案,其通过在硬件层嵌入一个安全模块,基于密码技术建立可信根、安全存储和信任链机制,实现可信计算安全目标。该技术思路于1999年逐步被IT产业界接受和认可,并形成可信计算平台联盟(Trusted Computing Platform Alliance,TCPA)。此后,一些国际IT技术主导厂商推出了相关可信计算产品,得到用户和产业界的普遍认可,至此可信计算成为IT产业的发展趋势。2003年,TCPA已发展成员近200个,几乎包括所有的国际IT主流厂商,随后TCPA改名为可信计算组织(Trusted Computing Group,TCG),并逐步建立起技术规范体系。2009年该规范体系的核心标准成为ISO国际标准。

可信计算系统包括以下5个关键内容,它们是完整可信系统所必需的。

1. 签注密钥

可信计算系统的签注密钥是一个公共和私有密钥对,其在芯片出厂时随机生成,并且不能改变。这个私有密钥永远在芯片里,而公共密钥用来认证及加密发送该芯片的敏感数据。

2. 安全输入输出

安全输入输出指的是计算机用户与软件交互时受保护的路径。在当前的计算机系统中,恶意软件有很多途径截取用户与软件进程间传送的数据。安全输入输出机制采用校验值来验证进行输入输出的软件是否被篡改,进入信道间的恶意软件会被其识别出来。

3. 存储器屏蔽

存储器屏蔽拓展了一般的存储保护技术,提供了完全独立的存储区域。即便是操作系统自身也没有"被屏蔽存储"的完整访问权限,所以入侵者即便控制了操作系统信息,整个可信系统也是安全的。

4. 封装存储

封装存储技术从当前使用的软件和硬件配置派生出密钥,并用这个密钥加密私有数据,从而实现对它的保护。这意味着该数据仅在系统拥有同样的软硬件组合的时候才能被读取。一旦病毒入侵,篡改了计算机中的部分软件,使用封装存储加密的数据将无法读取。

5. 远程证明

远程证明机制通过计算机硬件生成一个证书,声明哪些软件正在运行。用户可以将这个证书发给远程的一方以表明他的计算机没有受到篡改。远程证明使得用户或其他人可以检测到该用户的计算机是否被篡改。这样可以避免向不安全或安全受损的计算机发送私有信息或重要的命令。

(三) 软硬件一体化专用加密

基于软件的加密方式主要是电子授权技术,具体分为注册码和许可证文件两种。注册码也称为序列号或授权码。软件供应方提供给购买者安装该软件时使用的唯一正确的序列号,用户只要输入正确的序列号,就可以使用该软件。但如果序列号被盗,该软件便可以随意被拷贝复用,而且软件能够正常运行,因此这种加密方式加密强度低,供应商不易控制。许可证文件可以使用多个软硬件信息,实现复杂的授权需求。典型的许可证文件实现方法是使用非对称算法的私钥对许可证文件进行签名,而公钥嵌在软件代码中。由于加解密过程不对称,私钥又存在授权服务器上,所以很难通过分析授权文件进行破解。

硬件加密是通过专用加密芯片或独立的处理芯片等实现密码运算,加密方式主要是指加密锁加密,用户所需的各类重要数据和信息,如加密密钥、敏感数据、授权文件、自定义算法等都可以存储在加密锁中。当将加密芯片、专有电子密钥、硬盘一一对应到一起时,加密芯片将把用户需要加密的信息进行对应并做加密运算。这时加密芯片、专有电子密钥、硬盘就绑定在一起,缺少任何一个都将无法使用。

数字人民币交易笔数大、频次高,涉及支付安全等问题,因此对于系统的安全性要求较高,仅依靠硬件或软件的加密方式显然无法满足数字人民币系统的需求。所谓软硬件一体化专用加密,就是将软件加密和硬件加密相结合的加密方式。这种方式弥补了传统单纯依靠软件或硬件进行加密的不足,合理化整合两者的优势,具有较高的安全性。这种加密方式能够较好地满足数字人民币对于系统可靠性和稳健性的需求。

第三节 数字人民币的应用、监管与未来

一、应用场景

数字人民币的应用场景可以划分为零售支付、企业级支付、跨境支付、智能合约。目前

来看,公众可以参与的应用场景主要是零售支付,其主要针对小额高频的交易;数字人民币的企业级支付在拓展相应的对公应用场景;而跨境支付由于涉及的问题较为复杂,还在研究当中,未进行试点工作。

(一)零售支付

数字人民币作为实物现金(纸币和硬币)的重要补充,不仅可以为公众提供更加多样的数字化支付工具,解决公众对无现金支付的担忧问题,防止零售支付市场被私人机构所垄断,还可以为央行直接面向公众发行货币提供渠道。

数字人民币当前的定位为一种零售型央行数字货币,主要用于满足国内零售支付需求,降低全社会零售支付成本。因此,国内小额零售支付是数字人民币最主要的应用场景。公众在日常的生活缴费、餐饮服务、交通出行、购物消费、政务服务等多个领域都可使用数字人民币完成支付。

在购物消费方面,2021年8月,上海、苏州两地举办发放数字人民币红包活动,该活动向上海、苏州市民发放50万份总计2 000万元的数字人民币红包,其中苏州有10万份、上海有40万份,市民通过摇号方式参与红包的领取。2021年2月,北京王府井举办"数字王府井 冰雪购物节"活动,该活动共计发放5万份数字人民币红包,每份红包的金额为200元,市民同样是以摇号的方式参与。据统计,该活动共有超过252万市民进行了预约报名。此外,深圳、长沙、成都、青岛、雄安多地也开展了数字人民币红包的相关活动。

在交通出行方面,自2021年8月1日起,北京地铁新增支持数字人民币线下购票、补票和充值服务。此外,亿通行App在支持数字人民币闸机刷码支付的基础上,也开始支持使用数字人民币线上购票等场景的应用。自此,北京实现了数字人民币在轨道交通刷码进站及购票支付场景的全覆盖。不仅是在轨道交通方面,在航空方面数字人民币也被投入使用。2021年3月底,由春秋航空公司执飞从上海飞往深圳的航线机票首次使用了数字人民币支付,这个订单创造了中国民航业的历史,标志着数字人民币在中国民航业中正式开启运作。

在公共缴费方面,各地也在探索创新性的应用场景。大连市税务局在社保缴费这一高频民生服务场景中启动了数字人民币推广应用试点工作,在2021年7月12日,全市400万灵活就业人员和预征期城乡居民均被纳入该服务体系。而在作为数字人民币第二批试点城市的西安,银联商务与国家电网陕西省电力公司合作,推出了数字人民币购电服务综合解决方案。如今,市民可以使用数字人民币缴纳电费。

目前,数字人民币还处在试点阶段,其应用场景还在积极探索之中。根据前期试点测试工作情况,结合试点测试地区发展规划、地方特点,数字人民币试点将进一步扩大,应用场景覆盖面也将更为广泛,力争实现特定试点区域内的应用场景全覆盖。

(二)企业级支付

企业级支付并非数字人民币现阶段的主要应用场景,但依靠数字人民币自身的特性,其在这一领域中也能发挥相当重要的作用。企业级支付往往数额较大,因此需要借助于银行来保障交易的安全和平稳进行。数字人民币支付即结算,绕过了银行,大大提高了交易双方支付结算的效率。同时,可控匿名性在企业支付中,可实现交易资金的追踪,保障交易安全。此外,零手续费这一特点在大额支付过程中将为企业节省大量资金成本。

在物流业中，通常情况下，物流委托方向物流承运商委托运输后，后者需向承运的个体司机预付一定比例的现金，以便司机在运输过程中支付过路费、油费以及仓储费等。但在承运商向司机预付现金的情况下较难向司机获取发票，且由于没有支付流水较难代开发票。交通银行联合中国宝武旗下的金融科技子公司欧冶金服，针对这一行业痛点，设计出具有行业代表性及应用推广价值的数字人民币应用试点方案。中国宝武兑入数字人民币，物流委托方向物流承运商支付一定数额的数字人民币作为运费，物流承运商向某司机个人支付一定数额的数字人民币作为预付运费，司机个人通过扫码支付方式向仓库支付数字人民币以结算仓储费。通过使用数字人民币支付，支付流水可核查，为税务部门代开发票提供了可靠依据，解决了物流类中小企业面向个体司机现金结算过程中的进项增值税税基统计问题，同时通过扫码支付，实现仓储费、油费等的便捷支付，既享受了在线支付的便利，又降低了支付手续费等成本，实现了实体物流行业降本增效的目标。

数字人民币还能够降低中小企业的融资门槛和融资成本。在数字人民币落地以后，由于其具有可追溯性，经由企业授权，银行等金融机构能以较低的成本迅速获取企业真实的经营状况和流水信息，评价企业的信用等级和偿还能力，甚至能实时观测企业的风险变化情况，从而提高其向中小企业发放贷款的意愿，促进国内中小企业和民营企业健康发展。

随着数字人民币运行层面、技术层面、风控层面等的持续完善，数字人民币将会逐步嵌入企业场景构建中，覆盖企业资产负债业务，提供企业间的支付、资金结算、财务管理等业务及其增值服务，促使企业构建数字化账户和资金管理体系。

（三）跨境支付

随着世界各国对跨境贸易的需求越来越大，跨境支付体系成为国际贸易金融的关键枢纽，是全球金融系统的核心。据世界银行统计，全球跨境支付总规模以每年5%的速度增长，庞大的跨境交易体量需要配套完善的跨境支付体系。

目前跨境支付体系的问题主要是到账周期长、费用高、手续多，一笔电汇通常需要2~5个工作日才可到账。而数字人民币最大的优势就是便捷、高效、成本低，而且数字人民币采用松耦合账户设计，用户在使用时不需要绑定银行账户即可进行转账支付，中国人民银行甚至有可能为非居民开设账户，允许本国货币逐步成为跨境支付的媒介，因此数字人民币大幅提高了跨境支付系统的效率。这一特点将为在跨境贸易、跨境旅游、访问活动等过程中的支付结算问题提供极大的便利。

数字人民币跨境支付不仅能够服务于日常的支付结算，其在跨境清算结算体系建设、摆脱跨境结算的外部依赖、维护我国金融主权等问题上也将发挥重要的作用。当前，人民币跨境清结算高度依赖美国的SWIFT系统和CHIPS系统。SWIFT系统成立于1973年，其成立目的是为银行结算提供安全、可靠、快捷、标准化的通信业务，从而提高银行的结算速度。CHIPS系统由纽约清算所于1970年正式创立，如今世界上90%以上的外汇交易，是通过CHIPS系统完成的。CHIPS系统是国际贸易资金清算的重要桥梁。过度依赖别国跨境支付清算系统具有较大的安全隐患。如今国际形势复杂多变，如果切断我国与SWIFT系统和CHIPS系统的连接，那么我国的金融安全和金融主权将面临严重挑战。数字人民币将对我国的跨境清结算体系起到十分关键的建设作用，技术先进性和支付清算的高效性将有大幅提升。数字人民币的跨境清结算体系使我国摆脱了SWIFT系统"一家独大"的垄断局面,对我国的金融安全稳定具有重要意义。

数字人民币在跨境支付领域中的应用涉及的问题较为复杂。其不仅与人民币有关,还与他国法定货币密切相关。中国人民银行将在充分尊重他国货币主权、依法合规的前提下探索跨境支付试点,与有关货币当局和央行建立法定数字货币汇兑及监管机制,以满足各国监管及合规要求。因此,数字人民币在跨境支付应用场景中还有很长的一段路要走。

(四) 智能合约

"智能合约"一词最早由美国计算机科学家尼克·萨博(Nick Szabo)在1994年提出,其含义是以计算机代码形式记录合同当事人承诺履行的义务,并在约定条件下由代码实现强制履行。1996年,伊恩·格里格(Ian Grigg)提出"李嘉图合约",其既能够被人读取,也可以被程序解析,赋予了智能合约法律属性,成为后续智能合约探索的主要路线。智能合约的有效实现需要满足一致性、可观测性、可验证性、隐私性、自强制性。在以前的信息技术条件下,同时满足以上几个条件是比较困难的,因此在智能合约设想出现后的十多年里,其实践应用非常有限。后来,"以太坊"利用区块链去中心化、不可篡改等特性,实现了智能合约的运行。

作为数字形式的法定货币,数字人民币在建立支撑智能合约应用的生态方面有较大的优势。首先,数字人民币由国家信用背书,具有法偿性,可为智能合约自动执行提供可信的结算工具,同时数字人民币是中国人民银行为公众提供的公共产品,数字人民币系统是中国人民银行组织建设的金融基础设施,可以基于数字人民币建立公平、互信的交易环境,支撑智能合约的可信执行。其次,数字人民币作为法定货币,广泛连接各类行业生态,具有打破壁垒、互联互通的优势,基于数字人民币建立智能合约体系能实现运行环境的互通。最后,数字人民币体系是数字经济时代的新型金融基础设施,能够在没有历史包袱的情况下,建设灵活高效的智能合约生态。

数字人民币智能合约的应用场景比较广泛,可以降低经济活动的履约成本,优化营商环境,推动数字经济深化发展。目前,数字人民币智能合约已经在政府补贴、零售营销、预付资金管理等领域得到成功应用。随着底层平台和相关制度安排的逐步完善,其将在更大范围内加速落地。

在不同的场景中,数字人民币智能合约的功能也不同。在预付费消费等预付资金管理领域,智能合约可以有效防范资金挪用,实现透明管理,兼顾现有商业模式,保障各方利益。在财政补贴、科研经费等定向支付领域,智能合约能够监测支付用途,提高政府资金使用效率。在资金归集、智能分账等资金结算领域,智能合约能解决支付交易处理的合规问题,提高资金处理的准确性与自动化水平,降低人工处理的差错和风险。在消费红包、智能缴费等营销与零售领域,智能合约能够降低实施成本,保障用户权利,提升用户体验。在内外贸易领域,智能合约可以提供"签约+履约"的闭环解决方案,提高合同执行约束力,实现资金流与信息流的同步,降低结算和合规成本。

(五) 其他应用

数字人民币有助于政府打击滥用货币的违法犯罪行为,维护社会治安稳定。由于实物现金可被伪造且完全匿名,政府无法落实每笔资金的流向,因此其往往被用于洗钱、逃税、恐怖融资和贪污腐败等非法行为,极大地危害了社会秩序。相比之下,由于数字人民币具有可控匿名性特征,央行可在后台获取每笔交易的具体金额和交易双方的实名信息,锁定真实身份,实时追踪资金流向,有利于协助政府迅速高效地打击贩毒、走私、诈骗等犯罪行为。

数字人民币还能够在一定程度上解决金融体系中资金发放的问题。在精准扶贫过程中,扶贫资金由上级部门分发至各个下级部门,但资金流向不易控制,不便追踪资金去向,这给了一些贪腐人员可乘之机,给扶贫工作带来了严重的负面影响。未来,利用数字人民币的资金可追溯功能,将其用于扶贫资金定向管理中,进而提高对扶贫资金的控制与追踪能力,实现扶贫资金精准追踪,提高资金使用的透明度。

二、对金融业的影响及监管

数字人民币作为一种新型货币形式,势必会对传统货币体系,甚至金融业造成影响。社会各界对零售型央行数字货币影响的认识存在分歧,有关其是否会引发金融脱媒、影响货币政策作用、加剧银行挤提等方面的争论较为集中。此外,在监管方面,需针对数字人民币的自身特点制定配套的政策法规,尤其是洗钱、赌博、毒品交易等利用数字人民币进行的非法活动,数字人民币可能引发的系统性风险都是监管部门关注的重点问题。

(一) 对商业银行的影响

数字人民币虽然是数字形式的,但其背后有国家作为信用背书,与人民币具有同等地位,这决定了其是安全性最高的资产形式,其安全性高于商业银行存款。尽管数字人民币在制度和技术设计上采取了折中的"双层"运营架构体系,以力图兼顾商业银行等现行金融体系利益攸关方,避免造成重大利益格局调整。但是,数字人民币的发行在短期内无疑会对商业银行和支付机构等带来巨大挑战。当危机来临时,公众和企业会选择将银行存款等其他资产兑换为数字人民币,以确保资产安全。20世纪30年代的经济大萧条时期,法国商业银行曾出现资金涌向中央银行的情况。这会在一定程度上导致金融脱媒,金融中介规模收缩,给当前银行等金融机构的现有业务和服务带来挑战。特别是在发生系统性风险时,央行数字货币为社会公众快速转换安全资产提供渠道。这样一来,商业银行存款将在短时间内大幅度减少,导致其存款业务与信贷业务脱钩,致使商业银行蜕变为专门从事信贷服务的狭义银行,严重影响其运行稳定性。商业银行为谋求存款规模,不得不提升存款付息,以应对存款流失问题,从而推升商业银行的经营成本,金融波动性增大。

但也有观点指出,现有电子支付体系已经实现银行间资金的快速转移,央行数字货币并不会产生较大影响。如果发生银行危机甚至经济危机,资金将从包括央行数字货币在内的所有本国资产中撤离,而非仅从商业银行存款转移至央行数字货币。

(二) 对货币政策的影响

目前从各国央行数字货币试点情况来看,包括数字人民币在内的绝大多数国家的央行数字货币均采用不计利息形式发行。一旦计息,其将会对本国的货币政策产生影响。由于央行数字货币不需要通过金融机构传递给实体部门,因而央行数字货币利率的微小变化都将对货币政策传导产生直接影响,且其传导效率更加有效。无论央行数字货币利率高低,都将更加直接地传递给市场,市场也因此而更加敏感。引入央行数字货币相当于引入新的货币政策工具。在极端情况下,如果央行数字货币发行规模足够大,同时可以自由兑换现有货币,那么央行数字货币利率将成为唯一真正发挥作用的利率,其他货币市场利率工具都将失效。因此,央行数字货币对货币政策的影响相当明显。

除此之外,数字人民币还可提升货币政策的精准性,将其与人工智能等技术相结合,在投放货币过程中可前置生效条件(如时间、数量、投向、利率、发放条件等),实现流动性投放的精细化、结构化管理,从而优化资源配置,使货币政策的实施更加精准有效。

(三) 对支付体系的影响

支付清算系统是经济金融活动的基础性支撑,是用以实现债权债务清偿及资金转移的金融制度安排。在一般的理解中,数字人民币通常被认为是数字钱包中的钱,但实际上数字人民币不仅仅是一套数字货币,还是一套完整的电子支付工具以及配套的基础设施。央行数字货币的职能之一便是面向社会公众的公共支付和结算工具,这是关乎金融稳定和金融安全的关键金融基础设施。

数字人民币能够提高支付系统的效率和弹性。数字人民币项目所使用的技术使得人民币支付与交易体系具有更高的支付结算效率、更低的运行成本、更好的数据与信息安全性。同时,数字人民币可打破支付的空间界限及软硬件的约束,拓展货币的应用场景和范围,在离线支付、普惠金融等方面发挥自身的优势。此外,数字人民币可发挥基础支付职能,弥补现金使用率下降后的公共支付和结算工具供给不足的问题。目前,国内电子支付服务主要由私人机构提供,发展和竞争不充分,易产生风险。数字人民币在为社会提供公平支付服务的同时,还能够应对私人机构因支付行业的规模经济和网络效应带来的系统性风险,有助于支付系统的平稳运行。

(四) 监管框架

数字人民币具有数字化特征,实物现金流通监管的规则对其并不完全适用,因此需要拟定专门针对数字人民币的监管要求。《中国数字人民币的研发进展白皮书》中阐述了数字人民币的监管框架。对数字人民币的监管应以确保法定货币属性、严守风险底线、支持创新发展为原则,目标是确立数字人民币业务管理制度,明确对指定运营机构的监管要求,落实反洗钱、反恐怖融资等法律法规,强化用户个人信息保护,营造数字人民币安全、便利、规范的使用环境。

现阶段,各国研发法定数字货币的目的多为提高各自零售支付效率。我国线上支付较为发达,公众也养成了线上支付的支付习惯,因此我国零售支付系统的效率已经处于较高水平。数字人民币的研发不仅要进一步完善支付系统,提升支付效率,同时也要提升支付系统的安全性和稳定性。在数字人民币监管政策的思路中,"安全"与"风险"被放到了非常重要的位置,因此应当坚持"防范化解风险"的审慎监管和"鼓励扩展应用"的行为监管并重,兼顾"防范金融风险"与"促进发展"的平衡。

中国人民银行是数字人民币的研发者和发行者,也是数字人民币体系的监管者,要维持中国人民银行在数字人民币体系中的中心化管理地位。首先,中国人民银行要统筹管理数字人民币额度,制定统一的业务标准、技术规范、安全标准和应用标准。其次,中国人民银行应掌握数字人民币的全量交易信息,对其兑换、流通进行记录和监测分析,确保交易安全以及对非法交易的有效打击。同时,在坚持数字人民币统一认知体系和防伪功能的前提下,本着双层运营的原则,采用共建、共享的方式由中国人民银行和指定运营机构共同开发数字钱包生态平台,实现各自的特色功能。

央行数字货币与以比特币为代表的数字资产不同,前者是国家的法定货币,需要保证其币值稳定,不能成为投资工具。因此,"去中心化"的管理模式并不适用于数字人民币,应坚持以中国人民银行为首,其他指定机构共同参与的"中心化"双层体系运营管理模式。在数字人民币的监管中,除中国人民银行外,也应有指定机构的参与,尤其是在反洗钱、反恐怖融资等犯罪打击和保护用户个人信息安全等问题上,指定机构可能会承担更多的责任。指定机构大多为商业银行、电信运营商和互联网公司,他们拥有丰富的客户经验,在用户行为分析和用户信息保护方面具备一定的优势。这在一定程度上缓解了中国人民银行的监管压力,使其监管工作更为集中。

三、机遇与挑战

(一) 与第三方支付的关系

自数字人民币提出以来,社会各界便展开了未来其与第三方支付关系的讨论。两者在使用流程上十分相似,均是通过扫描二维码完成支付交易,操作流程方便快捷。与第三方支付相比,数字人民币还具有自身独特的优势。数字人民币是国家法定货币,任何商家不得拒收,同时数字人民币无须使用网络,这为不擅长使用微信、支付宝等第三方支付工具的老年人提供了便利。此外,对于处在偏远山区或不同网络的偏僻区域的人们,数字人民币同样可以使用。因此,数字人民币的服务范围更加广泛,有助于消除"数字鸿沟"。不仅如此,数字人民币与实物人民币具有同等法律地位,其背后有国家信用背书,安全等级最高。同时,小额支付的匿名性在一定程度上满足了公众对于个人隐私的需求。因此,在交易安全和隐私安全问题上,数字人民币具有更大的优势。此外,在打击违法犯罪、降低货币流通成本、提高支付系统效率等方面,数字人民币也能发挥自身作用。那么这是否意味着第三方支付将被数字人民币所替代呢?

就这一问题,中国人民银行数字货币研究所所长穆长春做出过回应,他表示以微信和支付宝为代表的第三方支付是基础设施,是钱包,而数字人民币是支付工具,是钱包里的钱,二者实现了功能上的区隔。在电子支付场景下,微信和支付宝内装的是公众在商业银行的存款。数字人民币发行后,微信和支付宝仍然可以使用,钱包里的钱除了在商业银行的存款之外,还增加了数字人民币。中国人民银行前行长周小川也曾表示,数字人民币取代第三方支付的角色是一种妄议。截至2020年6月,我国网络支付用户达85 434万人。2020年第一季度,支付宝和腾讯金融分别以48.44%、33.59%的市场份额位居前两位,市场份额总和超过80%。目前,微信、支付宝等机构已经建立起了一套较为完整的生态系统,用户在这些支付平台留存的资金可以通过购买货币市场基金等理财产品得到收益补偿。另外,微信、支付宝等机构还通过绑定各类生活缴费及其他服务为用户提供"一站式"全方位服务。而且,在安全性方面,中国人民银行于2018年发布《关于支付机构客户备付金全部集中交存有关事宜的通知》以后,微信、支付宝等机构已于2019年1月完成了客户备付金全部集中存管工作,并接受中国人民银行的监管,其安全性具有较大的保障。可见,微信、支付宝等第三方支付已经在用户群体中形成黏性,在短时间内被取代的可能性非常小。

数字人民币虽然不会完全取代第三方支付,但势必会对第三方支付造成一定的冲击。商业银行开设的数字钱包与微信、支付宝同样是钱包,作为基础设施,在功能上是有重合的,因此商业银行的数字钱包会分流第三方支付的流量。而后者损失的不仅仅是流量,其一系列的衍生业务和应用场景也将受到影响。由于第三方支付除了依靠平台收取佣金外,还通过支付引流并借此开展衍生业务,如网络小贷、货币基金以及理财和保险等业务。同时,第三方支付还能依托支付数据拓展出征信、风控业务,如芝麻信用评分等,且该类产品可投放到酒店、共享单车等场景。更为重要的是,第三方支付可凭借数据积累精准捕获与发现用户消费偏好与需求倾向,不断创造出新的场景,进而增加用户黏性。这些业务和应用场景均需要依靠大量的流量数据,一旦流量减少,平台依靠支付数据的算法准确性将下降,其业务的精准性也会受到不同程度的影响。

数字人民币和第三方支付之间并不是替代与被替代的关系,但由于应用场景和功能定位等方面存在重合部分,因此两者会形成竞争。数字人民币在设计理念和框架上更为先进,而第三方支付则拥有大量的用户基础,这也促使双方借鉴彼此的优势和经验,不断升级转型,提高我国支付体系的效率和安全性。

(二) 技术挑战

数字人民币的研发没有预定的技术路线,而是一个动态演进、更新迭代的过程。位于"双层运营体系"第二层的指定机构可以根据自身情况选择适合的技术路线,投入数字人民币的运营管理当中。这种做法有利于数字人民币在发展过程中及时吸收和采纳最新成果,保证数字人民币的技术先进性,但也增加了数字人民币技术兼容的复杂性和风险性。

与数字人民币有关的新兴技术不断涌现与发展,许多技术在理论和实践上还不完善,技术与应用场景的融合仍在探索阶段,尚未得到大规模应用验证,一些潜在的风险点和可能的技术失灵现象也未完全暴露,而且某些技术与数字人民币的匹配度不高,甚至与其设计理念相悖。因此,数字人民币技术路线的选择对中国人民银行以及各个机构来说都是一个挑战。

此外,各个指定机构采取的技术路线可能有所不同,这就导致了技术和应用的不统一。为了在未来多方机构能够共享支付、清算和结算基础设施,不同的技术路线之间需要技术层面的互通机制。相关互通机制将会是中国人民银行在未来工作中的又一个挑战,该机制既要解决技术互通问题,还要保证各自技术的合理使用和公平性,同时促进各个指定机构的良性竞争,防止出现技术壁垒和垄断。

数字人民币投入使用后,用户规模和数据规模将非常大,虽然是由各个指定机构直接面对用户,但中国人民银行仍需要掌握全量交易数据。此外,这一庞大的数字货币核心及外围系统一旦受到网络攻击可能会迅速威胁到相当数量用户的数据和隐私安全,并且危及公众对数字人民币系统可靠性的信心。因此,保障数字人民币系统安全稳定运行是中国人民银行和指定机构的重要任务,其对数据处理能力和网络安全防范能力提出了挑战。

(三) 数字人民币的国际化

货币国际化对该国国际地位以及对世界经济的影响力将有显著提高,同时能促进其国际贸易和投资的发展,还能获得国际铸币税收入。因此,各主要经济体都在试图提高各国货币的国际化程度。我国在人民币国际化的进程中也付出了许多努力。2015年,我国成立了亚洲基础设施投资银行,截至2021年已经有100多个国家加入亚洲基础设施投资银行,这是中国在金融领域重要的里程碑。2016年,人民币正式加入特别提款权(Special Drawing Right,SDR),成为国际储备货币,国际化进程迈出了重要一步。"一带一路"倡议提出以来,沿线国家纷纷开始使用人民币结算,为人民币的跨境支付提供了动力。

从中短期来看,数字人民币发行对人民币国际化的影响十分有限。货币的国际化与诸多方面有关,如经济贸易规模和金融市场规模、国内金融基础设施的完善程度、金融开放程度、汇率制度安排的灵活程度、配套的国际支付清算体系、在军事政治文化等方面的综合国力等,而数字人民币的流通无法在短时间内对上述问题产生根本性的影响。从长期来看,数字人民币的发行和使用能够增强人民币的使用便捷性和竞争力,伴随着中国经济实力和综合国力的持续增强、贸易和金融开放度的提升、跨境支付结算体系的完善,数字人民币在人民币国际化进程中可以起到促进作用。

在不远的将来,数字人民币的发行与流通将有助于增强人民币跨境支付能力,提高人民币的国际地位,对人民币国际化起到一定的助推作用。在尊重各国货币主权的前提下,数字人民币应向境外用户开放,主要服务于境外用户在我国旅居时的金融需求。需要注意的是,数字人民币不应成为强势货币侵蚀弱势货币的工具,也不能强制替代境外用户对本国货币的使用。

虽然我国做了巨大的努力,但目前人民币的国际化仍然需要时间。2020年,人民币的国际支付占比位于全球第6位,占比不足2%,而同期美元占比则超过了40%,这显示出人民币国际化仍然道阻且长。人民币国际化是一个综合性的议题,它不仅仅是一个技术性问题,更是一个制度性问题。尽管数字人民币在中短期内无法对制度安排、综合国力等方面产生根本性影响,但在长期内可能会对制度变革起到推进作用,它为人民币国际化提供了一个新的突破口。

四、发展现状与未来展望

(一) 发展现状

2014年,中国人民银行开展了我国法定货币项目的研究。2016年,中国人民银行搭建了我国第一代法定数字货币概念原型,并于2017年年底开始数字人民币研发工作。2019年年末数字人民币进入试点阶段。截至2021年6月底,数字人民币试点场景已超132万个,覆盖生活缴费、餐饮服务、交通出行、购物消费、政务服务等领域,开立个人钱包2 087万余个、对公钱包351万余个,累计交易笔数7 075万余笔,交易金额约345亿元。

2021年8月,大型商业银行披露了各自于2021年上半年在数字人民币业务上的表现。中国工商银行累计开立个人钱包超过463万个、对公钱包132万个,签约数字人民币交易商户18万个,交易金额超过5亿元。同时,中国工商银行还与46家商业银行签署合作协议,共同打造数字人民币全场景的生态体系。中国建设银行数字人民币试点场景覆盖生活缴费、餐饮服务、交通出行、购物消费、教育缴费、政务服务等领域,开立个人钱包723万余个、对公钱包119万余个，累计交易笔数达2 845万余笔，交易金额约189亿元。交通银行在2021年上半年落地的数字人民币场景达13万个，开立个人数字钱包将近116万个、法人钱包13万个，累计交易金额达到25亿人民币，交易笔数达到630万笔。中国邮政储蓄银行则是成立了数字人民币部这个新的一级部门，并划分了数字人民币清算管理、数字人民币运营管理、数字人民币个人钱包管理等多个专职岗位，强化数字人民币业务发展的组织支撑。

随着数字人民币试点逐步深入，一些非指定运营机构开始与指定机构开展合作，也加入数字人民币的运营当中。例如，上海银行通过与交通银行合作开展数字人民币业务，中国民生银行通过接入中国建设银行数字钱包，为客户提供相关服务。非指定机构与指定机构一起，共同向用户提供数字人民币流通服务，包括支付产品设计创新、系统开发、场景拓展、市场推广、业务处理和运维等服务，实现数字人民币系统安全高效运行。

（二）未来展望

《中共中央关于制定国民经济和社会发展第十四个五年规划和二〇三五年远景目标的建议》明确提出，稳妥推进数字货币研发。在未来，中国人民银行将按照十四五规划要求，进一步完善数字人民币的相关政策、扩大试点范围等，并且不预设时间表。

在试点方面，应进一步扩大试点的深度和广度。数字人民币还可以覆盖公众生活中的更多领域，目前数字人民币试点已经涵盖了日常消费、交通出行、政府服务等维度，未来在大额支付、跨行转账、跨境支付等领域其也将发挥重要的作用，最终覆盖公众生活的全流程，发挥与人民币相同的作用。此外，数字人民币试点还应拓宽广度，实现更多特定试点区域内的应用场景全覆盖，打造数字人民币生态体系。"冬奥会""服贸会"等主题会议是理想的试点场景，由于此类会议环境相对封闭，数字人民币的部署较为灵活，且犯错成本较小，赋予了数字人民币更多应用场景的尝试机会。

数字人民币的相关政策应进一步完善，明确反洗钱、反恐怖融资、隐私安全等责任，明确费用分担机制、指定机构准入门槛、技术标准，明确运营机构开展数字人民币运营业务的独立性，并通过设立数字人民币客户信息隔离机制和使用限制，规范数字人民币客户信息的使用。数字人民币运营机构需要建立健全客户信息保护内控制度和客户信息保护监测工作机制，只有在可能涉及洗钱、恐怖融资和逃税等违法犯罪交易时，才能申请获取相关客户信息进行风险分析及监测。在打击违法活动方面，应从密码应用安全、金融信息安全、数据安全、业务连续性等方面组织开展全方位系统安全测试与评估，并明确责任主体，以此保障系统安全平稳运行，这其中指定运营机构将承担主要责任。

在成本方面，维持数字人民币系统运行、发行、兑换、充值、交易、登记及清算等环节均会产生费用，中国人民银行一家部门难以承担，因此需要设计数字人民币系统合理的成本与费用分担机制。随着试点规模的增大，数字人民币系统需要更多机构来共同运营，对于指定机构的准入应有明确的标准，避免出现由于机构资质不足导致的风险。此外，数字钱包App是一个跨机构的应用系统，技术路线多样，单个机构显然无法协调，这需要央行制定相关技术标准，统一协调管理，保障各个机构之间的技术兼容性，提高系统运行效率。

数字人民币对货币政策、金融体系、金融稳定的影响也是下一步关注的重点。数字人民币的发行将加大货币政策的敏感性，同时对商业银行形成冲击，加大其存款业务压力，对整个金融体系产生一定的影响。因此，中国人民银行等有关部门应做好这方面的研究，为数字人民币研发打下良好的理论政策基础。同时,中国人民银行等有关部门还应积极参与法定数字货币的国际交流,以开放包容的方式探讨、制定法定数字货币标准和规则,为各国、各地区法定数字货币的互通打下政策基础。

思 考 题

1. 简述电子货币、虚拟货币、数字货币的区别与联系。
2. 简述数字人民币的定义及定位。
3. 阐述数字人民币的特点。
4. 概括数字人民币的发展历程。
5. 阐述数字人民币的应用场景。

第六章 金融科技风险、监管与伦理规范

第一节 金融科技风险

一、金融科技风险的类型和特征

(一) 金融科技风险的类型

1. 道德风险

技术研发和应用的过程会受到相应主体的干预和影响,金融科技公司和金融机构的利益诉求、价值观念会不可避免地反映在金融科技中。虽然金融科技在很大程度上能够消除信息不对称带来的影响,但是在金融科技应用过程中仍可能会出现金融科技的研发者和应用者出于自身利益而做出背离诚信行为的现象。金融科技公司借助于技术开发的隐蔽性,实施未经许可搜集使用用户数据、设置不公平算法等侵害金融消费者利益的行为。依托金融科技兴起的新型交易方式也可能因信息披露不充分和适当性管理不完善而成为市场欺诈的"温床",从而滋生新型的道德风险。

2. 技术风险

金融科技自身的技术属性决定了其因技术不完备和脆弱性而难以完全消除技术风险,金融科技在研发、应用、运行、维护的流程中又涉及诸多技术能力参差不齐的主体,从而难免会形成技术漏洞。同时,金融科技也可能因其底层技术的负面效应或技术特征而存在脆弱性,从而产生技术风险。金融科技的技术不完备属性和网络安全威胁等固有缺陷,以及算法黑箱和数据即时处理等技术特征,都有可能成为导致技术风险的重要原因。金融科技的发展使得金融公司可以借助于大数据技术,分析用户数据,对用户信用进行评分,以及提供个性化的金融服务。从理论上来说,金融科技让消费者与金融公司实现了"共赢"。实际上,无论是金融信息系统自身故障,还是遭受黑客的恶意攻击,都会使得用户数据泄露的情况时有发生,甚至会导致部分用户因为数据泄露而造成严重的经济损失。

3. 法律风险

金融科技的应用会催生新型金融交易模式和全新的权利义务结构,法律制度的滞后性和不完备性容易造成金融科技创新与法律制度运行之间的不适应与不协调。在金融业严格的准入管制下,金融科技公司在未取得相应的金融业务许可的情况下无法直接将金融科技投入应用,且金融科技公司在金融法律体系中的主体地位和权利义务尚不明确,其参与金融

活动将可能面临法律评价上的不确定性。同时，金融科技的应用会对传统金融交易模式进行改造，在法律制度和监管规则未及时更新的情况下，金融科技的应用也会存在一定的合规风险。另外，技术和业务高度融合的金融科技在应用过程中，一旦出现技术失灵而导致金融消费者利益受到损害的情况，就往往很难将法律责任在技术主体和业务主体之间实现清晰的划分，从而容易导致法律责任承担的困扰。

4. 市场风险

市场风险是指由于各种市场的不可预测性而产生的风险，当资产或负债的价值受市场波动影响时，则存在市场风险。金融科技将传统金融风险特征由正态分布为主转向由极值分布为主，增大了市场货币汇率、利率、证券价格、商品价格等方面的波动性。市场风险的防控主要是要防止资产泡沫化和过度投机。

5. 信用风险

随着大数据、人工智能等科技手段的广泛应用，传统的信用风险可以在很大程度上依靠技术手段予以识别，但科技具有智能化、复杂性等特点，这使得信用风险更加隐蔽和难以控制。同时，"虚拟化"的交易特征使信息不对称问题更加突出，普通消费者处于明显弱势地位，这极易引发信用风险。由于互联网金融市场的主要借款者是低收入群体，他们往往因信用记录不足而无法在传统金融机构获得贷款，信用风险较大。

6. 系统性风险

金融科技的应用会对宏观金融稳定产生巨大的潜在影响。金融科技公司在目前尚游离在金融监管的灰色地带，导致其具有风险控制能力欠缺却又积极从事冒险行为的内在属性。与此同时，金融科技的应用模式也给系统性风险的生成和传导提供了土壤和路径：一方面金融科技往往都是基于互联网技术和网络系统实现的，一旦任何环节因技术故障或恶意攻击而出现问题，就会导致整个体系失灵、引发系统性风险；另一方面金融科技需要与传统金融业普遍联通，业务失败或技术失灵的个体风险也极易通过多米诺骨牌效应或羊群效应传导至整个金融体系。当金融科技因高速发展和规模巨大而取得市场重要性，或者传统金融机构普遍依赖特定金融科技的技术供应时，就可能引发系统性风险并影响金融的稳定性。

7. 安全性风险

在"智慧金融"背景下，金融数据的价值凸显出来。对于金融机构来说，只有尽可能多地获取金融数据，并借助于大数据分析等技术挖掘数据的利用价值，才能为金融科技的持续创新以及风险的防范提供必要的支持。如果存在数据内容不完整、数据来源不清晰等问题，那么这些问题除了会影响金融数据本身的利用价值外，还会引发安全性风险。除此之外，客户信用资质不好、员工操作不当等也是引发安全性风险的常见因素。

（二）金融科技风险的特征

1. 连锁性

在大数据时代，互联网金融应运而生，金融机构、电商企业等主体能够通过互联网办理新型业务，各种金融服务呈现出互联互通的发展模式。在这种情况下，金融科技风险也呈现出较强的连锁性，一旦金融交易或者金融服务的某个环节出现问题，就会将风险扩散到整个金融系统，引起复杂的连锁反应，不同类型的风险有可能进行转化和叠加，危害性也会持续升级，对社会发展造成不良影响。金融机构以及其他参与主体之间互联互通，相互渗透，其中一个主体遭受金融科技风险,就有可能扩散到其他行业,管控难度较大。在传统的金融业中,金融机构分业经营,风险呈现局部发展状态,破坏力较小,扩散程度低。但在互联网金融中,信息传播速度较快,参与主体更加复杂,金融科技风险往往具有较强的破坏性。

2. 隐蔽性

在大数据时代,金融科技风险具有较强的隐蔽性,绝大部分金融科技风险都难以被人们识别,而且风险的潜伏期较长,这也进一步增加了风险的管控难度。互联网金融需要计算机技术和互联网技术的支持,如果计算机本身存在问题,就会对金融软件造成影响,使软件程序崩溃,直接造成金融科技风险。有些互联网金融软件本身存在安全漏洞,一旦有黑客攻击或者病毒程序入侵,就会造成客户信息被窃,使客户遭受经济损失。总而言之,在大数据背景下,互联网金融的科技风险多种多样,在金融业务操作中很有可能发生资料外泄、人为操作失误、系统漏洞被黑客攻击等风险,其隐蔽性强,管控难度较大,需要专业人士进行化解。

3. 高危险性

金融科技风险对金融业、国家经济乃至整个人类社会都具有较大的危害性。首先,在金融业方面,互联网催生了第三方支付平台,人们在生产生活中广泛运用这些平台,交易时间大大缩短,交易数量呈爆发式增长。如果第三方支付平台发生金融风险,就会造成连锁反应,使各个主体遭受严重的经济损失;如果人们在支付过程中点击了虚假链接,就有可能直接跳转到钓鱼网站,账户和密码都有可能被盗,银行卡以及支付平台上的余额有可能被恶意盗取;如果金融科技风险持续发展,就会形成大范围的金融危机,影响整个社会经济,对国家金融业造成严重危害。其次,在互联网技术不断发展的背景下,金融交易大多通过互联网开展,虚拟化程度不断提高,这会对实体经济造成强烈冲击。金融科技风险还会对整个人类社会造成不良影响,如电信诈骗、金融诈骗、非法集资等犯罪行为越来越多,人们就会对互联网金融丧失信心,产生严重的焦虑心理,难以信任互联网信息,这会给互联网金融的发展带来不良影响,造成严重的社会危害。

4. 复杂性

金融科技的发展能够提高交易效率,降低交易成本。但不可忽略的是,在现代科技加持下,金融交易具有实时化、网络化、远程化等特性,打破了以往跨界壁垒和金融风险传递的范围限制,这会加快金融科技风险的传播速度,使金融科技风险更加复杂难控。随着金融市场的界限逐渐模糊,金融业务与产品创新关联性逐步增大,这会加剧金融数据流的监测难度,导致风险的本质难以被判别,给金融监管带来巨大挑战。

5. 非平衡性

金融市场发展的现实情况向我们发出这样一种信号,即科技创新与金融创新不协调、不平衡。对这一现象进行分析发现,金融市场参与主体的异质性增加了市场竞争强度。在"优胜劣汰"机制下,金融业出现两极分化现象,具有强竞争力的企业逐步发展成为金融科技寡头,操控垄断金融市场交易,降低市场公平性与正常运行效率。

二、金融科技风险衍生机理

(一)信息不对称引发的风险

市场主体进行交易时需要从多个方面获取信息。但是,在金融科技时代,传统信息披露无法满足市场主体的发展需求,信息不对称问题更加凸显。第一,金融市场各主体均会选择对自己有利的信息进行披露,并将风险转嫁给交易对手,继而产生道德风险。例如,2008—2009年,全球性金融危机爆发。此次金融危机爆发的源头之一是美国华尔街。当时,华尔街金融界出现一些复杂金融衍生品,而金融机构为保障自身利益,并未对消费者进行相关信息披露。受此影响,消费者与金融机构的信息不对称问题加剧,不仅致使金融机构本身陷入危机,还严重损害了消费者利益。第二,金融市场中部分资质较差的参与主体忽略了高收益背后的高风险,进行超过自身风险承受能力的金融交易,导致逆向选择风险。若经济下行,相关主体出现"关门""跑路"现象,将使终端投资者蒙受巨大的经济损失。第三,金融科技具有网络化与数字化特性,这会加深金融风险的负外部性。金融风险一旦发生,各主体难以准确评估交易对手的风险状况,容易在风险处理时做出最坏的假设情况,进而引发一系列负面连锁反应。第四,参与市场交易的主体之间存在较大的认知差异,且部分交易者认知能力较为欠缺,即使面对正常的信息披露也无法准确理解,更不必说代码、算法等新技术带来的创新风险。

(二)长尾效应引发的风险

现代科技在金融领域应用广泛,扩展了传统金融的业务范围。在此背景下,普惠金融得以快速发展。然而,金融机构在为长尾客户提供金融服务时,也将面临全新的长尾风险。在金融科技领域,适当性管理机制与风险防控机制尚不完善,相对分散的小规模经营为金融风险管理带来较大挑战。此外,长尾客户较为欠缺专业投资决策能力,加之从众心理的引导,个人非理性投资决策会引发群体非理性投资。当宏观经济形势恶化时,风险承受能力弱的投资者将会最先蒙受经济损失。并且在科技加持下,长尾风险传播加快,容易诱发系统性金融风险。

(三)金融科技自身的脆弱性引发的风险

金融科技创新本身具有一定的脆弱性,过度依赖技术会产生金融科技风险。首先,现有法律法规与金融科技的发展不匹配。现阶段,金融科技发展迅速,我国法律法规完善速度难以与之相协调。当出现金融创新产品时,法律法规体系难以及时调整以便匹配新的监管环境。其次,服务管理部门与金融科技创新产品发展不匹配。智能化、移动化和数字化的技术手段在证券、保险、银行及其他互联网机构中被广泛运用,极大提高了金融体系的效率,但同时也促使不同金融领域之间的界限逐渐模糊。我国当前的金融监管体制为"一元多头",分业监管,难以与金融产品创新有效对接。当出现监管空隙时,整体金融领域会不稳定。最后,监管制度与金融科技创新发展不匹配。在监管与创新发展之间,监管长期处于滞后状态。目前金融机构内部组织与金融科技监管部门之间存在机制不完善之处,金融领域科技运用不当与监管滞后问题较为突出,金融制度难以适应金融科技创新的快速发展需求。

三、金融科技风险溢出

金融科技给金融体系带来很多复杂的影响。金融科技在加快供需双方的资金匹配与交易效率的同时,也使得金融资源关联更加密切,信息传播渠道相互叠加,加快了风险在各个机构间的传染。从金融科技的本质功能和发展脉络出发,金融科技的应用领域包括银行业同业拆借与资金结算、支付机构的加密资产等,具有道德风险、技术风险、法律风险、市场风险、信用风险等。由于跨市场风险传染加速,以传统金融机构为核心的监管体系不适用于金融科技,监管思路需要多元化创新。从金融科技的产品出发,金融创新产品的风险隐蔽性增强,数据、网络、隐私、第三方技术依赖等科技属性风险均是风险传染的潜在因素,因而金融科技在提高金融效率的同时也形成了渗透力与传染力更强的市场风险。银行以外包形式采用第三方金融科技的产品,会降低端到端操作的透明度,导致创新产品与服务的新型风险的易吸收性与难控制性。金融服务让不同机构间的网络关系深化,各类风险的敏感性增加。

从整体来看,金融科技有助于金融体系抵抗冲击,只有在危机不可避免时才会显现负面效应,加剧风险传染。金融科技机构的个体风险基于业务关联等直接渠道和信息不对称等间接渠道进行风险传染,风险积聚到一定程度,会诱发系统性金融风险甚至演化为金融危机。相较于银行和证券,金融科技的内外部风险传染性更强。鉴于金融科技产品创新以新兴业务为主,技术应用的层面较为单一,故热点投资主题导致的价格效应等间接因素或是其风险传染的主要原因,而业务往来、交易对手等风险次之;金融危机加强了风险传染,特别是跨部门属性。从不同阶段的风险网络图来看,风险积累与爆发阶段的跨部门风险传染性明显加强;风险传染以机构规模及业务相近的直接传染渠道为主,同部门风险传染性最强。

第二节 金融科技监管

一、我国金融科技监管的发展现状

我国的互联网金融活动在起步阶段时,监管环境是相对包容的。在出现了一些局部的风险之后,监管力度逐渐加强,互联网金融活动开始进入调整期。因此,我国金融科技监管的发展经历了从包容性宽松监管到集中监管的历程。一是信息安全监管阶段。在金融信息化初期,网络支付技术得以应用,监管主要聚焦于金融业信息基础设施的完善性,监管力度较小,如对第三方支付和P2P网络借贷未出台监管细则。二是警示风险阶段。在互联网金融发展早期,随着第三方支付的井喷,网络支付风险开始受到关注,监管部门提出对非法集资、非法吸收公众存款等行为进行预警与防范。三是监管规则初创阶段。随着"互联网+"战略实施,互联网金融业务呈几何式增长。以《关于促进互联网金融健康发展的指导意见》为标志,国家开始对互联网金融业态进行界定,对监管职责进行划分。四是风险排查和集中整治阶段。2017年11月17日,资金管理新规正式发布,去杠杆、去通道、回归本源、穿透式监管的概念逐步落实到金融监管的各个领域。此外,央行金融科技委员会于2019年3月召开该年度第一次会议,明确提出要"建立金融科技监管规则体系,完善创新管理机制,营造有利于金融科技发展的良性政策环境"。

目前,我国对金融科技的监管主要分散在支付、投资、加密货币和外汇按金交易等业务的管理上,各领域的监管也以单个行为监管为主,缺少系统性管理框架。在支付领域,金融科技需要申请许可牌照才能开展支付业务。在投资领域,为控制由于金融科技(如余额宝等)产品的货币市场基金集中大规模赎回可能对金融体系造成的冲击,降低货币市场基金挤兑的潜在风险,中国人民银行和中国证监会于2018年6月对所有货币市场基金的即期赎回设定了1万元人民币(合1560美元)的上限,并禁止相关科技企业利用自有资金为即时赎回的货币市场基金提供融资,同时要求相关科技企业通过新成立的国有清算机构——网联清算有限公司清算款项,从2019年1月开始科技企业须将100%的客户余额存入中国人民银行的准备金账户,以对备付金进行隔离。在加密货币领域,2017年9月4日,中国人民银行等七部委联合发布《中国人民银行 中央网信办 工业和信息化部 工商总局 银监会 证监会 保监会关于防范代币发行融资风险的公告》,全面叫停代币融资。在外汇按金交易方面,凡未经批准的机构擅自开展外汇按金交易的,均属于违法行为;客户(单位和个人)委托未经批准的机构进行外汇按金交易(无论以外币或人民币作保证金)的,也属于违法行为。

二、金融科技监管的国际借鉴

(一) 美国:功能性监管

美国是计算机技术发源地之一,拥有前沿的金融科技技术和充满活力的科创企业,同时也是金融科技商业模式的发源地。美国金融体系属于混业经营,主要采取功能性监管模式。这一监管模式主要有5个特点。第一,对所有涉及的金融业务种类实施功能性监管。由于金融科技的本质属性是金融业务,因此美国在对其进行监管时,根据业务功能的不同,采取不同的监管方式。例如,证券交易委员会主要进行资产证券化监管,美国国税局主要进行虚拟货币监管。第二,具有完备且灵活的法律监管体系。美国在监管金融科技业务时,会对相关法律加以灵活调整,以保障金融机构与消费者合法权益。例如,美国国家经济委员会、货币监理署等机构分别发布了《美国金融科技框架》《金融科技白皮书》《CFPB创新细则》《金融科技企业申请评估章程》等相关法律法规。第三,实施多层次监管布局。在职能定位与部门设置上,美国不仅设立了证监会、货币监理署、消费者金融保护局等政府监管机构,还有区块链技术国际联盟R3CEV等自律组织。第四,具有完善的投资者风险提示与适当性管理体系。在此框架下,金融科技受到州政府与联邦政府的双重监管,如虚拟货币服务商牌照就受到上述双重监管。第五,善用监管科技。从全球角度而言,美国金融科技水平处于前沿地位,监管科技也处于较高水平,能够对经营者的运营活动进行实时监测。

在美国的监管体系中,投资者适当性管理和风险提示体系十分完备。一家金融科技公司会受到联邦政府和州政府的双重监管,联邦监管优先。美国的联邦政府和州政府都有权监管虚拟货币服务商的牌照发放,而美国监管部门的难题也由此而来。一方面,监管机构数量庞大,会导致对特定市场和行为负责的机构存在不确定性缺口;另一方面,多重监管又会导致资源的浪费,不同层级和机构之间政策的不一致性也会引起监管混乱。美国的金融科技监管机构和监管体系层次多,注重将金融科技吸收到现有的整体监管框架体系中来,并且坚持功能监管和行为监管的原则。在中国,金融科技公司不一定有足够的动力去研发金融科技监管技术,中国金融科技监管的发展可能更需要依靠监管当局。尽管两国金融科技的发展情况和所面临的风险有诸多差异,但是两国的监管都经历了由相对宽松到逐步强化的转变。

（二）英国：适度监管

英国是全球范围内金融科技发展的中心国家，也是较早应用金融科技的国家之一。在利用科技进行金融创新的同时，英国在金融工作内容中增加了金融科技监管，以此防范过度创新引发的金融系统风险。作为首个呼吁发展金融科技监管的国家，英国于2014年开始实施金融科技监管。从监管方式来看，英国主要通过开展新的发展计划、设立新的金融科技部门、出台相关监管政策等方式对金融科技实施集中适度监管，具体内容包括以下4点。一是金融行为监管局直接对话金融科技企业，了解企业现实需求，继而有针对性地制定监管策略。二是指导金融科技企业合规经营，规避可能出现的违规行为。三是理论与实践并重，与高校科研机构积极开展合作，以构建高效、科学的监管体系。四是在P2P网络借贷与众筹领域制定平台批准认证机制，对信息披露、资金管理与最低注册资本等内容进行规定。

事实上，英国在宏观监管的基础上还对金融科技业态等微观层面进行了监管。例如，针对征信领域，英国公平贸易办公室进行准入条件限制，针对具体业务员操作能力进行标准制定与许可证发放。2015年，英国提出了"监管沙盒"的概念，并将"监管沙盒"引入金融领域。"监管沙盒"是一个空间，在这个空间里，测试金融科技企业的创新产品，对可能存在的风险提前进行控制和评价。英国"监管沙盒"的发展可以分为3个阶段：第一阶段为开始阶段（2015年），在2015年，英国提出了"监管沙盒"的构想，并对"监管沙盒"的概念进行界定，提出"监管沙盒"的实施制度，包括监管主体、准入条件和适用范围等内容；第二阶段为发展阶段（2016—2017年），在这一阶段，"监管沙盒"逐渐开始在银行实施，大量"监管沙盒"的实施经验和总结被发布，在实施的基础上，社会形成独立的产业沙盒，为今后"监管沙盒"在各行各业的实施创造了条件；第三阶段为质疑阶段（2018年至今），在这一阶段，随着"监管沙盒"的发展，"监管沙盒"的实施已经不再局限于英国国内，需要全球共同联合。

英国最先认识到现代科技之于传统金融的意义，在金融科技监管中始终保持前瞻性治理理念，引领全球各国的监管革新潮流。英国中央银行英格兰银行积极探索前沿技术，与全球高科技公司开展创新应用研究，不仅弥补了本国技术短板，还形成了先发优势。就监管制度而言，英国以个性化、灵活的制度安排营造了良好的金融生态环境。

三、金融科技监管的困境

（一）监管瓶颈：监管体系尚不完善

金融科技创新将会加速金融体系的重构，这是行业发展的必然趋势。大数据、云计算等技术与金融业的深度绑定决定了配套的风险监管政策体系也必须动态更新、持续完善，但现有法律法规的更新速度难以与之匹配。目前，监管体系主要有以下两个问题。第一，监管机构缺乏必要的监管依据。我国已逐步构建起以《中华人民共和国保险法》《中华人民共和国证券法》以及《中华人民共和国银行业监管管理法》等法律为主、其他规范性政策文件以及规章作为补充的金融监管法律体系。然而不容忽视的是，我国对金融科技尚未做出必要的监管安排，存在监管真空。监管机构主要根据传统金融法规及各类政策性文件进行金融科技监管，在认定具体业务时缺少统一的参考规范。部分监管政策具有明显的滞后性，这主要是由于金融科技作为一个动态集合概念，金融科技修法和立法会不可避免地滞后于金融科技的发展速度。第二,监管范围不明确,科技中介占据主导地位,金融风险脱离传统监管范围。传统监管的主体是金融机构,而金融科技巨头利用导流和算法控制,在金融产品和服务中占据实质主导地位。金融机构作为产品和服务的提供方,与用户没有直接接触,不完全掌握用户的情况,大多完全基于金融科技巨头提供的客户画像、征信、风险评价等结果开展业务。金融科技巨头深度参与金融机构业务,发挥核心作用,但并没有被纳入传统金融监管范围。现有的分业监管只能对金融科技巨头控制的单独持牌主体进行监管,对于其跨界整合,尤其是"1+1>2"的叠加部分,则无法有效覆盖。例如,支付宝账户与花呗产品的叠加使得传统支付业务和小贷业务跨界融合,形成类似银行信用卡的透支业务,但它没有被按信用卡的方式进行监管。

(二) 技术短板:监管科技发展较为滞后

伴随着金融科技的广泛应用,金融交易主导方已经发生较大变化,传统的金融监管手段已难以契合风险防范与管控的要求。具体来看,传统金融监管主要依赖监管制度的微观监管标准与规则,而金融科技风险监管则主要取决于对技术风险的有效管控。特别是区块链以及大数据等现代技术赋能的金融科技,在不断提高金融服务能力、深入影响金融服务范式的同时,进一步加大了识别和防范风险的难度,对金融监管科技提出了更高的要求。

就实际情况而言,我国仍面临监管科技发展较为滞后的问题。一方面,人工智能技术难以满足监管科技的发展需求。伴随着5G技术的逐步发展,视频和图片等非结构化数据将日益增多,传统的数据挖掘方法难以对上述非结构化数据进行有效分析。人工智能算法急需根据金融业的特征定制,但相关技术仍处于初级发展阶段,这在一定程度上阻碍了监管科技的应用与发展。例如,京东金融曾由于保留用户图片缓存而造成10 GB用户个人信息大规模泄露。又如,蚂蚁金服在其《芝麻服务协议》中设置默认获取用户个人数据,而相关部门却未及时发现这些技术漏洞并加以处理。另一方面,云计算技术无法满足监管科技挖掘大规模数据的需求。云计算技术的研发与应用需加大人力和物力的投入力度,这使得金融机构面临极大的成本压力。但从目前国内外技术发展来看,仅有阿里云和亚马逊等极少数科技巨头具备独立建设云计算平台的能力。我国大多数金融机构基于数据安全的角度,尚无法直接将核心系统与数据上传至公有云,更多的时候是依赖金融科技企业在本地所搭建的私有云系统。如何进一步改进金融科技风险监管技术,充分借助于新型科技来应对金融科技生态下的监管难题,将成为未来较长一段时间内金融监管亟待解决的现实问题。

(三) 信息盲区:信息不对称现象日益凸显

交流机制不畅和数据利用效率不高是造成金融监管中信息不对称现象的主要原因,进而留下了许多监管盲区,这也是引发金融科技风险的根本原因之一。与传统金融机构相比,许多金融科技企业尚未承担起全面信息披露义务,致使信息不对称程度显著增加。金融科技的快速发展从表面上看虽然能够提高金融交易信息透明度,但不容忽视的是,其基础算法仍属于"黑箱",这在一定程度上导致新的信息不对称现象出现。

金融科技巨头缺乏应有的信息披露和监管公开。金融科技巨头最大的核心价值在跨界溢出部分,并体现为科技中介驱动金融业务,这部分内容既缺乏对公众的信息披露,也缺乏对监管的信息公开。用户和金融机构借助于金融科技巨头的平台和算法进行匹配,但其背后的数据源以及算法逻辑并不对公众披露,也不对监管开放。一方面,金融科技的普遍应用致使监管部门无法明确监管行为主体。具有分散化性质的金融科技主要依赖分散的网络、计算机算法决策,较为分散的权利下放在很大程度上制约着金融监管的有效性。另一方面,即使确定了金融科技的行为主体,监管者也难以对其行为进行有效管控。其原因在于,不同于传统金融机构,金融科技企业的业务活动不会受制于实质性的披露制度,这对金融监管产生较大的阻碍作用。并且,由于金融科技企业有着较为复杂的运作体系,监管机构对金融科技企业的实际运作情况缺乏必要的了解,这使得监管者对金融科技行业的监管面临着信息不透明的严峻挑战。而透明的监管环境是有效防范系统性风险、约束金融科技企业行为的关键。在缺乏足够透明度的金融科技环境中,监管机构难以对金融科技企业的运行状况加以全面评估,只能粗略地对各监管指标实施合规性检查。

(四)数据困境:金融科技风险治理难度增加

在"智慧金融"背景下,数据资源成为决定金融风险监管成效的关键因素,但是现阶段金融监管机构对数据的整合与利用效率不高,未能发挥其价值。主要原因有两个。其一,数据来源多样化,除了来自监管者自身的数据外,还包括诸多被监管者的信息。由于缺乏统一的技术标准,数据处理难度增加,数据共享的实现很困难,监管难以获取和处理跨界海量数据。金融科技巨头拥有海量的数据资源,这些数据资源来源广泛、规模巨大。现有的分业监管报送数据获取范围有限,难以全面覆盖和处理海量的底层数据,无法对业务运行的全过程进行穿透。其二,数据保密工作不到位,数据丢失、泄露的情况时有发生,削弱了金融监管机构的权威性与公信力,暴露出风险监管的漏洞。从具体分析来看,金融科技监管使用的数据主要涉及搜集、处理、存储以及备份等相关环节,而金融数据通常会包含个人身份、金融资产和交易行为等一系列敏感信息。一旦发生数据泄露事件,就会影响金融市场的平稳运行,损害消费者与金融机构的数据权利。

(五)金融稳定与金融产业竞争力之间的权衡

显而易见,金融科技是推动金融业未来发展的重要因素,对于那些尚在发展过程中的金融中心,它还可能是实现赶超的关键性因素。如果实行过于严格的监管,如将可能增加系统性风险的所有金融科技都阻止在金融市场之外,相应的代价可能就是本国或本地区金融业发展的滞后。在这种情况下,金融监管当局必须在金融稳定和金融业的竞争压力之间作出权衡,在适当提高风险容忍度的前提下引入金融科技,实现两者的平衡,而实现两者平衡的关键在于监管当局是否有充分的激励与专业能力引入更有效的监管制度和工具。从这个角度来看,金融科技领域的国际竞争实际上也是监管体制创新之间的竞争。

四、金融科技监管的发展趋势

(一)构建互联互通、穿透式监管基础设施

1. 建立健全金融科技伦理监管框架和制度规范

扎实做好新阶段规划政策的宣传解读、落地实施、跟踪监测和示范引导,开展金融数字

化转型提升工程,构建金融数字化能力成熟度评估体系和优秀实践案例库,强化国际合作与交流互鉴,推动金融数字化转型从多点突破迈入深化发展的新阶段。建立健全金融科技伦理监管框架和制度规范,加强科技伦理风险预警、跟踪研判和敏捷治理,引导从业机构落实伦理治理主体责任,用"负责任"的科技创新打造"有温度"的金融服务,切实维护消费者的合法权益,服务实体经济。

2. 提升数字化监管科技水平

金融科技巨头公司所采用的云计算、大数据、区块链、人工智能等技术可以为监管所用,以监管科技应对金融科技,提高监管的数字化水平,对金融科技巨头公司进行数字化监管。建立以数据为核心、以算法为驱动、以算力为支撑的新型科技监管基础设施,实现全场景、全流程、智能化大数据监管。在加快数据问题、隐私问题等金融科技问题治理的同时,实现数据要素的共享和流通,发挥数据要素资源配置作用。强化数字化监管支撑,建立违法线索线上发现、流转、调查处理等非接触式监管机制,提升监测预警、线上执法、信息公示等监管能力,支持条件成熟的地区开展数字化监管试点创新。加强和改进信用监管,强化平台经济领域严重违法失信名单管理。发挥行业协会的作用,引导互联网企业间加强对严重违法失信名单等相关信用评价互通、互联、互认,推动平台企业对网络经营者违法行为实施联防联控。深化运用金融科技创新监管工具,强化商业银行金融服务数字渠道管理,研究建立智能算法信息披露、风险评估等规则机制,持续提升监管的统一性、专业性和穿透性。

3. 监管基础设施跨行业、跨市场互联互通

在分业经营情况下,各行业金融基础设施还是"烟囱式"的,相互之间缺乏数据共享,任何一个"烟囱"都只能看到局部。而金融科技巨头公司所构建的跨界生态则已经实现了数据资源内部高度整合。因此,面向金融科技巨头的新型科技监管基础设施必然也是一个跨界、对等、开放的互联互通体系。不论是金融领域的监管部门,还是科技巨头背后的商业生态相关的监管部门,都能实现灵活高效的数据共享,并且能够灵活扩展。

4. 跨界生态监管直通和底层数据穿透

传统监管以结果数据和统计数据为主,而数字化科技监管则可全面洞察过程数据和明细数据。新型科技监管基础设施需要在底层与金融科技巨头公司的系统直通,直接穿透其底层数据,有效解决监管数据缺乏、信息不对称、实时性不足、真实性难以保证等问题。对于跨界叠加的产品服务来说,这种方式可以很方便地穿透关联场景、主体、交易等全流程、全方位信息,有效对其数据来源、数据利用、业务开展过程进行监管,探索线上实时现场监管和大数据智能监管的创新模式。

(二)探索金融科技跨界生态监管思路

1. 用户自主选择,金融机构独立开展 KYC

金融科技公司不应独揽前台而把金融机构推到后台,不应在金融业务中反客为主,主导前台却不服从前台监管,更不应通过把持前台来左右用户和金融机构。金融科技公司应回归科技建设者角色,为用户和金融机构提供更加市场化、公平的服务。用户拥有自主选择权,金融科技公司不应设定生态限制,强制用户进行"二选一"之类的选择。金融科技公司为金融机构提供平台服务,应向金融机构提供完整的用户信息,并由金融机构与用户直接接触,独立开展 KYC。

2. 数据隐私保护，依法合规使用

金融科技公司必须将其跨界生态各个经营主体的数据进行有效隔离，对于跨经营主体之间的数据传递，必须得到严格授权，并且做到用户可知晓、监管可穿透。金融科技公司不得以其产品服务诱导、强制客户让渡数据权利，对于需要采集和使用用户信息的情况，必须给用户提供合理的选择。对于因业务经营发生而接触的用户数据，金融科技公司应按照法律法规要求，做好内部安全管控，切实保护用户隐私，以最小化原则进行使用，并建立数据使用日志，保证可查证、可审计。

3. 处于监管下的金融基础设施服务

金融科技公司已经连接了大量的金融机构，覆盖了绝大多数人群，深入社会经济的多个领域，在各方之间居于主导地位，其搭建生态平台，应按国家金融基础设施和准公共产品的要求进行监管。首先，金融科技巨头生态内部各个主体之间做好风险隔离，内部交易应公开透明；其次，金融科技巨头应向交易对手方充分披露风险，提供充足的数据支撑；再次，监管机构应对金融科技巨头跨界生态设定总体集中度上限，并能够穿透业务底层，进行合并计算；最后，金融科技巨头应建立完善的生态风险管理机制，尤其是对于跨界生态产生的叠加风险，要有完善充足的风险应对能力，对于生态内部和交易对手方之间的风险转移，应能做到精准识别和应对。

4. 科技信息公开披露，底层数据监管穿透

金融科技巨头通过跨界方式叠加产生的产品和服务超出了原来单个产品的范围；庞大的用户资源通过跨界共享导流，使得用户可能无意识地消费多个金融产品和服务；海量的数据资源加上复杂的人工智能算法，导致用户难以理解，甚至无法自主选择。因此，金融科技巨头需要向公众提供更加全面的信息披露。对于跨界生态叠加的产品，需要明确披露产品之间的组合、转换关系及条件；对于各个生态场景中用户选购的产品和服务，要提供统一的详情查询，并进行统一关联和解除关联；对于用户数据的采集和使用过程，要向用户完整披露，并向用户提供统一便捷的数据权限管理功能；对于大数据智能算法提供的服务，要向用户披露算法的机制以及实际效果，使用户能够独立进行判断和选择。金融科技巨头不仅要做好向公众的信息披露，还应向监管开放数据接口，与监管基础设施连通，按监管要求和规范进行数据治理，并同步上传监管数据，使得监管能够方便地穿透跨界生态场景、产品和服务，能够穿透底层数据来源、产生、使用的全过程，能够穿透算法运行的机制。未来要以监管科技应对金融科技，发挥全局数据优势，以数字化监管基础设施实现对金融科技跨界生态的穿透、精准、智能监管，促进更为规范、透明、公平、安全的金融科技生态发展。

第三节 金融科技伦理规范

金融和科技的深度融合发展衍生出数据滥用、算法歧视和数字鸿沟等一系列新的挑战，严重影响了金融活动的正常开展，不利于社会的和谐有序发展，因此金融科技伦理问题受到越来越多的关注。金融科技伦理的概念可以从两个层面进行界定：从宏观层面来说，金融科技伦理体现的是各利益关联方在金融科技活动中所建立的特殊伦理关系，它能够规范和调节金融科技活动中的集体行动和个体行为，并使之符合"能做"和"应做"的价值标准和伦理总则；从中微观层面来说，金融科技伦理是指在金融科技活动中，传统金融机构、互联网科技企业、行业从业人员以及其他相关参与主体都应当遵循的、符合金融市场规范的行为道德准则。

为了进一步完善金融科技体系建设,监管部门不断加强对金融科技的伦理建设。央行在《金融领域科技伦理指引》(以下简称《指引》)中明确提出,要加强金融科技伦理建设,从"守正创新""数据安全""包容普惠""公开透明""公平竞争""风险防控""绿色低碳"等7个方面提出了在金融科技活动领域需要遵守的价值理念和行为规范。当前,学界在理论层面对金融科技伦理的系统研究还相对薄弱,对贴近实践的金融科技伦理问题的研究较为有限,多样化研究方法的运用也有待尝试。

一、落实金融持牌经营要求

在金融科技快速发展的过程中,部分机构忽视了金融科技的本质仍然是金融,违背金融监管要求从事金融活动,参与垄断妨碍市场竞争,利用互联网的网络效应实现资本无序扩张,以科技创新为名行欺诈、非法集资之实的现象屡见不鲜。为了进一步规范金融科技市场秩序,中国人民银行、银保监会、国家发展改革委等部门密集发声部署,要求强化金融业务持牌经营,多地方银保监局也将此纳入2022年防范化解金融风险工作重点。

中国政法大学法治与可持续发展研究中心副主任车宁指出:金融是现代经济体系运转的枢纽,也因此而成为特许经营行业,持牌既是其经营活动开展的基本原则,又是政府对其进行行政监管的重要抓手,不管现在还是未来,这一方向将持续强化。《指引》中明确指出:涉及金融业务的按照相关规定取得金融牌照和资质,规范开展经营活动,杜绝以"科技创新"的名义模糊业务边界、交叉嵌套关系、层层包装产品、实施无证经营或超范围经营等行为。

强化金融持牌监管,首先要继续完善金融业务监管规则,补齐以地方金融业务具体展业规则为代表的制度短板,明确持牌的边界和内容,特别是对于市场创新业务,要科学地进行规范,做到发展和治理的统一。在此基础上持续加强中央金融监管机构与地方金融监管机构、国内金融监管机构和境外金融监管机构的信息共享和执法协调,加大对"无照驾驶"和超范围经营的治理力度,固化工作机制,避免形成监管"洼地"。

二、践行服务实体经济使命

党的二十大明确提出科技创新是提高社会生产力和综合国力的战略支撑,必须摆在国家发展全局的核心位置,并强调要实施创新驱动发展战略,建立新时代实体经济高质量发展体系。创新驱动能力的培育需要政府、金融机构和实体企业的共同努力,特别是发挥金融科技的支撑和保障作用,才能顺利推动实体经济高质量发展的新旧动能转换。金融科技的赋能创造了众多低成本、高质量的金融产品,丰富了融资渠道、降低了融资门槛,大大增加了各类客户群体金融服务的可获得性,同时为金融机构更好地服务实体经济并促进实体经济高质量发展创造了有效机制。

经济是金融的根基,金融必须回归本源,应把服务实体经济放在首要位置,主动为实体经济"输血""造血",形成金融和实体经济共生共荣的良性循环。在金融服务实体经济的过程中,以数字技术为载体积极开展金融科技服务创新,已经成为金融业的共识。中国工商银行积极响应政策要求和号召,发布了金融支持乡村振兴行动方案及"兴农通"乡村振兴金融服务品牌,提升了乡村金融服务的可得性、覆盖面和便利度。依托新信息技术、新发展模式与新服务方式,中国工商银行立足"三农"用户实际生产、生活需求,依托工行自有的大数据、人工智能、区块链和云计算等新技术平台,全面构建"兴农通"生态体系,通过规模化应用数字技术打造金融服务乡村振兴新模式,将现代金融服务下沉至县域乡村。

无论经济发展到什么阶段,重视实体经济和回归实体经济一直是我国经济发展的重大战略和政策导向。《指引》指出金融科技必须回归金融本源,以服务实体经济为出发点和落脚点,运用数字技术深化金融供给侧结构性改革,强化金融服务功能,找准金融服务重点,为实体经济提供更高质量、更有效率的金融服务,把更多金融资源配置到实体经济发展的重点领域和薄弱环节,助力提高经济质量效益和核心竞争力。各类金融机构需要始终秉持"金融为本、科技为器"原则,坚持科技为金融赋能的定位,划定金融机构与科技公司的合作边界,由金融机构直接提供金融服务,由科技公司为金融机构提供技术支持,做到互促共进,有效隔离金融风险与科技风险。

三、合理收集、使用用户数据

数据作为数字经济时代的基础性战略资源和关键性生产要素,在产生、收集、流通、使用等过程中由于产权归属不清造成数据市场无法达到经济学中的"有效聚恒",从而导致数据滥用现象普遍,给数据主体带来负外部性等不良影响。数据的规模报酬递增,范围经济和网络效应催生数据垄断,由此产生数据拥有主体以利益为导向的不当行为,如囤积数据、大数据杀熟和利用垄断加速财富聚集等。同时,海量数据的聚集面临着有意或无意的数据泄露风险,使数据主体的隐私等相关利益遭受侵犯。

对于正在积极进行数字化转型的金融机构来说,数据安全、数据管理已成为重要议题。近年来,中国人民银行等金融管理部门不断加强个人金融信息保护制度研究,先后出台《中国人民银行关于金融机构进一步做好客户个人金融信息保护工作的通知》《中国人民银行金融消费者权益保护实施办法》《个人金融信息(数据)保护试行办法(初稿)》等一系列规章及规范性文件。

《指引》指出,金融机构应该采取合法、正当的方式采集用户数据,确保采集目的明确、合理,避免过度采集数据。在履行与数据主体的约定义务的过程中,金融机构应当秉持"专事专用"原则,遵循既定目的、范围、处理方式处理个人信息和重要数据,做到"用途明确,范围可控"。同时,稳妥有序推动数据资源安全共享必须以"依法合规"为前提,不设置不合理的限制,不阻碍其他市场主体公平获取数据。此外,金融机构需要建立健全数据清理机制,明确清理的对象、流程、方式和要求。对于已实现处理目的或达到存储期限的个人信息,及时、妥善地进行销毁或匿名化处理,并确保不能通过直接或间接的方式被非法识别获取。

四、提倡包容性设计

从狭义上看,金融包容是指确保社会弱势群体以及低收入者在支付得起的情况下,能够及时、充分地接触和获得金融服务。从广义上讲,金融包容泛指合理成本下金融服务供给的可接触性,不再特指社会弱势群体,而是经济体中每一个人都有权利享受金融服务。鉴于全球范围内金融排斥的严重性及其对各国经济发展的危害,金融包容近年来已经成为各种国际论坛的重要议题和许多国家政策的优先选择。

作为科技驱动的金融创新形式,金融科技在很大程度上扩大了金融服务边界,降低了金融消费门槛,增强了金融包容性、普惠性。就金融科技增强金融包容性而言,最具代表性的例证莫过于互联网和智能手机的普及使得投资者和金融消费者能够更加便捷、成本更低地获得金融服务,从而降低了金融消费的入场门槛,提升了金融可得性。一方面,借助于移动互联网,金融机构可以在更广的范围内,向更多的客户或潜在客户以更快捷的方式提供服务;另一方面,网络的普及使得非金融机构得以涉足传统金融机构的专属领域,提供类似或相竞争的业务,从而在一定意义上导致"金融"与"金融机构"分离,使得金融业更加大众化。

目前已有大量理论和经验性研究的文献证明了有效的金融体系对长期经济发展和个人福利的重要性。在宏观方面,金融包容性的提升有利于降低地区贫困、促进经济发展和提升金融稳定性;在微观方面,金融包容性的增强可以拉动居民消费和商业投资。《指引》明确指出要将伦理治理嵌入金融科技产品服务设计与实现过程中,充分考虑语言、文化、性别、年龄等因素,以直观简洁的设计,人性化的交互方式提供"有温度"的服务,避免对"最不利者"造成不便和障碍,切实提高金融服务的可得性、易用性和安全性。

五、充分披露产品信息

信息披露制度被视为金融产品交易中解决投资者与借款人之间信息不对称的理想手段,是金融产品交易规制的核心内容。随着金融科技创新不断涌现和金融科技行业的蓬勃发展,金融效率以及金融服务的可得性逐步提高,金融科技创新带来了全新的金融产品。鉴于金融产品本身的复杂性与专业性,加之依托互联网的技术性革新,对于普通消费者来说,网络金融产品的信息不对称问题更加突出,消费者的弱势地位亦更加明显。在互联网金融交易的过程中,金融机构有可能凭借自己的信息优势,隐瞒金融产品的重要信息,误导金融消费者,或通过信息披露不全面的方式侵犯金融消费者的知情权。

"原油宝"作为一种典型的金融创新产品,在2020年产品投资出现巨大亏损,引起市场、舆论及监管的高度关注。在复杂金融产品数量不断攀升、规模不断扩大的情况下,信息披露制度的有效性受到了前所未有的质疑。2022年10月,市场监管总局会同中央网信办、银保监会、证监会等七部门联合印发《关于进一步规范明星广告代言活动的指导意见》,其中提到,金融产品广告应当主动、充分披露产品信息和揭示风险,严格遵守金融业管理部门有关金融产品营销的规定。

在开展金融科技创新过程中,金融机构应当明确以投资者为中心的经营理念,通过公示、自我声明、用户明示等方式,按照国家及金融业有关制度、标准的要求及时、有效、准确地披露创新产品和服务的主要功能、技术应用、潜在风险、补偿措施、投诉机制等信息。通过新技术的运用对金融科技产品进行差异化信息披露,在对金融科技产品进行精准分类的基础上,实现投资者和金融科技产品的智能化适配,为监管部门实施监管、行业组织进行自律管理、消费者做出理性选择提供支撑。

六、做好消费者适当性管理

适当性义务最初来源于美国证券法领域,是平衡金融市场中买卖双方交易不平等地位、信息不对称现象的有效工具。在金融市场中,由于信息披露不彻底,投资者在交易中经常处于弱势、被动地位,在资本市场天然存在的"趋利性"的推动下,金融机构往往为了实现自身利益最大化而向投资者做出不适当的推荐。随着投资者以金融机构违反适当性义务为由要求赔偿损失的案件日益增多,近年来适当性义务越来越受到各国金融监管机构的重视。

《指引》指出,金融机构需要在了解产品、客户的基础上,向适当的投资者推介、销售适当的金融产品,以便投资者能够在充分了解金融产品性质及风险的基础上作出自主决定。充分了解用户的真实金融需求,客观全面地衡量用户风险偏好和风险承担能力,确保提供的金融产品服务与用户的财务状况、投资目标、知识经验、风险承受能力等相匹配,不隐瞒不利信息,不"劝诱"销售产品,不利用信息不对称将高风险产品服务推荐给低风险承受能力的用户。

金融机构应坚持"客户利益至上"的经营理念,运用金融科技对投资者进行精准画像。大数据、机器学习等金融科技技术为金融机构提供了客户识别和管理的有效工具。金融机构应从主观和客观维度,深入把握客户的风险偏好、交易习惯,提升适当性匹配效能。同时,金融机构还应进一步突出对弱势投资者的倾向性保护,将大学生、残障人士、老年人等特殊群体列入谨慎招揽的客户范围,不断参与投资者教育的强化,提升投资者"买者自负"的能力和理性决策能力。

七、公平公正地使用智能算法

随着算法在金融领域应用的深入,算法固有的缺陷和特性也逐渐与金融本身的风险和逻辑发生耦合,形成了算法歧视、算法绑架、算法趋同等新型金融风险。金融机构在提供金融服务的过程中不断扩大数据搜集的范围与深度,同时信息不对称、信息泄露、信息欺诈等问题频发。因此,如何规范算法在金融科技上的应用已经成为社会各界关注的热点。2021年3月,中国人民银行发布并实施《人工智能算法金融应用评价规范》,规定了人工智能算法在金融领域应用的基本要求、评价方法和判定标准,明确了金融科技的实质仍是金融,且必须纳入金融风险管控的要求。

首先,金融机构在运用智能算法的过程中需要始终将安全性摆在第一位,安全性是决定算法是否可用的基础;其次,可解释性是决定模型是否适用的重要依据。这两个前提条件为人工智能技术的应用起到了保驾护航的作用,规避了人工智能技术的滥用和不安全使用,有效防范了人工智能技术应用过程中很多可能存在的风险。同时,金融机构应该以增进人民福祉为目的,遵守公平、公正、透明的原则,运用智能算法帮助相关方做出更好、更明智的选择。不应运用算法优势来减少或限制各方选择的机会,不可误导用户做出可能损害自身利益的选择,杜绝运用算法从事流量造假、制造信息茧房、诱导超前消费等不当行为。

八、自觉履行风险监控责任

2008年全球金融危机爆发后,风险控制成为金融机构经营管理的重中之重。随着国内外经济、社会、文化等各个领域发生深刻的变化,我国经济的转型和发展也面临着一系列新情况、新问题。国内外宏微观环境发生了巨大变化,使得我国金融机构在新的市场环境中面对的不确定性因素越来越多。在这种情况下,金融机构需要重新审视自身风险管理和防范策略,提升风险应对能力和风险管理水平。

由于金融科技具备二重特性,即互联网性与金融性,因此其不但面临着传统金融所面临的各种常规风险(包括法律风险、操作流动性风险、操作风险、信用风险以及市场风险等),同时面临着全新的其他风险(包括垄断风险、洗钱风险、数据风险、信息安全风险、技术风险等)。如果无法科学全面地认识与识别潜在的各种风险,一旦风险系统性爆发,就会对金融科技行业造成巨大的打击。

如何运用金融科技手段对风险进行识别,并有效提升风险管理的效率和质量将成为金融机构的核心竞争力。《指引》明确提出金融机构应该自觉履行金融科技风险管理主体责任,建立健全覆盖金融科技活动全生命周期的风险监测、预警与应急处置机制,采用有效的技术和方法构建风险监控指标体系,优化风险监控模型,强化风险动态监控和安全评估,充分掌握风险态势,提前预防、及时处理金融科技风险。

九、坚持生态优先绿色发展策略

为推动经济的绿色高效发展、助力"双碳"目标的实现,发展绿色金融已成为我国重要的国家战略。绿色金融是服务于经济绿色发展的重要金融工具,政府高度重视绿色金融的发展,2020年"碳达峰""碳中和"目标的提出为绿色金融的高质量发展提出了更明确的要求,也将大力发展绿色金融提升至全新的战略高度。

随着金融科技的快速发展,数字技术在绿色金融领域得到了广泛应用,这不仅有效地解决了绿色金融发展过程中出现的各种问题,而且从多个方面赋能绿色金融的发展。首先,大数据、区块链、大型科技平台等可以有效地缓解绿色金融领域的信息不对称问题,显著降低金融机构的绿色识别和风险管理成本。其次,金融科技为满足多层次、多元化、多场景的融资需求提供了多种解决方案,有力地推动了绿色金融产品的供给和创新。最后,金融科技的运用有效提升了绿色金融的服务水平和效率,推动了绿色金融的高质量发展。

在"双碳"背景下,金融科技需要主动承担推动经济高质量发展的责任。《指引》指出金融机构需要坚持生态优先、绿色低碳的发展策略,处理好发展和环境、整体和局部、短期和中长期的关系;运用数字技术强化绿色企业、绿色项目智能识别能力,提升碳足迹计量、核算与披露水平,为企业提供多元化绿色金融产品服务,加大对绿色产业和环境改善的金融支持,助力生态文明建设,充分发挥金融科技在支持应对气候变化中的积极作用,推动经济社会绿色转型迈上新台阶;坚持绿色可持续发展理念,秉持"高效、清洁、集约、循环"原则,合理优化金融信息基础设施布局,强化金融数据中心的节能设计,着力提升节能降耗水平,实现低碳可持续运营。

思 考 题

1. 金融科技风险与传统金融风险有何异同？
2. 金融科技伦理从哪几方面提出了要求？
3. 金融科技监管对金融科技创新有何影响？
4. 国际金融监管经验对我国金融监管有何作用？
5. 如何实现对用户个人隐私数据的保护？

第七章 未来展望

第一节 金融科技发展面临的挑战

一、金融科技企业垄断扩大金融系统性风险

大型科技企业以技术和大数据作为支撑,可以在短时间内广泛涉足金融领域,这在提高金融效率的同时,也加剧了不平等竞争。很多科技公司纷纷建立了各自的金融科技了公司,如阿里巴巴、京东、科大讯飞、苏宁易购等。大型科技企业凭借技术优势掌握大量数据,辅以互联网技术的外部性特征,容易形成市场主导地位。大型科技企业从事金融业务不仅使其原有业务市场的主导地位得以巩固,还使其新开设的金融业务更容易获得数据、信息和客户资源,迅速获得竞争优势。另外,上述竞争优势可使得大型科技企业在资源配置中权力过度集中,并逐步强化为市场垄断,甚至成为"大而不倒"的系统重要性金融机构,这在一定程度上反而会扭曲市场的合作关系。大型科技企业可能导致维护市场公平竞争的传统措施失效。过去应对市场权力过度集中的有效做法是放松市场准入,但现在一旦放松某一领域的准入门槛,允许大型科技企业进入,它们就可能迅速抢占市场,挤垮竞争对手。

在不平等竞争方面,从长远来看,金融科技的发展如果不能得到适当的引导,反而会降低效率,加剧不公平问题。大型科技公司确立垄断地位的同时,财富会越来越集中于少数人或少数公司的手中,不平等现象日益突出,从而带来潜在的社会和政策的风险。目前国内金融科技监管体系不完善,监管无法跟上金融科技创新的速度,一旦金融科技巨头滥用垄断优势侵害消费者权益,就会给市场带来严重的后果。例如,蚂蚁金服利用大数据、人工智能等技术以及掌握的海量结构化数据,准确地寻找到目标客户并发放授信额度,尽管这对中小企业融资有一定帮助,但其高杠杆率、高利率易带来巨大的风险。目前对于数据获取和使用的相关法律法规并不完善,而金融科技巨头掌握并使用客户的数据,可能侵犯个人隐私,不利于金融市场的发展。另外,金融本身具有脆弱性和高风险性,而金融科技使金融与各行业的联系更加紧密,增强了风险传染性,一旦风险发生,很可能带来系统性金融风险。

二、科技人才缺乏

目前我国金融科技人才匮乏,这也是制约普惠金融发展的因素之一。我国金融科技行业的人才主要是各金融机构和金融科技企业内部培养的,高校培养才刚刚开始。截至2021

年6月,共计58所高校具备培养金融科技专业本科学生的资格,人才培养速度很难跟上行业发展速度。金融科技行业的跨界性决定了对复合型人才的需求,加之金融科技的技术迭代迅速,创新型人才比较匮乏。金融科技的发展离不开复合型、创新型人才,复合型人才明显不足,创新型人才培养欠缺,进而影响了人才在金融科技发展中的重要性。目前,我国缺乏对复合型人才的培养,人才资源要素具有单一性,人才队伍素质不高,人才结构比较单一,在优质人力资源应用方面比较欠缺,难以满足日益发展的金融科技需求。从人才层次来看,各企业偏重于配置研发人员,但科技领军人才和技术专家等高端科技人才以及服务于广大基层单位的基础科技人才匮乏。从人才类型来看,一些重点领域如大数据人工智能等创新类、架构设计等规划类、信息安全类及基础技术平台类等人才存在较大缺口。从地域分布来看,大量科技人才集中在北上广深等一线城市,其他区域机构未能充分利用人才区位优势。

随着金融科技行业的不断发展,传统金融业的职位在不断地缩减和消失,这代表着新型金融人才需求逐渐增加。由于金融科技的飞速发展,几乎所有的金融机构都在积极地招揽相关人才。全球招聘顾问公司米高蒲志在《2018年中国金融科技招聘趋势调查和对话》报告中指出,大部分的金融科技公司雇主反映,专业金融科技人才是紧缺的,中国也正面临这样的问题。普华永道2019年的金融科技调查报告显示,我国国内金融科技人才需求达150万人,这个数字也还是比较保守的估计。面对金融科技行业的不断发展,以及各大传统银行转型,新型金融科技公司的创立需要大量的金融科技人才。《中国金融科技人才培养与发展问卷调查(2021)》显示,2021年45.85%的受访机构中金融科技人员占比在10%以上,与2020年相比进一步提高,说明金融机构对于金融科技人才的重视程度普遍提高。在统计金融科技人才占比信息时,78.24%的调研机构使用全口径统计方法,既包括信息技术人员,也包括业务条线的金融科技应用人员。调研发现,受访机构业务场景技术人员普遍稀缺,60.69%的受访机构业务场景技术人员占比在5%以下。计算机专业的人才解决不了金融的问题,金融专业的人才解决不了人工智能方面的问题,因此金融与科技融合的复合型人才是大量缺乏的。同时金融科技行业要求的专业知识比较多,这个领域从业人员既要求有IT背景、计算机背景,也要求有经济学、金融学背景,这样的复合人才才是目前金融业就业市场的需求所在。要解决如何培养出适合未来金融科技行业发展的专业人才这一问题,高校金融专业还需要进行改进和优化。

三、监管体系不健全

金融科技的风险有以下特点:一是高度依赖底层技术,一旦出现技术风险或网络安全风险,就会带来巨大的损失;二是金融科技业务创新带来新的风险或多种业务交叉的风险,很可能导致存在监管空白和监管重合的问题;三是金融科技背景下的金融风险具有感染性强、涉及领域广的特点。然而,我国目前的金融科技监管体系还不健全,相关法律法规缺失,监管规则不明确,容易出现金融科技无序发展的现象。监管机构为了控制风险,按照传统监管理念采取的严监管措施往往会抑制金融科技创新,从而产生监管和创新难以平衡的局面。我国自2019年12月开始借鉴国际经验,推行"监管沙盒"机制试点,但其仍处于试点阶段,有待进一步发展。

我国已形成"一元多头"式分业监管体制,即在中央政府全面掌控金融监管权力的基础上,由中央下设的各金融主管机关及其他机关对不同领域承担金融监管职责。然而在人工智能以及物联网等技术持续发展的时代背景下,金融业务之间呈现出交叉融合的发展趋势,这使得传统金融经营模式得以不断重塑,并推动金融业朝着混业经营方向不断发展。在此背景下,分业监管体系将面临巨大挑战。具体来看,我国"一元多头"式金融监管体制存在监管重叠、监管盲区以及央行监管角色弱化等弊端,在一定程度上容易造成风险隐匿,无法有效满足混业经营和金融创新深入发展的现实需求。一方面,金融科技呈现出跨行业以及跨地区等特征,金融科技产品本质上属于多主体、多层次以及多环节的技术要素叠加。金融科技风险一旦被触发,将有可能产生系统性风险。而分业监管体系主要是依据监管对象继而确定监管主体,并按照监管职责开展监管行动,这不但会导致监管重叠或监管盲区等问题的出现,还会形成监管套利。另一方面,受到行业发展特征与监管理念具有一定差异的影响,不同行业的监管部门在信息披露以及资本约束等相关方面的标准存在较大差异。而金融机构在特定的金融监管压力之下,尝试利用多元化渠道将业务转移到其他监管要求相对较低的市场,致使业务链条进一步拉长,风险更具隐匿性。经过上述分析能够看出,针对金融科技的跨界化特征,我国亟须对金融科技监管体系进行适应性变革,探索构建多元主体、多元规范的协同金融监管体系,推动由监管部门单向监管逐步向多主体联动监管转变。

第二节　金融科技的未来趋势

一、政策监管方面

(一) 改进监管框架,推动监管科技发展

当前我国对于金融科技的监管仍然存在一些问题,要结合我国金融市场的实际发展状况,有针对性地修改和出台相应的法律法规,改进监管框架,完善监管内容。我国监管部门表态"强调金融科技的金融属性,把所有的金融活动纳入统一的监管范围中","当前金融科技与金融创新快速发展,必须处理好金融发展、金融稳定和金融安全的关系"。未来"持牌经营""对同类业务、同类主体一视同仁"将成为我国监管层的共识,金融科技将不再成为金融监管的法外之地。另外,金融科技领域的反垄断将成为重点方向。过去5年,我国涌现出一批用户规模大、影响面广的平台型公司,基于海量用户数据,这些公司获得了可观的收入和利润。金融科技的大力发展也从侧面推进了监管科技的发展,将科技应用到监管中去,强化功能监管,对金融牌照的发放及持有进行严格管理,严格查处不法行为。运用大数据及时了解各金融机构的动态,查询业务往来明细,及时发现风险提醒金融机构,保证监管具有穿透性、时效性,让监管数字化成为常态。

(二) 转变监管理念,完善金融设施建设

2020年9月8日,我国在"抓住数字机遇,共谋合作发展"国际研讨会上提出了《全球数据安全倡议》,该倡议指出,当今数字信息爆发式出现,维护网络信息安全是重中之重,我国坚持安全与发展并行,呼吁全球科技企业共同维护数字安全,促进金融科技健康发展。在建

设金融基础设施方面,政府要统一规划建设金融基础设施,加大对人工智能、区块链、大数据、云计算等方面的投入力度,从基础上保障金融市场安全高效运行和整体稳定。在监管理念方面,金融与科技的跨界融合混淆了金融机构和科技公司之间的边界,是对监管的一次革新。这就要求监管部门转变监管理念,创新监管体系。加强对内部人员合规操作和道德修养的提高,发挥技术优势,摒弃传统的监管理念,引导金融科技在"十四五"规划开局之年更好地服务社会。运用大数据、人工智能、云计算、区块链、5G 等监管科技手段,推动对测试运行项目的关键指标、用户投诉和平台安全等数据的实时采集,防范运行过程中边界扩大和底线突破。加快推动创新管理服务平台、风险监控平台等系统建设,尽早实现试点项目的实时数据采集、自动风险识别。在强监管的同时,仍需通过试点保留创新探索的空间。

2020 年是金融科技试点的落地之年,未来预计将进一步深化。一是试点地区将进一步扩大和下沉。2020 年参与的试点机构基本上是我国的一线及新一线城市,预计未来具备较好产业基础、金融资源的二、三线城市或将参与试点。二是试点的机构参与主体更加多样化。目前主流持牌金融机构和大型科技公司为参与主体,未来可能会有更多的中小型金融机构,新兴科技公司,物流、制造、零售、环保等垂直行业,以及部分外资机构参与其中。三是试点的内容将更多结合社会经济发展热点。未来,在数字货币、供应链金融、小微金融、农村金融、绿色金融等方面可能涌现出更多优秀案例。四是试点将促进更多新技术的落地应用,如分布式转型、区块链、5G、支付科技、数据要素流通等。

二、产业方面

(一) 深度融合 5G 技术,升级产业互联网金融信息数字化体系

5G 技术的商用化有助于金融科技突破现有技术障碍,在产业互联网时代实现金融企业业务服务更全面地参与各产业从流转到触达再到交付的全过程,达到信息流、商流、物流、资金流的"四流合一"。在产业互联网时代,金融业必定会面临海量的数据输入和精准的数据输出,以及客户需要极致的产品体验和信息交互体验。

5G 三大应用场景可以大幅提升目前大数据、云计算技术的数据传输和计算能力,能够拓展物联网、人工智能、区块链等技术的应用范围和场景。在 5G 技术未来深度融合大数据、人工智能、云计算、区块链等技术的前提下,各行各业的产业结构都会随着新的技术应用发生积极的变化。金融业作为实体经济资金融通的金融中介,应当紧跟产业结构和交易方式的变化,改变自身的信息数字化形式。

(二) 金融科技前沿技术的应用推动传统产业数字化转型

人工智能、区块链、大数据、云计算等金融科技前沿技术不仅可以服务金融业,在结合实体产业既有的知识和规律之后,还可以实现数字科技与实体经济的紧密连接,助推传统产业的数字化转型,服务实体经济的高质量发展。

首先,人工智能技术的应用有助于促进传统产业从劳动密集型向技术驱动型转型,提高发展质效。人工智能应用于传统产业,能够作为新型生产要素与实体经济其他生产要素相融合,助推传统产业的数字化转型,实现"金融科技+智能制造"的目标,在生产过程中创造

出更大的价值。

其次,大数据、云计算等金融科技的应用有助于传统企业吸收新技术,加快自身的数字化转型步伐,实现数字科技革命。传统企业积极运用数字科技手段,科学管理企业生产销售的各个环节,将各业务环节与大数据分析、分布式云计算链接、融合,能够实现线上线下一体化、生产销售一体化、人类智慧和机器学习一体化,提高生产效率,降低经营成本,优化业务流程,防控经营风险,从而为企业信息化转型和实体经济高质量发展奠定基础。

此外,区块链作为一项颠覆性技术,正推动"信息互联网"向"价值互联网"的跃迁,引领新一轮科技革命和产业变革。充分利用区块链的去中心化、数据不可篡改、可追溯性、集体监督维护、智能合约、共识信任机制以及开放性等创新特征,加快区块链应用落地,能有效助推金融科技与数字经济的发展,促进传统产业向产业链中高端迈进,重构创新版图,实现效率变革,进一步培育经济增长的新动能。

(三) 提升平台消费创造能力,助力场景金融快速发展

鼓励平台企业拓展"互联网+"消费场景,提供高质量产品和服务,促进智能家居、虚拟现实、超高清视频终端等智能产品普及应用,发展智能导购、智能补货、虚拟化体验等新兴零售方式,推动远程医疗、网上办公、知识分享等应用。引导平台企业开展品牌消费、品质消费等网上促销活动,培育消费新增长点。鼓励平台企业助力优化公共服务,提升医疗、社保、就业等服务领域的普惠化、便捷化、个性化水平。鼓励平台企业提供无障碍服务,增强老年人、残疾人等特殊群体享受智能化产品和服务的便捷性。引导平台企业开展数字帮扶,促进数字技术发展和数字素养提升。

客户对于个性化、定制化的金融需求越来越多,而各种生产和消费场景数字化发展正是金融机构捕捉客户行为和了解客户痛点的一个很好的切入点,嵌入式的场景金融给金融机构带来了新的利润增长点。同时,需要重点关注的是,场景金融相对于传统金融产品有一定的复杂度,还存在着诸多风险,近年来出现了诸如长租公寓场景、医美分期场景、教育分期场景等爆雷的情况,凸显了场景金融风险控制的重要性。在金融科技加持下,未来金融机构也需要在场景金融的风险识别和管控方面加强技术投入,通过技术手段的赋能来看透场景风险、助力场景风险管控。

三、技术演进方面

(一) 5G 助力金融服务新场景

5G 智能技术在金融机构发展中的应用强化了其本身的云端服务能力,为客户的资金融通等业务开辟了新方法,实现了对信息数据的智能化整合,优化了资金供需双方的交互流程。同时,5G 智能技术在金融发展中的有效应用还能够降低资金融通的边际成本,让其获得更好的经济效果。5G 不仅能促进物联网设备稳定运行,还能让其得到快速普及和应用,各种实物设备和交易商品都能够配置传感器,通过传感器实时收集信息,可扩大银行的信息收集范围,让其中的内容更加丰富,保证各类商品和信息数据的准确性,并通过对收集的各类数据的全面分析,对其进行监管。要契合金融市场发展趋势,在满足客户需求的基础上实

现对金融产品和服务的精准设计,对其运营和营销模式进行研究,促进金融产品与服务之间的交互和共享,提高客户参与度。

(二)行业应用需求不断扩展,将反向驱动金融科技持续创新发展

技术在满足需求的同时,也将在需求的驱动下不断发展创新。在金融科技应用推动金融业转型发展的同时,金融业务发展变革也在不断衍生出新的技术应用需求,将实现对金融科技创新发展的反向驱动。这种驱动可以从发展和监管两条主线上得到体现:一是在发展层面,新技术应用推动金融业向普惠金融、小微金融和智能金融等方向转型发展,而新金融模式又衍生出在营销、风控等多个领域的一系列新需求,要求新的技术创新来满足。二是在监管层面,互联网与金融的结合带来了一系列创新的金融业务模式,但同时互联网金融业务的快速发展也带来了一系列的监管问题,同样对金融监管提出了新的要求,需要监管科技创新来实现和支撑。从未来的发展趋势来看,随着金融与科技的结合更加紧密,技术与需求相互驱动的作用将更加明显,金融科技的技术创新与应用发展将有望进入更加良性的循环互动阶段。

(三)构建网络安全防护系统

构建云环境、分布式架构下的技术安全防护体系,加强互联网资产管理,完善纵深防御体系,做好网络安全边界延展的安全控制。加强金融生态安全防护,强化与外部合作的网络安全风险监测与隔离。建立开放平台安全管理规范,提高业务逻辑安全管理能力。建立新技术引入安全风险评估机制,强化技术风险管理,实施开源软件全生命周期安全管理。建设安全运营中心,充分利用态势感知、威胁情报、大数据等手段,持续提高网络安全风险监测、预警和应急处置能力,加强行业内外部协同联动。

(四)技术标准不断完善,我国金融科技标准将呈现双循环发展格局

从国内来看,我国已形成《金融科技发展指标》的金融业标准及系列测试规范,包括《金融科技创新应用测试规范》《金融科技创新安全通用规范》和《金融科技创新风险监控规范》等。未来,我国金融科技标准将在数据资源开放、源产权、交易流通、跨境传输和安全保护、普惠金融、乡村振兴等方面不断完善。从国际来看,我国也会积极参与国际标准治理,通过增强先进适用国际标准的转化,探索双多边国际互认形式和境内外机构联合研究机制,提升我国标准的国际影响力。例如,扩大"一带一路"金融科技标准交流"朋友圈",加强金融科技标准的双向交流,更大力度提升在移动支付、数字货币、绿色金融等国际标准制定中的影响力,促进中外标准体系融合发展。

四、赋能社会方面

(一)金融科技将持续助力金融服务实体经济

金融科技服务实体经济是指金融科技对实体经济所能够产生的正向影响。金融科技的本质是金融,无论强调的是金融因素还是科技因素,大部分金融科技都属于第三产业中具有

生产性的金融业。因此,金融科技服务实体经济,除了直接贡献GDP外,本质上仍离不开对金融功能观的讨论。

金融科技服务实体经济的传导机制目前主要是通过融通资金、支付、管理系统性风险这3条路径来实现的。金融科技所包含的诸如大数据、云计算、区块链和人工智能等技术在服务实体经济时并不是互相割裂的,不同的技术可以交叉融合进行应用,进而比传统金融条件下的传导具有更高的效率、更低的成本、更好的用户体验,能够在很大程度上缓解金融科技服务实体经济传导机制中的阻塞、扭曲、失灵和脱节等困难局面。

(二) 金融科技促进农村经济的发展

当前,我国已取得脱贫攻坚的全面胜利,未来要全面推进乡村振兴,推动脱贫攻坚与乡村振兴有效衔接,这也是"三农"工作重心的历史性转移。一方面,通过金融科技手段,构建农村电商基础设施,鼓励企业建立产销衔接的农业服务平台。另一方面,构建农村信用数据体系,为农村消费者、生产者提供更精准的资金支持,包括涉农账户管理、资金管理、资金结算等多项金融服务,为农村经济的发展开创新的融资模式。金融科技能提高农村产业融合发展的金融可获得性,扩大融资范围,增加产业供给,促进农村产业的融合发展。在农村经济升级的过程中,促进农村产业融合发展是必要步骤。

在金融科技的助力下,征信体系会被不断完善,农民的融资需求可以得到满足。金融科技可以助力农业潜在价值的发现,有利于构建一条完整的闭合产业链,将碎片化的生产、流通和销售环节连接起来,减少中间多步倒买倒卖过程,降低交易成本,发挥规模生产效益,还可以推动农产品的加工业升级转型,增加农民收益,完善农业产业链与农民的利益联结机制。同时农村地区可以引进增信、保险等多种机制,吸引农村商业银行、农村信用社、保险机构、新型农村金融机构等参与农村产业链金融产品的供给,优化农村经济市场的资金结构。

(三) 金融科技将加速赋能绿色金融

现阶段的绿色金融产品主要是绿色信贷,在对相关产品和业务进行研究上,各大银行和金融机构也都非常积极和主动,但是绿色信贷市场上的产品数量仍然不多,离绿色产业化的发展还有一定的距离。在各大金融机构中,可以利用金融科技的相关手段,针对客户的个性化需求以及绿色金融市场的发展走向等,对金融市场信息进行深度挖掘,并构建完善的绿色信贷体系制度,建立全新的绿色信贷模式以及渠道,充分利用金融科技的优势,来实现绿色信贷的资产证券化。

我国的碳排放市场在全世界属于最大的,碳金融市场的未来发展空间也将会是巨大的。现阶段,政府相关金融监管部门所建立的碳排放配额交易体系已经在城市中进行试点,利用金融科技,将在更多的城市中建立碳排放交易市场,利用金融市场来不断提高碳排放权的流动性,并通过市场的自由定价机制来降低相应的交易成本,通过金融科技来实现碳金融市场的发展,实现绿色金融创新,同时加快我国碳金融市场向国际碳金融市场进军的脚步。利用金融科技,在各金融机构之间建立统一的绿色金融信息数据库,对企业的相关信息数据等进行及时的更新和完善,在金融科技应用的过程中,建立相应的制度,如信息披露制度等,严格规范相应的披露程序,同时发挥社会各界的监督作用,如社会大众、社会团体、社会机构等,发挥金融监管部门、环保部门等相关部门的监督作用,实现横向监督与纵向监督的结合。

思 考 题

1. 金融科技发展面临诸多挑战,主要涵盖哪些方面?
2. 金融科技的发展将推动金融科技监管如何演进?
3. 金融科技的发展将推动前沿技术如何发展?
4. 金融科技对基础设施建设提出了哪些要求?
5. 金融科技赋能实体经济体现在哪些方面?

参考文献

[1] 中国注册会计师协会.财务成本管理[M].北京:中国财经出版社,2009.

[2] 中国人民银行.中华人民共和国保险法[J].中国保险,1995(8):6-15.

[3] 蒋芳芳. 中华人民共和国公司法[J]. 中华人民共和国国务院公报,1995(30):1414-1451.

[4] 王炯.金融科技的演进方向和应用逻辑[J].清华金融评论,2021(8):94-96.

[5] 丁仲. 中国金融资产管理公司发展研究[M].北京:中国金融出版社,2007.

[6] 李文红,蒋则沈.金融科技(FinTech)发展与监管:一个监管者的视角[J].金融监管研究,2017(3):1-13.

[7] 巴曙松,白海峰.金融科技的发展历程与核心技术应用场景探索[J].清华金融评论,2016(11):5.

[8] 笪小菊.金融科技概论[M].北京:中国人民大学出版社,2021.

[9] 邓辛.金融科技概论[M].北京:高等教育出版社,2020.

[10] 栗蔚.云计算白皮书[R].北京:中国信息通信研究院,2021.

[11] 梅宏.大数据发展现状与未来趋势[J].交通运输研究,2019,5(5):1-11.

[12] 闫树.大数据:发展现状与未来趋势[J].中国经济报告,2020(1):38-52.

[13] 莫祖英.大数据处理流程中的数据质量影响分析[J].现代情报,2017,37(3):69-72+115.

[14] 孙红,郝泽明.大数据处理流程及存储模式的改进[J].电子科技,2015,28(12):167-172.

[15] 李曼曼.云计算发展现状及趋势研究[J].无线互联科技,2018,15(5):42-44.

[16] 中国信息通信研究院.区块链技术发展现状及趋势[J].检察风云,2021(3):32-33.

[17] 郑子彬.区块链技术发展现状、趋势与影响[J].广东科技,2020,29(7):13-16.

[18] 刘凤鸣,陈玥彤.区块链技术研究述评[J].山东师范大学学报(自然科学版),2020,35(3):299-311.

[19] 郝莉娜,张美丽.区块链产业现状及未来发展趋势[J].现代工业经济和信息化,2020,10(7):3-5+9.

[20] 杨新安.新华三人工智能发展报告白皮书[R].北京:新华三集团,2020.

[21] 石勇.2019年人工智能发展报告[R].北京:中国科学院大数据挖掘与知识管理重点实验室,2020.

[22] 郎丽艳.2021人工智能发展白皮书[R].深圳:深圳市人工智能行业协会,2021.

[23] 唐杰.人工智能发展报告2020[R].苏州:清华-中国工程院知识智能联合研究中心,清华大学人工智能研究院知识智能研究中心,中国人工智能学会,2021.

[24] 关欣.物联网白皮书(2020年)[R].北京:中国信息通信研究院,2020.

[25] 徐建红.浅谈物联网的应用与发展[J].国际公关,2019(9):183+185.

[26] 于浩淼.物联网发展及应用前景分析[J].通信电源技术,2019,36(11):142-144.

[27] 郑树泉.工业智能技术与应用[M].上海:上海科学技术出版社,2019:250-251.

[28] 韩祯祥,张琦,文福拴.粗糙集理论及其应用[J].信息与控制,1998,27(1):37-45.

[29] 三黎.区块链的六个分层级结构介绍[EB/OL].(2019-12-19)[2022-04-13].https://www.com/blockchain/1138839.html.

[30] OFweek 光通讯网.华为携手沃达丰完成首个 NB-IoT 商用测试[EB/OL].(2015-12-23)[2022-04-13.]https://fiber.ofweek.com/2015-12/ART-210022-8140-29043842.html.

[31] Will.什么是版本控制和版本控制工具? [EB/OL].(2018-8-12)[2022-4-13].https://blog.csdn.net/My_name_is_ZwZ/article/details/81605064.

[32] 济南医疗小程序状元.版本控制工具简介[EB/OL].(2021-4-3)[2022-4-13].https://blog.csdn.net/chenggong9527/article/details/115417524.

[33] rabit2019.信创生态之底层硬件[EB/OL].(2020-7-11)[2022-4-13].https://xueqiu.com/8074342415/153708079.

[34] 墨天轮福利君.关系型数据库管理系统 IBM DB2[EB/OL].(2022-4-11)[2022-10-10].https://www.modb.pro/wiki/1278.

[35] 张成虎.互联网金融[M].上海:华东师范大学出版社,2018.

[36] 任泽平,方思元.P2P 启示录:从遍地开花到完全归零[EB/OL].(2020-11-29)[2022-04-13].https://mp.weixin.qq.com/s/zijLFzgT7MUySwW4O0AIRA.

[37] 彭进.P2P 网贷监管政策梳理与转型风险研究[J].经济研究导刊,2021(27):67-69.

[38] 成蕴琳.互联网金融[M].北京:北京理工大学出版社,2016.

[39] 蒋致远.互联网金融概论[M].北京:电子工业出版社,2019.

[40] 牛淑珍,齐安甜,潘彦.互联网金融理论与案例分析[M].上海:复旦大学出版社,2018.

[41] 罗明雄,唐颖,刘勇.互联网金融[M].北京:中国财政经济出版社,2013.

[42] 范小云,刘澜飚,袁梦怡.互联网金融[M].北京:人民邮电出版社,2016.

[43] 黄凌灵,刘志彬.解读互联网金融[M].北京:清华大学出版社,2017.

[44] 何平平,车云月.互联网金融[M].北京:清华大学出版社,2017.

[45] 冯博,李辉,齐璇.互联网金融[M].北京:经济日报出版社,2018.

[46] 贾焱.互联网金融[M].北京:北京理工大学出版社,2018.

[47] 吕晓永.互联网金融[M].北京:中国铁道出版社,2018.

[48] Edan Burkett. A Crowdfunding Exemption? Online Investment Crowdfunding and U.S. Securities Regulation[J]. Transactions: Tenn. J. Bus. L. 2011,13:63-106.

[49] 刘辉,陈晓华,罗敏.互联网金融众筹实务教程[M].北京:电子工业出版社,2017.

[50] 曹红辉,李汉.中国第三方支付行业发展蓝皮书(2011)[M].北京:中国金融出版社,2012.

[51] 于可心,魏琦.中国第三方支付行业研究报告[R].北京:艾瑞咨询,2022.

[52] 马信聪.我国网络小贷模式研究[J].时代金融,2018(14):296+303.

[53] 林继辰.网络小贷风险防范[D].沈阳:辽宁大学,2022.

[54] 宋秋韵.第三方支付的风险分析研究[J].市场周刊,2020(3):154-155.

[55] 王磊.第三方支付平台监管:进展、问题与完善建议[J].价格理论与实践,2021(8):28-34.

[56] 艾瑞研究院.中国互联网消费金融行业报告[R].北京:艾瑞咨询,2018.

[57] 徐佳鑫.中国消费金融行业研究报告[R].北京:艾瑞咨询,2022.

[58] 赵大伟.我国互联网消费金融相关问题研究——基于金融消费者权益保护视角[J].金融理论与实践,2021(8):49-56.

[59] 程雪军.互联网消费金融科技、金融与监管[M].北京:经济日报出版社,2018.

[60] 刘睿,王柠,刘彦良.消费金融公司十年回顾专题——监管政策梳理及信用风险展望[EB/OL].(2020-11-26)[2022-04-13].https://mp.weixin.qq.com/s/5sXG2V6xRDbVzyZbxXuMCA.

[61] 大卫城.消费金融政策大梳理(2009—2021年)[EB/OL].(2021-03-20)[2022-04-13].https://zhuanlan.zhihu.com/p/358493094.

[62] 程雪军,王刚.互联网消费金融的风险分析与监管建构[J].电子政务,2020(5):80-90.

[63] 周泽炯,张鹏月,王芳.互联网消费金融风险及其防控路径探究[J].齐齐哈尔大学学报(哲学社会科学版),2020(10):63-67.

[64] 肖菲菲,彭博.金融科技前沿系列报告之十六:招联消费金融——打造领先优势[R].北京:中信证券,2022.

[65] 李勇,许荣.大数据金融[M].北京:电子工业出版社,2016.

[66] 陈利强,梁如见,张新宇.金融大数据:战略规划与实践指南[M].北京:电子工业出版社,2015.

[67] 何平平,车云月.大数据金融与征信[M].北京:清华大学出版社,2017.

[68] 张云,韩云.大数据金融[M].北京:中国财政经济出版社,2020.

[69] 邓辛.金融科技概论[M].北京:高等教育出版社,2020.

[70] 王云.大数据时代金融隐私权保护面临的问题与对策[J].人民论坛·学术前沿,2021(10):136-139.

[71] 蔚赵春,凌鸿.商业银行大数据应用的理论、实践与影响[J].上海金融,2013(9):28-32+116.

[72] 杨虎,易丹辉,肖宏伟.基于大数据分析的互联网金融风险预警研究[J].现代管理科学,2014(4):3-5.

[73] 侯敬文,程功勋.大数据时代我国金融数据的服务创新[J].财经科学,2015(10):26-35.

[74] 柴洪峰.金融大数据及银行卡产业大数据实践[J].上海金融,2013(10):27-29+116.

[75] 辜明安,王彦.大数据时代金融机构的安全保障义务与金融数据的资源配置[J].社会科学研究,2016(3):76-82.

[76] 丁晓蔚.金融大数据情报分析:以量化投资为例[J].江苏社会科学,2020(3):121-128.

[77] 陈晓华,吴家富,等.供应链金融[M].北京:人民邮电出版社,2018.

[78] 孙雪峰.供应链金融:信用赋能未来[M].北京:机械工业出版社,2020.

[79] 宋华.供应链金融[M].北京:中国人民大学出版社,2021.

[80] 胡跃飞,黄少卿.供应链金融:背景、创新与概念界定[J].金融研究,2009(8):194-206.

[81] 宋华,陈思洁.供应链金融的演进与互联网供应链金融:一个理论框架[J].中国人民大学学报,2016,30(5):95-104.

[82] 范方志,苏国强,王晓彦.供应链金融模式下中小企业信用风险评价及其风险管理研究[J].中央财经大学学报,2017(12):34-43.

[83] 姜超峰.供应链金融服务创新[J].中国流通经济,2015,29(1):64-67.

[84] 杨斌,朱未名,赵海英.供应商主导型的供应链金融模式研究[J].金融研究,2016(12):175-190.

[85] 雷蕾,史金召.供应链金融理论综述与研究展望[J].华东经济管理,2014,28(6):158-162.

[86] 李茜.基于供应链金融的应收账款证券化模式探究[J].现代管理科学,2011(7):89-90+99.

[87] 李永红,肖宗娜.互联网征信[M].北京:中国人民大学出版社,2020.

[88] 张杰.经济管理出版社[M].北京:经济管理出版社,2020.

[89] 中国人民银行征信中心与金融研究所联合课题组,等.互联网信贷、信用风险管理与征信[J].金融研究,2014(10):133-147.

[90] 张健华.互联网征信发展与监管[J].中国金融,2015(1):40-42.

[91] 赵园园.互联网征信中个人信息保护制度的审视与反思[J].广东社会科,2017(3):212-220.

[92] 李真.互联网金融征信模式:经济分析、应用研判与完善框架[J].宁夏社会科学,2015(1):79-85.

[93] 王兆瑞.互联网时代的征信体系[J].中国金融,2016(5):92-93.

[94] 佘笑荷.新时代互联网金融征信发展的路径选择[J].人民论坛,2019(30):70-71.

[95] 郑晓林,贲圣林.智能投顾——大数据智能驱动投顾创新[M].北京:清华大学出版社,2020.

[96] 钟宁桦,钱一蕾,解咪.智能投顾前瞻[M].北京:北京大学出版社,2020.

[97] 姜海燕,吴长凤.智能投顾的发展现状及监管建议[J].证券市场导报,2016(12):4-10.

[98] 李文莉,杨玥捷.智能投顾的法律风险及监管建议[J].法学,2017(8):15-26.

[99] 李晴.互联网证券智能化方向:智能投顾的法律关系、风险与监管[J].上海金融,2016(11):50-63.

[100] 刘沛佩.我国证券市场智能投顾发展的监管思考[J].证券市场导报,2019(1):62-69.

[101] 赵占波.互联网保险[M].北京:首都经贸大学出版社,2017.

[102] 何德旭,董捷.中国的互联网保险:模式、影响、风险与监管[J].上海金融,2015(11):

64-67.

[103] 罗艳君.互联网保险的发展与监管[J].中国金融,2013(24):49-50.

[104] 王静.我国互联网保险发展现状及存在问题[J].中国流通经济,2017,31(2):86-92.

[105] 王波,罗云,陈彩云.中国互联网信托:内生逻辑、运营模式与风险规制[J].西安财经学院学报,2019,32(3):76-83.

[106] 庞小凤,马涛.我国互联网信托发展及其业务思考[J].现代经济探讨,2016(7):52-55.

[107] 陈赤.信托业应拥抱互联网[J].中国金融,2015(13):31-33.

[108] 韩质楠.互联网基金的兴起及其对传统商业银行的挑战——以余额宝为例[J].东岳论丛,2015,36(2):166-169.

[109] 张芳芳.互联网货币基金对我国商业银行经营绩效的影响研究[J].江淮论坛,2017(2):71-77.

[110] 杜婕,刘睨.互联网基金的流动性风险度量[J].财经科学,2016(7):61-70.

[111] 范云朋,尹振涛.数字货币的缘起、演进与监管进展[J].征信,2020,38(4):6-12.

[112] 刘川,张庆君,桂杨.货币演进视角下的法定数字货币再认识[J].西南金融,2021,(4):75-84.

[113] OK区块链商学院.货币演变史[EB/OL].(2019-7-23)[2022-6-12].https://zhuanlan.zhihu.com/p/74839924.

[114] 任斌.电子货币相关法律问题研究[J].法制与经济,2019(3):158-160.

[115] 张庆麟.电子货币的法律性质初探[J].武汉大学学报(社会科学版),2001(5):544-549.

[116] 朱阁.数字货币的概念辨析与问题争议[J].价值工程,2015,34(31):163-167.

[117] OK区块链商学院."数字货币"的本质与脉络[EB/OL].(2020-8-29)[2022-6-12]. https://baijiahao.baidu.com/s?id=1676331574480954534&wfr=spider&for=pc.

[118] 齐爱民,张哲.论数字货币的概念与法律性质[J].法律科学(西北政法大学学报),2021,39(2):80-92.

[119] 李拯,唐剑宇.比特币、Libra和央行数字货币的比较研究[J].中国市场,2021(7):13-17.

[120] 郭笑春,汪寿阳.数字货币发展的是与非:脸书Libra案例[J].管理评论,2020,32(8):314-324.

[121] 王国刚,方明浩,潘登.Libra的主要特点、机制矛盾和中国对策[J].金融评论,2020,12(1):1-12+123.

[122] 李诗林,李雪君.央行数字货币国际比较及数字人民币发展展望[J].新经济导刊,2021(1):21-26.

[123] 中国人民银行数字人民币研发工作组.中国数字人民币的研发进展白皮书[R].北京:中国人民银行,2021.

[124] 黄国平.数字人民币发展的动因、机遇与挑战[J/OL].新疆师范大学学报(哲学社会科学版),2022(2):1-10.

[125] 中国互联网络信息中心. 第 47 次中国互联网络发展状况统计报告[R]. 北京: 中央网络安全和信息化委员会办公室, 中华人民共和国国家互联网信息办公室, 2021.

[126] 巴曙松, 姚舜达. 央行数字货币体系构建对金融系统的影响[J]. 金融论坛, 2021, 26(4): 3-10.

[127] 黄国平, 丁一, 李婉溶. 数字人民币的发展态势、影响冲击及政策建议[J]. 财经问题研究, 2021(6): 60-69.

[128] JyNeo. 集中式 vs. 分布式系统架构[EB/OL]. (2017-4-25)[2022-6-20]. https://blog.csdn.net/u012785382/article/details/70762240/.

[129] 陈培友, 高太光. 分布式决策环境下的多议题多相关自动谈判及其应用[M]. 哈尔滨: 哈尔滨工程大学出版社, 2013.

[130] 张焕国, 罗捷, 金刚, 等. 可信计算研究进展[J]. 武汉大学学报(理学版), 2006(5): 513-518.

[131] 苏一. 可信计算概述[EB/OL]. (2019-8-30)[2022-6-20]. https://zhuanlan.zhihu.com/p/80413237?utm_source=qq.

[132] 冯登国, 秦宇, 汪丹, 等. 可信计算技术研究[J]. 计算机研究与发展, 2011, 48(8): 1332-1349.

[133] 侯方勇, 周进, 王志英, 等. 可信计算研究[J]. 计算机应用研究, 2004, 21(12): 1-4.

[134] 陈钟, 刘鹏, 刘欣. 可信计算概论[J]. 信息安全与通信保密, 2003(11): 17-19.

[135] 李乃龙. 浅析软件加密安全技术[J]. 网络空间安全, 2018, 9(9): 63-65.

[136] 江志俭, 张燕平. 基于注册码的软件加密设计和实现[J]. 电子技术与软件工程, 2018(9): 45-46.

[137] 贾玲. 软硬件加密系统的研究与实现[J]. 电脑编程技巧与维护, 2010(14): 132-133.

[138] 高妍蕊, 刘长杰. 数字人民币应用加速拓展, 加强协同创新与风控体系建设[J]. 中国发展观察, 2021(Z2): 60-62.

[139] 侯子楠, 王莹. 数字人民币融入商业银行 GBC 生态场景研究[J]. 现代金融导刊, 2021(6): 7-11.

[140] 新民晚报. 深耕数字人民币应用场景, 三维度深耕形成健康生态[EB/OL]. (2021-8-30)[2022-6-22]. https://baijiahao.baidu.com/s?id=1707039478695138792&wfr=spider&for=pc.

[141] 孟于群. 法定数字货币跨境支付的法律问题与规则构建[J]. 政法论丛, 2021(4): 36-47.

[142] 彭绪庶. 央行数字货币的双重影响与数字人民币发行策略[J]. 经济纵横, 2020(12): 77-85.

[143] 叶莉娜, 聂峰. 我国法定数字货币监管与扶持政策研究[J]. 上海立信会计金融学院学报, 2021, 33(2): 39-48.

[144] 张锐. 数字人民币不会取代第三方支付[J]. 中关村, 2021(5): 32-33.

[145] 段相宇. 穆长春: DCEP 以广义账户体系为基础, 不会冲击现有移动支付格局[EB/OL]. (2020-6-9)[2022-6-22]. https://www.mpaypass.com.cn/news/202006/

09093355. html.

[146] 刘晓欣.数字人民币的主要特征及影响分析[J].人民论坛,2020(26):86-91.

[147] 王便芳,魏慧敏.数字货币对我国金融体系的影响分析[J].征信,2021,39(8):83-88.

[148] 黄双双,黄志刚,王姗.央行数字货币:影响及其挑战[J/OL].广东财经大学学报,2021（5）:4-15［2021-10-25］.http://kns.cnki.net/kcms/detail/44.1711.f.20210929.1515.002.html.

[149] 彭绪庶.央行数字货币:发行动因与原则遵循[J].经济学家,2021(10):51-60.

[150] 新浪财经.穆长春:数字人民币隐私与个人信息保护[EB/OL].(2022-7-24)[2022-9-20].https://baijiahao.baidu.com/s?id=1739224685084940346&wfr=spider&for=pc.

[151] 支付圈.央行穆长春:智能合约与数字人民币[EB/OL].(2022-9-7)[2022-9-20].https://ishare.ifeng.com/c/s/v002rYuy3NQVQYgw4fLiLoOPqk--vAbwvARWAfijEFqA4N-_w__.

[152] 牛清以,胡民.基于SWOT分析的成都市金融科技发展路径[J].现代商贸工业,2021,42(25):1-2.

[153] 王右文.金融科技背景下小微企业融资模式创新[J].金融理论与实践,2021(8):41 48.

[154] 禹知峰,赵浏洋.关于对金融科技与风险监管协同发展的研究[J].科技经济导刊,2021,29(22):239-240.

[155] 孙萌.金融科技对农村经济发展的影响研究[J].商业经济,2021(8):131-132+147.

[156] 邬夏钦.金融科技发展态势研究[J].商讯,2021(21):81-83.

[157] 孙悦,王岩.我国金融科技发展问题研究[J].长春金融高等专科学校学报,2021(4):50-54.

[158] 李晖.金融科技发展与人才集约化管理问题探讨[J].企业改革与管理,2021(14):85-86.

[159] 袁康.金融科技风险的介入型治理:一个本土化的视角[J].法学论坛,2021,36(4):138-148.

[160] 何剑,郑智勇,李峰,等.风险或稳定——科技金融发展的异质性分析[J].中国科技论坛,2021(7):158-168.

[161] 王甫.金融科技发展演进透视及其风险管理综述[J].金融经济,2021(6):52-60.

[162] 邢灏月.大数据时代金融科技风险管控研究[J].投资与创业,2021,32(11):4-6.

[163] 贾政军.5G智能时代金融科技发展路径研究[J].投资与创业,2021,32(11):13-15.

[164] 石坤平.金融科技背景下应用型高校金融人才培养模式探究[J].商展经济,2021(8):92-94.

[165] 张渊.我国金融保险企业科技人才队伍建设探究——以某国有大型金融保险集团为例[J].保险职业学院学报,2021,35(2):16-20.

[166] 孙立峰.中国金融科技的监管现状和发展建议[J].商业文化,2021(10):42-43.

[167] 赵俊仙.国外金融科技风险管控经验及对我国的启示——基于监管沙盒视角的分析[J].全国流通经济,2021(7):137-140.

[168] 曹齐芳,孔英.基于复杂网络视角的金融科技风险传染研究[J].金融监管研究,2021

(2):37-53.

[169] 何怡涛.浅析金融科技推动绿色金融创新发展问题[J].全国流通经济,2020(35):151-153.

[170] 吴心弘,袁一君.金融科技服务实体经济的传导机制研究[J].金融科技时代,2020,28(10):49-57.

[171] 晏鸿萃.金融科技2.0时代趋势下金融行业未来发展方向研究[J].企业科技与发展,2020(8):113-115.

[172] 陈鸽.当前金融科技监管现状及挑战[J].时代金融,2020(19):55-56.

[173] 周雷,周铃,毛丹玲.金融科技助力实体经济高质量发展的作用机理研究[J].浙江金融,2019(8):21-27.

[174] 祝可星.中美金融科技风险与监管比较研究[J].海南金融,2019(8):64-69.

[175] 李展,叶蜀君.中国金融科技发展现状及监管对策研究[J].江淮论坛,2019(3):54-59.

[176] 严圣阳.我国金融科技发展状况浅析[J].金融经济,2016(22):156-158.

[177] 陈鸽.当前金融科技监管现状及挑战[J].时代金融,2020(19):55-56.

[178] 张娜.我国金融科技发展的演进、挑战及对策[J].海南金融,2021(5):82-87.

[179] 冯紫雯,黎桂武.金融科技未来发展的趋势[J].商场现代化,2021(11):118-120.

[180] 宋梅.金融科技演化发展与未来趋势[J].贵州社会科学,2019(10):138-148.

[181] 何宝宏.新发展格局下金融科技发展趋势展[EB/OL].(2021-04-13)[2023-01-02]. https://mp.weixin.qq.com/s/VbXAThoeRf9wAI7B6vCWdg.

[182] 中国人民银行科技司.金融领域科技伦理指引[R].北京:中国人民银行,2022.

[183] 王晓青,许成安.金融科技伦理的内涵、规制方法与研究前景[J].江汉论坛,2021(10):52-58.

[184] 张末冬,杨毅.坚持金融持牌经营管理 提高上市公司质量[N].金融时报,2021-03-11(002).

[185] 谭中明,刘倩,李洁,等.金融科技对实体经济高质量发展影响的实证[J].统计与决策,2022,38(6):139-143.

[186] 张林,温涛.中国实体经济增长的时空特征与动态演进[J].数量经济技术经济研究,2020,37(3):47-66.

[187] 王修华,何梦,关键.金融包容理论与实践研究进展[J].经济学动态,2014(11):115-129.

[188] 周仲飞,李敬伟.金融科技背景下金融监管范式的转变[J].法学研究,2018,40(5):3-19.

[189] 黄益平,黄卓.中国的数字金融发展:现在与未来[J].经济学(季刊),2018,17(4):1489-1502.

[190] 杨东.监管科技:金融科技的监管挑战与维度建构[J].中国社会科学,2018(5):69-91+205-206.

[191] 张林.金融发展、科技创新与实体经济增长——基于空间计量的实证研究[J].金融经济学研究,2016,31(1):14-25.

[192] 王宏起,徐玉莲.科技创新与科技金融协同度模型及其应用研究[J].中国软科学,2012(6):129-138.

[193] 周昌发.科技金融发展的保障机制[J].中国软科学,2011(3):72-81.

[194] 房汉廷.关于科技金融理论、实践与政策的思考[J].中国科技论坛,2010(11):5-10+23.

[195] 黄国平,孔欣欣.金融促进科技创新政策和制度分析[J].中国软科学,2009(2):28-37.

[196] 唐松,伍旭川,祝佳.数字金融与企业技术创新——结构特征、机制识别与金融监管下的效应差异[J].管理世界,2020,36(5):52-66+9.

[197] 薛莹,胡坚.金融科技助推经济高质量发展:理论逻辑、实践基础与路径选择[J].改革,2020(3):53-62.

[198] 张林.金融发展、科技创新与实体经济增长——基于空间计量的实证研究[J].金融经济学研究,2016,31(1):14-25.

附　　录

附录 A　金融科技产品认证目录

附表 A-1　金融科技产品认证目录(第一批)

序号	产品种类	产品范围描述
1	客户端软件	支持支付业务(包括处理订单)的移动终端客户端软件,包括移动终端客户端程序、支付控件、软件开发工具包等
2	安全芯片	支持移动支付业务开展的安全芯片,是指构成金融业安全载体的具有中央处理器的集成电路芯片
3	安全载体	支持移动支付业务开展的基于安全芯片运行的安全单元以及承载安全单元的介质,如 SIM 卡、SD 卡、eSE、inSE 等
4	嵌入式应用软件	支持移动支付业务开展、运行于安全单元内嵌入式系统软件之上的嵌入式应用软件
5	银行卡自动柜员机(ATM)终端	一种组合了多种不同金融业务功能的自助服务设备,持卡人可利用该设备所提供的功能完成存款、取款等金融业务操作
6	支付销售点(POS)终端	基于图像识别、近场通信、集成电路卡、磁条等技术,支持支付交易数据读取与处理,具备信息加密保护功能的商户端专用机具
7	移动终端可信执行环境(TEE)	基于硬件和软件相结合的移动终端可信执行环境,包括与 TEE 安全功能应用相关的硬件(SoC 平台及相关硬件资源)、固件及相关软件(可信执行环境操作系统、可信虚拟化层等)、安全使用指引,不包括可信应用、客户端应用和富执行环境
8	可信应用程序	基于 TEE 的实现特定金融应用的可信应用程序
9	条码支付受理终端(含显码设备、扫码设备)	具有条码展示或识读等功能,参与条码支付的商户端专用机具,包括显码设备和扫码设备。其中:显码设备是指具有条码展示功能的专用设备;扫码设备是指识读条码并且向后台系统发起支付指令的专用设备,包括但不限于带扫码装置的收银机、POS 终端、自助终端等
10	声纹识别系统	提供声纹识别服务的服务器端系统(可包含移动终端客户端可执行文件或组件等)
11	云计算平台	云计算平台包括金融业各机构自建、自用、自运行的私有云和供金融业各机构共享使用的团体云

附表 A-2 金融科技产品认证目录(第二批)

序号	产品种类	产品范围描述
1	区块链技术产品	基于密码算法、共识机制、点对点通信协议、分布式存储等多种核心技术体系高度融合形成的一种分布式基础架构与计算方式的技术产品
2	商业银行应用程序接口	一组商业银行预先定义好的技术连接接口产品,开发者可通过该接口产品(或产品组合)便捷地访问相关服务,而无须关注服务的设计与实现
3	多方安全计算金融应用	基于多方数据协同完成计算目标,实现除计算结果及其可推导出的信息之外不泄露各方隐私数据的技术产品

附录 B 境内金融信息服务机构报备清单

附表 B-1 境内金融信息服务机构报备清单

序号	主体名称	服务内容	服务渠道	备案编号
1	中国经济信息社有限公司	金融资讯服务、金融数据服务、金融行情服务、金融分析工具、定制解决方案	新华财经专业终端(App)、基于客户订单定制提供的数据流产品、基于客户订单定制提供的资讯流产品	京金信备〔2021〕1号
2	北京富华创新科技发展有限责任公司	金融资讯服务、金融数据服务、金融行情服务	金融界网站	京金信备〔2021〕2号
3	北京指南针科技发展股份有限公司	金融资讯服务、金融数据服务、金融行情服务、金融分析工具	指南针全赢决策系统(App)	京金信备〔2021〕3号
4	财新数据科技有限公司	金融资讯服务、金融数据服务、金融行情服务	财新数据网	京金信备〔2021〕4号
5	北京领讯时代文化传媒有限公司	金融资讯服务、金融数据服务、金融行情服务、定制解决方案	BT财经网站"BT财经数据通"栏目	京金信备〔2021〕5号
6	万得信息技术股份有限公司	金融资讯服务、金融数据服务、金融行情服务、金融分析工具	Wind金融终端(App)	沪金信备〔2021〕1号
7	上海财联社金融科技有限公司	金融资讯服务、金融数据服务、金融行情服务	财联社(网页、App)、星矿数据(以数据库同步方式提供)	沪金信备〔2021〕2号
8	上海文华财经资讯股份有限公司	期货相关金融资讯服务、金融数据服务、金融行情服务	wh6赢顺云端交易软件、wh7睿期大户室交易软件、wh8赢智量化交易软件、wh9库安算法交易软件、随身行手机期货软件(App)	沪金信备〔2021〕3号
9	东方财富信息股份有限公司	金融资讯服务、金融数据服务、金融行情服务、金融分析工具	Choice数据终端(App)、Choice数据库(基于客户订单定制提供的安装包)、Choice数据量化接口(App)	沪金信备〔2021〕4号
10	上海乾隆高科技有限公司	金融资讯服务、金融数据服务、金融行情服务	钱龙证券分析软件(App)	沪金信备〔2021〕5号

续 表

序号	主体名称	服务内容	服务渠道	备案编号
11	上海大智慧股份有限公司	金融资讯服务、金融数据服务、金融行情服务、金融分析工具	大智慧（App）、申久PC智胜版投资分析系统（定制化交付软件）、慧远保银启明星证券研究终端软件（App）、财汇金融大数据终端（App）、财汇金融数据库（基于客户定制的接口文件）、慧眼X-insight大数据风险监测系统（网页）	沪金信备〔2021〕6号
12	上海恒生聚源数据服务有限公司	金融资讯服务、金融数据服务、金融行情服务、金融分析工具	恒生聚源金融基础数据库（数据同步程序或API）、恒生聚源应用数据库（基于客户选择的接口模块）、恒生聚源金融资讯终端（App）、恒生聚源智眸风险预警平台（App、网页）、恒生聚源智能小梵（H5组件/API）	沪金信备〔2021〕7号
13	上海朝阳永续信息技术股份有限公司	金融资讯服务、金融数据服务、金融行情服务、金融分析工具	Go-Goal终端（App）、基金研究平台（网页）、私募数据库（网页）、盈利预测数据库（网页）	沪金信备〔2021〕8号
14	杭州同花顺数据开发有限公司	金融资讯服务、金融数据服务、金融行情服务、金融分析工具	iFinD金融数据终端（App、网页）	浙金信备〔2021〕1号
15	宁波森浦信息技术有限公司	金融资讯服务、金融数据服务、金融行情服务、金融分析工具	Qeubee金融信息终端（App）	浙金信备〔2021〕2号
16	广州金十信息科技有限公司	金融资讯服务、金融数据服务、金融行情服务	金十数据（网页、App、其他客户定制方式）	粤金信备〔2021〕1号
17	深圳智通财经信息科技服务有限公司	金融资讯服务、金融数据服务、金融行情服务	金融资讯及数据授权（面向特定的金融机构用户提供数据API获取校验及数据字典查询）	粤金信备〔2021〕2号
18	深圳市财富趋势科技股份有限公司	金融资讯服务、金融数据服务、金融行情服务、金融分析工具	通达信金融分析终端软件（App）、通达信行情分析系统软件（App）、通达信网上交易系统软件（App）	粤金信备〔2021〕3号
19	深圳巨灵信息技术有限公司	金融资讯服务、金融数据服务、金融行情服务、金融分析工具	巨灵金融终端（App）、金融数据库产品（基于客户订单定制提供以数据库通信的方式对接机构用户）、金融知识库（基于客户订单定制提供以数据库通信、项目服务等方式对接机构用户）	粤金信备〔2021〕4号
20	海南港澳资讯产业股份有限公司	金融资讯服务、金融数据服务、金融行情服务	灵通F10（通过券商交易软件发布）、金融中心库（基于客户订单定制提供的所需要的传输方式）、网站金融库（基于客户订单定制提供的所需要的传输方式）、港澳资讯金融One To One信息服务软件（移动终端）	琼金信备〔2021〕1号

附录C　金融科技相关政策/举措汇总

附表 C-1　全国性政策/举措

时间	适用范围	发布部门	政策/举措名称
2022年4月8日	全国	银保监会	《关于2022年进一步强化金融支持小微企业发展工作的通知》
2022年4月6日	全国	银保监会	《关于2022年银行业保险业服务全面推进乡村振兴重点工作的通知》
2022年4月6日	全国	中国人民银行	《中华人民共和国金融稳定法(草案征求意见稿)》
2022年3月20日	全国	中国人民银行	《关于做好2022年金融支持全面推进乡村振兴重点工作的意见》
2022年3月4日	全国	中国人民银行、银保监会	《关于加强新市民金融服务工作的通知》
2022年2月9日	全国	市场监管总局、中国人民银行	《金融科技产品认证目录(第二批)》《金融科技产品认证规则》
2022年2月8日	全国	中国人民银行、市场监管总局、银保监会、证监会	《金融标准化"十四五"发展规划》
2022年1月26日	全国	银保监会	《关于银行业保险业数字化转型的指导意见》
2022年1月21日	全国	银保监会	《银行保险机构信息科技外包风险监管办法》
2022年1月5日	全国	中国人民银行	《金融科技发展规划(2022—2025年)》
2021年12月28日	全国	银保监会	中国银保监会加强金融消费者权益保护提升金融服务适老化水平
2021年12月3日	全国	银保监会	《关于银行业保险业支持高水平科技自立自强的指导意见》
2021年6月30日	全国	中国人民银行	《关于深入开展中小微企业金融服务能力提升工程的通知》
2021年4月25日	全国	银保监会	《关于2021年进一步推动小微企业金融服务高质量发展的通知》
2021年4月16日	全国	中国人民银行	中国人民银行等七部门启动金融科技赋能乡村振兴示范工程
2021年4月9日	全国	银保监会	《关于2021年银行业保险业高质量服务乡村振兴的通知》
2021年1月29日	全国	中国人民银行	中国人民银行金融科技委员会召开会议研究部署2021年重点工作
2020年12月25日	全国	证监会	《证券交易数据交换协议》
2020年11月11日	全国	中国人民银行	中国人民银行科技司关于《金融市场交易报告数据要素指南》系列金融业标准立项公开征求意见的通知

续表

时间	适用范围	发布部门	政策/举措名称
2020年9月16日	全国	银保监会	《银行保险机构应对突发事件金融服务管理办法》
2020年9月7日	全国	银保监会	中国银保监会关于进一步加强金融服务民营企业有关工作的通知
2020年8月11日	全国	银保监会	《关于做好政府性融资担保机构监管工作的通知》
2020年5月20日	全国	中国人民银行	《数据共享合作备忘录》
2020年4月	全国	中国人民银行	《关于开展金融科技应用风险专项摸排工作的通知》
2020年3月26日	全国	银保监会	《关于加强产业链协同复工复产金融服务的通知》
2020年2月1日	全国	中国人民银行、财政部、银保监会、证监会、外汇局	中国人民银行、财政部、银保监会、证监会、外汇局关于进一步强化金融支持防控新型冠状病毒肺炎疫情的通知
2019年11月29日	全国	银保监会	《关于商业银行资本工具创新的指导意见(修订)》
2019年10月	全国	中国人民银行	《金融科技产品认证目录(第一批)》《金融科技产品认证规则》
2019年9月6日	全国	中国人民银行	中国人民银行关于印发《金融科技(FinTech)发展规划(2019—2021年)》的通知
2019年4月11日	全国	证监会	《金融领域创新合作谅解备忘录》
2019年3月8日	全国	银保监会	《关于做好2019年银行业保险业服务乡村振兴和助力脱贫攻坚工作的通知》
2019年1月4日	全国	银保监会	《关于推进农村商业银行坚守定位 强化治理 提升金融服务能力的意见》
2018年12月21日	全国	证监会	《证券基金经营机构信息技术管理办法》
2018年12月14日	全国	中国人民银行	《关于开展金融科技应用试点工作的通知》
2017年5月26日	全国	银监会	《大中型商业银行设立普惠金融事业部实施方案》
2017年4月7日	全国	银监会	《关于提升银行业服务实体经济质效的指导意见》

附表C-2 地方性政策/举措——北京

时间	适用范围	发布部门	政策/举措名称
2022年4月13日	北京	北京市朝阳区金融办	《北京市地方金融监督管理条例》
2022年3月30日	北京	北京市人民政府	《北京市关于加快推进农业中关村建设的十条措施》
2022年1月24日	北京	人民银行北京、证监局北京、银保监局北京、北京金融监管局、北京财政局、北京农业农村局	中国人民银行营业管理部等六部门关于金融支持北京市全面推进乡村振兴的实施意见
2021年12月30日	北京	中国证监会北京监管局	关于启动资本市场金融科技创新试点(北京)第一批试点项目的公告
2021年11月19日	北京	中国证监会北京监管局	关于就资本市场金融科技创新试点(北京)第一批试点项目方案公开征求意见的通知

续表

时间	适用范围	发布部门	政策/举措名称
2021年9月9日	北京	北京市人民政府	《北京市关于促进高精尖产业投资推进制造业高端智能绿色发展的若干措施》
2021年7月30日	北京	中共北京市委办公厅	《北京市关于加快建设全球数字经济标杆城市的实施方案》
2021年4月9日	北京	人民银行北京	关于征集金融科技创新应用的公告
2021年3月4日	北京	中国证监会北京监管局	关于开展资本市场金融科技创新试点（北京）项目申报工作的通知
2019年12月31日	北京	人民银行中关村中支	北京地区发布实施新的科技金融专营组织机构评估工作方案
2019年11月15日	北京	北京市人民政府	《关于新时代深化科技体制改革加快推进全国科技创新中心建设的若干政策措施》
2019年10月12日	北京	银保监会北京	北京银保监局关于规范银行与金融科技公司合作类业务及互联网保险业务的通知
2019年2月2日	北京	国务院	国务院关于全面推进北京市服务业扩大开放综合试点工作方案的批复
2018年11月2日	北京	中国人民银行	进一步深化北京民营和小微企业金融服务的实施意见
2018年11月2日	北京	中国人民银行	《关于进一步深化北京民营和小微企业金融服务的实施意见》政策解读
2018年10月22日	北京	北京市金融工作局、中关村科技园区管理委员会、西城区人民政府、海淀区人民政府	《关于首都金融科技创新发展的指导意见》
2018年7月23日	北京	北京银监局	北京银监局牵头组织成立信托业金融科技研究与促进工作组
2017年9月20日	北京	中国人民银行营业管理部、北京银监局、中关村管委会	《关于进一步推动中关村国家自主创新示范区科技金融专营组织机构创新发展的意见》

附表 C-3　地方性政策/举措——上海

时间	适用范围	发布部门	政策/举措名称
2022年1月12日	上海	上海证监局	上海证监局积极推动上海资本市场金融科技创新试点落地实施
2021年12月30日	上海	上海证监局	关于开展资本市场金融科技创新试点（上海）工作的通知
2021年10月27日	上海	上海市人民政府	《上海市全面推进城市数字化转型"十四五"规划》

续表

时间	适用范围	发布部门	政策/举措名称
2021年10月27日	上海	上海市黄浦区金融服务办公室、上海市黄浦区科学技术委员会、上海市黄浦区财政局	关于印发《关于落实〈外滩金融集聚带关于加快推进金融科技发展的实施意见〉的实施细则(试行)》的通知
2021年7月28日	上海	上海市人民政府	《上海国际金融中心建设"十四五"规划》
2021年1月7日	上海	上海市科学技术委员会	关于开展2020—2021年度科技金融保费补贴工作的通知
2020年9月10日	上海	上海银保监局	关于印发《关于推动上海银行业和保险业差异化转型高质量发展的实施意见》的通知
2020年2月27日	上海	中国人民银行上海总部	《加快推进上海金融科技中心建设实施方案》
2019年7月9日	上海	上海证监局	《关于促进金融创新支持上海乡村振兴的实施意见》

附表C-4 地方性政策/举措——深圳、广东

时间	适用范围	发布部门	政策/举措名称
2022年1月7日	深圳	中国人民银行	《关于金融支持深圳乡村振兴的实施意见》
2021年12月31日	深圳	深圳银监局	深圳银监局关于进一步推进科技金融创新发展的通知
2021年12月23日	深圳	中国人民银行	构建金融有效支持实体经济的体制机制 促进深圳经济高质量发展
2021年12月4日	广东	广东省人民政府办公厅	广东省人民政府办公厅关于金融支持全面推进乡村振兴的实施意见
2021年8月5日	广东	广东省人民政府	《广东省金融改革发展"十四五"规划》
2020年11月2日	深圳	深圳银监局	《深圳银行业小微企业金融服务指南(2020版)》
2019年12月18日	深圳	中国人民银行	金融科技赋能深圳反洗钱工作
2019年3月13日	深圳	中国人民银行	科技助力民生、金融服务——深圳中支组织开展人民币新钞线上预约试点
2019年1月10日	深圳	中国人民银行	深圳举办金融科技垂直孵化平台启动仪式,在全国率先探索金融科技垂直孵化机制
2017年5月16日	深圳	深圳监管局	关于印发《深圳保监局关于加快推进深圳保险业改革创新的指导意见》的通知

附表C-5 地方性政策/举措——浙江

时间	适用范围	发布部门	政策/举措名称
2022年3月22日	浙江	浙江银保监局	《关于稳定预期、激发活力提升金融服务质效的实施意见》
2022年2月7日	浙江	省政府办公厅	《关于加快构建科技创新基金体系的若干意见》
2021年10月14日	浙江	浙江银保监局	《关于做好能源保供和能耗"双控"金融工作的通知》

续 表

时间	适用范围	发布部门	政策/举措名称
2021年9月14日	浙江	浙江银保监局	《浙江省知识产权金融服务"入园惠企"行动方案（2021—2023年）》
2021年7月20日	浙江	浙江银保监局	《浙江银行业保险业支持"6＋1"重点领域助力碳达峰碳中和行动方案》
2021年7月16日	杭州	中国人民银行	浙江省跨境人民币支付领域金融数据交换标准应用试点工作正式启动
2021年6月8日	浙江	省政府办公厅	《浙江省金融业发展"十四五"规划》
2021年4月9日	杭州	人民银行杭州	安吉县成立"银耀绿币银行"推动金融服务融入老年人全方位生活场景
2021年3月31日	杭州	市政府办公厅	《关于金融支持服务实体经济高质量发展的若干措施》政策解读
2021年2月8日	浙江	浙江银保监局	《关于完善银行业保险业支持创新发展体系 助力数字浙江建设和高水平创新强省战略的实施意见》
2021年1月28日	杭州	中国人民银行	《关于切实优化老年人金融服务的意见》
2021年1月13日	浙江	浙江银保监局	浙江银保监局推动金融支持长三角G60科创走廊先进制造业高质量发展
2020年8月20日	浙江	浙江银保监局	浙江银保监局联合省财政厅推出场景化、数字化、普惠型"政采贷"金融产品
2020年7月28日	浙江	浙江银保监局	全面推进"五位一体"小微园区金融服务模式 助力小微企业高质量发展
2020年6月30日	浙江	浙江银保监局	《关于印发金融支持制造业高质量发展行动方案的通知》
2019年11月29日	杭州	中国人民银行	浙江正式启动金融科技应用试点
2019年10月11日	浙江	浙江银保监局	《关于进一步提升科技型中小微企业金融服务质效的通知》
2019年7月30日	杭州	市政府办公厅	《杭州市政府采购支持中小企业信用融资管理办法》
2018年10月11日	杭州	市政府办公厅	中共杭州市委杭州市人民政府印发《杭州市全面推进"三化融合"打造全国数字经济第一城行动计划（2018—2022年）》的通知